千帆竞发

Qianfan Jingfa

“奋进新征程建功新时代”企业家全媒体纵横谈

湖北日报传媒集团 编

武汉出版社

图书在版编目（CIP）数据

千帆竞发："奋进新征程建功新时代"企业家全媒体纵横谈 / 湖北日报传媒集团编．-- 武汉：武汉出版社，2022.9
ISBN 978-7-5582-5464-2

Ⅰ．①千… Ⅱ．①湖… Ⅲ．①新闻报道—作品集—中国—当代 Ⅳ．① I253.3

中国版本图书馆 CIP 数据核字（2022）第 162888 号

编　　者：湖北日报传媒集团
出　　品：湖北日报传媒集团楚天书局
策　　划：梅华峰　郑　斌
责任编辑：朱梦珍　赵　可
装帧设计：舒　巍　吴婧仪
出　　版：武汉出版社
社　　址：武汉市江岸区兴业路 136 号　　　邮　　编：430014
电　　话：（027）85606403　85600625
http：//www.whcbs.com　　E-mail：zbs@whcbs.com
印　　刷：湖北画中画印刷有限公司
开　　本：787mm × 1092mm　1/16
印　　张：27　　字　　数：430 千字
版　　次：2022 年 9 月第 1 版　2022 年 9 月第 1 次印刷
定　　价：70.00 元

本书编委会

主　　任：陈剑文

委　　员：赵洪松　杨　波　韩少林　胡汉昌
张晓峰　陈红彬　朱方建　周　芳

编　　辑：王　兵　甘　勇　卢　平　吕　露
（按姓氏笔画排序）
刘　娜　孙　凌　苏　浩　李济东
何四新　张真真　张　磊　陈力峰
陈会君　陈明江　周立新　周志兵
胡　年　胡　蔓　柯冬林　姜远海
唐晓煜　黄　磊　梅华峰　阎思甜
梁晓莹　韩炜林　蔡朝阳　廖志慧
熊俊芬

企业故事新讲法
纵横谈里有“四新”

湖北日报传媒集团

继2021年四季度湖北日报传媒集团成功策划推出大型系列访谈报道《破冰与突围·县（市、区）委书记全媒体纵横谈》之后，2022年，集团乘势而进，聚焦市场经济最稀缺资源——企业家，推出《奋进新征程 建功新时代——企业家全媒体纵横谈》（以下简称“企业家纵横谈”）。

从草木蔓发的3月，到万木葱茏的7月，全省90位企业家，通过湖北日报全媒体矩阵，向全社会分享立足新发展阶段、贯彻新发展理念、构建新发展格局的思与行，在“报、端、网、微、抖、快”各平台频频亮相。集团50位文字记者“客串”视频制片人，争当新媒体主播，新媒体平台推出90组总计1000多篇（条）全媒体多形态报道，形成“刷屏热转”效应。至7月初，仅微信平台就已冲出了55篇10万+爆款；抖音平台百万以上点击观看的短视频达到74条，千万以上的达到12条。

整个“企业家纵横谈”，总点击量达5.5亿，成为又一“现象级”媒体融合传播案例。

“纵横谈”品牌效应持续放大，成为湖北日报传媒集团深入转思维、转阵地、转作业方式，主力军全面挺进主战场的重要抓手和平台。

媒体深度融合发展的新举措

策划推出企业家全媒体纵横谈，是集团迎接党的二十大和省第十二次党代会胜利召开的重要谋划，是履行省委机关报集团围绕中心、服务大局的职责使命，是推动持续优化营商环境、构建现代产业体系等工作成势见效的主动作为。

党的十八大以来，习近平总书记5次考察湖北，赋予湖北“建成支点、走在前列、谱写新篇”的目标定位。2022年6月，习近平总书记考察武汉时提出，深入实施创新驱动发展战略，把科技的命脉牢牢掌握在自己手中，在科技自立自强上取得更大进展。在“建成支点”的进程中，在“科技自立自强”的道路上，企业是主力军。

2021年，湖北经济发展重回“主赛道”，取得疫后重振决定性成果，离不开企业的积极贡献和责任担当。作为省委机关报集团，服务好、报道好市场主体责无旁贷。截至2022年6月底，集团新媒体矩阵用户已超过2.07亿。在疫情和市场的双重冲击中，企业需要进一步放大好声音，借力宣传产品、开拓市场。媒体和企业“双向奔赴”，共同助力全省稳增长、促改革、调结构、惠民生、防风险、保稳定大局。

落实党中央决策部署，聚焦省委、省政府中心工作，集团精心策划推出“企业家纵横谈”。

高度重视，精心策划。集团党委做出决策部署，并通过月调度会进行调度，多次召开专题会解决访谈推进中的难题，不断督促推进“企业家纵横谈”。在省委启动“下基层、访民情、解民忧、暖民心”实践活动后，集团党委结合访谈企业的实际需求，针对企业知名度不够、市场开拓难的痛点，将“企业家纵横谈”作为重要的办实事项目，持续推进办理。

敢用拼劲，善用巧劲。集团布置“企业家纵横谈”任务后，经济新闻中心、政治新闻中心第一时间对接省政府国资委和省工商联，通过联合发函的方式，将邀请函发到了中央在汉企业、省属企业、地方出资企业，以及知名民营企业手中。随后根据战线分工，“一对一”上门邀请。区域新闻中心、武汉新闻中心对照“民营企业百强”榜单，通过“企查查”平台，查到企业的注册地，各驻地、战线记者上门对接联系。

用心对接，用情服务。在工作协作上，企业家纵横谈涉及采编、技术、后勤等多个部门，在集团统一调度下，各部门强化协同，前后方、部门间形成合力，工作有条不紊。在企业对接上，报道小组从企业需求导向出发，“一企一策”精心策划，做好宣传推广。仙桃分社社长吴文娟拿着数张报纸样板，打开微信、客户端、抖音等相关产品，向恒天嘉华总经理邓连华、常务副总经理曹仁广介绍纵横谈，约定访谈时间，又多次上门，就企业的特色产业、核心竞争力、抗疫期间担当和贡献等，进行深入挖掘，敲定采访提纲，反复打磨访谈脚本。经济新闻中心记者刘天纵从访谈“前期对接清单”开始便着手细化内容、精益求精，特别是在中南建筑设计院与湖北日报的关系资料收集上，在中南建筑设计院拜访多个部门，最终确认了楚天传媒大厦、楚天都市花园、楚天都市鑫园等一批本集团的项目均由该设计院设计，为后期访谈顺利进行拉近了双方距离。

“企业家纵横谈”是集团深度融合发展向纵深推进的新举措，意义重大。与2021年的县（市、区）委书记全媒体纵横谈相比，“企业家纵横谈”实现了新的突破。

参与的部门更多了。2021年的县（市、区）委书记访谈以区域新闻中心和武汉新闻中心为主，2022年的企业家纵横谈直接承担此项报道的就有经济新闻中心、区域新闻中心（含各分社）、武汉新闻中心、政治新闻中心、农村新闻中心、社会新闻中心、融媒体中心、广告经营中心。集团50位记者“客串”制片人，争当主播。

表现形式更丰富了。县（市、区）委书记纵横谈采取“六个一”的表现形式，即一条反映访谈整体风貌的长视频，一篇2500字左右的访谈稿，一篇加载了精华短视频、微视频、深度文字报道和图片的微信头条文章，一条访谈“金句”等精华内容的微视频，一条宣传该县域重大项目、特色产业、风景名胜等内容的视频，一条微博话题。2022年，在“六个一”的基础上，企业家纵横谈加入了抖音、快手等影响力巨大的第三方平台，传播效果大大超出预期。中国航天三江、长江沿岸铁路集团、中南建筑设计院、良品铺子、中铁大桥局、潜网集团等企业家的访谈短视频，在抖音上的播放量均超过千万。

联系企业服务企业家的新契机

企业家纵横谈以《长飞已完成国际企业“关键一跃”》启幕，近4个月的时间里，企业家们妙语连珠，生动讲述企业的“精彩一跃”，展现湖北经济、中国经济的“精彩一跃”，成为集团联系企业服务企业家的新契机。

在访谈中，集团充分发挥纸媒善于挖掘、突出深度的优势，在议程设置、主题选取等方面做出创新。

避免“大而全”，突出企业、企业家个性——

标题制作上，提炼最吸睛、最核心的信息。如《像造飞机一样造房子》《挥泪砸屋精雕琢，匠心捧得“鲁班奖”》《“酵母大王”把“最小”的事干到极致》《把“湖北造”空调风管装进苹果总部》《饱蘸“红黄绿”扮靓母亲河》《10年“攀升”，坐上中国定制电脑“头把交椅”》《创新传承国粹，第二款抗疫中药即将问世》《成立不到两年，将高端新能源汽车卖到欧洲》《“救命药”“短缺药”贴钱也要做》《“烽火”燎原，点亮全球每个角落》《走出采花乡，遍地“采花”香》《一罐红牛，拉动咸宁“一瓶水”产业》等，既生动又深刻，读者一看就能准确获取关键信息。

内容挖掘上，除了讲好企业故事，还注重挖掘企业家的故事，传播企业家精神。

在采访京山轻机董事长李健时，谈到“民企二代”的故事。李健说，刚接手公司时，作为“学院派”，他一度认为当过铁匠的父亲有些老土。回过头来看，他觉得父亲身上强烈的冒险精神、善于用人、从不会不懂装懂等特质让他受益匪浅。

在采访良品铺子董事长杨红春时，挖掘出杨红春给自己扎针测血糖的故事。杨红春说，他不仅参与了前期200多位“糖友”的调研访谈，而且还兼任着无糖、低糖新品的内测员，每天都要给自己扎3次针测血糖，以检测新品的效果。

在采访亿纬锂能董事长刘金成时，挖掘出“刘工”的故事。刘金成回应“刘工”的背后，“是工程师对于整个年轻团队的影响力和感染力都会更好，让员工觉得我们是一路人，是一个大的团队、一个有远大理想和追求的公司。”

避免媒体或企业“一厢情愿”，注重“双向奔赴”——

企业家们高度重视此次访谈，从前期访谈构架、具体事例选择到各平台呈现重点，都与记者反复沟通。

在访谈前，湖北联投集团党委书记、董事长刘俊刚将前期企业家访谈全面阅览了一遍。在敲定访谈时间后，他又和记者一起，对文案提纲进行全方位打磨，最终确定“首创健康码”和“挺进世界500强”两大重点。武汉金控总经理梅林与记者一起反复研商，确定了“做中国一流金融服务商”和讲述企业抗疫中的担当故事两大重点。现场访谈时，讲到“运钞车送菜”时，梅林一度哽咽，真情讲述打动人心。

为做好潜网集团董事长康峻的访谈，记者专程到潜网集团实地采访，为提高访谈质量打下基础。在采访时，又挖掘出康峻散打高手的经历，成为制作微信推文标题《散打高手“跨界”当上交易大王！专为小龙虾“选美”……》的灵感。

此次纵横谈，成为集团对接服务重点企业的新契机。

这是一次成功的“双向奔赴”——

通过这次纵横谈，不仅企业得到了宣传，也让记者在这个过程中，更深入、更紧密地与企业建立了联系、互信与链接，并挖掘了访谈背后更多的新闻线索。安琪在国企改革中，通过股权激励给人才戴上“金手铐”；兴发不仅仅是绿色化工巨头，其朝天吼漂流、滑雪等文旅产业同样长袖善舞；湖北宏泰集团不仅是一个金融控股平台，还在全国碳市场建设上勇“吃螃蟹”；太平财险不仅仅是一家普通的财产保险公司，还是“三农”的守护神，为茶农、果农、养猪农民等农业主体“上保险”。

这是一次真诚的“深入对话”——

在访谈中，一些企业是第一次接触，第一次在湖北日报上“露脸”。这次访谈，湖北日报不忘“老朋友”，结缘“新朋友”，更好地联系企业家、服务企业，进一步扩大了省委机关报在企业界的影响力，为后续新闻报道合作提供了更多机会。

良品铺子董事长杨红春平时基本不公开露面，但接到邀请函后，马上响应要来参加访谈，因为他认为湖北日报是最权威的新闻媒体，更能准确深刻地宣传好企业。位于孝感市的湖北富邦科技股份有限公司负责人参与访谈后，微信推文点击量很快突破 10 万 +，企业因此还找到了更多的合作伙伴。长江生态环保集团成立以来十分低调，埋头做事“只做不说”，导致过去报道十分有限。录制访谈后，他们深入了解了湖北日报的传播实力，主动敲定了全年合作计划。

参与访谈的格林美、长江医药、康悦医疗、大冶特钢等，以及一大批在鄂央企、省属国企均主动联系集团，希望在后续的活动开展、宣传推广、宣传片拍摄中加大合作，引入湖北日报的全媒体力量。

记者转思维转阵地转作业方式的新收获

全媒体人才大练兵，通过企业家纵横谈，集团进一步推动存量人才的转型发展。50 名文字记者争当主播、出镜主持，经济新闻中心更是实现了记者出镜主持全覆盖。

集团有专业的主持人，请文字记者做主持，集团党委是思虑周全的。记者们也许有短板和不足，但长期驻扎一线的深度观察是报业传媒集团的优势，“纵横谈”系列访谈能放大这一优势，在访谈人、受访者、广大网友间营造情感共鸣、同频共振的效果。

访出水平、谈出质量，记者在打磨访谈内容的过程中，进一步提升了全媒转型的素质、技能。

镜头感提升了。经济新闻中心记者左晨主持了湖北宏泰集团、东风汽车集团有限公司、岚图汽车科技有限公司三家企业访谈。她感慨，文字记者转型主持人，面对镜头，语气、语态、表情都是态度的表现载体。因此，在主持时，既不能高高在上，也不能畏首畏尾、说话没底气，要充满自信地与企业家对话。

控场力提升了。访谈前，主持人反复查阅企业和企业家背景资料，有的阅读了上市公司近 5 年的财报。访谈中，主持人有的放矢，关键处调动企业家的情绪，激发企业家的智慧，对企业家的“金句”做适当点评。经济新闻中心记者刘天纵总结出一个实用经验——访谈问答就像写作行文，好文章需要抑扬顿挫、夹叙夹议、点面结合，做访谈也要有旁白介绍、有互动交流、有案例展示，让整个访谈过程不呆板、不枯燥。武汉新闻中心记者张真真先后主持了6场县（市、区）委书记访谈、4场企业家访谈，越来越成熟自信。由于全媒体访谈锻炼了控场能力，8月初，湖北省媒体融合创新案例评选中，张真真和同事陈会君、彭小萍分别上台演讲。

参谋力提升了。此前在联系采访格林美时，经济新闻中心记者张爱虎在格林美的展览馆内，发现了从电子废弃垃圾中提炼制作的金砖。记者提出，这两块金砖能成为现场增色的元素，在访谈现场果然成为活跃气氛的重要话题。在采访康悦公司董事长陈华英时，记者主动上门与她充分沟通，根据她的特点策划话题等，甚至连衣服搭配也都进行了参谋。

创新力提升了。大家体会到，一场好的访谈，跟一篇好的文章一样，都需要一个精彩的开头。为了让每场访谈开场就吸引人，大家绞尽脑汁。有的用"设问"开场，请网友看鄂州杜肯公司的照片，猜测企业是做什么的，彰显企业独特的文化气质；有的用"道具"开场，主持人拿出微微泛黄、边角磨损的原版黄鹤楼设计图纸，"上世纪80年代初，中南建筑设计院的建筑师纯手工制图，用精湛的技艺和匠心打造出武汉的地标性建筑"，和该企业现在倡导的"无图纸建造"形成强烈对比；有的用"诗词"开场，主持人排列有关"江南"的诗词，关联介绍咸宁的"江南里"开场。

企业家访谈最终讲述的是企业发展故事，传递的是企业精神。湖北安琪生物集团有限公司董事长熊涛在前期沟通中提出，想在形式上做一些创新。除了坐在演播室进行现场访谈，安琪集团海内外跨时区调度，在埃及、俄罗斯和宜昌总部研发中心同步拍摄最新的视频连线片，前后历时半个月。尽管这样需要耗费更多时间和精力，延长制作周期，但在呈现上，讲述层次和画面更加丰富，也取得了更好的传播效果。

展示企业形象推动企业发展的新阵地

"企业家纵横谈"还成为展示企业形象、推动企业发展的重要阵地。

"原来我们湖北有这么牛的企业""这么厉害的企业，我居然第一次听说"……纵横谈系列短视频发布后，网友纷纷留言，既吃惊，又自豪。

长江沿岸铁路集团党委书记、董事长马春山专门请编辑部调取微信留言目录，打印成册，要求公司相关部门认真听取网友心声，吸纳合理建议，把社会的关注和期盼转化为高质量建设沿江高铁的不竭动力。

借助湖北日报全媒体的强大影响力，企业家纵横谈微信的留言板，俨然成了“招商台”。

《腾讯、蚂蚁为何同时入股这家湖北科技企业？》访谈微信发布后，引起各方关注。省内某开发区相关负责人致电本报，希望进一步了解企业情况，进行洽谈。

“光伏太阳能板下能不能搞大棚蔬菜？有没有联系方式，我们这边想试试。”华电湖北公司访谈的微信留言里，网友“瑾”提出需求。

访谈播出后，首衡城项目更忙了，每天来参观、学习的各级政府机构、单位组织络绎不绝，招商形势也非常可观。期望下次还能与湖北日报深度合作，继续参加类似活动。

康悦访谈刊播后，微信公众号留言一条接着一条，许多网友来现场一睹江南里“芳容”。陈英华和她的团队反馈，这是一次成功的宣传，效果十分明显。自从刊播后，手机成了热线，来参观考察的客人一拨接着一拨。

围绕提升传播力、影响力策划推出评选活动，为企业提供后续增值服务。访谈之后，7 月 22 日开始，湖北日报微信公众号开设“点赞企业”栏目，邀请网友为湖北企业点赞加油。活动期间，每一分钟数据都在不断刷新，参与人数超过 500 万人次，前三名点赞量均超过 10 万！7 月 31 日，“点赞湖北企业”活动角逐出最具影响力奖、最佳人气奖和优秀传播奖，成功地对“企业家纵横谈”影响力进行了二次加持。

企业家纵横谈告一段落，企业的故事还在继续。东风永恒，动力永存。我们期待，在湖北加快建设全国构建新发展格局先行区的进程中，企业家们以勇往直前的气魄，谱写更加壮丽的篇章。

2022 年 9 月

目 录 | Contents

第二篇 基石篇

第三篇 民生篇

第四篇　逐梦篇

写在前面的话

为贯彻落实省委十一届八次、九次、十次全会精神，聚焦区域发展布局、加快推进科技强省战略和现代产业体系建设，湖北日报推出大型访谈报道《奋进新征程 建功新时代——企业家全媒体纵横谈》，邀请重量级企业家走进湖北日报5G演播室，分享企业创新发展、搏击市场等方面的思考与实践。该栏目即日起在湖北日报全媒体平台刊播。

2021年，湖北经济发展重回"主赛道"，取得疫后重振决定性成果，离不开企业的积极贡献和责任担当。如何进一步践行新发展理念，加快创新转型？如何在未知困难和挑战前，勇于冲浪市场大潮？如何进一步为湖北加快"建成支点、走在前列、谱写新篇"作出新贡献？一批重量级企业家将陆续做客湖北日报，参与访谈。

此次企业家访谈，《湖北日报》将在重要版面刊发图文报道，并配发二维码，读者可扫码观看访谈视频。湖北日报"两微一端"、抖音、头条号，楚天都市报·极目新闻客户端，荆楚网（湖北日报网）等平台将通过专题、话题设置等方式，全媒体分发相关新媒体产品。

（《湖北日报》2022年4月6日一版）

第一篇 重器篇

长飞光纤光缆股份有限公司执行董事兼总裁庄丹——

长飞已完成国际企业“关键一跃”

湖北日报全媒记者 张真真 **通讯员** 周金凯 柳青

◆ 2022年3月30日，长飞公司执行董事兼总裁庄丹（右）做客湖北日报企业家全媒体纵横谈。（湖北日报全媒记者 魏铼 摄）

企业名片

长飞光纤光缆股份有限公司（以下简称“长飞”）成立于1988年5月，总部位于武汉，是专注于光纤光缆产业链及综合解决方案领域的科技创新型企业，也是全球领先的光纤预制棒、光纤、光缆及综合解决方案供应商。

精彩语录

上网、打电话，都是通过光纤传输的。光纤，在我们的生活中无处不在。

长飞在光纤预制棒、光纤、光缆领域，没有任何被“卡脖子”的地方。

9年前，中国提出“宽带中国”战略，进行了大量网络工程的铺设。如今，中国在光纤到户建设方面，已经走在了全球绝大多数国家的前面。

长飞，中国第一根商用光纤诞生地。习近平总书记两次视察，勉励长飞一定要把核心技术牢牢掌握在自己的手里。

“我们一直牢记总书记嘱托，始终践行创新驱动发展，持续保持全球领先的技术实力。”2022 年 3 月 30 日，长飞光纤光缆股份有限公司执行董事兼总裁庄丹，做客湖北日报“企业家全媒体纵横谈”时表示，自 2016 年开始，长飞成为光纤预制棒、光纤、光缆领域全球第一，蝉联至今。

2021 年，长飞海外业务收入 31 亿元，首次占公司全年收入的 30% 以上，达 32.4%。

“国际上，衡量一家国际企业非常重要的指标，就是它的海外收入占比是否在 30% 以上。”庄丹表示，从这个角度说，长飞已完成国际企业的“关键一跃”。

谈创新——从“零”到部分技术领跑全球

“长飞之名，取意‘长江边的飞利浦’。”访谈一开始，庄丹从公司的名字讲起。

1988 年 5 月，长飞公司由原国家邮电部、武汉市政府和荷兰飞利浦公司合资成立。“当时，国内没有生产光纤、光缆和预制棒的企业，我们从‘零’起步，连一个螺丝钉都要从国外进口，下了订单几个月才能到货。”

庄丹回忆，长飞首先从配件的国产化开始，然后是原材料、整机，再到整个操作系统甚至源代码的国产化，“现在我们可以自豪地说，长飞实现了从预制棒到光纤光缆的全链国产化，做到了关键核心技术完全自主可控”。

他拿起一根晶莹剔透的预制棒说：“现在我们预制棒做到了全球最大，最大直径 230 毫米、长 6 米，经 3000℃左右的高温熔化拉丝，一根棒可以拉出 1 万多公里的光纤。”

“别看它细如发丝，却可以容纳 70 亿人同时打电话。”庄丹说，光纤由包层和芯层组成，通过光信号在芯层内不断反射，一直传送到远方，“光信号在传输过程中会出现衰减，我们就是不断技术创新，实现低衰减、长距离、大容量传输。”

2021 年 9 月，中国电信在上海至广州间建成陆地干线光缆，采用的正是长飞生产的超强超低衰减 G.654.E 光纤，在国内首次实现 400Gb/s、1970 公里超长距无电中继商用传输。庄丹表示，该光纤由长飞制定国际标准，将为

5G 网络规模商用奠定基础，有力支持国家“双碳”战略和“东数西算”工程中的网络互联。

“从跟跑、并跑，到如今部分技术已领跑全球。”他介绍，在通信光纤领域，长飞全球首创用于 5G 前传的色散平坦光纤，自主研发的多芯少模光纤全球领先。在特种光纤领域，其研发的有源三包层光纤，打破海外垄断。

谈布局——带动湖北“光芯屏端网”万亿产业集群

早在 2016 年，长飞就加快在湖北布局，落子潜江。

谈及缘由，庄丹介绍，位于潜江的中石化江汉盐化工湖北有限公司，生产过程中的副产品氢气，正是长飞生产光纤预制棒所需的燃料。而生产光纤预制棒的副产物如稀盐酸、盐水等，又送到盐化工公司作为原料，循环利用。“发展循环经济，是长飞落户潜江的重要原因。”

2021 年底，长飞光纤潜江有限公司获评国家级绿色工厂，成为全球单体最大的光纤预制棒及光纤智能制造工厂。

在长飞带动下，日本信越、法国液化空气等知名企业相继落户，潜江“无中生有”形成了全球最完整的光纤产业链。

2021 年，长飞在汉川建设长飞汉川科技园，主要生产电力用光缆，打造特高压电力线缆领域领先的新材料制造基地。“旗下的子公司长芯盛，二期项目也会入驻汉川科技园。”庄丹说。

2022 年 3 月，富乐德 · 长飞半导体黄冈产业园项目签约并落户黄冈。

庄丹表示，长飞积极参与湖北“一主引领、两翼驱动、全域协同”区域发展布局，深度融入“1+8”城市圈，扛起光通信行业龙头企业的责任，带动上下游共同打造“光芯屏端网”万亿产业集群。

谈多元化——进军第三代半导体行业

3 月 10 日，长飞公司一则对外投资公告引发市场关注。

据公告，长飞将联合相关企业组成竞买联合体，收购芜湖启迪半导体有限公司及芜湖太赫兹工程中心有限公司。

“他们主要从事以碳化硅为代表的第三代半导体的工艺研发和制造，碳化硅是用作新能源汽车充放电的重要材料。”庄丹表示，长飞多元化围绕两条主线：一是与光相关的主业；二是国家战略，如“双碳”、新能源等。

如今大火的元宇宙，会用到 VR 眼镜，“大家戴上 VR 眼镜，如果画面传输速度不够快，就会感觉头晕。”庄丹介绍，长芯盛研发生产的光纤视讯传输线，已应用到 VR 眼镜，传输速度快，大大提升体验感，产品已进入多个海外知名大型客户供应链。2021 年，长芯盛获融资 6 亿元。

多点发力，2021 年长飞公司营业收入约 95.36 亿元，同比增长 15.99%。

谈国际化及未来——5 年再造一个长飞

“近年来，长飞一直在进行国际化布局。”庄丹说，最早从东南亚的缅甸、印尼，到非洲的南非，这两年又布局拉美、东欧，长飞现有 40 多个海外办事处。

目前，长飞海外布局主要是两类：一是在海外设立光纤预制棒、光纤、光缆生产基地，二是承接海外的通信网络工程。

生产基地方面，2021 年，长飞收购了位于巴西的长飞宝利龙公司。“Poliron”（宝利龙）为巴西及拉丁美洲区域的著名品牌，有逾 80 年的历史。

眼下，长飞南非工厂已满负荷运转，印尼工厂正扩大产能。“波兰工厂不到一年时间建成，将于近日投产。”庄丹说。

海外通信网络工程，长飞位于秘鲁和菲律宾的两大项目，“同事们克服疫情困难，按期完成了建设节点，取得客户高度认可，获得了后续项目订单”。

庄丹分析，疫情使全球数字化进程加速，美国、欧洲地区都加大对宽带网络的投资，我国 5G + 光网“双千兆”网络建设不断提速，“东数西算”工程启动，“我大胆预测，光纤光缆行业已进入第三轮增长周期”。

权威咨询机构 CRU（英国商品研究所）报告也预测，2022 年上半年，全球光纤光缆需求量将同比增长 6%，到 2025 年将超过 6 亿芯公里。

“未来，长飞将系统布局 5G、工业互联网等新型基础设施，面向下一代通信技术，推动科技创新和产业升级深度融合。”庄丹表示，“未来 5 年，我们将再造一个长飞。”

（《湖北日报》2022 年 4 月 6 日三版）

扫码看视频

烽火通信科技股份有限公司党委书记兼总裁曾军——

“烽火”燎原，点亮全球每个角落

湖北日报全媒记者 张真真 通讯员 凃燕 徐子恒

◆ 2022年4月12日，烽火通信科技股份有限公司党委书记兼总裁曾军（右）做客企业家全媒体纵横谈。（湖北日报全媒记者 魏铼 摄）

企业名片

烽火通信科技股份有限公司（以下简称“烽火”）成立于1999年，是中国信科集团旗下上市企业，是国际知名的信息通信网络产品与解决方案提供商。

烽火秉承“最大限度挖掘数字连接价值，造福人类社会”的使命，全力构筑先进技术，不断贡献烽火智慧，让更多的人分享信息通信带来的美好生活。

精彩语录

正是因为有赵梓森院士这样的一批科研工作者，中国的光通信事业才发展如此之快，也把中国的光纤光缆推向全世界。

烽火人的血液里流淌着“光棒精神”的基因，骨子里有“敢为人先”的拼劲，思想上有“敢闯敢试”的意志。

烽火各级党组织和党员干部主动克难攻坚，在一些关键研发项目攻关、重大项目交付保障、特殊时期疫情防控等工作中发挥了主心骨作用。

这里，是中国光通信的缘起。

1976 年，赵梓森院士在这里拉出了中国第一根实用化光纤。尽管，它只有 17 米，却衍生出众多“中国第一”——中国第一个光纤通信系统工程，第一条国产的国家骨干传输干线，第一个由中国提出、被国际电联采纳的 IP 标准……

这里是曾经的武汉邮科院，如今由烽火科技、大唐电信重组为中国信科集团。2010 年和 2018 年，习近平总书记曾两次视察这里，提出殷切期望。

“作为集团旗下最大的公司，我们始终牢记嘱托，不断突破‘卡脖子’难题，希望以烽火的燎原之势，点亮全球的每一个角落。”2022 年 4 月 12 日，烽火通信科技股份有限公司党委书记兼总裁曾军，做客湖北日报 5G 演播室时介绍，他们锐意创新，成功研发出“中国天眼”FAST 动光缆。

从此，天上有一颗小行星，被命名为“烽火通信星”。

历时 4 年，变不可能为可能

“中国天眼”，是中国自主知识产权、世界第一大单口径射电望远镜。

“FAST 动光缆，就好比‘天眼’系统的‘视神经’，是高空馈源舱与地面控制室之间海量数据传输的通道。”曾军说，它必须能够支持 6.6 万次以上的反复弯曲、卷绕和扭转等机械运动，经受风吹雨淋、紫外线辐射等恶劣环境的考验。

曾军回忆，以当时的研发水平，至少需要 6 到 7 年、甚至更长时间，才能做出来。而且，需求量很小、无法量产，投入大量的人力、物力、财力，收益无法覆盖成本。“但是，当时我们想，我们可以等，但国家等不了；这个项目确实很难，但总要有人去做，这是烽火作为大国央企的使命与担当。就是这样一种信念，研发团队义无反顾地撸起袖子开始干了。”

历时 4 年，历经无数曲折，当烽火第四次送样时，其动光缆达到了 10 万次弯曲疲劳寿命的水平，是当时国内最高标准的 100 倍，且光功率性能优于国外厂家。“中国天眼”正式落成后，国家天文台为感谢烽火的贡献，将一颗小行星命名为“烽火通信星”。

访谈中，曾军指着一枚拇指盖大小的器件说：“这里面嵌入的芯片，是我们经过3年艰苦研发，2021年推出的中国首款400G相干商用硅光收发芯片，已经投入使用，是目前国际上已报道的集成度最高的商用硅光集成芯片之一。”

2022年初，中国信科集团国家重点实验室又发布了国内首款1.6Tb/s硅光互连芯片，实现了我国硅光芯片技术向Tb/s级的首次跨越。

“纵观烽火的发展，我们深刻体会到，只有把创新发展主动权牢牢掌握在自己手中，才能实现关键核心技术自主可控。”曾军说。

目前，烽火自研核心芯片已批量应用，预制棒、光纤、光缆实现完全自主生产，自研服务器产品实现规模出货，大数据业务、应急信息化产品全面转向国产化平台，各类产品的国产化率不断提升。

出口合同额破百亿大关

“2021年，我们在国际市场实现逆势增长，进出口额达到140亿元，其中出口合同额突破100亿元大关，同比增长49%，服务贸易合同占比达三分之一。”谈及如今的成绩，曾军依旧坦言：和大多数“走出去”的民族企业一样，烽火的出海之路并非一帆风顺。

成立之时，烽火就注册了英文商标“FiberHome”。Fiber是光纤，Home是家庭，FiberHome之意是通过光通信将信息服务送到万户千家，连接全球每一个角落。

2000年，公司第一个海外办事处在印尼设立。“‘走出去’后我们发现，由于缺乏对当地的深入了解，又遭遇互联网泡沫破灭、国际金融危机等困难，海外市场开拓举步维艰。但是，我们始终坚持‘国际化’战略不动摇。”

2013年，国家提出“一带一路”合作倡议。“身为央企，烽火响应国家号召，义不容辞扛起大旗。”曾军说，烽火将“一带一路”沿线国家设立的办事机构升级为本地子公司，由过去简单的外贸交易模式，逐步向本地化运营模式转变。渐渐地，烽火品牌在当地有了知名度和美誉度。

这些年，烽火承接了许多“一带一路”沿线国家的基础网络设施建设项目，包括承建印尼电信覆盖全国的村村通无线工程、在菲律宾提供全国宽带网络建设和服务等。

“目前，公司在‘一带一路’沿线国家业务占比超过80%。近5年，公司国际市场年复合增长率达27%。”曾军介绍，烽火已拥有27家海外子公司，在南美、东南亚、欧洲建立了生产基地和研发中心，产品出口100多个国家和地区，业务覆盖全球40亿人口。

为“湖北健康码”提供技术支撑

“很多人可能不知道，我们现在每天用到的‘湖北健康码’，是烽火在背后提供技术支撑。”访谈时，曾军透露，2020年湖北抗疫期间，烽火通过“楚天云”平台，一周内打通了湖北省首个四级防控指挥系统，紧急开发了疫情防控大数据分析平台、湖北健康码的数据支撑，当时提供赋码、转码数据4060万条，处理核酸检测数据6975万条，“一直到现在，疫情防控大数据平台、健康码仍然在持续发挥重要作用”。

2015年，烽火和省联投合资成立楚天云公司，共同建设湖北省政务云工程，为全省提供政务服务。2021年，湖北省网上政务服务能力首次进入全国前七，连续两年进入全国第一方阵。

“在智慧城市领域，烽火牵头、参与制定了30多项国际标准、9项国家标准。”曾军介绍，烽火提供智慧地铁、智慧高速、智慧园区、智慧场馆等各类解决方案，像武汉园博园、光谷网球中心、武汉地铁、天河机场等项目，烽火都参与其中。

曾军表示，作为总部在湖北的央企，烽火坚持“共同体”发展理念，目前在湖北已投资建成光通信产业园、光纤预制棒基地、烽火科技园等基建项目，正在筹建5G承载应用及数字经济研发生产基地，“‘十四五’末，烽火力争销售额突破600亿元，有效带动湖北‘光芯屏端网’优质产能输出，为加快‘制造强省’‘网络强省’‘数字湖北’建设贡献烽火力量。”

（《湖北日报》2022年4月19日三版）

扫码看视频

中铁科工集团党委副书记、总经理李方敏——

冠军架桥机打破国外垄断

湖北日报全媒记者 林晶 通讯员 段宏杰 潘万齐 朱广

◆ 2022年4月16日，中铁科工集团党委副书记、总经理李方敏（右）做客湖北日报企业家全媒体纵横谈。（湖北日报全媒记者 柯皓 摄）

企业名片

中铁科工集团有限公司（以下简称“中铁科工”）隶属于中国中铁股份有限公司，是中铁高新工业股份有限公司核心成员企业，是集科研设计、工业制造与安装、工程服务、检测与管养四位一体的大型工程装备企业。拥有国家企业技术中心、中国中铁施工装备技术研发中心等技术研发机构。其在铁路与轨道交通工程等施工装备研制领域核心技术达到国际先进水平，主编或参编了27项国家或铁道行业标准，是国家制造业（架桥机）单项冠军。

精彩语录

外国人能做出来的，中国人一样可以，而且能做得更好。

“八纵八横”的每一条铁路线，都有中铁科工的架桥机施工过。

世界首台桩梁一体架桥机"共工号"，引领世界桥梁建造技术变革进入3.0时代。

黄黄高铁、郑万高铁通车在即，而在这些铁路施工过程中，有一样装备至关重要——架桥机。如同搭积木般，它们将重达近千吨的梁片一个个拼接好，助力中国高铁建出"高铁速度"。

生产架桥机的重头企业，是位于武汉的中铁科工集团。2020年，该公司研制的架桥机被工信部评为国家制造业"单项冠军"。2022年4月16日，中铁科工集团党委副书记、总经理李方敏做客湖北日报5G演播室，揭开"单项冠军"如何夺冠及高端装备制造背后的秘密。

41年淬炼出"单项冠军"

在中国东南沿海，中国首条跨海高铁——福厦高铁施工现场，重达近900吨的梁片，在世界首台千吨级架桥机"搬运"下，轻松完成拼接。

"40多年来，我们从未停止过对架桥机的研发和探索。"中铁科工集团党委副书记、总经理李方敏自豪地说，中铁科工的架桥机从零起步，成长为铁路、公路领域处于领先地位的单项冠军产品。

1979年3月，在武昌徐东，原铁道部在此设立了铁路工程机械领域唯一的研究所——铁道部武汉工程机械研究所，这是中铁科工集团的前身。

20世纪90年代初，我国南北大动脉——京九线开建，中铁科工集团担负使命，研发出国内首台空中一次移梁到位的架桥机——JQ130架桥机。"这台架桥机经改造后，建功青藏铁路，现在仍然用于西北地区铁路建设。"李方敏回忆说。

90年代末，中国开始探索建设高速铁路，开建第一条准高铁——秦沈客专，重达600吨的箱梁需要一台更大吨位的架桥机。当时，大吨位架桥机技术遭国外"卡脖子"，需用外汇从国外进口。中铁科工再次承担研发重任，团队在一本杂志上偶然看到外国研制的高铁架桥机。"外国人能做出来的，中国人一样可以，而且能做得更好！"自此，企业开始长达4年的研发过程，最终研制出JQ600架桥机，开启了自主研制大吨位高铁架桥机的新征程。

随着我国高铁技术的发展，32米长的箱梁成为高铁主流，中铁科工自主研制JQ900为代表的系列架桥机，成为我国架桥机的主流。

"'八纵八横'的每一条铁路线，都有中铁科工的架桥机施工过。"李方敏介绍。一组数据，可见其实力——

研制 30 多种架桥机，行业第一；

9 种架桥机，国内乃至世界首创；

铁路架桥机国内市场占有率接近一半，参建里程超过全国铁路一半。

截至目前，中铁科工引领架桥机技术，主编或参编了 27 项国家或铁道行业标准，并于 2020 年夺得国家制造业架桥机"单项冠军"。

打造"空轨"新名片

这不是什么科幻大片！

列车悬于半空、"挂"在轨道上，以 120 公里的时速穿梭飞行。2021 年底，中铁科工集团联合江西理工大学研制的国内首列永磁磁浮空轨"兴国号"在江夏制造基地下线。

与电气驱动轮胎行走的空轨不同，"兴国号"是世界上首次将永磁磁浮技术应用于空轨车辆，具有低噪音、低能耗、爬陡坡、转急弯等特点。

"我们已经掌握空轨研制的全套技术，武汉'新时代号'空轨试验线累计安全运行 8000 公里，空轨已成为湖北的一张名片。"李方敏介绍，这种新型轨道交通占地少、视野开阔，与行人、机动车互不干扰，造价仅为地铁的五分之一，可用于旅游景点、商业区、科技园区等。

以架桥机为明星产品，中铁科工向更多新领域、新装备迈进，自主研制的多款装备创造了多个行业第一：

国内首台千吨过隧道单主梁架桥机"陆吾号"，工效提高 1 倍；2000 吨双轨门式起重机，起重能力国内最大；助力桥梁建造从陆地走向海洋；世界首台桩梁一体架桥机"共工号"，可完成引孔、打桩、拼装桥墩、架设桥面等全套施工任务；共振破碎机、1800 吨整孔预制箱梁架桥机"越海号"，均为世界之"首"。

与标准化装备不一样的是，中铁科工集团生产的每款装备都是订制化。"有的架桥机像变形金刚一样，通过狭窄的隧道时，不需要拆解，可以自动收缩身形；大坡度、大弯度，都难不倒它们。"李方敏说。

"千品千面"的背后，是强大的科技创新实力。中铁科工改革科技创新体系，成立规划设计研究总院，集中精干力量攻关共性技术、"卡脖子"关键技术、前瞻性技术，打造更轻量化、信息化、智能化的装备。

基于3D技术，研制钢桥梁横隔板焊接机器人、智能喷涂机器人。

基于北斗导航系统等，首创“铺轨机自动驾驶系统”，铺轨无需司机肉眼观看，自动生成的电子路线图可将铺轨精度提高4倍。

高铁运梁车自动驾驶系统，可以操控千吨级运梁车安全顺利通过隧道，已用于湖杭高铁、川南城际、成昆复线等铁路施工，累计运行超过1万公里。

国内首台建筑构件装配机器人“赤沙号”能上能下，灵活自如，可高精度定位、全智能装配式施工……

2021年，在国家发改委公布的1744家国家企业技术中心评价结果中，中铁科工排名第48位，被评为“优秀”，旗下子公司机械院被评为我省高新技术企业40强。

引领桥梁建造技术进入3.0时代

一台架桥机，就能搞定引孔、打桩、拼装桥墩、架设桥面等多个施工程序。这样“聪明”的架桥机，正引领世界桥梁建造技术变革进入3.0时代。

李方敏介绍，企业正在加大数字化转型步伐，基于一朵“云”，建设了3个平台，对设备、生产流程、工程施工进行管理。

这朵“云”有何妙处？

“过去靠人用手去写，或者用脑子记，随着设备越来越多，生产流程越来越复杂，给生产管理带来了巨大考验。”李方敏说，基于此，必须让设备、生产、工程施工上“云”。

以设备为对象，建立设备管理云平台，可以远程监测设备位置、轨迹、故障，进行日常保养和维护，提供专业故障分析。该公司在武汉建立全国首个中铁设备远程运维中心，世界各地的设备只要把相关信息录入到该平台中，都可以查询上述信息；以生产为对象，建立数字化智慧生产管理平台，打通生产现场各生产要素信息桥梁，利用信息技术打造数字化工厂的智能化生产；以工程施工为对象，建立信息化施工工程管理平台：针对高铁和地铁的桥梁架设、道床铺轨、站房建设、隧道施工等多类型施工过程，进行数据化信息化管控，实现智能化施工管理。

目前，“三大平台”已应用于300多台大型设备、多个梁场和工程项目中，让企业管理更科学、方便。该项目被国家认定为“两化”融合示范项目。

李方敏介绍，将重点推进建筑工业化装备业务、工程服务业务、工业服务业务、关键零部件制造业务、空轨等，提供系统性集成平台，打造国内一流的科技工程装备综合服务商。

（《湖北日报》2022 年 4 月 21 日三版）

扫码看视频

大力电工襄阳股份有限公司董事长、总裁高文广——

锚定创新30年坐热"冷板凳"

湖北日报全媒记者　肖擎　通讯员　张继宏　黄道锋

◆ 2022年4月18日，大力电工襄阳股份有限公司董事长、总裁高文广（右）做客湖北日报企业家全媒体纵横谈。（湖北日报全媒记者　魏铼　摄）

企业名片

大力电工襄阳股份有限公司（以下简称"大力电工"）始创于1993年，专业从事电机软起动及电气成套设备的研发、设计、生产、销售及服务，在全国拥有较为稳定的客户3000多家，市场覆盖全国及海外20多个国家和地区的10余个行业，拥有发明专利50多项，主导制定了7项产品的国家标准和4项行业标准。同时持续14年投入钒电池储能系统的研发，持续8年投入粉尘治理，取得丰硕成果。

精彩语录

当变频技术被攻克的那一刻起，大力电工就不再只是做软起动了，而是能进一步解决大型电机的变频调速、风力发电的自动无功跟踪补偿，市场容量扩大10倍以上。

创新是大力电工的“命脉”，没有这个“杀手锏”，企业走不到今天。

一旦坚定了目标，破点皮不要紧，只要不撞得头破血流绝不回头。

从一个成立时注册资金只有3万元的小公司，成长为国家火炬计划重点高新技术企业；从起动功率数值不断刷新，到“孵化”一批本土软起动厂家，推动襄阳形成电机软起动产业集群；从结缘“软起动”，到逐梦“清洁电能”……位于襄阳市的大力电工襄阳股份有限公司，近30年来不断蹚水涉滩，坐热创新“冷板凳”，成为软起动行业的龙头企业。

2022年4月18日，大力电工襄阳股份有限公司董事长、总裁高文广做客湖北日报5G演播室，解析企业的创新“密码”。

一家头部企业带动一个行业：襄阳软起动产业赫赫有名

大型电机开机时，需要借助辅助设备让电机慢慢转起来，以保护电网和机械设备，并提高其使用寿命，这种辅助设备就是软起动。

高文广介绍，襄阳的软起动产业声名赫赫。20世纪80年代，原襄樊市第一水泥厂总工程师、被誉为“中国液体电阻起动器之父”的丁丕烈，为解决厂里最主要的设备水泥磨起动难题，设计制造了液体电阻起动器，此项技术后来转让给原襄樊市机电研究所。

1992年12月，机电研究所与两个制造厂合并，成立长虹数控集团，主营机床电气控制等。其间，软起动不再作为主业，被边缘化。

1993年1月1日，机电研究所13位技术、生产、销售人员下海，自筹资金3万元，在相关部门支持下，成立传感测控技术研究所，继续推进软起动相关业务。此为大力电工的前身，这也是当时国内最早专注于软起动研究的企业。

高文广也因为一纸专利技术，放弃了当教师和研究所职工的工作，义无反顾走上软起动之路。

曾经，电机起动最困难的领域是水泥行业。由于重载起动，加上电网容量小，一些厂几周时间都起动不了，几乎处于停产状态。大力电工成立后，不断改进技术，以星火燎原之势在全国迅速推广，彻底解决该行业的电机起动问题。

随着工业企业规模越来越大，电机容量越来越大。软起动涉及的行业从水泥拓展至钢铁、石油化工、矿山、水利等数十个领域。

高文广说，开风气之先的大力电工陆续开发出电子降压软起动、降补软起动和变频技术软起动，推动该市形成电机软起动产业集群。最高峰时，襄阳这一产业集群占据全国 80% 的市场份额，撑起中国软起动行业的大半壁江山。

客户点赞产品创新："你们简直就是送来了一台印钞机"

在企业近 30 年发展中，高文广对 3 次技术创新记忆犹新。

1999 年 12 月，山西海鑫钢铁集团有限公司建设 1080 立方米的高炉，在西安召开技术方案论证会。得到消息的公司董事长张军红和总工程师余龙海正在前往广州的火车上，二人下火车直奔机场，赶到西安，冲进会场，诚恳表露心声："请给我们一个机会。"海鑫钢铁公司一位懂技术的负责人听完介绍，当场拍板：冒一回险，软起动装置用大力电工的电阻软起动。

2002 年 5 月，山西闻喜县，在 3 家行业报社记者、20 多家大型客户代表等百余人见证下，大力电工把握住机遇，把国产软起动装置功率推高到 13500 千瓦，且一次起动成功。

高文广当时 31 岁，事后有人问，你们胆子真大，起动不成功怎么办？"机电研究所出来的这批人，技术功底扎实，反复验证，心里有数。"高文广说。

2007 年，全球第一代大型电动机降补固态软起动装置在大力电工诞生，并在重庆钢铁公司一次起动成功，这是该企业第二次技术创新。

该产品的成功使用，使西门子和 ABB（Asea Brown Boveri Ltd.，艾波比集团公司）等国际巨头，在我国退出了 2 万千瓦以下的软起动市场。

变频技术代表软起动发展的最高水平，大力电工的第三次技术创新主要围绕高压更大功率电机展开。

2011 年 12 月，该企业研发的 1.5 万千瓦高压变频软起动装置在江苏中天钢铁集团一次起动成功，这也是当时国内最大功率的变频软起动。大力电工在超大功率电动机起动与国外巨头同台竞技的基础由此奠定。

高文广说，当变频技术被攻克的那一刻起，大力电工就不再只是做软起动了，而是能进一步解决大型电机的变频调速、风力发电的自动无功跟踪补偿，市场容量扩大 10 倍以上。企业顺势开发高压大功率变频调速器，此后又首次在江苏吉华化工一台大型风机上使用，为对方每日节约电费万元。吉华化工企业负责人点赞：“你们简直就是给我们送来了一台小型印钞机呀。”

创新驱动力从何而来：机制活，多维度筑牢发展基石

坐“冷板凳”不易，把“冷板凳”坐热更不易。

回首走过的近30年，高文广坦言，创新是大力电工的“命脉”，没有这个“杀手锏”，企业走不到今天。

公司十几个创始人从研究所出来，多数人对技术感兴趣，有实力。为鼓励稳定持续的创新，大力电工制定激励政策，根据开发产品每年销售获得的毛利，前三年按5%、以后按3%的比例奖励研发团队。技术人员只管把本事拿出来，一门心思搞创新。

除此，公司还把研发中心设立在武汉东湖高新区，把营销服务中心设立在北京，生产基地放在襄阳，多维度筑牢企业发展基石；和武汉大学、华中科技大学等建立紧密的合作模式；每年根据企业效益拿出收入的5%至8%用于技术研发与改进；建立湖北省高压大功率电动机软起动工程技术中心和重点实验室。

通过这些措施，大力电工不仅在软起动技术上遥遥领先，主导起草7项软起动行业的国家标准和4项行业标准，而且在变频调速技术、自动无功补偿技术等方面取得一大批成果。截至目前，企业拥有50多项发明专利，培育了一个国家级博士后创新团队和两个“隆中”人才创新团队。

从2008年开始，大力电工又在风光发电领域布局，重点研发钒电池储能技术。

“明确了清洁电能的目标，我们会坚定走下去。破点皮不要紧，只要不撞得头破血流绝不回头。”高文广介绍，大力电工经过14年持续不断的研发与试制，顶住各种压力投资1个多亿，已拥有钒电池全部核心技术和一定生产能力，正朝着产业化稳步迈进。目前企业已在襄阳高新区建立230亩的清洁电能产业园，致力深耕襄阳，再打造一个百亿元级别的钒电池储能制造企业。

（《湖北日报》2022年4月22日五版）

扫码看视频

中国航天三江集团有限公司党委书记、董事长冯杰鸿——

为国铸剑，逐梦飞天

湖北日报全媒记者　许旷　通讯员　谭青海　崔冬娜　魏勤

◆ 2022年4月20日，中国航天三江集团有限公司党委书记、董事长冯杰鸿（右）做客湖北日报企业家全媒体纵横谈。（湖北日报全媒记者　何宇欣　摄）

企业名片

中国航天三江集团有限公司（以下简称“航天三江”），隶属于中国航天科工集团有限公司，是我国固体运载火箭研制生产的主体与技术抓总单位，也是我国主要的特种越野车及底盘研发生产单位，2022年获评“湖北省科技领军企业”。航天三江本部注册在湖北省武汉市，共有成员单位28个，主要分布在湖北省武汉市、孝感市、宜昌市和北京市、南京市、成都市，形成“六地十二区”的布局。

精彩语录

航天三江始终坚持党的领导，忠诚践行“科技强军、航天报国”使命，赓续红色血脉，传承航天精神，勇攀科技高峰。

加快建设世界一流运载技术研究院，为实现航天强国贡献力量！

载人航天、嫦娥登月、天问探火……中国航天事业不断跨越，正在用一个个坚实的脚印，把梦想化作现实。

一次次国家重大航天任务背后，都有这家湖北企业的力量。

事业不断前进，精神代代相传。作为在鄂西三线诞生成长，自力更生发展壮大起来的军工企业，航天三江始终坚持党的领导，坚定履行强军首责，实施创新驱动战略，开启求索寰宇新篇章。

“扎根三线，为国铸剑；出山入市，逐梦航天。”2022 年 4 月 20 日，中国航天三江集团有限公司党委书记、董事长冯杰鸿，做客湖北日报 5G 演播室，分享这家老牌军工企业服务国家战略、服务国防建设、服务国计民生，以强军梦托起中国梦的创新发展历程。

载人航天工程配套产品，多次成功接受太空“大考”

4 月 16 日清晨，酒泉发射中心东风着陆场。

“砰！”随着一声巨响，神舟十三号载人飞船返回舱在预定区域安全着陆，翟志刚、王亚平、叶光富三位航天员顺利返回地面。

一望无垠的戈壁滩上，鲜艳的五星红旗迎风飘扬，迎接英雄凯旋。

“航天员出征和返回的时候，大腿外侧的两个小方盒，是我们自主研制的生理信号测试盒和心电记录装置，可实时监测航天员飞行中的心电、呼吸、体温等生理指标，了解他们的身体状况。”冯杰鸿说。

航天三江红峰公司研制生产的“太空厨房、太空医院、太空空调”等载人航天工程配套产品，多次成功接受太空“大考”。

2003 年 10 月 15 日，搭载航天员杨利伟的神舟五号飞船成功升空，这是中国发射的第一艘载人航天飞船。

从这艘飞船开始，飞船总体设计师就给中国航天员安排上特别的食品加热装置，让航天员可以吃上热乎乎的饭菜。

“这就是‘太空厨房’的组成部分，由航天三江红峰公司为神舟飞船量身定制。”冯杰鸿现场展示了飞船内的食品加热装置。

加热装置采用箱式设计，米白色。为了最大化利用有限的飞船空间，装置的长、宽、高均不足 30 厘米，自身重量仅为 4.4 千克。

装置虽小，五脏俱全。小小的方盒内有三层加热空间，加热温度和加热时间都可自动和手动控制，食品在加热器中取放方便，装置还具有束缚航天食品的功能。

轻按电源开关，耐心等待30分钟，一份冒着热气的中餐便新鲜出炉。主食中心加热温度不小于65℃，是最佳的口感温度。

“太空医院产品可以保障航天员的身心健康，太空厨房让航天员能吃上热乎乎的饭菜，我们的产品全程为航天员保驾护航。”冯杰鸿说。

新型火箭发动机，为可重复使用液体火箭提供动力

星空浩瀚无比，探索永无止境。

如今，湖北商业航天产业正稳步推进。除了服务国家重大航天任务，航天三江也在商业航天大道上驰骋，积极探索航天产业发展新模式。

“始终坚持走差异化发展道路，发挥航天技术优势，采取融资、股权激励等灵活机制，做大做强商业航天产业，辐射带动地方大数据、智能装备等相关产业发展。”冯杰鸿说。

航天三江瞄准空天开发前沿科技和未来产业，依托商业发射、卫星及卫星应用等领域，推动中型、大型固体运载火箭以及液体运载火箭研究，形成直径系列化、能力梯度化的“快舟”系列型谱，进一步巩固和扩大民用航天市场份额，商业航天实现“快舟”火箭常态化发射、“行云工程”投入运营。

2017年，快舟一号甲固体运载火箭完成我国首次商业运载火箭发射服务。2021年，快舟一号甲成功完成3次发射，快舟火箭持续保持发射最“快”的记录。截至目前，快舟已成功发射12次，将22颗卫星送入太空。

火箭试错成本大、技术门槛高。实现火箭可回收复用，是提高发射频率、降低发射成本直接有效的措施之一，也是未来火箭技术发展的必然方向，具备巨大商业价值和社会价值。

2022年3月，航天三江火箭公司自主研发的“鸣凤”一号液氧甲烷发动机，在湖北顺利通过新一轮热试车考核，单次试车时间200秒。

“这款发动机可以为可重复使用液体火箭提供动力，到时候火箭发射成本将大幅降低，可满足未来低成本、高频次进入空间的需求。”冯杰鸿说。

武汉国家航天产业基地的快舟火箭产业园，已形成较完备的固体运载火箭总装测试能力。目前基地正加快建设液氧甲烷发动机冷态试验设施，预计

2022年可以投入使用。

航天三江打造的行云工程是国内首个天基物联网，总共分三期建设。“目前第一阶段建设的两颗卫星实现建链流程完整、遥测状态稳定的双向通信，标志着我国卫星物联网星座实现星际间激光通信零的突破，正在加紧推进第二阶段小规模组网建设。”冯杰鸿说。

行云工程第三阶段建成后，将完成全部组网，实现“万物皆可互联”，可为人们生产生活、经济社会发展带来更多便利。

航天版“变形金刚”，可运输万吨“巨无霸”

携火箭翻越群山，载巨轮跨入重洋。

航天三江研发的特种车辆装备，一次次挑战着汽车运输极限。

2019年8月，航天三江万山公司28台自行式模块运输车，托起约1.2万吨海底沉管隧道钢壳“巨无霸”，刷新国产自行式模块车运载最高纪录。

航天三江是我国最大的超重型特种越野车及底盘研发生产基地，也是湖北省仅有的两家同时具备常规能源和新能源底盘及整车生产资质的企业之一。

“我们这款航天版的‘变形金刚’，可扛起万吨‘巨无霸’。”冯杰鸿说，万山公司智能移动装备，在神舟飞天、快舟发射、深中通道等重大工程项目运输中，圆满完成极限运输与服务任务。

经过50多年发展，航天三江在特种越野车、矿用装备、重型工程运输装备等特种车辆细分领域，技术优势明显。

“积极应用新能源、智能网联等新技术，将智能移动装备产业，打造成为航天三江支柱级产业板块之一，形成具有航天特色的国内一流智能移动装备集群。”冯杰鸿说。

唯创新者进，唯创新者强，唯创新者胜。

习近平总书记多次强调：“关键核心技术是要不来、买不来、讨不来的。”

航天三江是目前国内拥有完整研发生产体系、覆盖激光产业上中下游全产业链的企业。旗下控股上市公司锐科激光，研发出我国首台100千瓦光纤激光器，打破国外技术垄断，增强我国激光设备高端装备的国际竞争力。

“以打造光纤激光原创技术策源地、现代产业链‘链长’为目标，坚定实施创新驱动发展战略和制造强国战略，打造国家级激光装备产业集群。”

冯杰鸿表示，航天三江将抓住湖北加快构建“51020”现代产业集群机遇，积极融入地方经济建设，积极培育“专精特新”项目。

在省委、省政府的支持下，航天三江全面落实创新驱动发展战略，持续加大研发投入，优化创新体系，加大关键核心技术攻关。先后获得省部级以上科学技术进步奖820余项，拥有现行有效授权专利6000余件。

2021年，航天三江经济总量再上新台阶，实现营业收入超440亿元，“十四五”开局之年交出满意答卷。

“要坚定不移把党的领导、党的建设贯穿于企业改革发展全过程各环节，在激光装备、智能移动装备两大产业集群中找到自身发展定位，加大高端人才引进，推动机制创新。”冯杰鸿表示，“十四五”期间，航天三江坚持稳中求进工作总基调，聚焦主责提能力，做强主业增效益，助力湖北航天产业高质量发展。

（《湖北日报》2022年4月25日五版）

扫码看视频

长江沿岸铁路集团股份有限公司党委书记、董事长马春山——

沿江“超级高铁”来了！

湖北日报全媒记者　胡祎　通讯员　胡晓勇

◆ 2022年4月22日，长江沿岸铁路集团股份有限公司党委书记、董事长马春山（右）做客湖北日报企业家全媒体纵横谈。（湖北日报全媒记者　何宇欣　摄）

企业名片

为深入贯彻落实习近平总书记关于推动长江经济带发展的重要讲话和指示批示精神，经国铁集团与上海、江苏、安徽、湖北、重庆、四川等沿江六省市协商沟通，于2020年4月启动长江沿岸铁路集团股份有限公司组建工作，并于同年12月20日正式落户武汉。长江沿岸铁路集团股份有限公司采用母子公司架构，母公司负责统筹沿江高铁和铁路货运基础设施建设、资产经营管理、投融资改革等工作，是集投资、建设、开发、运营和收益一体化闭环管理的国有股份制公司。子公司按省市划分，由母公司、沿线省市出资人代表和社会出资人共同出资组建，具体负责铁路项目建设管理等工作。

精彩语录

把沿江高铁建成助推国家长江经济带发展战略的标志性工程。

沿江高铁是一条贴行长江水道的快捷黄金旅游通道，方便旅客领略上海的潮流、苏州的精美、南京的古风、武汉的辽阔、重庆的热辣、成都的闲适，像水晶线一样串联起长江上中下游大中城市和东方明珠、夫子庙、黄鹤楼、三峡大坝、清江画廊、洪崖洞、都江堰、青城山等著名景点。

沿江高铁将推动沿线多个城市迈入高铁时代，对服务支撑湖北省"一主引领、两翼驱动、全域协同"区域发展布局、促进湖北加快建成中部崛起战略支点，将起到重要的基础设施保障作用。

七年后，从武汉乘坐高铁，约 3 小时就可抵达上海。长江沿岸铁路集团股份有限公司（以下简称"长江沿岸铁路集团"）正用如椽巨笔，沿长江画出一条"钢铁飞龙"。

这条"钢铁飞龙"是设计时速 350 公里的现代化高速铁路——沿江高铁（新建沪渝蓉高速铁路），全长约 2100 公里，总投资约 5500 亿元。这也是长江经济带综合交通运输体系中至关重要的一块拼图。建成后，将串联起长江沿岸多个城市群，直接惠及 6 亿人口。

2022 年 4 月 22 日上午，长江沿岸铁路集团股份有限公司党委书记、董事长马春山做客湖北日报 5G 演播室，畅谈这条沿江"超级高铁"。

长江水运有了"绝佳拍档"

在人们的印象中，沿江的"高铁"通道似乎早就有了一条。

这就是已经通车数年的沪汉蓉快速客运通道，其起于上海，途经南京、合肥、武汉、重庆等城市，终于成都。

这的确是一条沿江而行、贯穿东西的铁路大动脉。然而，既有的沪汉蓉铁路的设计时速，仅上海至南京、重庆至成都为 350 公里，南京—合肥—武汉—宜昌，以及利川—重庆均为 200 ~ 250 公里，宜昌—利川仅 160 公里，技术标准不一。目前，从武汉去重庆，需 7 小时左右；从上海去成都，需 12 小时左右。

马春山认为，既有的沪汉蓉铁路，难以充分发挥铁路的技术经济优势和通道整体能力，对实施长江经济带发展战略的支撑不足，在沿江综合交通体系中短板明显。沿江高铁建成后，通勤时间这一“硬伤”将得到弥补，从上海到成都，仅需7个小时。

此外，既有沪汉蓉铁路南京至重庆段规划为双层集装箱通道，兼有货运功能，沿线客运需求旺盛，但目前除宜万线办理极少量货运外，其他区段未开行货车，导致大量货运需求转移到公路，无法发挥铁路的环保技术优势。建成沿江高铁，将释放既有沪汉蓉铁路能力，有效解决通道内货运长距离绕行痼疾，降低运输成本。

沿江高铁还将发挥一个很重要的作用，即和长江黄金水道的水运组成“绝佳拍档”，形成多式联运的重要支撑。

根据研究，铁路、水运的单位周转量运价比分别是公路的40%和4%；碳排放方面，铁路、水路只有公路的9.4%和11.8%。

马春山说，长江沿岸区域运输结构中公路、水运仍占主导地位，区域铁路货运量约6亿吨，占比不足3%，港口铁水联运比例不足5%，铁水联运还有着很大提升空间。沿江高铁建成后，长江经济带的铁水联运比例将得到大幅度提升。

湖北段4个项目进展较快

沿江高铁从蓝图开始，就备受关注。

2014年9月，国务院在《关于依托黄金水道推动长江经济带发展的指导意见》中提出“强化铁路运输网络，重点建设上海经南京、合肥、武汉、重庆至成都的沿江高速铁路”。

此后，经过多方努力，最终形成了建设多径路、时速350km高标准通道的建设方案。2021年9月25日，武汉至宜昌段在湖北荆门举行开工动员大会，成为沿江高铁首个开工项目，打响了沿江高铁全面开工建设的“第一枪”。

在沿江高铁7个项目中，武汉至宜昌段已进入大建设阶段，上海至南京至合肥段、成渝中线铁路两个项目可研报告已批复。

马春山介绍，沿江高铁是我国技术标准最高、建设环境最多变的高速铁路，沿线地理环境复杂多变，沿线经过平原、丘陵、山区，生态敏感区分布广泛，5次穿跨长江。目前，根据计划，成渝中线铁路、上海至南京至合肥段、合肥至武汉段、武汉枢纽直通线力争年内开工建设；宜昌至涪陵段力争年内批复可研报告；涪陵至重庆段择机启动，近期可利用渝万城际和渝万高铁实现通道功能。

湖北段不仅长度最长，投资额也最大，约占全线投资的42%。

“湖北段正线全长892公里，总投资2335亿元，是湖北历史上投资规模最大的基建项目。”马春山介绍，湖北段包括合肥至武汉段、武汉枢纽直通线、武汉至宜昌段、宜昌至涪陵段4个项目，其中武汉至宜昌段已开建，合肥至武汉段、武汉枢纽直通线将力争年内开工，宜昌至涪陵段力争年内批复可研报告。

马春山表示，长江沿岸铁路集团将秉持把沿江高铁建成助推国家长江经济带发展战略标志性工程的理念，以实际行动打造精品工程、安全工程、绿色工程、创新工程、廉洁工程。

“米”字画上重要“一横”

沿江高铁横贯东中西、连接六省市、串联三大城市群，对湖北发展的意义不言而喻。马春山说，沿江高铁将推动沿线多个城市迈入高铁时代，对促进湖北加快建成中部崛起战略支点，将起到重要的基础设施保障作用。

湖北“九省通衢”的交通地位更加巩固——

沿江高铁建成后，武汉至成渝地区仅需3至4个小时，到上海仅需3个小时，可快捷通达长江经济带主要经济区，发展带动效应显著，产业升级将迎来巨大机遇。

湖北部分市县不通高铁的历史将结束——

荆门、恩施和京山、钟祥、当阳、五峰、鹤峰等市县将实现时速350公里高铁覆盖，补强湖北省东西向铁路客运主轴，有力推动这些地区经济社会发展。

武汉铁路枢纽的功能地位可从根本上提升——

当前，武汉的“米”字型高铁枢纽，最重要的组成部分是京广高铁（一“竖”）和沿江高铁（一“横”）。项目建成后，武汉枢纽西北向、西向与东南向、南向高铁将实现直通运营，填补汉阳大型客运站空白，促进天河空铁一体化枢纽的功能提升，优化过江通道布局，对武汉市打造国际性综合交通枢纽城市具有重要意义。

沿线发展潜力将加速释放——

沿江高铁将成为贴行长江水道的快捷黄金旅游通道，将上海的潮流、苏州的精美、南京的古风、武汉的辽阔、重庆的热辣、成都的闲适等“一线串珠”。

“一座高铁，可带来一座新城。”马春山认为，从经济学角度来看，高铁促进了资源要素在沿线的优化配置和集聚发展。该集团围绕沿江高铁建设和开通对经济的拉动，做好产业项目的超前谋划和同步实施，从而实现高铁经济综合效益最大化。高质量实施高铁站区土地综合开发，不仅可以通过收益反哺高铁建设，更能带动高铁站周边区域经济增长，加快沿线市县城镇化进程，形成新发展格局。

他介绍，长江沿岸铁路集团将深度融入沿线城市的规划建设，利用湖北省优质资源实施土地综合开发，有针对性地打造站城融合体与特色高铁小镇，不仅能进一步释放武汉、宜昌等大城市的聚集、辐射效应，推动“武汉城市圈”和“宜荆荆恩”城市群的加快形成，也能为湖北省沿线中小型城市带来更多发展机会，助力区域经济发展。

（《湖北日报》2022 年 5 月 7 日三版）

扫码看视频

武汉钢铁有限公司党委书记、执行董事吴小弟——

边喝咖啡边炼钢，梦想照进现实

湖北日报全媒记者 李源 通讯员 余明程 程琳

◆ 2022年5月7日，武汉钢铁有限公司党委书记、执行董事吴小弟（右）做客湖北日报企业家全媒体纵横谈。（湖北日报全媒记者 何宇欣 摄）

企业名片

2016年，宝钢集团有限公司与武汉钢铁（集团）公司实施联合重组，成立中国宝武钢铁集团有限公司。

2017年，武钢股份成为宝钢股份四大钢铁基地之一，更名为武汉钢铁有限公司，简称武钢有限。

武钢有限拥有炼焦、炼铁、炼钢、轧钢及配套公辅设施等一整套先进的全流程钢铁生产工艺设备，形成了以冷轧硅钢片、汽车板、高性能工程结构用钢、精品长材四大战略产品为重点的一批名牌产品，广泛应用于汽车、家电、石油化工、机械制造、能源交通、金属制品、航天航空、核电、电子仪表等行业。

精彩语录

中国钢铁不是“夕阳工业”，而是高科技行业，正在引领全球潮流。

成立5年来，武钢有限员工收入平均每年实现两位数以上的增长，发展成果真正实现了全员共享。

武钢有限大手笔投资150亿元用于环保技改，实施146个环保治理项目，一座符合4A级景区标准的花园式工厂正在武汉东部崛起。

武钢是新中国成立后兴建的第一个特大型现代钢铁联合企业，被誉为“新中国钢铁长子”。

在很长一段时间里，武钢既是中国钢铁工业的翘楚，也是湖北省、武汉市重点支柱企业，为国家和区域经济社会发展作出了卓越贡献。

武钢有限2017年成立至今，在“绿色、智慧、精品”的高质量发展之路上阔步前行，企业发展持续向好。

2021年，武钢有限在宝武重组后产值首破千亿，达1017.87亿元，实现利润总额55.74亿元，上缴税收23.43亿元。

“效率革命”让工业产值逆势上扬

“武钢在新中国钢铁工业发展史上赫赫有名！”说起武钢的历史，武钢有限党委书记、执行董事吴小弟倍感自豪。

1958年9月13日，武钢一号高炉建成投产。当天，毛泽东主席亲自登临高炉，观看第一炉铁水奔涌而出。

2019年10月14日10时9分，武钢一号高炉正式停炉。

61年间，一号高炉累计生产生铁超过5000万吨，见证了我国从一穷二白到钢铁大国的历史性变化，被武钢人亲切地称为“光荣炉”。

“宝钢武钢联合重组后，曾有人问，现在的武钢有限和过去的武钢是怎样的关系。”吴小弟说，武钢有限就是过去武汉钢铁（集团）公司钢铁板块的延伸。“在新的征程上，武钢不仅没有消失，反而成为创新的武钢、生态的武钢。”

2021年以来，武钢有限在效率提升上狠下功夫。

“‘四吨铁水炼出五吨钢’，提前实现人均年产钢1500吨……这些都为我们今年在行情下滑的情况下逆势而上，实现‘开门红’打下了坚实基础。”吴小弟介绍，2022年一季度，武钢有限工业产值同比增长22%，累计实现利润超过 8 亿元，"2 月利润相比 1 月翻了一番还多，3 月利润相比 2 月又翻了一番还多。"

值得注意的是，2022 年 2 月份，武钢有限创下经营利润 2.02 亿元，是在克服购销两端价格大幅影响损益减少 5.79 亿元的情况下取得的，"含金量"很高。其中铁成本减降效果明显，2 月份降本达到 1.58 亿元，刷新了纪录。

吴小弟说，纵观国内外，兼并重组案例成功的少、失败的多。但宝武重组以来，武钢有限发展质量越来越高，有息负债规模由重组前的 400 亿元下降到现在基本为零，资产负债率下降 18 个百分点，厂容厂貌焕然一新、干部职工拼劲十足，企业综合竞争力迈入宝武第一梯队。

"技术革命"轻点鼠标能炼钢

炼钢炼铁，在一些人看来是"傻大黑粗"的工作；钢铁工业，曾被认为是"夕阳工业"。

但在吴小弟看来，中国钢铁不是"夕阳工业"，而是"高科技行业"，正在引领全球潮流。

吴小弟说，近年来，技术革命彻底颠覆了武钢有限的传统炼钢流程，概括起来就是"四个一律"：能用机器人干的活一律用机器人干，能够远程干的活一律远程干，能够集中的操控一律集中，能够上线的服务一律上线。

目前，武钢有限厂区内一共有 100 多名智能化工业机器人"宝罗"，它们分布在炼钢炼铁的各个流程中，代替工人们完成自动加渣、钢卷喷号等工作。到 2022 年底，"宝罗"的数量有望实现翻番，至"十四五"末期，有望达到近千台。

全长近 2 公里、占地 5 万平方米的 CSP 产线，在武钢有限厂区内率先应用"5G + AR"远程专家系统，依靠穿戴式 5G"安全头盔"，通过高清实时图像交互与数据分析，后方专家可以与一线职工"合体式"巡检。

2021 年，武钢有限建成国内最大规模的 5G 企业内网，上线了国内首创的 5G + 铁钢界面智慧系统。高炉要出铁了，炉前工拖拽一下鼠标，"接单"机车像滴滴快车一样自动驶向出铁口，铁水罐自动对位、自动受铁，受铁完毕自动前往炼钢厂，沿线铁路自动扳岔，拦木机自动开闭……

吴小弟说，互联网、物联网、数字孪生等技术的大规模运用，将各工序融合为人机一体、操维一体的高效智能化模式。"炼铁工人不需火眼金睛就能看透‘高炉之心’，炼钢工人可以一边喝咖啡一边‘一键炼钢’‘一键出钢’，热轧工人点点鼠标就能做到微米级精轧远程控制。”

“绿色革命”让钢厂变花园

武钢有限厂区位于武汉市三环线和四环线之间，是武汉市中心城区唯一一家大型钢铁企业，随着城市建设步伐不断加快，居民生活区日益临近厂界，环保压力与日俱增。

“成立5年来，我们已累计投资150亿元用于环保技改，实施146个环保治理项目，其中80多个污染防治项目已建成投运。2021年，厂区二氧化硫等5项主要污染物排放总量同比下降23%，厂区优良空气天数312天，优良率超过80%。”

谈及如何在高质量发展过程中践行绿色发展理念，吴小弟抛出这样一组数字。

他说，大投入带来大变化，如今的武钢有限厂区，天空蔚蓝、白云袅袅、绿树成荫。基于此，近年来，武钢有限多次举办公众开放日活动，邀请社会各界人士到厂区参观，“很多人感慨，钢厂不像钢厂，像城市花园”。

为落实“双碳”战略，武钢有限于2021年底牵头成立了湖北省先进低碳冶金产业技术创新联合体。“我们将以低碳冶金关键技术攻关为突破口，推动全产业链低碳制造技术进步，助力我省率先建成低碳冶金产业体系，为我省‘双碳’目标早日实现贡献钢铁力量。”吴小弟说。

2022年，武钢有限将围绕“不负青山、重回标杆”的总体目标，在三个维度发力：一是“千百企业”，努力创造千亿产值、百亿利税，力争为地方经济社会发展多作贡献；二是“4A级”景区，以一号高炉国家工业遗产公园为核心，整合中央企业工业遗产“一米七”轧机工程和中国宝武首批爱国主义教育基地等红色资源、科教资源，把老厂区打造成符合“4A级”景区标准的花园式工厂和工业旅游基地；三是“三有生活”，让职工过上有钱、有闲、有趣的“三有生活”，让职工充分共享改革发展的成果。

（《湖北日报》2022年5月18日三版）

扫码看视频

中铁大桥勘测设计院集团有限公司党委书记田道明——

院士最多的桥梁企业突破“卡脖子”技术

湖北日报全媒记者 戴辉 通讯员 邓达 曹雪

◆ 2022年5月14日，中铁大桥勘测设计院集团有限公司党委书记、副董事长田道明（右）做客湖北日报企业家全媒体纵横谈。（湖北日报全媒记者 柯皓 摄）

企业名片

中铁大桥勘测设计院集团有限公司成立于1950年2月，从1957年通车的万里长江第一桥——武汉长江大桥起步，72年来在海内外勘测设计1000多座桥梁，包括众多世界级跨江、跨海大桥，擦亮“中国桥”名片。从开始举全院之力勘测设计武汉长江大桥，到如今在大江大河、雪山高原、深海岛屿同时勘测设计数十座大桥；从一家专注桥梁勘测设计的专业设计院，到布局拓展成为一家面向大交通、全领域发展的“双综甲”综合设计咨询集团；从自主突破“卡脖子”关键核心技术，到主动与全球共享科技成果……中铁大桥院的奋进脚步，从未停歇。目前，集团职工2000余人，硕博比例高达

50%，先后培养了4名中国工程院院士、7名全国工程勘察设计大师、30余名国家级专家；荣获23项国家科技进步奖、21项国际桥梁大奖、200余项省部级以上奖励。

精彩语录

一桥飞架，稳坐百年。

为国筑桥，踏平坎坷；超越自我，征服江河。

面对从未建设过的桥梁类型，“拍板”往往是最难的，这考验着桥梁设计者的胆识、决心和能力。

一家桥梁设计院，培养出了4名院士，是中国桥梁原创技术策源地，掌握了中国最多的桥梁原创技术。

它就是位于武汉的中铁大桥勘测设计院集团有限公司（以下简称“中铁大桥院”）。

因建设武汉长江大桥而诞生的中铁大桥院，72年来用千余座“祖国需要的桥、人民满意的桥”，畅通条条国脉。

2022年5月14日，中铁大桥院党委书记、副董事长田道明做客湖北日报5G演播室，讲述了自主创新突破“卡脖子”核心技术的桥故事。

中国桥梁人才的殿堂

2021年11月，中铁大桥院总工程师高宗余新晋中国工程院院士。至此，中铁大桥院院士增至4名，我省成为全国桥梁界“两院”院士最多的省份。

“陈新院士，我国桥梁深水基础奠基人；方秦汉院士，我国现代钢桥技术奠基人，在他的推荐下，中国大规模使用国产桥梁钢；秦顺全院士，开创斜拉桥无应力状态控制技术，解决了大跨度斜拉桥多项关键技术难题；高宗余院士，使我国斜拉桥技术在国际上具有独创性……”说起一位位“桥星”，田道明如数家珍。

被誉为中国桥梁人才殿堂的中铁大桥院，伴随着新中国成立而诞生。

1950年2月，为打通京广铁路大动脉，在武汉修建万里长江第一桥——武汉长江大桥，铁道部成立“武汉大桥测量钻探队”，主要负责大桥勘测工作。这个“钻探队”，就是中铁大桥院的前身。

1956 年，毛泽东主席在听取大桥建设情况汇报时要求“建成学会”。在苏联专家的指导下，他们采用“管柱基础”这一当时世界上最新的筑墩方法，使武汉长江大桥提前两年建成通车。

牢记毛主席的嘱托，该院在建造百年之桥的同时，也建立了一座座“传、帮、带”的传承之桥，为中国和世界桥梁事业发展培养了一代代优秀科技创新人才。

72 年来，该院先后培养了 4 名中国工程院院士、7 名全国工程勘察设计大师、30 余名国家级专家。

“高层次、高职称、高学历”，是中铁大桥院人才的最大特点。田道明介绍，中铁大桥院在坚持“党管人才”原则下，充分发挥党员先锋模范作用，强化高端专家的示范效应，开展科研项目的“揭榜挂帅”，把党内和党外、国内和国外各方面优秀人才集聚到中国桥梁事业中来。

他透露，该院坚持深化人才薪酬分配机制改革，突出价值创造导向，探索实施多元化中长期激励，进一步激励广大人才的工作积极性。作为科改示范企业，中铁大桥院创新科研项目组织管理机制，开展科研成果和科技人才的考核评价，加大对青年科技人员的激励，敢于给年轻人担纲大任的机会，创造有利于青年人才脱颖而出的环境。

以原创技术打破“中国人行不行”的质疑

中国现代悬索桥的开创者、全国工程勘察设计大师、中铁大桥院前副总工程师杨进曾经说过：“别人做没做成过，那是别人的事；我们能不能做成，就是我们自己的事。”

20 世纪 60 年代初，在进行我国自行设计建造的第一座特大型公铁两用桥梁——南京长江大桥设计时，他们解决了桥址水深流急、基岩强弱不一的难题，打破了外国专家“在南京江面上不能建桥”的论断。

20 世纪 90 年代初，在中国第一座现代悬索桥——汕头海湾大桥的设计中，采用非常规的预应力混凝土加劲梁结构，填补了国内现代悬索桥设计的空白。

新时代，在世界上首座集高速公路、城际铁路、一级公路为一体的过江通道——常泰长江大桥设计中，他们又实现了“四个世界首创，六个世界之最”。

设计，并不是图纸一画完，就可一劳永逸。

田道明说，很多桥梁设计方案从理论上看起来是可行的，但是到底能不能落地，需要桥梁设计者根据自己的经验、知识做出判断。

演播室里，田道明拿起一个武汉杨泗港长江大桥的桥模，脸上充满自豪。“它不仅是世界上最大跨度双层悬索桥，而且从钢缆索到钢箱梁全部国产化。”他介绍，一跨过江的杨泗港大桥，由数十条缆绳支撑起桥梁的全部重量。这座大桥自身荷载的重量相当于一艘航母的重量，对主缆的力学性能提出了巨大的挑战。而当时，世界上还没有如此高强度的钢丝。

徐恭义，全国工程勘察设计大师、中铁大桥院副总工程师。这位美国国际桥梁大会约翰·罗布林终身成就奖获得者负责设计杨泗港大桥。

多年来，徐恭义憋着一股劲：修了这么多年的悬索桥，核心材料不能再依赖从国外进口了。他大胆提出，用中国自己研发生产的主缆钢丝替代进口。最后，经过坚持不懈的努力，该院和钢铁厂家联合生产出目前世界悬索桥中强度最高、力学品质最好的超级钢丝。

一根细细的钢丝，不仅首次在杨泗港大桥上实现超高强度钢丝完全国产化，更以原创技术打破了“中国人行不行”的质疑。

在一代代的传承中，中铁大桥院众多院士大师们聚焦“卡脖子”关键技术，率先突破难题，在推动实现桥梁产业“全面国产化”的同时，成功开辟出一条具有中国特色的桥梁产业链自主创新之路。72 年来，中铁大桥院在海内外勘测设计 1000 多座桥梁，世界排名前十的斜拉桥、悬索桥、拱桥、梁式桥中，一半以上出自该院之手，成为了国内拥有桥梁原创技术最多的一家企业。

构建原始创新策源地

新时代，面对国家建设不断加快、技术发展日新月异、国际竞争日趋激烈的形势，中铁大桥院始终坚持“处在高端、站在前沿”的科技发展方针，不断推进着传统产业与信息技术、“互联网 +”技术的融合。

在设计软件的研发上，该院填补我国在该领域的多项空白，整体达到国际先进水平。其中非线性求解能力达到国际最高水平。田道明称，自主研发的大跨度缆索承重桥梁精细化分析平台，打破对国外软件的依赖并实现超越，成果已成功应用于武汉杨泗港长江大桥等 30 多座大型桥梁。

同时，他们推进数字化业务创新、技术服务创新和管理模式创新。2021 年，该院在全国桥梁界率先开展桥梁工程勘测设计标准化建设，并全面启用项目管理系统，将质量管理流程与贯标工作在线上全面铺开运行。目前已成功实施了以武汉青山长江大桥、宜昌伍家岗长江大桥等为代表的一大批项目的生产组织，在复杂综合项目的生产组织和质量管理方面取得新突破。

田道明透露，近期湖北省发布《关于促进全省工程勘察设计行业高质量发展的若干措施》，给桥梁企业助力湖北武汉成为名副其实的"中国建桥之都"，提供了政策支持和发展契机。

未来中铁大桥院将以设计为龙头，与湖北桥梁全产业链企业强强联手，共同构建具有国际竞争力的桥梁产业原始创新策源地，加速推动我国桥梁产业迈向全球价值链顶端，助力湖北武汉成为名副其实的"中国建桥之都"。

（《湖北日报》2022 年 5 月 25 日四版）

扫码看视频

湖北振华化学股份有限公司董事长蔡再华——

54年炼就全球最大铬化学品生产商

湖北日报全媒记者　龚雪　通讯员　朱士杰　陆红婷

◆ 2022年5月27日，湖北振华化学股份有限公司董事长蔡再华（右）做客湖北日报企业家全媒体纵横谈。（湖北日报全媒记者　薛婷　摄）

企业名片

湖北振华化学股份有限公司是全球规模最大的铬化学品和维生素K3生产商，我国唯一以铬化学品为主业的上市公司，拥有湖北黄石和重庆潼南两大生产基地，“民众”“楚高”两大品牌，是铬化学品民族品牌领导者。公司形成独有的“全流程循环经济与资源综合利用体系”，“铬资源无钙焙烧高效清洁转化与铬渣综合利用技术开发及应用”，荣获中国石油和化学工业联合会授予的科技进步一等奖。

精彩语录

以国家战略产业发展和技术创新为导向，构建高端化、优质化产业结构。紧紧跟随国际前沿技术，打造资源节约型、环境友好型、经济效益型铬盐生产企业。

实体经济，要稳健，不能冒进。企业以纳税贡献论英雄，纳税多，说明盈利好。

企业管理者要深入现场，掌握一线情况，才有底气，这是我们几十年养成的习惯。

铬，是自然界硬度最大的金属，也是人体必需的微量元素。

铬化学品，是国民经济发展不可缺少的功能性材料，被誉为“工业维生素”，广泛应用于冶金、化工、建材、军工等。

2022 年 5 月 27 日，湖北振华化学股份有限公司（以下简称“振华股份”）董事长蔡再华做客湖北日报 5G 演播室，畅谈企业发展，和我国铬化工从无到有、从有到强的历程。

突破国外技术封锁，铬盐产能占全国一半

近期，振华股份发布两份财报：2021 年净利润 3.18 亿元，同比增长 122%。2022 年一季度继续高歌猛进，营业收入 7.9 亿元，同比增长 18.36%；净利润 1 亿元，同比增速达 187.7%。

蔡再华介绍，2021 年 1 月，振华股份收购国内同行业生产能力排名第二的重庆民丰化工有限责任公司（以下简称“重庆民丰”），带动产能、产量大幅扩张，驱动收入大幅增长。

振华股份的发展，伴随着中国铬化工从无到有、从有到强。其前身，始于 1967 年创办的一家生产氢氟酸工厂，设在大冶钢厂旁边；1976 年，挂牌黄石市地方国营无机盐厂；1994 年被冶钢集团兼并，更名为冶钢集团黄石无机盐厂，成为原化工部定点铬盐生产企业。

2003 年，冶钢集团黄石无机盐厂负债累累，400 多名工人面临下岗。在黄石市委市政府、西塞山区委区政府支持下，相关部门启动冶钢集团黄石无机盐厂国企改制。蔡再华带着 31 名股东，设立黄石振华化工有限公司，开始重新创业。

西方发达国家早就开始铬盐化学品的工业化生产和应用，但一直对中国封锁关键核心技术和装备。本世纪初，振华股份携手天津化工学院，完成“无钙焙烧清洁生产工艺”自主知识产权研发，突破国外铬盐生产核心技术封锁，并

获得国家"九五"科技攻关项目优秀成果奖。2011年，振华股份完成股改，历经6年，于2016年在上交所上市，是我国唯一一家以铬化学品为主业的上市公司。

与重庆民丰重组后，振华股份铬盐年产能超过我国铬盐年产量的一半，一跃成为全球规模最大的铬化学品和维生素K3生产商。

2021年底，振华股份收购厦门首能，经营版图不断扩大，并向铬化学品全产业链拓展。凭借其独有的"全流程循环经济与资源综合利用体系"，已成为全球铬盐行业综合竞争力最强的企业。

资源吃干榨尽，工业废水零排放

铬盐，是重要的冶金、化工材料，作为钢的添加料，可生产多种高强度、抗腐蚀、耐高温的特种钢；金属铬与钴、镍、钨等元素混合，可冶炼特种合金。这些特种钢和特种合金，是航空、航天、汽车、造船，以及国防工业不可缺少的材料。

振华股份所处行业为"基础化学原料制造"的"无机盐制造"。蔡再华介绍，铬盐是我国无机化工主要系列产品之一，就像"铬是人体必需的微量元素"一样，铬盐系列产品也是国民经济发展不可缺少的重要产品，被誉为"工业维生素"。

振华股份主营产品重铬酸钠，是铬盐最基础的产品，通过深加工可生产出铬酸酐、氧化铬绿、铬鞣剂、金属铬等多种含铬产品，广泛应用于表面处理、颜料、鞣革、医药、染料、新材料、香料、饲料添加剂、催化剂、化肥、陶瓷、木材防腐、石油天然气开采等行业。

蔡再华介绍："铬化学品是重要的功能性材料，应用在表面处理、耐火材料和颜料制品中。生活中的高档皮革制品，都是通过铬化学品鞣革生产出来的。它也能应用在电子化学品中，上到航天、下到深海，铬化学品无处不在。"

一手抓新产品研发，一手抓"三废"处置。蔡再华说："公司将生产过程中产生的副产品铝泥、铬酸铬、芒硝等中间固废，进行100%资源化综合利用，作为生产超细氢氧化铝和元明粉的生产原料，变废为宝；同时将维生素K3生产废水经过化学处理后的滤渣，用于生产铬粉产品，铬盐生产工艺废水和初级雨水收集后全部返回生产使用，实现工业废水零排放。"目前，黄石基地实现全部副产物和工业固废的产销平衡，和无害化、资源化综合利用。在环保治理领域，振华股份带动中国铬盐行业主流生产技术整体提升，具有国际领先水平。

延长产业链，进军新能源储能领域

铬化学品既涉及造纸、橡胶、塑料等行业，又与农药、饲料添加剂、化肥等行业相关；既可应用太空空间技术，又能触及深入地表的采矿、采油等；既在高新技术领域中的信息产业、电子工业以及各种材料工业中有应用，又与日常生活中的轻工、建材、交通息息相关。

"振华股份将持续完善铬盐产业纵向一体化布局，向上游进入铬矿分选行业，择机涉足矿山资源，保障源头原材料供应；向下游延伸至金属铬领域，建设万吨金属铬生产线。同时，超细氢氧化铝生产线扩产提质、三氯化铬生产线等计划正在有序推进，将具备铬化学品全产业链生产能力。"蔡再华言语铿锵，"持续提高深加工产品比例，不断延伸产业链，对公司整体盈利是极为有利的。"

铬化学品的创新应用具有广阔市场空间。近期，国家电力投资集团在张家口投建一座储能电站，标志着铁铬液流电池储能技术从实验室迈入商业应用阶段，为电力行业大规模、长时间储能提供新的解决方案。蔡再华说，如果铁铬液流电池能够在储能领域大规模应用，那么，"铬"作为重要的负极材料和电解质溶液，其市场需求空间，可能在现有 40 万吨 / 年（以重铬酸钠计）基础上大幅扩容。除铁铬液流电池外，铬盐可以用在钠离子电池中。据有关资料显示，亚铬酸钠也可以作为钠离子电池的正极材料。

振华股份敏锐捕捉到市场机遇，2021 年底收购以锂电池电解液为主营产品的厦门首能，将依托其现有经营团队在锂电池电解液及其上游功能性添加剂领域的行业经验和技术积累，以新能源相关材料为突破口，探索铬系新材料在储能领域的全新应用场景。

蔡再华说："以国家战略产业发展和技术创新为导向，力争成为铬盐民族品牌领导者。同时，在化工强国的使命感召下，参与并主导中国铬化学产业链延伸及价值提升，在新材料领域做深做大做强。"

（《湖北日报》2022 年 6 月 1 日五版）

扫码看视频

襄阳国铁机电股份有限公司董事长曾建勇——

冲击轨道交通智能运维世界“第一方阵”

湖北日报全媒记者 夏永辉 通讯员 范小青 梁芳 向阳春

◆ 2022年5月31日，襄阳国铁机电股份有限公司董事长曾建勇（右）做客湖北日报企业家全媒体纵横谈。（湖北日报全媒记者 魏铼 摄）

企业名片

襄阳国铁机电股份有限公司成立于2005年3月，是一家多方国有资本参股的混合所有制企业，也是国家级高新技术企业。

公司总部位于襄阳市襄州区伙牌工业园内，分别在武汉、苏州、北京、成都、长沙设分公司或子公司。公司在2016年底拿到新三板挂牌函后，转申报中小板，现已在湖北证监局备案，处于IPO（Initial Public Offering，首次公开募股）督导阶段。

公司现年产值达10亿元，主营业务是轨道交通运营维保行业智能管理系统的搭建及关联工装、设备的研发制造；次主营业务是航空、航天非标试验装备研发制造，涉及直升机、运输机、救生船等领域。

精彩语录

领跑中国轨道交通智能运维，创轨道运维行业典范，树轨道交通健康管理民族品牌。

立足交通强国，顺应智能化趋势，与国家发展同呼吸共命运，是我们在轨道交通运维行业发展壮大的核心密码。

我们选择扎根在襄阳发展，因为这里是我们的家乡，产业工人素质高，交通便利，营商环境好。

中国高铁，世界奇迹。

“搭乘”民族复兴机遇，襄阳国铁机电股份有限公司（以下简称“襄阳国铁机电”）也创造了属于自己的奇迹：打破轨道交通领域的跨国封锁，建功“鲲龙”AG600等大国重器，从“小作坊”成长为交通运输部中国城市轨道交通安装运营装备研发中心，在一张“白纸”上绘出10亿元的年产值。

2022年5月31日，襄阳国铁机电股份有限公司董事长曾建勇，在做客湖北日报5G演播室时表示，企业将以创新为魂，与国家发展同呼吸共命运，冲击轨道交通智能运维世界“第一方阵”。

“其实每一天，我们都在与您相伴”

举起一张张照片，各种各样的轨道交通列车映入眼帘。

“这是武汉地铁11号线，这是光谷有轨电车T1线。”曾建勇在演播室介绍，“其实每一天，我们都在与您相伴。”轨道交通与日常生活紧密相连，人们的安全出行，都有智能运维系统的一份功劳。

所谓轨道交通智能运维系统，就是把传统的以人工为主的运维管理，转变成自动化、信息化的智能监测维护方式。从而实现故障早期预警、分级报警，指导关键设备现场维修作业的目的，最终实现物料、备件和设备资产的智能化管理。

“以前我们检查铁路机车，就是带个锤子，边走边敲，检修人员用眼看、耳听的初级办法进行检测。”曾建勇介绍，如今有了智能运维系统，依靠高精度检测装备及大数据系统，就能即时知道列车及线路、隧道等运营及需维护的情况。

“再比如我们做的光纤光栅传感装置，当它安装到机车的关键部位后，只要构件的温度或振动出现异常，我们在后方依靠监测系统，就能迅速感知并作出相应处理。”曾建勇说。

成立于2005年的襄阳国铁机电股份有限公司，深耕轨道交通的智能运维系统。公司先后研发了机车防撞远程预警、输电线驱鸟器、铁路道岔高频加热装置、公铁两用网轨综合检测车、激光惯导轨检小车、对轨装置和公铁两用车、轨网检测系统、轨道交通机车车辆整备作业安全联锁装置、节能环保地源中央空调等170多项国家专利及产品，综合实力位居全国前列。

"虽然公司总部位于襄阳市襄州区伙牌镇，但我们服务的客户却遍及全国及东南亚、北美、非洲等国家和地区。"曾建勇介绍，企业承接参与的部分重点项目包括：武汉、长沙、苏州、成都、徐州、郑州、重庆等地铁，红河州、淮安、成都、武汉等有轨电车，以及武汉、成都、上海、西安、广州和谐车大功率检修基地、动车检修基地等。

"近八成员工投身技术与研发"

企业在市场中搏杀，技术创新就是核心竞争力。襄阳国铁机电近300名员工中，近八成是技术和研发人员。

"轨道交通是战略新兴产业，但凡先进的技术，国外对我们是封锁的，花钱也买不来。"曾建勇介绍，只有不断科研创新，才能打破垄断，积累自有的国产化技术。

围绕科技创新，公司把研发中心设立在武汉，并与武汉大学、华中科技大学、武汉理工大学、西南交通大学、北京交通大学、湖北文理学院等高校建立产学研合作模式。公司每年拿出营业收入的4%以上用于技术研发与改进。

2017年6月，公司接到了来自云南的公铁两用高精度网轨检测车订单，全国乃至全球都没有生产过这种产品，无从借鉴。

襄阳国铁机电的科研及工艺团队迎难而上，通过多次动态测试、外场试验，经过20多名科研人员6个多月的攻关，终于完成了这项高科技成果。

公司负责研发的总经理朱惊雷，在2个月的外场试验过程中，就走烂了4双鞋。朱惊雷能在铁路道砟上健步如飞，人送外号"铁脚雷"。技术攻关过程中，他与国内高级别的激光传感器、惯导的厂家不断沟通并改善产品，使这两个厂家的技术人员都深深信服，再赠一外号"雷得深"。

在这样的坚持和磨炼下，襄阳国铁机电研发中心被交通运输部认定为"中国城市轨道交通安全运营装备研发中心"，走在了轨道交通领域的科研前沿。企业每年申报的专利数量以20件左右的速度增长，有的属于国内首创，有的达到国际先进水平。公司一跃成为全国前三的智能轨道交通运营维保系统方案提供商和设备系统集成商。

“我们的秘诀，就是搭乘‘复兴号’”

从创立至今17年，襄阳国铁机电的年产值逐年递增，达到了10亿元规模。

“从术的层面来说，靠的是不断开展科技创新；从道的层面来讲，是时代造就了我们。”曾建勇说，企业的发展与我国轨道交通产业的突飞猛进分不开。

至2021年底，我国大陆地区共有50个城市开通城市轨道交通运营线路283条，运营线路总长度9206.8公里。

本世纪初以来，我国轨道交通线网运营规模不断扩大，面对维修人员分布不均匀、技术水平差异化、设备制式多样化、客流量持续增加的局面，对设施和设备的安全性、可用性、可维修性提出了越来越高的要求。于是，襄阳国铁机电应运而生。

“我们的秘诀，就是搭乘‘复兴号’。国家的繁荣与民族的振兴，给了我们发展的东风。”曾建勇介绍，抓住“一带一路”机遇，公司获得了工信部“中德智能制造合作试点示范项目”“ZAGRO公铁两用系列工程车应用与产业化开发项目”认证，并和西班牙、瑞士、越南等国家的企业开展合作，且参与了越南河内地铁项目的建设工作。

2018年10月20日上午，在荆门市漳河水库，当我国自主研制的国产大型水陆两栖飞机“鲲龙”AG600水上首飞成功时，曾建勇倍感骄傲。

这一“大国重器”出水入水的关键性能实验，用的是襄阳国铁机电的实验装备，并验证了企业预设的很多参数指标。

为攻关，公司技术团队建立了1比20的设备模型等，用3年时间做了2万多次实验。当国家级专家对实验装备给出了“世界领先、国内唯一”的高度评价时，曾建勇和同事们禁不住热泪盈眶，感觉一切的付出与劳苦都值了！

“中国能领先的，就是世界先进的。”曾建勇表示，襄阳国铁机电将与国家发展同呼吸共命运，未来力争站到世界同类企业的“第一方阵”。

（《湖北日报》2022年6月14日四版）

扫码看视频

大冶特殊钢有限公司党委书记、总经理蒋乔——

精工制造109年，“特钢长子”托举强国梦

湖北日报全媒记者　龚雪　通讯员　朱友松

◆ 2022年6月10日，大冶特殊钢有限公司党委书记、总经理蒋乔（右）做客湖北日报企业家全媒体纵横谈。（湖北日报全媒记者　薛婷　摄）

企业名片

大冶特殊钢有限公司（以下简称“大冶特钢”）是中国近代“钢铁摇篮”，隶属中信泰富特钢集团，是其沿海沿江产业链战略布局中的重要一环。

大冶特钢建成中国特钢品种规格最齐全的“棒”“管”“锻”三大生产基地，工艺技术和装备具备世界先进水平。该公司是国家高新技术企业、全国首批“两化”融合示范企业、全国首批绿色制造示范企业，先后承担国家多项冶金课题的项目攻关，主持或参与起草修订了多项国家和行业技术标准。先后荣获“全国质量奖”“全国质量标杆”“中国工业大奖表彰奖”，多项产品荣获国家冶金产品实物质量“金杯奖”“国家科学技术进步一等奖、二等奖”“国家知识产权优势企业”“中国航天突出贡献供应商”“中国工模具行业最具影响力钢厂品牌”等奖项。

精彩语录

谋事，敢想敢干；干事，敢攻敢破；成事，敢作敢为。敢于向老大难问题“叫板”，将不可能变成可能。

收入靠贡献，岗位靠竞争，职位靠能绩。百年特钢，创新无限，创新是生产力。

坚持“棒材差异化、钢管专业化、锻材高端化”策略，把融入高端制造产业链、规避红海竞争、提高市场风险防范能力作为营销创新重点。

助力“神舟”飞天、“嫦娥”奔月、“天宫”“北斗”升空，在我国航空航天事业近 60 年的历史进程中，大冶特钢均提供了关键部件用钢。

特钢，是衡量一个国家能否成为钢铁强国的重要标准，是建设现代化钢铁强国的重要支撑。特钢产品有力支撑我国高端制造业、国家重点工程等领域的发展需求。2022 年 6 月 10 日，大冶特殊钢有限公司党委书记、总经理蒋乔做客湖北日报 5G 演播室，畅谈企业高质量发展和实业报国理念。

享有“钢铁摇篮”“特钢长子”美誉

西塞山下，十里钢城。大冶特钢的前身可追溯到汉冶萍煤铁厂矿有限公司（以下简称“汉冶萍”）的大冶钢铁厂，迄今已有 109 年历史。汉冶萍建立以后，主要生产国防、轮船等用钢，为铁路生产钢轨，肩负钢铁救国的使命。

蒋乔介绍，新中国成立后的“一五”时期，经毛主席批准，对大冶钢厂进行大规模技术改造，开始了新中国第一个特殊钢厂的建设，被誉为“特钢长子”。1953 年、1958 年，毛主席两次视察大冶特钢，嘱咐“办大办好”。1997 年，大冶特钢在深交所上市。

“20 世纪末，我国已成为最大的钢铁生产国、消费国，但由于特殊钢生产起步晚，水平不高，与国际一流企业相比，存在很大差距。在这种背景下，我国加速特殊钢行业结构优化、兼并重组，鼓励支持钢铁企业朝着集团化、专业化方向发展。”蒋乔介绍，2004 年 11 月 9 日，香港中信泰富有限公司收购大冶特钢，组建湖北新冶钢有限公司。2008 年 5 月，中信泰富集团正式成立中信泰富特钢集团。目前，中信泰富特钢集团已成为中国特钢市场引领者、主导者和行业标准制定者。

作为中信泰富特钢集团旗下的“四大金钢”之一，大冶特钢生产特钢历史最悠久，是中国特钢品种规格最齐全的“棒”“管”“锻”三大生产基地，形成了轴承钢、汽车用钢、能源用钢、航天用钢、机械用钢、工模具钢六大品牌。

服务国家重大工程和新兴产业

4 月 16 日，神舟十三号载人飞船返回着陆。

5 月 31 日，“鲲龙”AG600 大飞机在广东珠海首飞成功。

6 月 5 日，神舟十四号载人飞船发射升空。

“这些国之重器，都有大冶特钢的奉献。”蒋乔介绍，在我国航空航天事业中，大冶特钢始终扮演着不可或缺的重要角色，从中国第一颗人造地球卫星，“长征”系列火箭，“神舟”飞天，“嫦娥”奔月，再到“天宫”“北斗”发射升空，大冶特钢均提供了关键部件用钢。同时，大冶特钢以“高精尖”产品，助力打造港珠澳大桥、复兴号动车组、国产大飞机等中国名片、国之重器，立下汗马功劳。

大冶特钢持续瞄准高端市场、高端用户、高附加值产品，打造“单项冠军”“小巨人”产品，2021 年实现产值 331.12 亿元，同比增长 32.82%。汽车用钢方面，商用车、工程车用钢市场占有率全国第一。

高端轴承用钢，是“钢中之王”。如今，大冶特钢所属的中信泰富特钢集团，已成为国民经济发展、重大工程建设等领域所需关键特钢材料的制造基地，也是特钢新材料、新工艺、新技术研发基地。该集团产品畅销全国，并远销美国、日本以及欧盟、东南亚等 60 多个国家和地区，获得国内外高端领域用户青睐。生产的轴承钢产销量连续 10 余年全球领先，高端汽车用钢、工程机械用钢、风电用钢、海洋系泊链钢、矿用链条钢、高端大圆坯等材料国内市场占有率领先。

近年来，大冶特钢生产的钢管产品得到国际市场高度认可，成为国际四大油服公司哈里伯顿、贝克休斯、斯伦贝谢、威德福的材料供应商，在汽车用钢、轴承钢等领域，大冶特钢与国际知名的钢铁制造商同台竞技。总部设在瑞典的 SKF 公司，是轴承制造业的重要企业，在全世界 10 多个国家设有 40 多家生产厂，从 2005 年开始，SKF 公司在中国寻找原材料供应厂家，大冶特钢有 6 个牌号的轴承钢一次性通过认证，成为 SKF 的原料供应基地和全球战略供应商。

大冶特钢 109 年发展史，助力中国特钢产业从无到有，从有到强。

以钢兴城带动区域经济发展

依厂建市，以钢兴城。大冶特钢与黄石市发展相生共荣，对黄石特钢产业链的形成带动作用明显。黄石市特钢产业有 100 多家企业，主要集聚在西塞山区，以大冶特钢为龙头。2021 年，科技部授予的“国家火炬西塞山区特钢特色产业基地”揭牌，标志着以大冶特钢为龙头的西塞山区将成为全国最具核心竞争力的特钢产业基地。

“在民用特钢领域，大冶特钢的汽车用钢、轴承用钢已位列全球第一方阵，但在耐高温、耐腐蚀、高强度特钢方面，还处于第二阵营向第一阵营追赶阶段。”蒋乔说，“在成本控制、质量稳定性、新产品研发等方面，还要向先进企业学习。”

“紧紧围绕国家‘十四五’高质量发展规划，大冶特钢将持续服务国家重大战略工程和新兴产业发展方向，齐头并进做好质量、安全、环保工作。”蒋乔表示，大冶特钢将坚持“数智生产、数智运营、数智服务”目标，做到数字赋能经营，智造引领发展。今年，大冶特钢将投资 20 亿元持续建设特冶锻造三期，推进炼铁智能化等生产线，以及 460 钢管厂“灯塔工厂”、动力数字能源管控中心、冶金材料研发数据平台三大项目建设。

目前，我国在铁路、汽车、工程车辆及风电用钢方面，已逐步实现国产化。在国家“双碳”政策背景下，大冶特钢产品研发持续向易切削、非调质、高纯净度、高稳定性等“高、精、特、新”方向发展。蒋乔透露，在全球钢材相关联的前 100 强企业中，大冶特钢与其中 80% 以上都已建立合作关系，将持续助推特钢强国、工业强国建设。

（《湖北日报》2022 年 6 月 27 日五版）

扫码看视频

华中数控董事长陈吉红——

搞出中国自己的高性能数控系统

湖北日报全媒记者　肖丽琼　通讯员　张玲

◆ 2022年6月21日，华中数控董事长陈吉红（右）做客湖北日报企业家全媒体纵横谈。

（湖北日报全媒记者　朱熙勇　摄）

企业名片

武汉华中数控股份有限公司（以下简称“华中数控”）成立于1994年，是国家级高科技企业、国产中高档数控系统研究和产业化基地、国产数控系统行业首家上市公司，科技部首批“国家高技术发展计划成果产业化基地”。华中数控坚持前沿创新，努力打造中国自主品牌，用“中国大脑”装备“中国制造”，研制的五轴联动高档数控系统打破国外封锁，“华中Ⅰ型”数控系统等项目4次获得国家科技进步二等奖，这一奖项是目前国内数控系统领域科技创新的最高荣誉。

精彩语录

华中数控肩扛国家使命，一个硬骨头一个硬骨头地啃，一个碉堡一个碉堡地攻，代代接力，少则5年，多则10年、20年，我们必能突破一个个关键核心技术，中国工业特别是高端制造业，必将迎来一个冲破封锁、不被“卡脖子”的新局面。

数控机床被誉为现代工业的“神奇魔棒”和“手术刀”。从智能手机到智能手表，从飞机、导弹到航母等大国重器，都离不开高精度的数控机床。华中数控就是为数控机床装上“中国脑”的高科技企业。

2022年6月21日，华中数控董事长陈吉红做客湖北日报5G演播室，分享企业28年来潜心孕育“中国脑”，冲破封锁线的故事。

加工精度达发丝几千分之一

“哗啦”一声链条转动，手持“利刃”的铁臂对准目标，不偏不倚，铁屑飞溅。“手起刀落”的虚影间，原本的实心铸件变为螺旋式叶轮，十几面叶片仿佛复制般整齐。

如此神奇的刀法，是华中数控园区里上演的真实场景。这一超级“刀客”，就是装备了华中数控最新高精数控系统的智能数控机床。

机床被称为“工业母机”，就是制造机器的机器，而数控系统就是机床的“大脑”。正如《笑傲江湖》的侠客须习得高强的武功，一流的数控机床也得会耍一套出神入化的刀法，而赋予其“武功秘籍”的正是数控系统。

“华中数控的超精密加工数控系统国际领先！”演播室里，陈吉红将两个异形面的金属块合二为一，结合处“天衣无缝”。他说，这两个金属块的加工精度控制在0.02微米以下，也就是头发丝直径的几千分之一。要做到这一点，须实时监控并调整微米级的加工精度，这曾是西方数控巨头的机密核心技术，已被华中数控的工程师们自主突破。

高端数控机床关系到国防安全、产业安全和经济安全。近年来，在国家重大科技专项的支持下，我国机床装备产业实现国产机床高端攻坚，华中数控正是其中的佼佼者。

陈吉红介绍，华中数控系统从“华中Ⅰ型”迭代到“华中9型”，后者集成AI芯片，融合AI算法，是新一代人工智能技术与先进制造技术深度融合的典范。目前，“华中8型”数控系统已全面进入航空航天、汽车制造、能源装备等领域主战场，累计销售应用近15万台套。

自主研发突破封锁制裁

6月28日，习近平总书记在武汉考察时强调，突破“卡脖子”关键核心技术刻不容缓。推动我国制造业转型升级，建设制造强国，必须加强技术研发，提高国产化替代率，把科技的命脉掌握在自己手中，国家才能真正强大起来。

“对于像高端数控系统这样的关键核心技术，要不来、买不来、讨不来。面对封锁、打压，唯一的出路就是埋头苦干，自主创新！”20多年来，华中数控坚持自主研发“共和国当家设备”，作为国内数控系统领域的强势品牌，可以跟国外的数控龙头企业进行直接竞争。

陈吉红讲述了一个令人心酸的故事。

1986年，时任华中工学院（现华中科技大学）院长的黄树槐教授在日本一家著名研究所看到，陈列机床数控系统被涂上不同颜色。有人悄悄告知：不同颜色标明不同的销售区域，卖给中国等国家的是中低档或接近淘汰的产品。

“正是这样赤裸裸的‘颜色歧视’让我们痛下决心：必须搞出中国自己的高性能数控系统！”陈吉红说。

成果，是突破封锁刻苦攻关取得的。

1958年，华中工学院在国内率先开始了数控技术的研究。1993年，拥有自主知识产权的“华中Ⅰ型”数控系统在汉问世，实现国产高性能数控技术的突破，华中数控由此诞生。

但凡中国在战略领域获得技术突破，一些西方国家的无端指责与制裁便会接踵而至。

1999年，美国政客考克斯诬陷中国偷窃美国尖端数控技术。2008年10月，美国无端对华中数控等3家中国公司实施制裁。

面对制裁，华中数控人没有屈服，并在20余年间不断取得技术突破，顺利攻破五轴联动等高水平的数控技术，打破国外垄断。

2016年4月，“华中8型”高速高精数控系统产品顺利通过科技成果鉴定，全面达到国际先进水平，并迅速进入国产3C制造领域。

2016年以前，高速、高精加工机床一直被日本欧美国家占据第一阵营，数控系统也是以进口系统为主。“‘华中8型’不但一‘刀’切走国外竞争对手10%左右的市场份额，还逼迫对手将产品价格从7万多元降到5万多元，降幅达30%！”陈吉红难掩自豪。

公司成立初期，面对进口品牌依然占据主赛道的形势，陈吉红介绍，华中数控采用"让开大道，占领两厢"的"游击"方案，从传统机床的数控化改造入手来开拓市场。目前，"华中8型"数控系统产品已在数千家企业批量应用，为打破国外封锁、提高制造企业的数控化水平、产品市场竞争力和技术创新能力作出了贡献，为我国高端制造领域实现自主可控提供强有力的保障。

为高档数控系统"开道超车"

眼下，在华中科技大学的校园里，一辆辆大眼睛、"萌萌哒"的"熊猫"校园巴士来回穿梭，成为学子们的代步工具。这款国内首辆全铝合金、全承载新能源中巴，由华中数控组织开发。

"智能汽车是华中数控'一核三军'发展战略中的第三军。"陈吉红介绍，"一核三军"即以数控技术为核心，智能数控系统与机床为第一军，智能机器人及产线为第二军，新能源汽车为第三军，围绕该战略，华中数控已建设以武汉为中心的数控系统与机床产业化基地、以珠三角及长三角为中心的智能机器人及智能产线产业化基地、以武汉和南宁为中心的新能源汽车产业化基地。

不论数控系统、机器人，还是新能源汽车，都属于高技术战略新兴产业，需要高层次的人才梯队作支撑。

对于这个问题，陈吉红成竹在胸，"华中数控孵化于华中科技大学，得益于成立之初就坚定实施的人才战略，才能从一家校办工厂发展成为行业领军企业"。

陈吉红介绍，华中数控与华中科技大学国家数控系统工程技术研究中心开展紧密的产、学、研合作，实现"人才对流"。此外，华中数控还积极"招才引智"，吸纳一批顶尖数控工程师并委以重任。陈吉红满怀信心地表示，未来将继续以智能制造为主攻方向，实现高档数控系统"开道超车"，力争到2025年，引领国产高档数控系统在国内占有率达60%以上。

（《湖北日报》2022年7月3日三版）

扫码看视频

中南鹏力副总经理马刚——

海洋探测“小巨人”逐梦深蓝

湖北日报全媒记者　肖丽琼

◆ 2022年6月28日，中南鹏力副总经理马刚（右）做客湖北日报企业家全媒体纵横谈。

（湖北日报全媒记者　刘曙松　摄）

企业名片

湖北中南鹏力海洋探测系统工程有限公司（以下简称“中南鹏力”）原隶属中国船舶重工集团，公司成立于2009年，总部位于湖北宜昌，是国家级专精特新重点“小巨人”企业。10余年间，企业深耕海洋探测领域，自主研发的阵列式海洋雷达成功替代进口，填补国内空白，市场占有率达80%以上，产品被广泛应用于海洋资源开发、气象、渔政、江河生态保护等领域。

精彩语录

如果不主动创造市场，企业很难做大。

企业利润是员工创造的，要舍得把更多利润发给大家，让他们有家的归属感，员工感觉被尊重、被重视，工作才更有动力、更有激情，会直接或间接为企业创造更大效益。

蔚蓝大海，蕴藏着丰富的资源和经济价值。在海洋探测活动中，海洋雷达被誉为“海洋深处的眼睛”，透过它，人们得以穿越深邃的海水，探知诸多海洋奥秘。

在湖北，有这样一家企业，在蓝色国土深处装上一双双“眼睛”，为人们触摸大海的脉动和心跳保驾护航，助力海洋强国建设。2022 年 6 月 28 日，中南鹏力副总经理马刚做客湖北日报 5G 演播室，分享探秘深海、筑梦深蓝的故事。

布设观察蓝海的“锐眼”

广东惠州，大亚湾黄金海岸，浪涛滚滚，蔚蓝相接。洋流深处，一双双敏锐的“眼睛”捕捉信息并传回位于宜昌的信息指挥中心。很快，一条条台风预报、海浪预警、漩涡提示从宜昌发回惠州，指导当地船只避险、应急处置。

这些“眼睛”就是高频地波雷达，是中南鹏力为惠州海洋渔业局搭建的近海区域立体海洋监测系统的核心装置。

“高频地波雷达的工作原理是向海面发射无线电波，再从雷达的回波中提取风场、浪场、流场等海况信息，最远可达 250 公里以上。”演播室里，马刚拿起一套系统模型介绍：屏幕上大大小小的箭头、曲线，就是大海的“心跳”，台风预计从哪里登陆，多长时间抵达陆地，风级多少，都可以精准预测。

“高频地波雷达系统曾是典型的‘卡脖子’技术。”马刚说，20 世纪 60 年代，西方发达国家就注意到高频地波雷达的应用前景并开始研发。直到本世纪初，中国掌握在自己手里的关键技术依然有限，只能花费高额费用从国外进口地波雷达系统。

13 年来，中南鹏力始终致力于关键核心技术的自主研发。该公司研制生产的高频地波雷达产品，攻克了雷达装备室内主机及室外天线多功能结构设计研制、海洋动力学参数反演及提取软件等技术，实现整机装备及软件系统的国产化和自主可控。公司还在沿海建设数十个海洋综合探测监测站，将多种海洋监测传感器进行物联网集成，打造智慧海洋系统，开发海洋数据产品，延伸到信息服务领域。

“公司的海洋雷达已形成近百项知识产权，属于专利密集型产品，技术自主可控，完全替代进口，阵列式产品市场占有率超过 80%，在国内海洋环境探测细分领域处于绝对的领跑定位。”马刚自豪地说。

引智借脑研发出新一代海洋雷达

2022 年 6 月 16 日，一艘名为“海鹞 147”号的水陆两栖气垫船在清江成功下水试航。这艘气垫船由中南鹏力和哈尔滨工程大学联合研发，可搭乘 30 人，设计航速最高可达 80 公里 / 小时。

马刚表示，“海鹞 147”看似与海洋雷达无关，实则是公司围绕主业开辟的新赛道。水陆两栖气垫船特殊时期可搭载海洋探测仪器，成为更加机动灵活的海上移动式监测平台，与公司历时 3 年研发的“新一代海洋雷达”叠加形成“1+1>2”的效果。

中南鹏力的“新一代海洋雷达”是在该公司第二代海洋雷达基础上研发，为全数字海洋雷达，在探测精度、探测距离、智能化程度上均达到新高度。其探测距离半径达到 250 公里，较第二代提升 30% 以上，安装的位置也更加灵活，除了安装在沿海岸基和岛礁上之外，还可以安装在车载、船载等移动平台和海上固定平台上。2021 年，中南鹏力携“新一代海洋雷达”参加第六届“创客中国”大赛，从 3 万个项目中脱颖而出，获得企业组二等奖。

“如果不向高校引智借脑，加强产学研合作，我们有些产品不可能这么快投入市场。”马刚介绍，中南鹏力的科研团队平均年龄 33 岁，是一群具有海洋情怀的年轻人。除了激发团队的创新活力，公司还与武汉大学电信学院、中国地质大学（武汉）、中国海洋大学及中科院电工所等相关涉海高校院所保持稳定的产学研合作，现有 7 个科技创新平台、百余项知识产权、8 项工信部频率许可证书。

“与高校合作，我们诚意满满。”马刚回忆，为研发“海鹞 147”，公司在 2020 年向国内该领域研发实力顶尖的哈尔滨工程大学船舶与海洋工程学院寻求合作，战略合作达成后，1 个月后，该校 8 人团队来到宜昌驻厂联合研发。

大胆“吃螃蟹”斩获亿元订单

“去年，中南鹏力营收同比增长达 95.6%，前期薪资改革后，员工薪资最大增幅达 120%。企业变大、变强，员工幸福感提升。”马刚充满自豪的介绍中，藏着一个拿下近亿元订单的曲折故事。

2020 年末，广东省的客户拟计划购买探测海况信息及目标的海洋雷达和海洋光电等设备。在洽谈中，中南鹏力推介在研的近海区域目标海洋监测系统，引起对方兴趣，但终因要一次性投资几千万元而搁置。

彼时，智慧海洋系统应用在国内刚刚尝试推向市场。是承担风险进行尝试“创新”，筹措大量研发资金投入继续把海洋物联网系统应用平台建起来，部分应用模块让客户体验试用？还是按照原有经营模式继续销售单一海洋探测设备？有股东认为，这将成为中南鹏力由“探测装备供应”向“海洋物联网系统＋海洋数据信息”服务产业链延伸的“敲门砖”。有的股东心里“打鼓”：如果该数据服务领域新市场开拓不顺利，那前期投入的数千万元资金就被项目占用，影响公司的现金流。多轮详细论证后，董事会最终拍板垫资建设。

很快，公司数十人的团队驻扎在惠州大亚湾，进行选址、租地、设备建安、系统开发等。系统平台初步搭建完成后，客户体验了船舶目标精细化管控及轨迹溯源的应用模块后，决定采用。2021 年 8 月，智慧海洋服务系统开始上线试运行。打开 App，船舶何时进入电子围栏监控海域里，到过哪些地方，溢油、倾废、赤潮等水生态环境变化一目了然。这套系统满足渔政系统精准管控、精准执法的需求，提升海洋综合治理能力，还能一键接入政务系统。

“如果不主动创造市场，企业很难做大。”马刚告诉湖北日报全媒记者，在公司董事长宋国胜的带领下，这次大胆“吃螃蟹”带来的惊喜远不止于此，目前，中南鹏力已在辽宁、山东、浙江、福建、广西等地渔政部门进行推广海洋信息化系统平台。

“董事长宋国胜经常说，企业要打造家文化，利润是员工创造的，要舍得把更多利润发给大家，让他们有家的归属感，有一份高收入，员工感觉被尊重、被重视，凝心聚力，工作才更有动力与激情。”马刚阐述企业人才观时如是说。

这个海洋探测装备的“小巨人”将逐梦海洋更深处。马刚介绍，中南鹏力将发力从海洋探测装备供应商迈向海洋信息数据服务商，打造具有国际竞争力的智慧海洋感知物联生态产业链，依托湖北宜昌行政总部，宜昌、宜都、惠州产业化基地，开展近海雷达网、海洋立体监测网、智慧海洋系统、水陆两栖气垫船等“十四五”战略性项目，力争将企业打造成具有国际竞争力的百亿市值的全域智慧海洋信息服务商。

（《湖北日报》2022 年 7 月 10 日四版）

扫码看视频

精测电子副总经理刘荣华——

“单项冠军”竞逐全球检测赛道

湖北日报全媒记者 肖丽琼 **通讯员** 张婷

◆ 2022年6月30日，精测电子副总经理刘荣华（右）做客湖北日报企业家全媒体纵横谈。（湖北日报全媒记者 朱熙勇 摄）

企业名片

武汉精测电子集团股份有限公司（以下简称“精测电子”）创立于2006年4月，是一家致力于为显示、半导体以及新能源测试等领域提供产品和服务的高新技术企业。2016年11月22日，精测电子在深交所创业板上市，布局武汉、苏州、上海、北京、常州五大产业基地，并在美、日、韩及我国台湾地区建立研发基地。此外，精测电子联合华中科技大学、复旦大学创建联合研究中心，并参与建设江城实验室。先后荣获“国家制造业单项冠军示范企业”“国家创新示范企业”“中国知识产权示范企业”等称号。

精彩语录

创业是九死一生的坚持。

做研发就不能怕失败，要让研发人员敢于创新、勇于创新。

精密仪器设备，被称为现代工业生产的"倍增器"、科学研究的"先行官"。不论是人类科学研究的革命，还是工业制造的迭代升级，都离不开检测技术的精进。

在湖北，有一家以"精密检测"命名的企业——武汉精测电子集团股份有限公司。2022年6月30日，精测电子副总经理刘荣华做客湖北日报5G演播室，分享这家"单项冠军"企业通过不断自主研发，成长为国内检测领域龙头的故事。

董事长当业务员叩开市场大门

"精密检测听上去颇为神秘，其实与很多人息息相关，最直接相关的就是我们用的智能手机。"刘荣华开宗明义说道。

刘荣华介绍，智能手机的显示屏面板在生产中难免出现亮暗点、亮度不均、颜色不均等缺陷。过去，产品质检主要靠人眼。现在的智能生产线上，通常会配备工业相机、镜头、光源、图像数字化模块及图像处理软件等。工业相机就是"眼睛"，人工智能相当于"视神经"，控制系统类似"大脑"，它们共同构成的"机器视觉"能大幅提升质检的效率和准确率。这就是精密检测的原理。

据了解，2006年成立的精测电子，创始之初就致力于打造中国自己的精密检测设备和解决方案，并实现半导体、显示、新能源检测领域的国产化替代。"创业是九死一生的坚持。精测电子的国产化替代之路充满荆棘。"刘荣华首先讲述了精测电子创始人、董事长彭骞那段艰辛的创业往事。

2006年，彭骞在出差时偶然发现图形信号发生器被日韩厂商垄断，且价格高昂。图形信号发生器是显示检测领域的重要设备，主要用于驱动生产过程中的屏幕出现预设的红、白、蓝、灰阶的画面，用于人工目测或机器视觉检测。彭骞遂决定投身平板显示检测领域，自主研发图形信号发生器，与进口品牌一较高下。

第一代产品研发出来了，但市场开拓并不顺利，国内企业仍更信任进口产品。彭骞当起业务员，遍访中国各大面板厂商，屡屡碰壁却愈战愈勇。终于，他在一个客户处找到一条实验生产线，决定无偿提供检测设备。经历数十个日夜的鏖战，公司产品性能和团队能力终获客户认可，精测电子由此敲开国内平板显示检测市场的大门，订单纷至沓来。如今，精测电子公司自主研发的图形信号发生器已经在国内面板模组段市场占有率领先。

合作伙伴覆盖全球主要显示面板厂商

再过 2 个月，精测电子旗下企业——上海精积微半导体技术有限公司自主研发生产的两台明场检测设备将出机交付。明场检测设备一般用于有图形晶圆的缺陷检测，核心技术此前一直被国外几家公司垄断。

刘荣华介绍，16 年间，在显示检测领域，精测电子从追随、赶超、超越到领先，技术专利荣获中国专利金奖、日内瓦国际发明展金奖。精测电子立足湖北，逐步完成全球化产业布局，产品覆盖平板显示各类主要检测系统，成为业内少数几家能够提供平板显示三大制程检测系统的企业，子公司也成为各自领域的佼佼者：武汉精毅通电子技术有限公司获评国家专精特新“小巨人”企业，苏州精濑光电有限公司获评国家专精特新重点“小巨人”企业。

国家制造业单项冠军被誉为制造业皇冠上的明珠，是细分领域的行业制高点，意味着企业在细分市场有极高的市占率。2018 年，精测电子成功摘得这颗明珠，获评“国家制造业单项冠军示范企业”，成为国家认可的细分市场龙头企业。也是在这一年，精测电子正式进入半导体和新能源领域。

刘荣华自豪地表示，目前在显示领域，精测电子的合作伙伴几乎覆盖了全球范围内领先的显示面板厂商，如京东方、华星光电、天马微、惠科、利亚德、夏普、LG 等，小米、OPPO、荣耀等是其终端产品客户。半导体领域的华为海思、上海华虹，新能源领域的中创新航，以及汇川技术、理工氢电等，都是精测电子的重要合作伙伴。

“精测电子给客户提供的可是贴身式的服务。”刘荣华直言要维护好客户“朋友圈”，不但产品硬，更要服务佳。

刘荣华介绍，为给客户提供优质的服务，公司在全国各地配置了客户服务小组，其中的工业视觉系统运维员，就是给机器擦亮“眼睛”的人。他们负责保障机器视觉的正常运行，完成数据处理、故障排查等日常工作，以及处置突发故障。培养一名成熟的工业视觉系统运维员需要 3~5 年时间，而在精测电子，工业视觉系统运维员超过了 300 人，他们成为公司的一笔宝贵的人力资源财富。精测电子为了提升运维员们的工作能力，会定期为他们安排详细的理论培训、实操培训以及客户现场学习等等，以应对不断升级的检测技术。

3 年攻关助手机屏幕剪掉“刘海”

2021 年 8 月，精测电子首次对外公开了其为屏下摄像头屏幕生产优化提供的创新性技术方案，引起业内外广泛关注。屏下摄像头，即将前置摄像头隐藏在屏幕之下，可以为手机屏幕去掉“刘海”实现真正全面屏。然而，要让屏幕既能显示又能透光，对屏幕的生产、调校及补偿提出极大考验。面对这一陌生领域，刘荣华于 2018 年牵头组建了一支 22 人的技术研发团队，涵盖研发、售服等多个方面，依托多年来显示行业技术的积累，为客户提供定制化解决方案，不断在客户产线上进行验证，最终达到客户的要求，实现批量生产与应用。

“做研发就不能怕失败，要让研发人员敢于创新、勇于创新。”刘荣华介绍，仅 2021 年，精测电子的研发投入在营业收入的占比达到 18.86%。目前，公司研发人员占比达到 48.22%，授权专利达到 1472 件，其中发明专利 570 件。公司还与华中科技大学、中国地质大学（武汉）等高校建立战略合作关系，共建研发中心、研究生实践基地、开展产学研项目合作，跨越高校创新“最后一公里”，加快成果转化进程。

刘荣华表示，未来，精测电子将加强技术及产品研发突破，积极开拓市场，推动各业务板块增长。在平板显示领域巩固已有技术优势，积极向上下游领域进行延展，保持竞争力；在半导体领域，加快已有产品的技术完善升级及市场客户拓展，同时积极推进新产品的研发布局，推动半导体业务板块的规模快速增长；在新能源领域，不断推动研发创新，加快现有大客户的产品认证，积极拓展新的一线客户需求，推动新能源业务板块的快速增长。

（《湖北日报》2022 年 7 月 23 日三版）

扫码看视频

中国五环工程有限公司党委副书记、总经理俞新——

化工“国家队”攻坚“卡脖子”工程

湖北日报全媒记者 林晶 **通讯员** 陈顺和 张晟峰 牛璟珲

◆ 2022年6月15日，中国五环工程有限公司党委副书记、总经理俞新（右）做客湖北日报企业家全媒体纵横谈。（湖北日报全媒记者 何宇欣 摄）

企业名片

中国五环工程有限公司（以下简称“中国五环”）为央企中国化学工程集团有限公司的全资子公司，是一家集技术研发、工程科技、工程服务和实业运营为一体的国际工程公司，拥有工程设计综合甲级资质和石油化工工程施工总承包特级资质，保持着氨及氨加工、磷化工、煤化工、石油化工、天然气化工、油气储运、新材料、工业环保等行业的领先地位，累计完成3000多项大中型设计项目和300多项EPC（Engineering Procurement Construction，工程总承包）项目，荣获“国家科技进步一等奖”等国家和省部级奖项320余项。

精彩语录

作为中国化工"国家队"，中国五环勇担时代重任，以工程科技铸就大国精品工程，为国家化工发展作出积极贡献，为人民衣食住行美好生活提供重要支撑。

新时代、新征程，中国五环以全球化工程公司为愿景，推动高质量发展，加快打造"工业工程领域综合解决方案服务商、高端化学品和先进材料供应商"。

一种种常见的化工原料，如同施了"魔法"：

既能变身解决温饱、维护粮食安全的肥料，也能制作成高端芯片和特种材料的关键原料，更能变废为宝制油、制氢，成为国家战略资源。

手握这项"魔法"的，是生于湖北、长于湖北的中国五环工程有限公司。2022 年 6 月 15 日，中国五环党委副书记、总经理俞新做客湖北日报 5G 演播室，畅谈粮食安全、新能源新材料行业趋势、产业发展等。

为国所需，担时代重任

"中国五环的诞生，与解决中国人吃饭难题有着不解之缘。"访谈伊始，俞新回忆。

1958 年，为响应国家号召，解决 6 亿多人的吃饭问题，198 位专家从北京来到武汉，组建化学工业设计院华中设计分院，主抓氮肥项目设计。这便是中国五环的前身。

自此，中国五环实现从技术引进、消化吸收到自主创新的飞跃，引领我国尿素行业发展：设计建设第一套国产化尿素生产装置、完成全国第一套自行设计的尿素装置通用设计、开发国产化第一套二氧化碳气提法尿素技术……解决了我国粮食安全的"卡脖子"技术难题，尿素技术达到世界领先水平。

踏着时代鼓点，中国五环与国家发展步履相随，从落实"温饱工程""能源安全"到大力研发环保能源、高端化学品、先进材料等技术，走出一条令人瞩目的改革创新发展之路。

1980 年前后，我国农业生产落后，国家号召大力发展磷复肥，中国五环开始研发大型湿法磷酸装置技术和工程建设。在首创二水法的基础上，研发出半水－二水法磷酸新工艺，实现大型磷酸装置国产化，打破国外技术封锁，创造了“奇迹”：综合能耗降低52%，磷回收率可达到98.5%，磷矿消耗降低3%，磷石膏总磷降低81%。

“该技术每年可为宜昌兴发年产38万吨磷酸项目减排二氧化碳12.5万吨，节省350万元。”俞新介绍，如今，该技术连续多年位列石化绿色工艺目录第一名，广泛应用于锂电池及高端芯片等领域。

煤炭、天然气等关乎国计民生、能源安全。中国五环率先参与煤制油、煤制烯烃、煤制乙二醇、煤制天然气等全球尖端工程，领跑中国煤化工工程领域，参与攻关的“400万吨/年煤间接液化成套技术创新开发及产业化”项目荣获国家科技进步奖一等奖，开启我国煤炭清洁高效转化、现代煤化工绿色发展的新篇章；中国五环承建我国第一批LNG（液化天然气）储罐工程——上海300万吨/年LNG接收站一期工程，进军甲烷、乙烷、丙烷、乙烯、丙烯、液氨等低温储罐领域。

跟随“一带一路”倡议，中国五环与国际知名公司同台竞技，进入东南亚、中东、北美等21个国家和地区，设计和总承包了36个国外大型磷肥、氮肥、LNG等项目，向世界打响中国化学品牌。

一组数字道尽“五环奇迹”：国内，氨及氨加工产能市场份额超70%，磷化工产能市场份额超80%；磷肥和氮肥海外业绩占中国公司同类型项目海外业绩的90%以上。

破题“化工围江”的“先行军”

湖北是长江流经里程最长省份，也是全国第一磷化工大省。深入推进长江大保护、建设“美丽湖北”，中国五环不遗余力。该公司的组织架构图上，专为“长江大保护”国家战略而设的“长江大保护事业部”格外引人注目。

“中国五环发挥技术创新，‘吃干榨尽’磷矿资源，攻克磷石膏综合利用技术难题，服务全省化工园区提质升级，推动行业高质量发展，助力长江大保护。”俞新说。

服务政府定“标准”。中国五环为我省实施“长江大保护”和化工产业高质量发展的“智囊团”定“标准”，破解“化工围江”难题。先后编制《湖北省磷化工产业高质量发展规划》《湖北省磷石膏污染防治条例》等，涉及我省石化、新材料等“十四五”发展规划及磷化工产业发展、磷石膏无害化处理、沿江化工转型等。

蹚出磷石膏治理新路子。磷石膏因综合利用率偏低，内含的可溶性杂质污染土壤、水系等，是长江生态环保治理的“老大难”。中国五环攻克磷石膏无害化治理技术，处理后的磷石膏，既可以生产建材、公路路基材料等产品，实现固废资源化利用，也可以达到安全堆存环保标准，此技术成功运用于湖北祥云（集团）化工股份有限公司、云南祥丰实业集团有限公司等公司，目前在全省推广。

让化工园区变“绿”。中国五环高标准规划化工园区，助力企业“关改搬转”。编制姚家港化工园发展规划、荆江绿色能源化工产业园控制性详细规划及专项规划，提升园区“绿色承载力”，解决了污染物处理的后顾之忧。助力荆州引进投资达百亿元的华鲁恒升荆州现代煤化工基地项目。

致力长江“三磷”治理。中国五环独创“三磷”治理整体解决方案助力湖北化工产业转型升级，总承包建设了世界规模最大的“半水－二水湿法磷酸”项目——宜都兴发 38 万吨 / 年磷酸项目，成为长江大保护背景下的标杆性工程。

瞄准高端，攻坚“卡脖子”工程

“‘双碳’时代，面对国外企业的技术垄断，中国五环吹响‘冲锋号’，加快打造‘工业工程领域综合解决方案服务商、高端化学品和先进材料供应商’，围绕新材料、新能源、绿色环保、高端电子化学品等领域，布局新一轮科技创新，推动经济绿色低碳发展。”俞新描述企业未来目标。

生物基特种尼龙和甲基丙烯腈是特种新材料、可降解塑料的关键产品，广泛应用于我国企业、军工、航天等领域。“我国一直依赖进口，别人给多少我们拿多少。现在，我们已取得突破性进展。”俞新说。在“卡脖子”的芯片领域，中国五环围绕磷这一重要原料，在宜昌投资建设运营“中化学宜昌新材料创新产业园项目”，布局新型氟材料、高端磷材料、高端化学品及磷石膏综合利用等产业，推动环保节能、新能源、化工、半导体等行业的发展。

城市垃圾处理是城市发展的“心病”。中国五环将自主研发的高温垃圾气化制氢油技术应用于北京房山高温垃圾气化制氢项目。“既能处理城市垃圾，又可产生建筑材料的原料和制氢。”俞新介绍，该项技术实现我国城市固废无害化、资源化处理，又能安全高效地利用和储运氢能。

围绕“双碳”目标，中国五环与国际巨头联手，探索二氧化碳的高价值利用，与瑞士名企科莱恩联合开发二氧化碳加氢制甲醇技术，系统解决现有技术成本偏高的问题；与德国巴斯夫、中海化学联合研发海洋天然气二氧化碳转化制合成气新技术，解决富碳天然气的系统性开发利用难题，推动海洋天然气的环保、低碳开发和广泛应用。

目前，中国五环已持有授权专利 323 项、专有技术 21 项，一大批小试、中试产品形成梯队接力。

（《湖北日报》2022 年 7 月 25 日四版）

扫码看视频

国氢科技党委副书记、总经理张银广——

“氢腾”大巴核心技术全部自主研发

湖北日报全媒记者　谢慧敏

◆ 2022年6月29日，国家电投集团氢能科技发展有限公司党委副书记、总经理张银广（右）做客湖北日报企业家全媒体纵横谈。（湖北日报全媒记者　刘曙松　摄）

企业名片

国家电投集团氢能科技发展有限公司（以下简称“国氢科技”）成立于2017年5月，是国家电投直属的氢能产业科技型企业，经过5年发展，已完成制、输、加、用氢全产业链布局，并在燃料电池研发与制造、加氢设施装备与服务、PEM 制氢装备研发等方面形成国内领先的技术实力。2020年7月，国氢科技在武汉经开区投资70亿元建设华中氢能产业基地，重点开展燃料电池及制氢装备核心部件产品研发及生产，实现燃料电池电堆及动力系统规模生产，带动产业链上下游发展。

精彩语录

国氢科技“五年磨一剑”，就是希望在北京冬奥会的舞台上，展示我们自主的燃料电池技术。

随着技术和管理上的不断突破，相信在不远的将来，老百姓就能用上续航里程更长、环保性能更优的氢能汽车。

加氢 10 分钟，续航 600 公里，即使在海拔 2000 米、–30 ℃的环境中也能轻松启动。北京冬奥会期间，150 辆“氢腾”大巴闪耀赛场，以“零事故、零故障、零失误”的稳定表现，向世界展示了“中国制造”的实力。

这是冬奥会历史上第一次大规模使用氢燃料电池汽车作为主运力，也是国产氢燃料电池汽车第一次和国际巨头在同一赛道上竞争。这些大巴搭载的“氢腾”燃料电池系统，从材料到零部件再到电堆，全部由国氢科技自主研发。其中，作为核心部件的质子交换膜，来自武汉的华中氢能产业基地。

“国氢科技‘五年磨一剑’，就是希望在北京冬奥会的舞台上展示我们自主的燃料电池技术。实践证明，中国的氢能大巴可靠性高，足以经受考验。”2022 年 6 月 29 日，国氢科技党委副书记、总经理张银广做客湖北日报 5G 演播室，分享企业创新历程。

谈创新：从“零”到全产业链自主化

国氢科技成立于 2017 年，是我国能源央企中第一家氢能专业化子公司。

“当时，氢能还是很多企业看不准、不敢碰的新领域。习近平总书记创造性地提出‘四个革命、一个合作’能源安全新战略后，国家电投敏锐地意识到氢能将是未来能源低碳转型的重要路径，率先展开布局。”张银广介绍。

主动“吃螃蟹”，起步之路注定艰辛。张银广回忆，彼时，我国氢燃料电池产业几乎一片空白，一系列核心技术被“卡脖子”，催化剂、质子交换膜、双极板等关键零部件全部依赖进口。

国氢科技誓要实现燃料电池的全产业链自主化。公司组建百余人的骨干研发团队，从最基础的原材料做起，多线并进，围绕核心环节、关键零部件逐一展开攻关。

功夫不负有心人。5 年来，质子交换膜、双极板、催化剂、扩散层、膜电极、电堆、空压机、氢循环泵 / 引射器……随着燃料电池八大关键部件一个个被攻克，国氢科技成功实现了从材料到零部件再到燃料电池电堆和系统的全线自主化，部分产品性能达到世界领先水平。

访谈现场，张银广展示了一辆“氢腾”大巴模型。作为国氢科技“五年磨一剑”的成果，北京冬奥会期间，150 辆搭载“氢腾”燃料电池的大巴驰骋赛区，圆满完成交通接驳保障任务，总行驶里程达 88.86 万公里，执行任务 7205 次，接驳乘客 16.07 万人次。

“特别是延庆赛区，在海拔 2198 米的小海坨山间，我们的‘氢腾’大巴成功经受住 14 个陡坡、夜间 -30 ℃低温等重重考验，以零失误的优异表现，充分展示了自主氢燃料电池技术的稳定性、可靠性，也大大增强了大众对氢能产业的信心。”张银广自豪地说。

谈布局：在汉打造国内最大燃料电池研发生产基地

在持续技术攻关的同时，国氢科技开始在全国进行产业布局。武汉成为重要一极。

2020 年，国氢科技落子武汉经开区，投资 70 亿元建设华中氢能产业基地，重点开展燃料电池核心部件产品的研发及生产。

这是国氢科技在全国的 5 大基地之一，仅仅一年多建设，就迎来重大突破——2021 年 12 月，国内首条全自主可控质子膜生产线在华中氢能产业基地正式投产，率先实现氢燃料电池关键零部件的国产化。

“质子交换膜是氢燃料电池中的关键材料，作用是产生和传输质子，隔离氧气和氢气，相当于芯片中的光刻胶。”张银广说，此前，我国所用的质子交换膜几乎全靠进口，价格昂贵且供货周期长。

为打破国外垄断，国氢科技与武汉理工大学合作，在华中氢能产业基地建成了国内一流的燃料电池实验室和测评技术中心，80 多名硕博学历人才组成研发团队，仅设备投入就接近 1 亿元。

“由我们自主研发生产的氢燃料电池质子交换膜，关键性能指标达到世界领先水平，价格却只有国外同类产品的一半。”张银广介绍，驰骋北京冬奥的“氢腾”大巴，就成功搭载了“武汉造”质子交换膜。目前，华中基地生产的质子交换膜已在大功率燃料电池电堆中应用，并接获多家公司的采购订单。

不止质子交换膜。在华中氢能产业基地，国氢科技还同步布局了膜电极、碳纸、电堆、燃料电池系统等多个项目，涵盖燃料电池的全产业链。2022 年底前，年产万套燃料电池电堆生产线将正式投产；明年上半年，5000 套燃料电池动力系统生产线也将迎来投产。

张银广表示，到 2023 年，华中氢能产业基地将形成年产 30 万平方米质子交换膜、1 万套燃料电池电堆及 5000 套电池动力系统产能，打造国内最大的燃料电池关键材料研发生产基地，推动我国燃料电池核心材料产业跨越发展。

谈市场：未来 3 年在汉推广 3000 辆氢燃料电池汽车

从“氢腾”大巴开始，国氢科技逐步打开氢能广阔的应用空间。氢能无人机、氢能机车等终端产品相继问世，全面赋能绿色交通。

访谈中，张银广透露，目前，国氢科技正致力于氢燃料电池乘用车的研发，预计 2024 年前，将推出首款氢能轿车。“从氢燃料电池在交通领域的应用看，乘用车才是未来发展方向，随着技术和管理上的不断突破，相信在不远的将来，老百姓就能用上续航里程更长、环保性能更优的氢能汽车。”

国氢科技的创新不止于此。

2022 年 4 月，由国家电投牵头组建的湖北氢能交通运营平台——湖北氢动力在武汉经开区注册成立，将规模化购置运营燃料电池车辆，在环卫、渣土倒运、客运通勤、物流等细分应用场景，为客户提供“车辆租赁 + 场景运营 + 基础设施建设 + 数字化科技运营”一体化运营服务。

为何要组建氢能交通运营平台？张银广说，这是国氢科技在氢能商业模式上的一大探索，目的就是整合吸收氢能产业链优质资源及社会资本，共同推动形成规模化采购运营，以降低产业化初期燃料电池汽车使用成本，打通应用环节“最后一公里”。

他坦言，当前氢能产业虽然很“热”，但也遭遇瓶颈，“主要就是应用市场打不开，既不利于技术的迭代成熟，也不利于规模化降成本。”

目前，国氢科技已与东风商用车达成战略合作，计划两年内实现 1000 辆氢燃料电池重卡市场推广。首批 200 台物流车，将于 2022 年下半年上路，通过运营平台，服务于武汉的城市物流配送企业。

“这些车辆搭载的燃料电池系统，将全部产自华中氢能产业基地。”张银广表示，借助运营平台，国氢科技还将与上游供氢企业合作，共同推动加氢站建设，力争到 2025 年，实现在武汉推广 2000 辆到 3000 辆氢燃料电池汽车，以推动湖北氢能产业快速发展，助力武汉打造中国氢能枢纽城市。

（《湖北日报》2022 年 7 月 27 日四版）

扫码看视频

湖北铁路集团有限公司党委副书记、总经理朱国志——

将实现从湖北出发5小时内通达68%的省会城市和直辖市

湖北日报全媒记者　戴辉　通讯员　王伟才

◆ 2022年7月5日，湖北铁路集团有限公司党委副书记、总经理朱国志（右）做客湖北日报企业家全媒体纵横谈。（湖北日报全媒记者　柯皓　摄）

企业名片

湖北铁路集团有限公司注册资本330亿元，资产总额1446.25亿元，主体信用评级为AAA。主要负责全省国铁干线、地方铁路支线、城际铁路、疏港铁路、旅游观光铁路等轨道交通基础设施投资、建设、运营、开发和管理，致力于打造集铁路建设、运营、综合开发、投融资于一体的专业化铁路集团。截至目前，集团主导建设铁路1077.9公里，参股建设铁路3580公里，运营铁路836.847公里，带动省内铁路建设投资近4500亿元，为巩固湖北在全国的综合交通枢纽地位、加快新时代“九省通衢”建设、服务“一带一路”大通道和长江经济带发展作出了积极贡献。

精彩语录

当好建设新时代“轨道上的湖北”和“祖国立交桥”的主力军。

“加快铁路建设、增收节支减亏、防范化解风险、做好企业将来发展”是我们工作的主题。

基础设施建设特别是铁路建设，是建设先行区的重要硬支撑，我们要当先锋打头阵。

2022年上半年，湖北铁路建设再次迎来高光时刻，黄黄高铁、郑渝高铁湖北段两条时速350公里的高铁接连开通，我省新增高铁里程376公里，惠及黄州、浠水等13个县市区700多万群众。

在湖北，您乘坐在风驰电掣的高铁上，可知一条条大动脉背后，都有湖北铁路集团有限公司（以下简称“湖北铁路集团”）的身影。2022年10月，由该公司主导建设的襄荆高铁将全面动工，全线设襄阳东、宜城北、双河西、荆门西4座车站，总投资188.32亿元，计划2026年4月竣工。

2022年7月5日，湖北铁路集团党委副书记、总经理朱国志做客湖北日报5G演播室，讲述打造“轨道上的湖北”的故事。

高铁里程迈入全国第一方阵

湖北铁路集团因铁路而生、因改革而兴，经历了3次跨越式发展机遇。

朱国志介绍，1992年10月，省委、省政府抓住央地合资建设京九铁路的历史机遇，组建湖北省铁路公司，参建京九、长荆、武广、武合、石武、汉宜等多条普速铁路。这是湖北铁路集团前身。

“第二次机遇是2014年，是集团重要的发展时期。”朱国志说，湖北省铁路公司重组为湖北省铁路建设投资集团有限责任公司，主导建设了汉十高铁、江汉平原货运铁路、武孝城际铁路、武仙城际铁路、新港江北铁路，参与浩吉铁路、武九客专、黔张常铁路湖北段等13个国家干支线项目和城际铁路项目。

2019年11月通车的汉十高铁，是当时湖北省单体投资最大、标准最高、里程最长的铁路，也是全国第一条由地方主导投资修建、并纳入国家规划网的时速350公里的高铁，成为地方主导建设高铁的示范样板。

2021年8月1日建成运营的阳逻国际港集装箱铁水联运项目，助力湖北走向“新沿海”。

即将投入运营的武汉东站，将成为国铁干线、城际铁路和武汉轨道交通无缝对接的“新枢纽”。

抢抓全国铁路完善网络和提升质效的重要窗口期，推动铁路新一轮大发展，该集团迎来第三次机遇。2021年12月6日，湖北铁路集团正式挂牌成立，向着加快建成全国一流的现代化地方铁路建设运营商目标阔步迈进。

新一轮改革后的湖北铁路集团，正在打造集铁路建设、运营、综合开发、投融资于一体的专业化铁路集团。

朱国志透露，我省高铁建设2022年重点推进12个在建项目和10个拟新开工项目，铁路建设年度投资300亿元以上。随着郑渝高铁湖北段的贯通，我省时速350公里的高铁里程达1161公里，全国排名从第11位上升至第7位，迈入全国第一方阵。

截至目前，湖北铁路集团资产总额从成立初期的62亿元增长至1446.25亿元，增长22.3倍。净资产总额从24亿元增长到691.12亿元，增长近28倍。资产负债率下降至52.21%。

打破常规思维创新突破

铁路建设，面临着资金、土地等多方面困难和建成运营后减亏压力。

新港江北铁路、余花联络线工程因历史问题困扰10余年之久。“我们通过抢抓窗口期，打破常规思维，一手把能做的事都往前抢，一手着力解决历史问题。”朱国志说，经过不懈努力，制约两个项目的历史问题得到圆满解决，2022年年内，余花联络线（武汉东站）、新港江北铁路即将建成开通。

与其他工业企业相比，铁路建设投资的特点是数额大，周期长，融资方式单一。

为此，湖北铁路集团大力引进战略投资者——

朱国志介绍，与国开行等在鄂金融机构签订战略合作框架协议，并积极探索PPP（Public-Private Partnership，公私伙伴关系）融资模式，吸引央企参与我省铁路建设，先后达成50亿元融资意向。努力争取利用金融资源，先后通过银团贷款、争取发行中期票据、公司债券、申报专项建设基金等融资近500亿元，用于汉十、武孝、郑万、浩吉、黔张常等铁路项目建设。

铁路投融资体制迎来重大创新——

2021年9月，省政府批准设立湖北省铁路发展基金，注册资本金300亿元，基金总规模1000亿元，由湖北铁路集团作为主发起人。同年11月27日，湖北省铁路发展基金招商大会召开，募集资金近百亿元。朱国志认为，这是我省铁路投融资体制的重大创新，为铁路建设带来资金活水。

初步测算，千亿规模的湖北省铁路发展基金注入湖北铁路市场，直接形成的建设市场规模超3000亿元，可增加近万亿元的GDP，将直接带动高端装备、信息技术、新材料等关联领域和涉铁路产业的发展。

朱国志透露，高效运作湖北省铁路发展基金，目前3亿美元债的发行已获省政府批复、120亿元人民币中票已获省政府国资委批复。同时积极谋划布局投资业务，已成立7个中长期投资项目和9个短期投资项目。

在集中精力加快铁路建设的同时，在铁路运营管理上谋优化。朱国志介绍，湖北铁路集团由原来只依靠“一条腿”走路的建设模式改变为建设、运营“两条腿”走路。积极主动对接市场，开展客运提质和货运增量行动，突出抓好一年的黄金时期、一周的黄金时间、一天的黄金时段优化列车开行，更好满足沿线群众出行需求。

打造“超米字型”高铁枢纽

当好建设新时代“轨道上的湖北”和“祖国立交桥”的主力军，为湖北建设全国构建新发展格局先行区贡献铁路力量。演播室里，朱国志拿起湖北铁路建设规划图信心满满。

刚刚闭幕的省第十二次党代会提出，“加快建设综合交通运输体系和全国重要物流枢纽，打造新时代九省通衢”。“基础设施建设特别是铁路建设，是建设先行区的重要硬支撑，要当先锋打头阵。”朱国志称，几年来，湖北铁路集团带动省内铁路投资4500亿元，拉动GDP超万亿元，未来还将有更大作为。

朱国志介绍，“十四五”期间，全省铁路总里程将达到7000公里，高铁里程将达到3000公里，初步形成“四纵四横一核心”的高铁网络，实现市市通高铁，“一主两翼”主要城市间1小时通达，省内主要城市至相邻长株潭、中原城市群1~2小时通达，至京津冀、长三角、粤港澳、成渝3~4小时左右通达。

他透露，到2035年，全省铁路总里程将达到1万公里左右，高铁里程将达到5000公里，全面形成“七纵六横一核心”高铁网络，90%左右的县市实现高铁覆盖，形成以武汉为中心衔接12个方向的“超米字型”高铁枢纽，襄阳、宜昌为副中心的“放射型”高铁枢纽，其他市州形成“十字型”高铁枢纽，全面实现“1、2、3小时”高铁出行圈，5小时以内通达全国68%的省会城市和直辖市。

（《湖北日报》2022年7月29日四版）

扫码看视频

第二篇

基石篇

全国工程勘察设计大师、中南建筑设计院党委书记、董事长李霆——

“像造飞机一样造房子”

湖北日报全媒记者 刘天纵 **通讯员** 宁叶子

◆ 2022年3月31日，中南建筑设计院党委书记、董事长李霆（右）做客湖北日报企业家全媒体纵横谈。（湖北日报全媒记者 柯皓 摄）

企业名片

中南建筑设计院股份有限公司（CSADI，以下简称“中南建筑设计院”），始建于1952年，是新中国最早成立的六个大区综合性建筑设计院之一，是“全国勘察设计行业百强企业”和“当代中国建筑设计百家名院”。2020年荣获“全国抗击新冠肺炎疫情先进集体”“全国先进基层党组织”荣誉称号。

精彩语录

中南建筑设计院正在进行的数字化转型，其目标不只是企业自身的转型，更要引领一个行业的转型。

建院 70 年，中南建筑设计院一直走在改革创新前沿阵地。展望未来，我们将以数字化引领城市建设转型升级，走出一条国有高科技企业高质量发展的新路子。

中南建筑设计院与一流高科技企业共建“8849 生态圈”。“8849”就是要比世界最高峰（珠穆朗玛峰海拔 8848.86 米）“高”一点儿。

一座座建筑拔地而起，离不开一张张设计图纸。设计出众多地标建筑的中南建筑设计院，眼下正在打破千年来的“惯例”，让设计、建造告别传统的二维图纸，实现“无图建造”。

2022 年 3 月 31 日，全国工程勘察设计大师、中南建筑设计院股份有限公司党委书记、董事长、总工程师李霆做客湖北日报 5G 演播室，带来了这一跨界融合的创新尝试，描绘出建筑业数字化转型与创新发展，助力湖北建筑业提档升级、脱胎换骨，打造高质量现代产业集群的新图景。

设计高铁站房全球最多

建筑是凝固的音乐，建筑是城市的记忆。

黄鹤楼，“四望如一，层层飞檐”，武汉市的城市地标。李霆带来了一件珍贵文物——20 世纪 80 年代初武汉复建黄鹤楼的手工设计图。当时，计算机制图尚未普及，中南建筑设计院的建筑师纯手工制图，用精湛的技艺和匠心打造出武汉的地标性建筑。

2020 年除夕夜，中南建筑设计院接到雷神山医院设计任务后，仅用 12 个小时就拿出了初步方案，3 天交付全部施工图，创造了 12 天设计建成雷神山医院的建筑奇迹。

李霆介绍，中南建筑设计院 2022 年迎来建院 70 周年。从 20 世纪 50 年代在国家百废待兴中投身建设热潮，到 60 年代支援国家“三线”建设；从 70 年代帮助唐山大地震灾区人民重建家园，到 2020 年疫情防控期间抢建设计雷神山医院、方舱医院，中南建筑设计院始终履行国企大院的社会责任，与新中国共同成长。

从 20 世纪 80 年代初设计完成中国第一栋超高层建筑深圳国贸大厦，到全球最大科技馆——广东科学中心，再到亚洲第一、世界第四专业货运枢纽鄂州花湖机场……“一带一路”、粤港澳大湾区、长三角一体化，国家每一次战略布局，中南建筑设计院都紧跟步伐，恪守"创新创意、至诚至精"的企业价值观，逢山开路、遇水架桥，把近2万幅作品写在祖国大地，建在全球40个国家和地区。

"我们是地方国企，也是业内举足轻重的'国家队'。"李霆说，截至目前，中南建筑设计院设计和咨询的高铁站房及相关配套建筑达449个，是全国乃至全世界设计高铁站房最多的建筑设计院。杭州东站、西安北站、呼和浩特东站、太原南站、长沙南站、郑州东站、长春站、沈阳站等省会一级的站房完成12座，厦门北站还获得国际桥梁与结构工程协会的杰出结构奖。

用造轮船、飞机的平台"造房子"

当前，建筑业面临重大转型。李霆透露，该院在全国率先探索，"像造轮船、造飞机一样造房子"。

他介绍，波音公司在30年前设计制造波音777的时候，全程无图纸，靠三维数字模型（数字样机）驱动全产业链。在中国，上海江南造船厂实现了全程无图建造海巡160轮；西飞集团在设计制造运–20大型运输机时，也实现了全程无图纸。

无图建造的"底气"，源于高端制造业PLM（产品全生命周期管理）平台。这种平台能将三维数字建模、数字仿真验证、数字制造、数字管理集中到一起，实现全专业、全流程、全要素的数字化统一协调管理。

李霆说，中南建筑设计院探索出建筑版的"PLM平台"，把"造轮船、造飞机"的平台，用来"造房子"。

这一平台的魔力，在于实现了跨界融合。无论是哪一个专业、哪一家企业、哪一个地区，都能在同一个数字化平台上协同工作。如此，无论是设计还是建造，都不再需要传统二维图纸，各方在同一个三维数字模型上各司其职、协同作业，就能高质量、高效率完成设计建造。

目前，该平台已经在武汉新一代天气雷达建筑项目和湖北疾控中心综合能力提升项目中试点使用，实现了"三维交付、无图建造、造价精准、缩短工期、提升质量"的效果，建筑后期运维可精准控制能耗。

李霆认为，随着建筑PLM平台的推广应用，以无图纸建造为特征的数字建造、智能建造日趋普及，必将大幅提高湖北乃至全国的建筑业水平。即便是提升20%的产值，也将为湖北增加3800亿元规模的建筑业产值，"这是典型的数字经济跃升工程”。目前，这一平台已入选湖北数字经济试点示范项目。

让 PLM 刮起“蝴蝶效应”

建筑 PLM 平台，不仅是建筑技术层面的革新，更将给整个产业带来“蝴蝶效应”。

李霆说，建筑业是我省支柱产业之一，但仍大幅落后江苏省。其中原因之一是建筑业产业链呈碎片化状态，可研、设计、招标、建造、运维等产业链中各方数据不互通、数字模型不接轨，呈现出一个个“数据孤岛”，严重影响了行业的工程质量和效率。

而建筑 PLM 平台，将打破这些“数据孤岛”，实现“一个模型干到底，一个模型管到底”，最终实现“无图设计、无图审批、无图招标、无图建造、无图结算、无图审计、无图运维”，也就是全程数字化、智能化设计建造。该技术的广泛应用，将对现有建造施工模式产生颠覆性突破。

鄂州花湖机场目前就在进行数字化建造实践探索。用电脑打开鄂州花湖机场的数字模型，建筑就像人的骨骼、肌肉、血管一样错综复杂。放大看，每一处钢框架受力情况清晰可见，每一条电缆、每一盏灯泡都有迹可循。该机场是国内首个严格采用 BIM（建筑信息模型）技术进行设计、采购、施工、项目管理、计量计价、运维的工程项目。“这个过程中，传统设计、施工过程中不透明的、可‘议价’的部分就能大幅减少，从而最大程度保证工程质量和安全。”李霆说，在鄂州花湖机场的数字建造中，中南建筑设计院累计提交超过国标要求的 BIM 模型 800 多个，构件总数达 200 余万个，探索了从设计的“图模一致”到建造的“物模一致”。

在数字化转型的道路上，中南建筑设计院一路疾行。

2021 年 7 月至 9 月，中南建筑设计院在 3 个月内完成 4 次战略签约，与法国达索系统、华为公司、中国建材凯盛科技集团、上海江达等一流高科技企业共建“8849 生态圈”。

李霆称，“8849”就是要比世界最高峰（珠穆朗玛峰海拔 8848.86 米）“高”一点儿。“十四五”要打造一个基于数字化的建筑业全产业链生态圈，实现跨界融合、跨界颠覆和模式重塑。

由传统建筑设计企业转型为现代化城市建设数字化高科技服务商，中南建筑设计院各项经营指标均取得历史性飞越——营业收入从 2016 年的 8.039 亿元增长到 2021 年的 36.812 亿元，增长 357.92%；利润从 2016 年的 1.199 亿元增长到 2021 年的 1.729 亿元，增长 44.2%。

（《湖北日报》2022 年 4 月 7 日三版）

扫码看视频

湖北东贝机电集团股份有限公司总裁朱金明——

“向超低温制冷领域无人区挺进”

湖北日报全媒记者　杨富春　通讯员　付雪东　赵羽

◆ 2022年4月2日，湖北东贝机电集团股份有限公司总裁朱金明（右）做客湖北日报企业家全媒体纵横谈。（湖北日报全媒记者　薛婷　摄）

企业名片

湖北东贝机电集团股份有限公司是中国制造业500强、轻工业百强、湖北省百强企业。公司主要业务是研发生产制冷压缩机、商用制冷器。2020年12月25日，公司在上海证券交易所主板挂牌上市（股票代码601956）。

精彩语录

为社会创造财富，让员工安居乐业，建东贝幸福家园。“居家养老工程”“一袋奶工程”“安居工程”含金量很高，东贝成为黄石人向往的公司。

我们研发的制冷温度在-86℃的压缩机，打破了我国深冷疫苗柜受制于国外技术的局面。开发的-200℃的超低温制冷设备，在低温超导、量子纠缠、新材料等大科学研究领域被广泛应用。

我们设计的新型高效压缩机 COP 值对比东贝首款压缩机，单台日节电量 0.47 度，2021 年公司累计销售压缩机 3910 万台，可节约电量 67.08 亿度，相当于年减排二氧化碳 668.75 万吨。

从一个街道小厂，成长为销售过百亿的企业集团，压缩机单品销量全球第一，湖北东贝机电集团股份有限公司（以下简称“东贝”）用了 56 年。

从制冷温度 -18℃，到 -60℃，再到 -86℃、-200℃，不断向制冷领域“无人区”挺进背后，是几代东贝人在技术创新领域的持续耕耘。

2022 年 4 月 2 日，东贝总裁朱金明来到湖北日报 5G 演播室，参加“企业家全媒体纵横谈”，从技术创新、智能化改造、绿色生产、社会责任等方面，分享了公司的裂变式成长之路。

谈科技创新：不断攀登“行业珠峰”

东贝集团，世界顶级冰箱冷柜压缩机生产商，海尔、美的、惠而浦、博世、松下、三星等行业巨头都是其用户。2021 年，东贝集团出货量达 3910 万台，主营业务收入 101 亿元。

“50 多年间，东贝从一个街道小厂，闯进国际市场，从定频压缩机，再到变频压缩机，成为行业领军企业，靠的就是革命性的技术创新。”朱金明说。

近年来，东贝技术创新取得新突破，代表全球最高水平的超高效压缩机已在全球多个客户处送样。在低温和超低温制冷技术方面也取得突破，制冷温度在 -86℃的压缩机 2022 年批量供货，改变了我国深冷疫苗柜受制于国外技术的局面。公司与中科院理化所开展技术合作，开发出 -200℃的超低温制冷设备产品，拥有完全自主知识产权。

“超低温压缩机意味着什么？”朱金明说，这项技术将为我国重大科研攻关，比如超低温领域的高精度计量、量子纠缠技术、超导研究、新材料研究等大科学研究提供基础条件。

“公司建有国家级技术中心、院士工作站、博士后工作站，在巴西建有研发中心，还考察了土耳其、印度等国的投资环境，准备设立生产基地。”

朱金明说，东贝每年拿出销售额的 3%，用于产品研发。不断拓展新的制冷领域，从传统活塞式压缩机，研发出转子压缩机，进入除湿机、冰淇淋机、制冰机等商用市场。

谈智能化改造：打造智能制造标杆工厂

核心技术是企业安身立命之本，智能化改造也是东贝近年来全力推动的工作，立志打造机电行业和湖北智能制造标杆工厂。

“我们围绕打造经济型精益制造场景，遵循‘自动化、数字化、智能化’三步走方针。”朱金明说，从 2019 年开始，公司进入第一阶段自动化改造，通过机器换人，引进国内外先进工业机器人和智能化设备，截至 2021 年末，公司投入资金 1.08 亿元，优化岗位人员 1242 人，生产效率提升了 20%，第一阶段工作初见成效。

“今年，公司全面推进数字化工作。”朱金明说，公司聘请业内知名机构全面指导，在不同公司，不同车间采取不同的方式，分步实施，实现设备与设备、设备与工厂、各工厂之间，以及供应链上游企业间，企业与用户间无缝对接，“我们努力探索一条中小企业可借鉴、可复制、可落地的制造业发展之路”。

在东贝集团生产车间，几百个机械臂精准对接每项操作，公司员工从高峰时 1.1 万人降至 7000 多人。生产线上，数据自动采集系统实时查看生产线数据，发现不合格品会自动截留。朱金明说，完成数字化和智能化改造后，管理更精细。公司推动的 MES 生产管理系统，将生产、检测、产品追溯等各环节串联，打通生产经营各环节信息孤岛，提高了生产经营效率。

谈绿色生产：建成全国绿色工厂示范企业

“绿色‘智’造，核‘芯’之选”，这是东贝公司的品牌战略。作为首批获得“全国绿色工厂示范企业”称号的公司，东贝不断研发生产节能、节材的高效环保产品。

朱金明说：“我们设计的新型高效压缩机 COP 值对比东贝首款压缩机，单台日节电量 0.47 度。2021 年公司累计销售压缩机 3910 万台，可节约电量 67.08 亿度，相当于年减排二氧化碳 668.75 万吨。”

东贝公司 2013 年布局新能源光伏领域，在新疆阿拉山口、湖北武穴、黄石新港等地建设 3 个地面电站和 20 多个分布式电站，2021 年累计光伏发电 2.11 亿度，占整个集团当年用电量的 65.9%。“公司所有厂房屋顶铺满光伏电站，仅黄石公司厂房屋顶所发电量就能满足总部 8% 的电力需求。"

"我们正在开展线网节能方案，净化线网环境，提高电能质量，降低电耗。"朱金明说，公司在本地企业中最早采用废水治理再利用，将废水收集处理后，用于浇花养鱼、冲洗卫生间、喷淋降温等，每月可节约用水 4000 吨。

谈社会责任：做一家受人尊敬的企业

东贝公司的核心价值观是："为社会创造财富，让员工安居乐业，建东贝幸福家园。"为此，东贝集团实施员工福利"三大工程"，即"居家养老工程""一袋奶工程""安居工程"。

朱金明说，公司成立爱心基金，救助有突发情况的员工。一位患白血病的员工，治疗花费 150 多万元，公司全部垫付后，承担了三分之二的费用。"公司自办牧场，员工每天一杯免费奶，金贝牛奶在黄石很有名。员工可以用成本价购买一套公司自建房。"

东贝落实"五项制度"——带薪休假制度、全员体检制度、职工子女升学奖励制度、特困职工救助制度、员工薪酬增长制度，并积极参与社会公益事业，"公司发起长江江豚保护行动，通过全国人大代表递交了建议"。

"东贝要做一家受人尊敬的企业。"朱金明介绍，西门子博世亚太区总裁来东贝考察时，非常认同他们的企业理念，加大了合作力度。

朱金明说："我们注重企业与员工的共同发展，让各层级员工有尊严感、获得感和幸福感，更要有存在感、参与感和成就感，要在利益共同体、事业共同体基础上打造命运共同体。"

（《湖北日报》2022 年 4 月 11 日三版）

湖北宏泰集团党委副书记、总经理陈志祥——

湖北首个全牌照“金融航母”来了！

湖北日报全媒记者　左晨　通讯员　李斯

◆ 2022年4月7日，湖北宏泰集团总经理陈志祥（右）做客湖北日报企业家全媒体纵横谈。（湖北日报全媒记者　柯皓　摄）

企业名片

湖北宏泰集团有限公司，由省委、省政府鄂办发〔2022〕1号文件批准成立，是以综合金融服务、要素市场建设、政策金融保障、资本运营为主业的省属唯一金融服务类国有企业。集团现注册资本80亿元，全资、控股企业15家，上市公司1家。2021年集团资产总额为604亿元，实现营业收入134亿元，利润总额14.5亿元。

精彩语录

新组建的湖北宏泰集团，打造全省唯一的省级金融服务类企业、全省唯一的省级金融资源承接主体、全省唯一的省级金融工作抓手平台。

改革方案公布后，集团经营工作面临的最大形势，就是在新的功能定位下在资产底盘上如何经营布局的问题，布不好局就肯定开不好局。

碳金融必将成为我省金融工作的新发力点和新增长极。

金融，经济的"血液"和现代经济的重要支撑。

一个强大的省级金融控股集团，能极大地整合地方金融资源，为区域经济发展提供金融硬支撑。

作为2022年省属国企改革的"首发队员"，1月挂牌成立的湖北宏泰集团有限公司（以下简称"湖北宏泰集团"），就肩负着打造省级金控平台的重任。

2022年4月7日，湖北宏泰集团党委副书记、总经理陈志祥走进湖北日报5G演播室，分享湖北宏泰集团稳步推进国企改革，向全国一流金融控股集团目标迈进的故事。

三个"迫切"催生新宏泰

对于湖北而言，为何需要一个实力强大的金融控股平台？在陈志祥看来，主要有三个方面的迫切需求。

一是省级国有金融资源基础相对薄弱，打造地方金控平台需要"大牌照"行政性归集和"小牌照"市场化建设"双管齐下"。二是全省上市公司金融属性整体偏弱，打造地方金控平台需要立足产融结合，将资本市场运作和上市公司重组作为重要手段。三是我省已形成全国碳市场核心资源富集的区域优势，需要打造地方金控平台将碳金融创新发展作为新发力点和新增长点。

基于此，新宏泰的成立，恰逢其时。此次改革重组，整合力度大、涉及范围广。

陈志祥介绍，作为我省新一轮革命性重塑、重点改革的省属国企，全新的湖北宏泰集团，由原省宏泰国有资本投资运营集团、光谷联合产权交易所、省融资再担保集团、省农业信贷融资担保公司、中国碳排放权注册登记结算公司等多家金融类、要素类企业以及相关企业股权整合组建，旗下共设置16家二级平台公司。

改革方案明确，湖北宏泰集团为金融服务类企业，以综合金融服务、要素交易市场、政策金融保障三大业务领域为主业，全力打造全国一流的综合金融服务商。到2025年，资产总额达2500亿元、营业收入达100亿元、利润总额达 30 亿元，成为牌照丰富、资源协同、业务联动、风险隔离、管理规范的金融投资集团。

“新宏泰，承载着省委、省政府壮大现代金融产业的殷殷重托。”陈志祥说，除了要有效整合省级金融资源外，新宏泰还将承担起推进省农信联社向农商银行改革、推动湖北银行尽快实现上市、战略增资成为长江财险第一大股东、打造全国碳金融中心等事关全省金融行业高质量的重大专项任务。

时间紧，任务重。重组揭牌以来，湖北宏泰集团迅速成立改革工作领导小组，加速从“物理整合”向“化学融合”转变。

集齐金融“全牌照”

2021 年，重组前的宏泰实现营业收入超 134 亿元、经营利润 14.5 亿元，分别同比增长 21%、60%，创该集团有史以来的最好经营业绩。

在新的功能定位下、新的资产底盘上，湖北宏泰集团提出响亮目标：集齐金融全牌照！

金控平台发展的核心就是拿金融牌照。拥有金融全牌照，就意味着能通过牌照为湖北汲取和聚集更多的金融资源，提升湖北整体金融土壤环境，在此基础上聚集更多的金融专业人才，为湖北实体经济的发展提供更有力的保障。

在湖北日报 5G 演播室内，陈志祥拿出一张形似“三足鼎立”的业务架构示意图。

“把‘鼎’比作金控平台，鼎身就是金控平台的‘基本盘’，主要是赖以形成金融控股特色、达成金控监管要求的‘大牌照’运营，三只‘鼎足’则是金控平台的市场化支撑力量。”陈志祥说，稳住基本盘，加快金控平台运营能力建设，就是要立足金融“大牌照”政策性归集，做实“小牌照”市场化运营、碳金融创新发展、资本市场运作，这就是宏泰集团要打造的“三足鼎立”业务架构。

为此，宏泰集团将建立“3+4+N”综合金融业务体系。

“3”，即推动湖北银行、省农信联社、长江财险等 3 家法人金融机构改革；“4”，是促进集团现有 4 家类金融企业提质转型；“N”，是通过新设和并购金融类金融牌照等措施，逐步将集团打造成为涵盖银行、保险、证券、信托、期货、金融资产管理、融资租赁、商业保理、基金管理在内的“全牌照”金融控股集团。

湖北“碳”功能不可替代

引人注目的是，全球最大碳市场的核心功能枢纽——全国碳排放权注册登记系统，已是宏泰集团的核心业务。

在武昌区中北路，碳汇大厦即将完工。未来，“中碳登”将入驻该大厦办公，成为湖北首个全国性、具有金融属性的功能平台，进一步发挥金融集聚效应，吸引资金、技术和绿色金融机构以及各类金融要素向长江中游城市群聚集。

随着2021年全国碳排放权注册登记系统正式落户武汉，湖北拥有了国家级的“中碳登”功能平台，已经形成了全国碳市场核心资源富集的区域优势。

放眼全国，武汉已与上海共同形成了全国碳市场核心资源分布的“双峰格局”。“在全国碳市场上有两个重要的支点，一个是武汉的中碳登，一个是上海的中碳所。同时，上海有上清所，而我们正在和人民银行推动设立碳市场清结算的‘武清所’。相比之下，其他省市目前没有这样的全国性功能平台，武汉和上海在碳市场‘双峰格局’的优势是不可替代的。”陈志祥说。

他认为，从全国碳市场的产业链来看，武汉处于相对更为有利的位置。在碳市场的注册、登记、交易、结算四大环节中，中碳登“卡位”在注册、登记和清结算三个环节，是全国碳市场的“底层数据库”，这在碳金融工作中的资源禀赋差异是显而易见的。此外，全国碳市场的交易功能比较分散，有的做碳现货交易，有的地方准备做碳期货交易，有的地方准备做CCER交易，但无论哪个交易品类，都需要注册登记结算，都绕不开武汉。“只要我们依托基础设施和核心资源，因势利导、准确‘卡位’，完全可能形成‘一拖三’的有利局面。”陈志祥介绍。

目前，宏泰集团旗下中国碳排放权注册登记结算有限责任公司和湖北碳排放权交易中心有限公司和作为全国碳排放权注册登记结算系统和区域试点工作的牵头建设运维单位，在碳交易机制、碳资产管理等方面积累了丰富经验。

数据显示，自全国碳市场2021年7月启动以来，累计清算共计54260笔，累计清算金额163.6亿元，未发生一笔异常情况。湖北碳交易二级市场全年累计成交3.54亿吨，占全国的42.03%；成交额83.59亿元，占全国的

53.75%，市场交易规模、连续性等主要市场指标持续居于全国首位。

“碳金融也必将成为我省金融的新发力点和新增长极。”陈志祥介绍，下一步宏泰集团将全力支持建好中碳登、武汉碳清算所、湖北碳交中心三大平台，围绕碳市场、碳金融、低碳产业三大板块，建设低碳产业发展先行区和低碳交易合作平台，形成国内一流“双碳”生态圈，支持武汉打造全国碳金融中心。

（《湖北日报》2022 年 4 月 12 日三版）

扫码看视频

华电湖北发电有限公司党委书记、董事长刘强——

投资300多亿布局湖北“新能源+”

湖北日报全媒记者　彭一苇　通讯员　雷川

◆ 2022年4月8日，华电湖北发电有限公司党委书记、董事长刘强（右）做客湖北日报企业家全媒体纵横谈。（湖北日报全媒记者　柯皓　摄）

企业名片

华电湖北发电有限公司成立于2003年，公司主营业务为电力生产、热力生产和供应以及与电力相关的专业技术服务。公司在湖北区域总装机容量770.56万千瓦，资产总额227亿元，净资产88亿元，区域员工2500余人，全资及控股企业22家，分公司8家，参股企业5家。

精彩语录

始终坚持生态优先、绿色发展，促进湖北经济高质量发展。

构建风光电、火电、抽水蓄能、综合能源“四轮驱动”发展格局，助力湖北构建以新能源为主体的新型电力系统。

一地一策定制方案，大力发展“渔光互补”“林光互补”“农光互补”等“新能源＋特殊产业”“新能源＋特殊行业”，促进各行各业的良性循环、高质量发展。

许多武汉人的记忆里，都绕不开“武昌热电厂”。

眼下，这座武汉地标建筑的上级企业——华电湖北发电有限公司（以下简称“华电湖北公司”），已成为湖北规模最大的燃气发电和火电企业，年发电能力超过 350 亿千瓦时（度）。过去几十年，华电湖北公司源源不断为湖北发展“充电”。未来，它还将给湖北带来更多动力与能量。

2022 年 4 月 8 日，华电湖北公司党委书记、董事长刘强做客湖北日报 5G 演播室，与网友分享这家企业许多鲜为人知的故事。

关键时刻顶得上

华电湖北发电有限公司的历史可以追溯到 1945 年，至今仍在武昌江边的武昌热电厂，见证了武汉作为中部工业中心的辉煌岁月。

“扎根湖北 70 多年，企业与湖北同呼吸共命运，特别是在关键时刻，拉得出、顶得上。”刘强讲述了 50 年前发生在湖北的“惊天逆转”——

1972 年 7 月 27 日 10 时 7 分，一家供电量占全省三分之一的电厂，因一个保护开关误动，瞬间与全省电网断开。

如同最壮汉子突然撂挑子，其他电厂难以支撑全省电网。6 分钟后，面对无法支撑的负荷，青山、武昌、黄石等地 10 多个电厂相继跳闸停机，与电网断开。

10 时 18 分，湖北电网崩溃，灾难性后果逼近——武钢水泵停输冷却水，高炉即将烧塌；大冶等地矿井抽水机停电，工人被困井下……

然而，1 分钟后，奇迹却发生了：武昌热电厂的前身——武昌电厂重启机组，送出“救命电”，武钢江心泵房启动，4 座高炉脱离险境。随后，全省电网逐步恢复。

原来，电厂职工俸远禧和当班班组艺高胆大，他们判断出电网已崩溃，其他电厂已受波及，武钢有危险。俸远禧等人没有考虑自身安危，挺身而出，绕过正常操作规范，在 5 分钟内强行启动了汽轮发电机。

当年装机仅有 1.5 万千瓦的武昌电厂，就这样在千钧一发之际挽救了危局。关键时刻敢于担当的精神，成为华电湖北公司几十年来的“传家宝”。在抗击疫情、防汛抗洪、经济重振、冬季保电等大战大考中，华电湖北公司全力以赴，两年来累计发电 579 亿千瓦时，按一个家庭平均月用电 200 千瓦时计算，可供 1200 万户居民使用两年。

2021年冬季正是用电高峰，而煤价涨了两至三倍，火电企业发电就亏。华电湖北公司不停机、满发电，不惜一切代价保障民生用电、用热稳定。2021年四季度，华电湖北公司燃煤发电机组利用小时达到1203小时，位列全省同类型企业第一，为保障湖北省不拉闸限电作出了贡献。

近年来，华电湖北公司积极承担社会责任，先后投入13亿元改造燃煤机组，主要污染物排放量远优于国家环保标准。2015年以来，先后派出7批干部驻村扶贫，助力乡村振兴，帮扶资金达2300多万元，采购农产品1200多万元，驻点村经济和民生大变样。

清洁电力5年提升10倍

随着“双碳”目标实施，清洁能源需求大升。这家湖北最大的燃气发电和火电企业，也在积极转型。

“我们在湖北的风电、光伏装机容量近82万千瓦，仅2021年就新增新能源装机近36万千瓦，较2020年增加了近80%。”刘强介绍。

2022年，该公司黄冈武穴“风光储一体化”基地、荆州洪湖峰口镇光伏、咸宁崇阳天城光伏、监利柘木乡光伏等新能源项目开工，装机近60万千瓦，开工量已超过2021年新增投产新能源项目总量。

“十四五”期间，华电湖北公司定下新目标：在2025年实现清洁能源装机占比达到50%。“这意味着五年里我们要发展600万千瓦清洁能源装机，相当于清洁能源的供应要提高到现在的10倍，电力产值将翻番，能源供应保障能力大大提高。”

这些新能源项目，还带动了湖北产业链。华电湖北公司在洪湖的百万千瓦新能源基地项目，配套建设的光伏装备制造项目也开工。同属华电集团的科工产业板块所属企业——武汉华电工程装备有限公司已落户湖北，主营业务有风机塔筒等新能源设备的制造。

刘强介绍，除了风电、光伏之外，将推动煤电节能降碳改造、灵活性改造、供热改造“三改联动”，打造全国气化耦合路线示范基地，提高为企业和用户提供绿色电、清洁电、低碳电的能力；大冶、武穴两个抽水蓄能项目前期工作正在全速推进中。在综合能源方面，推进湖北省多能联供、光储充、商业综合体等多场景综合能源项目落地。目前已取得武钢屋顶光伏项目、红莲湖大数据云计算产业园项目开发权，襄阳襄州区、黄冈黄州区屋顶分布式光伏项目纳入国家试点范围。

“公司将逐步形成风光电、火电、抽水蓄能、综合能源‘四轮驱动’，保障能源供应稳定充足。”刘强介绍。

300 多亿元投入“新能源 +”

一座发电设施，如今能发电，还带来了更多收益。

湖北华电武穴石佛寺一期渔光互补光伏发电项目，发展出“新能源 + 特色产业”模式。该光伏电站 2017 年投产，占地面积 1300 多亩，每年可发电 5500 万千瓦时。光伏支架上安装的自动追踪系统，可以让光伏板跟着太阳光转，每年可多发 800 多万度电。

光伏板安装在鱼塘上，除了发电，还能养鱼。这种模式不占用土地，光伏板还能减少水面蒸发量、抑制藻类繁殖，鱼塘亩产达到 750 公斤。

这一模式还将扩大推广。刘强透露，目前正在推进的武穴和洪湖两个百万千瓦新能源基地也将采取“新能源 + 特色产业”模式，按照每个基地 100 万千瓦容量计算，相当于要再建设 50 个武穴渔光互补光伏电站，投入资金约 100 亿元，预计年均发电量 27 亿度、年均产值 11 亿元、年均缴税 1.2 亿元，每年可节约标准煤约 3 万吨、减少二氧化碳排放量约 84000 吨，同时，两个新能源基地，还能够带动当地制造产业发展和产业园建设，辐射带动当地就业预计 1500 人。

华电湖北公司正在与科研机构合作探索“林光互补”“农光互补”。在省内不同地区，华电湖北公司一地一策定制方案，大力发展“新能源 + 特色产业”“新能源 + 特殊行业”。截至发稿日，华电湖北公司已取得了监利 200 万千瓦的新能源基地项目开发权，正在积极推进项目开发。“十四五”期间，华电湖北公司将围绕湖北“新能源 +”投资 300 多亿元。

十年来，华电湖北公司立足服务地方经济，缴纳税金约 100 亿元。刘强表示，公司愿意主动融入各地发展规划，争取更多风光电项目，通过新能源项目发展，提供可靠电源供应的同时，带动湖北各地农业、林业、渔业、制造业等各类相关行业的发展。

（《湖北日报》2022 年 4 月 13 日四版）

扫码看视频

中铁大桥局集团有限公司党委书记、董事长文武松——

递给世界一张闪亮“桥名片”

湖北日报全媒记者 胡祎 **通讯员** 张静

◆ 2022年4月9日，中铁大桥局集团有限公司党委书记、董事长文武松（右）做客湖北日报企业家全媒体纵横谈。（湖北日报全媒记者 柯皓 摄）

企业名片

中铁大桥局集团有限公司的前身是铁道部大桥工程局，1953 年因修建武汉长江大桥而成立。近 70 年来，大桥局在全球建造了 3000 余座大桥，总里程超过 3600 余公里，是世界上设计、建造桥梁最多的企业。大桥局先后培养了 5 名院士、7 名全国勘测设计大师，先后获国家科学技术奖 33 项、国际桥梁大奖 14 项、鲁班奖 45 项、詹天佑奖 31 项，国内外专利授权 1649 项。

精彩语录

中铁大桥局在建桥队伍中就好比一个“老司机”，乘客想去哪，我们就能把他安全地、舒适地送到哪，时间更短、服务更好。

中铁大桥局是目前中国唯一一家集桥梁科学研究、工程设计、工程施工、装备研发四位于一体的企业。我们能在大桥未出生的时候，就具有超前思维，开始考虑如何让它健健康康地出生、少灾少病地成长，直至高寿。

中铁大桥局集团有限公司（以下简称“中铁大桥局”），在2022年“69岁”时又将递给世界一张“桥名片”——其承建的孟加拉国帕德玛大桥，即将建成通车。

这座孟加拉国人民心中的“梦想之桥”，是彼时中国企业中标金额最大的国际桥梁项目，备受关注。

而这也只是中铁大桥局已建成的3000多座桥梁中的一座。对于中铁大桥局来说，他们已经能在任何艰难恶劣的环境中架起桥梁。2022年4月9日，中铁大桥局集团有限公司党委书记、董事长文武松做客湖北日报5G演播室，畅谈“桥”的故事。

几乎每个中国人都“走”过大桥局修建的桥

江城历史，闪耀着桥的记忆。文武松说，在汉“出生”的中铁大桥局，已在全球范围内建设了3000余座桥梁，总里程达到3600多公里。这一距离，比从哈尔滨到香港的直线距离还长。几乎每个中国人都“走”过中铁大桥局修建的桥。

1956年5月31日，毛主席视察武汉长江大桥工地时说：“将来长江上修上20个、30个桥……到处都能走。”文武松表示，我们可以自豪地告慰毛主席，实现了他老人家的愿望。迄今，大桥局已经在万里长江上建设了近百座特大型桥梁。

经历“建成学会”“发奋追赶”“超越引领”的“中国桥”，见证着中铁大桥局和中国桥梁的跨越。

在“高铁脊梁”的高速铁路桥梁领域，中铁大桥局不断地向大跨、重载、轻质的方向发展，其独立建造的武汉天兴洲长江大桥、南京大胜关长江大桥、郑新黄河大桥等，昭示着中国高速铁路桥梁建造水平已经跻身世界前列。

在跨海大桥上，中铁大桥局积极投身建设的东海大桥、杭州湾跨海大桥、青岛海湾大桥、港珠澳大桥、平潭海峡公铁大桥等跨海大桥，其规模之宏大、技术之复杂、设备之新颖、施工之先进，令世界惊叹，并将中国跨海桥梁建设推进到一个崭新的阶段。

从武汉走向全国，从长江走向世界。放眼全球，越来越多的桥梁有了"中国元素"。文武松介绍，目前孟加拉国帕德玛大桥正在加紧附属工程施工，2022 年 6 月，大桥的公路面将建成通车。

目前，中铁大桥局是中国唯一集桥梁科学研究、工程设计、工程施工、装备研发四位于一体的企业。"我们能在大桥未出生的时候，就具有超前思维，开始考虑如何让它健健康康地出生、少灾少病地成长，直至高寿。"文武松自豪地说，中铁大桥局已在全球 20 多个国家承建了 40 余个项目。在美国《工程新闻记录》（ENR）评选中，中铁大桥局被评为国际十大桥梁承包商之一。

参建省内七成长江大桥

中铁大桥局生于湖北，长于湖北。近 70 年，中铁大桥局的发展与湖北的经济社会发展血脉相融。目前，湖北省内的长江大桥，中铁大桥局参与建设了其中的 70%。

桥梁的发展，绝不仅仅是一个产业的单兵突进，而是集成了工程设计、土建施工以及材料、装备等一系列的产业链。长江上不断架起的钢铁巨龙，映射着我国制造业水平的飞速提升。

文武松说，围绕湖北打造"51020"现代产业集群，中铁大桥局在智能装备领域大显身手。依托桥梁结构健康与安全国家重点实验室、国家企业技术中心两个国家级创新平台，结合重大项目的建设实践，中铁大桥局研制了超大型塔式起重机、沉井水下机器人等桥梁施工装备，自主研发了桥梁虚拟建造与数字孪生平台，进一步提升了桥梁建造的信息化和智能化水平。

多年来，中铁大桥局搭建新平台，引领新突破，助力武汉打造"中国建桥之都"品牌。

中铁大桥局参与发起的中国桥博会，为湖北实现了大型桥梁专业论坛零的突破。这个大会是整合桥梁产业链、专业化行业技术传播、国际化经贸洽谈的行业盛会，迄今已成功举办 7 届，极大提升了湖北省、武汉市的桥梁品牌影响力。

2018 年，中铁大桥局以工程类第一名摘得中国质量奖桂冠，让湖北实现中国质量奖零的突破。2021 年，湖北建筑业总产值突破 1.9 万亿大关，中铁大桥局作为桥梁行业排头兵，获评 2021 年突出贡献企业。

中铁大桥局还在武汉建起国内首家综合性桥梁博物馆。运营两年多来，线下共接待50多个国家的6万多人次的观众，线上“云游”参观突破500万人次。目前，桥梁博物馆已成为国务院国资委命名的首批100个中央企业爱国主义教育基地和湖北省爱国主义教育基地，入选全国科普教育基地。

“解题”能力不断强大

“最牛”建桥企业如何炼成?

文武松认为，创新引路、文化领航，是企业发展的两大法宝。

“一桥飞架南北，天堑变通途。”69年来，中铁大桥局不仅凭借高超的施工技艺跨越物理“天堑”，更不断“超越自我”，形成了独具特色的桥文化。

江河湖海、深山峡谷、大漠戈壁、高原冻土——并不是所有的天堑都能轻松跨越。文武松认为，正是纵横的广袤国土，正是这些难以轻易逾越的天堑，给了人桥人施展技艺的舞台。

世界首座跨度超千米的公铁两用斜拉桥——沪苏通长江公铁大桥，我国首座千米级公铁两用悬索桥——连镇铁路五峰山大桥，屹立在曾经的“建桥禁区”的平潭海峡公铁两用大桥……在一座座世界级大桥的修建中，中铁大桥局不断攻坚关键核心技术，“解题”能力不断强大。

这是科技含量满满的桥——

中铁大桥局在大跨度公路桥、铁路桥、公铁两用特大桥、超长跨海大桥、大跨峡谷桥等建设方面形成了独特的技术优势，开创了诸多“独创”和“世界第一”，达到世界领先水平。中国桥梁的标准几乎都由中铁大桥局参与制定，同时我们也在不断提升中国标准在国际上的认可度。

新工艺突破、新设备投入，让一座座大桥在建设中，变水上施工为陆地施工、变高空作业为平地作业、变现场拼装为工厂制造、变人工操作为机械作业，世界桥梁建设的速度纪录，由此也不断刷新。珊瑚礁、地震带、强风区……众多曾经的“建桥禁区”难题先后被攻克；世界顶级桥梁颁奖盛典上，中铁大桥局早已成为领奖的“常客”。

这是精神内核满满的桥——

从峡谷上移梁到滔天巨浪中打桩，每一座大桥，汇聚的不仅仅是钢筋混凝土，更展示了开拓创新、攻坚克难、勇攀高峰的奋斗精神。“建设南京长江大桥的时候，有一个潜水英雄叫胡宝林，在当时技术装备并不先进的情况下，冒着生命危险下潜到水下70米的深度，挑战了人体极限。”文武松说，一代又一代中铁大桥人跨越天堑超越自我的过程中，牢记建桥报国的初心使命，积淀了“坚守质量、传承创新”的光荣传统和不忘初心、奋发图强、传承创新、坚守质量、逐梦速度“五大里程碑”精神。

“中铁大桥局在建桥队伍中就好比一个‘老司机’，乘客想去哪，我们就能把他安全地、舒适地送到哪，时间更短、服务更好。”文武松说，“大桥人有一种不服输的精气神，有一种敢于跨越天堑的志气，这是我们最鲜明的底色，也是我们能够攻克万难的优势所在。”目前，除桥梁施工外，中铁大桥局还承揽了一些海上风电项目。未来，中铁大桥人将继续发扬“勇于跨越、追求卓越”的开路先锋精神，践行“桥梁+”发展战略，持续推动企业高质量发展。

曾经沧海千层浪，敢架江河万里桥。目前，中铁大桥局正在长江上建设世界最大跨度公铁两用斜拉桥——常泰长江大桥、世界最大跨度三塔斜拉桥——巢马城际铁路马鞍山长江大桥、世界首座双层斜拉–悬索协作体系大桥——G3铜陵长江公铁大桥……又将给世界递出一张张新的“桥名片”。

（《湖北日报》2022年4月14日三版）

扫码看视频

湖北长江电气有限公司党委书记、董事长王新城——

点燃智慧能源之光，点亮多个“世界之最”

湖北日报全媒记者 周志兵 王际凯 **通讯员** 陈珉 陈香君

◆ 2022年4月12日，湖北长江电气有限公司党委书记、董事长王新城（右）做客湖北日报企业家全媒体纵横谈。（湖北日报全媒记者 李溪 摄）

企业名片

湖北长江电气有限公司创建于2006年，位于中国光谷，是全国知名致力于新能源建设、智慧能源解决方案、输配电设备智造、电力及消防工程总承包的国家高新技术企业，产品和服务遍布中国各省及全球30多个国家和地区。企业产能规模过百亿元，是湖北制造业百强。

精彩语录

在与众多国内外巨头的竞争中，长江电气脱颖而出，为北京大兴机场核心区提供智能电气设备，点亮了这座国际一流的智慧机场。

我们坚持专注主业、坚守实业，苦练内功、科学布局，以“智能制造”引领行业转型升级。

我们创造性探索出“党建引领，前瞻战略，众创平台”三大法宝，这是企业持续高质量发展的核心密码。

北京大兴国际机场，世界最大单体机场航站楼，被誉为“新世界七大奇迹”之首。

来自湖北武汉、中国光谷的一家电气企业，点亮了这座国际一流的智慧机场。

这个“智慧能源建设引领者”，名叫湖北长江电气有限公司（以下简称“长江电气”）。

不仅是北京大兴国际机场，还有世界最大低温多晶硅单体工厂华星光电、世界跨度最大的双层悬索桥杨泗港长江大桥，世界最大的光热光伏项目迪拜光伏……长江电气为一个个“世界之最”的标杆性工程项目“燃灯”。

2022年4月12日，长江电气党委书记、董事长王新城做客湖北日报5G演播室，分享企业的发展故事。

科技强企：互联网智能柜获我省科技进步一等奖

国家电网、三峡水利工程、中国高铁、北京大兴国际机场、中央电视台新大楼、武汉地铁、鄂州花湖机场湖北首条智慧公路、巴拿马机场……

长江电气系列产品应用于百余项重大工程项目，说起服务对象，王新城如数家珍。

最让他骄傲的“C-smart互联网智能柜”，曾获湖北省科技进步一等奖。

2018年，在与众多国内外行业巨头的竞争中，长江电气脱颖而出，中标北京大兴国际机场核心区电气设备，这款智能柜就是一招“杀手锏”。

“C-smart互联网智能柜”处于国内外领先水平，实现主动式运维、精细化管理，核心元器件均采用公司自主品牌产品。以智能柜为核心的综合能源管理系统，像是无微不至的“智慧能源管家”，不仅能提供实时监控、故障预警、隐患定位、能耗分析、节能优化、资产全生命周期管理等，还能出具“用电体检报告”和“节能优化方案”。

“以某知名空调企业的沌口工厂为例，以前年用电耗费3200万元。在产能不变的前提下，系统建立后，年用电耗费降到 2900 万元，节能率达 9%。”王新城介绍。

作为国家高新技术企业、湖北创新型企业，长江电气坚持科技强企，聚焦主业持续推进产品迭代升级。目前，公司业务和服务网络遍布全国各省份和全球 30 多个国家和地区，成为提供智慧能源系统、智能输配电设备、电力工程总承包的智慧能源整体解决方案服务商，产能规模过百亿元。

公司创建了长电研究院，专业团队紧盯行业发展要求开展自主研发，在新能源和智能电网领域获得一批国家专利和软件著作权。2021 年，新推出光伏、风力发电站等新能源领域系列电气产品。

“硬核”实力支撑，近年来面对疫情冲击、经济下行压力加大等考验，长江电气生产经营逆势增长。2022 年一季度，销售收入再次实现同比增长 30%。

转型升级：建成华中首座电气数字化智造中心

机器手臂上下翻飞，一片片金属件被放置到机床上，配电柜柜体金属件很快成型。

从原材料出库，到上料、冲剪、分拣、码垛等工序，均由机器人、吸盘、轨道等完成；从原材料卷板到送料、整平、冲孔、贴膜、辊压成型、切断，全过程实现自动化。

“2021 年 7 月，长江电气投产的华中地区第一座电气数字化智造中心，提升生产效率 40% 以上。”王新城说。

长江电气数字化智造中心瞄准全国同行业智能制造最高标准，其自动化柔性生产线，也是我省首条智能高低压设备生产线。

“以前每个班需要 35 人，现在只需要一人值守，可实现 24 小时不间断生产。通过精益‘智造’，实现最优产品、最短周期。”王新城说。

从租赁简陋厂房制造传统的输配电设备，到建设智能电网产业园，再到数字化智能制造，走过 16 年历程的长江电气始终咬定“转型升级”不放松，不断发展壮大。

谋划打造数字化智造中心，始于 2019 年 11 月。不久，新冠肺炎疫情发生，短暂打乱了企业的正常生产经营。项目还能继续吗?

答案是“逆势加大投资”。2020 年 5 月 19 日，数字化智造中心启动建设。

王新城认为，电气制造业的智能升级，既是大势所趋，也是企业高质量发展的必由之路。同时，另一个新情况，更加坚定了他的决心。

疫情防控期间，长江电气紧急承接了火神山医院、协和医院、同济医院、湖北省妇幼光谷院区、中山医院、黄冈大别山医院、日海方舱医院等工程的电力施工和保电值守任务，一度面临原材料订单"没人接""进不来"等状况。虽然通过艰苦努力，企业最终解决了难题，但他们意识到，只有建设数字化智造中心，才能从根本上补上这个短板。

"我们坚持专注主业、坚守实业，苦练内功、科学布局，以'智能制造'引领行业转型升级。"王新城说。

投资湖北：加速布局新能源产业，打造民族品牌

"我们企业生在武汉、长在湖北，我们始终看好湖北、投资湖北。湖北大发展就是我们的大机遇，这也是我们的信心和底气所在。"访谈中，王新城对未来充满信心。

湖北加快构建"51020"现代产业集群，在王新城看来，这是又一次重大机遇，"5 个万亿级支柱产业，其中就包括现代化工及能源；10 个五千亿级优势产业中，高端装备排在第一位；20 个千亿级特色产业集群，同样包括新能源与智能制造装备等多个领域，这与长江电气发展方向高度契合"。

良好的营商环境，也是吸引长江电气深耕湖北的一个重要原因。

王新城现场分享了一个故事。

随着企业发展的需要，对中高级职称人才需求加大，但因为许多员工工作忙碌，常与职称考试失之交臂。2021 年 4 月，相关部门了解到企业诉求后，开辟"绿色通道"，组织专场评审。30 名员工抓住这个机会，通过严格考核，拿到梦寐以求的中高级职称证书。

对于企业全面发展，王新城认为，要坚持多年实践形成的"三大法宝"，"我们创造性探索出'党建引领，前瞻战略，众创平台'三大法宝，这是企业持续高质量发展的核心密码"。

党建引领，明方向、聚能量、谋发展。听党话、跟党走，以红色党建激发奋斗热情，凝聚创新创造的合力。

前瞻战略，根据国家大政方针政策，及时调整和确立公司发展战略，科学推进产业布局，保证正确的发展方向。

众创平台，企业以同创共享、合作共赢为基本价值取向，以培育、服务、成就有理想、有勇气、有激情的创业者为目标，企业提供产品、技术、管理、政策、资源等条件，以支持、指导创业者建团队、拓市场、接订单，助力创业成功。

80 后“创业家”王明，从一名自主创业者转而进入长江电气创业。他带领的创业团队 42 人，2022 年一季度订单 1.52 亿元，二季度预计订单 1.5 亿元。近年来，公司众创平台孵化出千余个像他这样的 80 后、90 后新生代“创业家”。

“欢迎更多有创业梦想、有事业追求的有志之士，加入长江电气干事创业大平台，同创共享，共同富裕。”王新城现场发出邀约。

王新城表示，将坚守“产业报国，实业兴邦”初心，加速布局新能源产业，加快提档升级，创新建设智慧能源，打造引领行业的民族品牌，助力国家“双碳”目标实现和湖北高质量发展。

（《湖北日报》2022 年 4 月 15 日四版）

扫码看视频

湖北三宁化工股份有限公司董事长李万清——

三宁化工的美丽选择

湖北日报全媒记者　雷巍巍　通讯员　甘瑶　李巧爱

◆ 2022年4月22日，湖北三宁化工股份有限公司董事长李万清（右）做客湖北日报企业家全媒体纵横谈。（湖北日报全媒记者　何宇欣　摄）

企业名片

湖北三宁化工股份有限公司始建于1969年，前身系枝江县化肥厂，位于枝江市姚家港循环经济产业园。

三宁化工现有固定资产218亿元，2021年完成销售收入177.8亿元，同比增长45.2%；实现利润24.3亿元，同比翻番。

三宁化工是国家高新技术企业、中国化肥十强企业、中国民营企业制造业500强，2020年在湖北民营企业100强中名列第29位，湖北制造业企业100强名列第12位，“三宁商标”为中国驰名商标。

该公司通过“质量、环境、职业健康安全管理”三体系认证，在低压甲醇、型煤造气、硫磺制酸、精制磷酸、己内酰胺等方面拥有核心技术。

精彩语录

长江是中华民族的母亲河，呵护清洁美丽长江，是我们义不容辞的责任和义务。

资源是老祖宗留下的，资源是不可再生的，我们要好好保护、充分利用。

核心技术等不来、买不来，必须靠企业自主创新。

像投资固定资产一样，投资科技研发，吸引高层次人才。

在推进长江大保护中，它不惜损失 3.5 亿元，率先关停子公司田田化工。

在疫情防控最吃紧时，它全力复工复产，开足马力为全国春耕备耕保供。

在科技创新路上，它勇攀行业高峰，建成全省首个 5G 智能化工厂。

湖北三宁化工股份有限公司（以下简称“三宁化工”），中国民营企业制造业 500 强。这家位于枝江姚家港化工园的化工领军企业，从生产化肥起家，向煤化工突破，再向石油化工、精细磷化工、新能源新材料进军，规模和效益不断提升。2021 年，三宁化工完成销售收入 177.8 亿元，同比增长 45.2%。

2022 年 4 月 22 日，三宁化工董事长李万清做客湖北日报 5G 演播室，畅谈践行“美丽化工”之路。

关厂！为碧水蓝天让路

“生在长江边，长在长江边，我们对长江母亲河有着特殊感情。”访谈从长江大保护开始，李万清现场讲述田田化工的故事。

田田化工前身是宜昌化肥厂，曾因经营不善而面临破产。2009 年，三宁化工收购田田化工，对其进行大刀阔斧的改革和技术改造，企业起死回生。此后 5 年多时间，田田化工累计实现销售收入 17.4 亿元，年均利税约 2800 万元，一度成为三宁化工稳定的收入来源。

把环保挺在前面。回购 7 年间，田田化工用于技改和“三废”治理的资金超 2 亿元。环保部门监测结果显示：其工业废水、废气属达标排放，固体废物处置符合环保要求。

然而，一个现实问题摆在三宁化工面前：田田化工地处宜昌城区，距离长江不足一公里。企业该何去何从？“共抓大保护、不搞大开发”，三宁人没有犹豫：关！企业发展为碧水蓝天让路！

这一刀下去，三宁化工损失不小。2017年12月，田田化工关停后，企业固定资产、停产停业等各方损失近3.5亿元，还有498名员工等待安置。

搬，紧随其后。2018年2月9日，三宁化工实施转型搬迁，在姚家港化工园区投资100亿元，高标准建设年产60万吨乙二醇项目。这是当时湖北投资额最大的化工项目。

"现在回头看，这条路走对了，我们还会坚定地走下去。"李万清介绍，三宁化工已累计投资6亿多元，对生产设施设备进行环保升级，让废气、废水和固体废弃物排放优于国家环保标准。

作为磷化工生产副产物，磷石膏综合利用备受关注。近3年来，三宁化工投资约10亿元，与上海交通大学合作打造行业最高标准的磷石膏资源库，保证每年约200万吨新增的磷石膏，在约3000亩的土地上堆存安全、环保。该公司正在与相关科研院校联合开展科技攻关，为磷石膏资源化综合利用寻找出路，目前已取得初步成果。

智能工厂重塑生产流程

大到占地2000亩的厂区，小到几厘米长的仪表，在三宁智慧园区数字孪生平台上都能看得一清二楚。

这是三宁化工数字化转型的重要成果。"企业要像拥抱互联网一样，去拥抱数字化转型。"李万清说，企业数字化转型的核心是制度管人、流程管事。

2021年3月，三宁化工5G智能工厂建成运营。这是全国首家5G+MEC（独立组网）智能工厂，总投资10亿元，历时一年多建成。据介绍，该数字工厂涉及温度、压力、物位、流量、成分等参数的自动化智能装备有3万多台，控制阀4000多个。同步，双氧水装置打造全流程智能控制，实现全国首个该装置"黑屏操作"。

"智能工厂最大变化是重塑生产流程，岗位不再碎片化，都集成在一个智慧大脑中。"李万清说，人员、设备、产品"万物互联"，确保管理的动态化、智能化和实时化。

在人员管理上，通过可穿戴设备可实时看到人员定位、身体状况和所处环境状况，为后方调度指挥、安排岗位、科学管理提供依据。

在设备管理上，通过安装5G检测固定设施，减少传统检测设备需布设电线电缆的施工难度和成本支出，可以对长距传输管廊、高空高热高压高湿装置、地下缆桥架通道等实时监测、同步报警。

在产品销售上，通过“5G 库位”管理，适时掌握生产、库存、运输等情况，为销售部门根据生产争取订单、按需发货提供数据支持，保障生产、仓储和外调产品有序流动。

工艺稳定、管控精细，带来能耗降低、产品提质。据统计，这座智能工厂每年节能降耗 2% 左右，生产成本下降 4000 多万元。

每年研发投入达 3 亿元

“核心技术等不来、买不来，必须靠企业自主创新。”谈及科技创新，李万清感慨，“党和政府从没有像今天这么重视科技创新。”

科技创新是企业立足市场、赢得市场的关键。三宁化工也从科技创新中尝到甜头。

己二腈是一种有机化合物，是当今化工行业主推的用作制造尼龙的中间体。李万清介绍，长期以来，国外少数几个国家控制着该产品的全球供应量，价格高，需求量也不能保证。三宁化工组织技术人员成立攻关小组，开发了以己内酰胺为原料制备己二腈工艺，填补中国尼龙 66 上游原材料己二腈技术空白，打破完全依赖国外进口的局面。

近年来，三宁化工每年投入研发资金 3 亿元、研发人员 600 余人、实施近 30 项科研项目，目前拥有自主研发有效专利 523 项、软件著作权 9 项、科技成果 88 项，荣获湖北省科技进步奖 4 项；在煤气化、合成氨、乙二醇、磷酸盐、高端肥料、己内酰胺、环己酮、双氧水及乙二醇等方面具有核心自主知识产权，高新技术产品占比达 60% 以上。

“企业在枝江，研发在武汉。”李万清介绍，三宁化工在武汉生物城建有湖北三宁碳磷基新材料产业技术研究院，专门跟踪、研究与公司上下游产业链相关的前沿技术，从事产品、工艺路线、装备等创新。

目前，三宁化工投资 2000 万元，正与湖北大学生命科学院开展尼龙单体的绿色生物合成工艺技术研发。“该技术研发成功后，将对行业产生颠覆性影响，在全球化工行业也是独一份。”李万清介绍，该公司还与北京大学、北京化工大学、武汉大学、湖北大学、武汉工程大学等多所高校展开技术创新合作。

"用创新促进行业技术进步，用科技力量打造美丽化工。"谈及未来，李万清表示不忘"化学让生活更美好"的初心，为人们提供更安全、更便利、更美好的生活资源。

（《湖北日报》2022 年 5 月 9 日四版）

扫码看视频

华夏银行武汉分行党委书记、行长周永华——

以数字化战略，服务湖北高质量发展

湖北日报全媒记者 付勤 徐存存 **通讯员** 杨慧

◆ **2022年4月28日，华夏银行武汉分行党委书记、行长周永华（右）做客湖北日报企业家全媒体纵横谈。**（湖北日报全媒记者 朱熙勇 摄）

企业名片

华夏银行武汉分行成立于1999年，在系统内位居前列，规模在区域重点行中排名第一。坚持立足武汉、辐射荆楚，全方位服务“一主引领、两翼驱动、全域协同”的区域发展布局，在全省设有包括襄阳、宜昌、黄冈、荆门等二级分行在内的各类营业机构57家，累计信贷支持湖北省实体经济超3000亿元。

精彩语录

助力提升制造业的核心竞争力，不仅是金融机构谋求自身发展的努力方向，也是金融机构应该承担的社会责任。

华夏银行武汉分行融合数字化发展趋势，创新供应链金融服务模式，改变传统金融服务体系下以资产做抵押的通常做法，为更多企业提供金融服务。

一直以来，华夏银行持续探索构建“中国气候友好型银行”，打造绿色金融特色。

经济是肌体，金融是血脉。血脉通畅，经济高质量发展才更强劲有力。

秉承“可持续、更美好”品牌理念的华夏银行武汉分行，以服务湖北经济社会高质量发展为己任，围绕中心，服务大局，积极开拓创新，充分发挥金融功能，满足经济社会发展日益增长的各类金融需求，为湖北“建成支点、走在前列、谱写新篇”作出了重要贡献。

2022 年 4 月 28 日，华夏银行武汉分行党委书记、行长周永华走进湖北日报 5G 演播室，分享新时代“华夏与湖北”的故事。

服务实体经济：聚焦强链补链，优化发展动能

金融是现代经济的核心，是实体经济的血脉。金融活，经济活；金融稳，经济稳。为实体经济服务，提升经济发展的效率和韧性，是金融的天职。

“助力提升制造业的核心竞争力，不仅是金融机构谋求自身发展的努力方向，也是金融机构应该承担的社会责任。”周永华表示，作为一家有责任、有担当的国有金融机构，华夏银行武汉分行深入贯彻落实党中央对金融服务实体经济的重要指示精神，在省委、省政府坚强领导下，围绕省域“一主两副”和长江经济带产业布局，立足“51020”现代产业体系，聚焦聚力强链补链，集中优势资源，举全行之力服务于湖北工业技改、新兴产业等实体企业，支持湖北先进制造业产业链现代化建设。

为助力湖北疫后重振，华夏银行武汉分行积极服务制造业转型升级高质量发展，围绕湖北着力打造的 16 条产业链，尤其是对汽车、建筑、光电子、集成电路等主导行业，逐板块研究各行业主流客户，建立“行业 + 客户 + 区域”服务体系，精准定制服务，并给予专项支持：贷款规模优先，对先进制造业和绿色金融客户优先审批、优先投放；定价优惠，对于符合条件的先进制造业贷款业务，自贷款发放之日起，统一给予 FTP 价格下浮优惠；对产业链上的重点项目，由分行党委成员挂帅，限时完成。

“华夏银行武汉分行融合数字化发展趋势，创新供应链金融服务模式，改变传统金融服务体系下以资产做抵押的通常做法，打通产业供应链企业担

保难、融资难的堵点，为更多企业提供金融服务。”

周永华以汽车产业为例，介绍该行在数字化方面的创新。在汽车产业链中，汽车销售是薄弱环节。2021 年以来，华夏银行武汉分行积极创新供应链金融服务模式，通过未来提货权融资和存货质押融资方式支持某汽车经销商 48 户，全年累计提供融资 80 多亿元，通过创新供应链金融服务，赋能湖北汽车产业高质量发展。

践行普惠金融：协同“四驾马车”，落实“六稳六保”

中小微企业承担了社会 80% 的就业量，是“六稳”“六保”的主体。

“早在 2009 年，华夏银行就提出‘中小企业金融服务商’的发展战略，致力于成为伴随中小企业成长的最佳合作伙伴。”周永华说，华夏银行武汉分行一直努力践行普惠金融，主动落实“六稳”“六保”政策，持续提升小微客群服务质效。

2020 年疫情防控期间，华夏银行武汉分行积极应对，出台专项金融服务措施，与小微企业共渡难关，为 998 户存量小微贷款客户提供各类纾困服务，纾困金额达 64.99 亿元；累计为小微企业降息 2 亿余元，减免、退费合计近 3000 万元。

周永华表示，在常态化疫情防控背景下，针对小微企业融资难、融资贵的问题，华夏银行武汉分行以“拓渠道”“降成本”“聚政策”“强风控”这四驾“马车”，高效精准服务中小微企业。不断提升普惠金融服务的覆盖率、可得性、满意度，既要“雪中送炭”，也要“添砖加瓦”。

丰富拓展融资渠道。积极创新产品，针对小额房抵贷客户，提供专项产品支持，推出 300 万元以内标准化房抵贷产品，细化审批标准，提高审批效率；推出无还本续贷产品，减少“倒贷”成本，有效减轻小微企业筹措还款资金压力。

大力降低融资成本。创新小微企业金融服务模式，推出多款信用贷款产品；践行减费让利要求，对网银转账等费用适当予以优惠；持续落实无还本续贷政策，降低企业融资综合财务成本。

凝聚政策服务合力。加大对小微企业再贷款、信用贷款、“专精特新”企业等重点领域和薄弱环节的政策支持。执行差异化监管政策，确立普惠小微企业贷款不良率不高于各项贷款不良率 3 个百分点以内监管容忍度标准；运用财税金融政策，加大贷款贴息和首贷奖补政策落实力度；继续推进“企业金融服务方舱”建设，为受疫情影响生产经营遭遇困难的企业纾困解难。

打造智能风控平台。推动智能化风控平台建设，不断提升风险经营能力，从微观风险管理向系统风险管理转型，从单点风险管理向全流程风险管理转型，从被动风险防控向主动风险经营转型，从“人控”向“机控”转型。

发力绿色金融：专注节能环保，建设美丽湖北

发展绿色金融，是实现绿色发展的重要推动力量，也是供给侧结构性改革的重要内容。

“一直以来，华夏银行持续探索构建‘中国气候友好型银行’，打造绿色金融特色。”周永华表示，华夏银行武汉分行紧跟总行部署，将发展绿色金融作为战略规划重点之一。

2021 年，华夏银行武汉分行帮助企业申报纳入世界银行“中国可再生能源和电池储能促进项目”转贷款的生物质能集中供汽项目正式获批。这是华夏银行与世界银行合作设立的中国首个专项支持储能的金融产品，也是世界银行全球最大的储能项目。该项目主要用于支持电力系统中储能的应用和可再生能源的创新利用两个领域。

周永华介绍，华夏银行武汉分行立足湖北，大力支持武汉“生态宜居城市”建设，重点专注于能效融资、清洁能源融资、环保融资和绿色装备供应链四大领域，建立包括绿色信贷、绿色租赁、绿色投资、绿色债务融资工具承销在内的产品体系，逐渐形成国际合作、产融结合、创新引领、效率优先的业务特色。

近年来，华夏银行武汉分行先后支持了多个涉及生产生活供暖、城市公共交通建设、水环境治理、矿山治理和生态修复等与民生息息相关的绿色项目。目前，该行绿色贷款占比已达到 10.31%，超过武汉市银行业平均水平。通过有序推进绿色低碳金融产品和服务开发，打通绿色金融服务绿色低碳转型发展的通道，将绿色环保理念融入日常运营管理，助力美丽湖北、绿色崛起成为湖北高质量发展的重要底色。

（《湖北日报》2022 年 5 月 10 日三版）

扫码看视频

湖北能源集团股份有限公司董事长、党委书记朱承军——

筑牢能源“大底座”
保供湖北“不掉链”

湖北日报全媒记者 彭一苇 **通讯员** 蒋寅秋

◆ 2022年4月25日，湖北能源集团股份有限公司董事长、党委书记朱承军（右）做客湖北日报企业家全媒体纵横谈。（湖北日报全媒记者 何宇欣 摄）

企业名片

湖北能源集团股份有限公司 2005 年成立，时为省属国有企业，2010 年整体上市。2015 年底，三峡集团成为公司实际控制人，湖北能源集团转变为三峡集团控股的二级子公司。现拥有水电、火电、核电、新能源、天然气、煤炭和金融等业务板块，截至 2022 年 3 月底，公司资产总额 734.22 亿元，净资产 367.36 亿元，已投产可控装机容量达到 1168.66 万千瓦，占湖北全省装机容量的 17.5%（不含三峡装机），是湖北省最大的电力能源企业。

精彩语录

如果说火电是保湖北供电的“压舱石”，那么荆州煤炭储配基地就是保火电的“稳定器”。

牢记“国之大者”，坚守初心使命，以电力为核心，全面加快发展新能源和抽水蓄能，清洁高效发展火电，协同有序发展煤炭、天然气业务，积极探索发展综合智慧能源、氢能、储能等新产业。

预计“十四五”期间，新增装机中，新能源占比将达到80%。以扩大新能源的绝对增量和结构性增量来实现能源结构绿色低碳转型。

从省属国有企业，到央企控股子公司，不论身份怎么变化，湖北省的能源保障“底座”一直是它。

三峡集团湖北能源集团股份有限公司（以下简称“湖北能源集团”），经过17年的发展，已成为我国能源业务品种最全的上市公司。2022年4月25日，公司董事长、党委书记朱承军做客湖北日报5G演播室，讲述企业如何为湖北省经济社会发展提供坚强的能源保障。

千方百计找“口粮”，不让湖北拉闸限电

在最需要能源的时候供不供得上，是最考验电力能源企业的关键时刻。2021年，湖北就迎来了这样的一次大战大考。

2021年三季度以来，煤炭供需形势持续偏紧，电力供需矛盾凸显，全国大部分地区采取有序用电、拉闸限电等措施，对经济社会产生重大影响。

这一状况，在湖北更加凸显。湖北的电力供应以火电、水电为主力，占全年发电量的90%以上。进入四季度后，水电进入了枯水期，火电成为绝对主力。但湖北又是缺煤大省，2021年最紧急的时候，我省有13家火电厂存煤已逼近或者低于国家发改委规定的存煤安全底线。

类似情况多年未有，朱承军对此印象深刻。“湖北正处于疫后经济加速恢复期，电力需求旺盛，全年用电量增速创纪录地达到了15.3%，超过全国平均水平，这个时候，电不能断。”

保煤就是保电。湖北能源集团把保障湖北省能源安全作为首要任务，迅速投入这场大战大考中。

湖北能源集团鄂州电厂是全省最大的火电企业，面对最高上涨近3倍煤价和空前巨大的成本压力，鄂州电厂千方百计给机组找“口粮”。电厂的煤炭调运人员几乎全部出动找煤，守在北方的坑口、发站、港口等资源前端，督促煤炭装车、装船、离港，在零下十几摄氏度的严寒里风餐露宿、披星戴月，一出差就是几十天。

“大家的艰苦努力没有白费，鄂州电厂的存煤量和可用天数长期居省内火电首位，最高时期煤炭库存占全省统调火电厂合计存煤20%以上，机组随调随发、负荷随增随减。”朱承军说。

在2021年10月至2022年3月保供期间，湖北能源集团累计发电140多亿千瓦时，提供了湖北省超过10%的全社会用电量；供应湖北的煤炭342万吨，同比增长了264%。湖北成为全国少数没有拉闸限电的省份之一。该集团被省政府授予2021年度全省组煤保电工作贡献突出单位。

千里江陵一日可还，打造电煤“一天可到”快递区

火电保供发挥了“压舱石”作用，在此期间，一座煤炭“大仓库”起到了重要作用，这就是湖北能源集团荆州煤炭储配基地。

朱承军介绍，荆州煤炭储配基地分两期建设，目前一期工程已于2021年1月开港运营。项目全部建成后，煤炭吞吐量每年可达到5000万吨，静态煤炭堆存能力500万吨，可以有效保障湖北全省电力用煤需求，充分发挥关键时期煤炭应急储备保障作用。

过去，湖北所采购的煤炭，主要从北方产煤省份通过铁路直达和“海进江”才能到终端用户，耗时颇多，而有了荆州煤储基地后，情况就完全不一样了。

位于荆州江陵的煤储基地不仅大而且效率高。它位于“北煤南运”重要通道浩吉铁路和长江黄金水道的交汇点，向上连接陕晋蒙煤炭生产的“金三角”地区，向下连接湘鄂赣巨大的华中煤炭消费市场。从北方通过重载铁路拉来的煤炭，在基地通过水运分拨到湖北及周边省份，最快仅需一天就可到达终端用户，真正是“千里江陵，一日可还”。

“目前，荆州煤炭储配基地的接卸能力由1万吨/天逐步提升到4万吨/天，‘存货’‘发货’速度变快，大幅提升了运营效率。”朱承军说。

2022年一季度，湖北省全社会用电量同比增长了11.5%，煤炭市场供需

形势依然严峻。朱承军表示，2022 年的能源保供，煤电仍然是重点。一方面要加强煤炭采购、运力衔接，保持电煤库存合理水平，另一方面要积极推动建立全省电煤应急储备机制，加快推进荆州煤炭储配基地二期工程核准建设，提升湖北省煤炭应急储备和供应保障能力。

虽然煤电还将继续发挥重要作用，但湖北能源集团旗下的煤电正在“脱胎换骨”。正在建设的襄阳宜城火电项目采用两台 100 万千瓦超超临界煤电机组，参数高、容量大、排放低。湖北能源集团还大力推动煤电节能降碳改造、灵活性改造、供热改造“三改联动”，强化煤炭清洁高效利用。碳捕集及利用关键技术、大数据、人工智能等信息技术，也在不断帮助打造现代化绿色智慧火电厂。

力争三项指标翻番，“十四五”新增装机八成是新能源

内陆首座风电场——咸宁九宫山风电场，就是湖北能源集团的手笔。十多年来，湖北能源集团一直在致力于调整产业结构，提升清洁能源占比，为我省提供更多“绿色能源产品”。

朱承军介绍，在省内，湖北能源集团将大力推动新能源的规模化、集约化发展，加快建设百万千瓦级新能源示范基地。在省外，正积极参与“陕北—湖北”特高压直流输电配套新能源项目建设，把陕北丰富的风光资源转化为清洁电力，通过特高压输电线输送到湖北。

预计湖北能源集团“十四五”期间新增装机中，新能源占比将达到 80%。到“十四五”末，总装机规模将突破 2200 万千瓦，其中可再生能源 1500 万千瓦，占比达 70%，处于国内能源企业前列。

大量增加的新能源是“靠天吃饭”的，昼夜和季节性的调节能力很弱，给电网安全带来不确定性。目前，抽水蓄能电站是电力系统中最可靠、最经济、寿命周期长、容量大、技术最成熟的储能装置，可以提高新能源消纳，提升电力系统调节灵活性和安全性，是新型电力系统的重要组成部分。

湖北能源集团正在大力开发抽水蓄能项目。朱承军介绍，2022 年初，湖北能源集团罗田平坦原抽水蓄能电站关键性辅助工程动工，电站规划装机容量 140 万千瓦。“十四五”期间，湖北能源集团还将开工建设清江长阳、南漳张家坪等一批抽水蓄能项目。

“‘十四五’期间，我们将以高质量发展为主线，推动‘风光水火储’多

能互补一体化协同发展，建设一流的区域综合能源集团，打造‘湖北省能源安全保障平台’和‘三峡集团综合能源发展平台’，围绕‘陕北—湖北’特高压输电通道、浩吉铁路输煤通道和‘气化长江工程’输气通道，优化省内外业务布局。到‘十四五’末，力争资产总额、营业收入、利润总额三项指标翻番。”朱承军说。

（《湖北日报》2022 年 5 月 12 日四版）

扫码看视频

娲石集团党委书记、董事长魏华山——

“小家”“大家”共同富裕，才能体现企业价值

湖北日报全媒记者　朱惠　通讯员　雷晓丽　雷源

◆ 2022年4月28日，娲石集团党委书记、董事长魏华山（右）做客湖北日报企业家全媒体纵横谈。（湖北日报全媒记者　朱熙勇　摄）

企业名片

娲石集团于1970年建厂，2004年改制为民营企业，2014年组建集团。经过10余年改革创新发展，娲石集团现有40个母子公司，6个产业园区，主营产业涉及建材、新型耐磨材料、港口物流新材料深加工、产业园区开发运营，以及企业智能化管理系统开发应用、投资、教育、医疗等领域，总资产达150亿元。集团先后获评中国建材100强企业、湖北省民营企业100强、武汉市民营企业50强，被工信部等6部委评为全国能效领跑者企业、绿色工厂，被国家评定为高新技术企业、科技“小巨人”企业。

精彩语录

思路决定出路，人品铸就产品，一个高标准、严要求的人，一定会做出高质量的产品。

企业创造的财富属于社会、属于国家，只有“小家”“大家”共同富裕，才能真正体现一个企业家的能力和价值，受到更多人的尊重。

作为国家中心城市、长江经济带核心城市，武汉，正以迅猛的基础建设和科技腾飞之势，跑出发展加速度，而娲石水泥，正是其中的参与者。

当我们穿行江城，搭乘地铁、驶过长江；当我们从武汉高铁站、天河机场始发，去往全国各地……你可能不知道，承载你奋斗脚步的一座座桥梁、守候你回家的一个个站点，很多是用娲石水泥建造而成。

2022 年 4 月 28 日，娲石集团党委书记、董事长魏华山走进湖北日报 5G 演播室，讲述娲石集团的传奇故事。

从濒临倒闭到资产过百亿，“民营企业迎来发展的春天”

娲石集团这个名字，来自一个美丽、古老的传说——女娲补天。

“女娲补天用的五彩石，寓意造福人类。我们取名娲石集团，希望将女娲福泽苍生的精神，薪火相传。”魏华山介绍，娲石集团总部位于光谷，曾是新洲区原八大国有企业之一，1970 年建厂，2004 年改制为民营企业。

魏华山回忆，企业改制前，由于产品单一、工艺技术落后、管理混乱，一个年产水泥不足 40 万吨的水泥厂，总资产 1.1 亿元，负债高达 9900 多万元，工人几个月发不出工资。

2004 年，该企业拉开改制序幕，短短 4 年时间内，历经 3 次股改。“不发展就是死路一条。”2008 年，魏华山带头筹资，拆除传统落后的窑线，新建 150 万吨绿色水泥粉磨生产线，配套 120 万吨矿渣立磨微粉生产线，奠定了公司起死回生的基础。

“从国企改制为民企，我们是一个成功案例。”魏华山介绍，娲石集团逐步建立起管理层持股、董事会控股股份制经营模式，激发了企业活力，“通过灵活的合资合作方式，我们既与个人合伙，也与国有企业、集体企业合资建厂，整合资源，围绕传统主业不断拓展规模和产业链。”

如今，经过10余年改革创新发展，娲石集团现有40个母子公司、6个产业园区，总资产150亿元，年利税近10亿元，安置就业3000多人，带动相关产业就业2万人，跻身全国建材先进单位。

“这些年，民营企业迎来发展的春天。”魏华山坦言，得益于国家政策鼓励民营经济发展，以及各级政府为企业发展创造良好的营商环境，娲石集团才能从阳逻到阳新再到光谷，产业不断发展壮大。

连续15年居武汉质量榜首，“质量过硬的背后，是人品过硬、人才支撑”

“思路决定出路，人品铸就产品。”走进魏华山的办公室，首先映入眼帘的，就是这句话。

“这是我在2016年当总经理的时候提出来的。”在魏华山的眼里，产品代表着人品，一个高标准、严要求的人，就一定会做出高质量的产品。

长江二桥、天河机场、地铁轻轨……“娲石牌”系列产品被国家认定为一级优质品，连续15年位居武汉市质量榜首，在武汉市重点工程占有率超三成。

“特别是我们公司生产的PⅡ52.5水泥，应用于超高性能混凝土（简称UHPC）中，大大增强了UHPC的抗压、抗折强度。”魏华山介绍，这种新材料已经应用到马尔代夫的中马友谊大桥桥面铺装、湖北襄阳凤雏大桥钢混结合段、济南凤凰黄河大桥高抗拉混凝土和桥面铺装中。

“质量过硬的背后，是人品的过硬。”一名与娲石集团长年合作的企业负责人说。

2006年，企业改制后欠债8000万元，魏华山一一登记债权人信息，坚持还完债务；对国家，依法纳税，对银行，借贷按约还款；保障股东分红收益，员工工资不拖欠。“一个人、一个企业，都要讲诚信、负责任。”魏华山说。

“要做高端品牌，技术是硬件，高素质人才是后盾。”娲石建立了完善的薪酬福利激励机制，对于特殊人才，配股、配车，高薪聘用。2011年，集团引进两名全国水泥行业优秀技术总工，分别赠予价值1000万元股份。此外，“传帮带”也一直是娲石人才培养的优良传统。

如今，娲石水泥满产满销，俏销远销。湖北、上海、江西、江苏、安徽、湖南、河南……娲石水泥形成品牌效应，参与国家航天城、京九高速等大批国家、省市重点工程建设项目，多项工程获评国家、省级样板和示范工程。

实现百亿产值、建成百强企业、打造百年品牌，“企业创造的财富属于社会、属于国家”

“天晴一头灰，雨天一脚泥。”访谈现场，魏华山带来了两张黑白照片，照片中的老水泥厂，厂房破旧、设施简陋、环境脏乱，与如今娲石集团的花园式工厂形成鲜明对比。

如今，娲石水泥工厂采用国际国内最先进的节能环保装备技术，对收尘、污染源点实行全封闭式生产，生产线碳排放低于国家控制标准，厂区内绿化率达 30% 以上，被工信部等 6 部委评为绿色工厂、花园式工厂，是湖北省水泥行业第一家。

“真想不到，现在的水泥厂‘一尘不染’，比我家的餐厅、客厅还干净。”一位曾走进花园式工厂的武汉市民如是说。

除了高污染，高能耗也是人们对传统水泥行业的刻板印象。“其实那已经是历史。”魏华山说，现代化的水泥企业，讲究绿色制造，固废综合利用，发展循环经济。

在娲石水泥生产车间，大量工业废渣、电炉渣废弃物、脱硫石膏、粉煤灰等固体废弃物，被作为生产水泥、熟料的绿色物料，既解决了固废排放造成的环境污染问题，又减少了天然原材料的消耗。同时，娲石集团利用水泥窑协同处置城镇污泥，无害化处理，履行社会环保责任，成为湖北省水泥行业碳交易第一家。

低碳环保，智能制造。娲石集团自主研发的 OA、智能印章、ERP 管理系统，助力打造智能化工厂。

“实现百亿产值、建成百强企业、打造百年品牌。”翻开娲石集团《未来五年发展纲要》，“百亿、百强、百年”6 个字特别醒目。

未来，娲石集团将在黄石阳新扩大绿色智能新型建材产业园，在建日产 6200 吨绿色智能新型干法生产线，年产 2000 万吨机制砂项目；在武汉阳逻规划建材港口物流产业园，在攀枝花建设高端耐磨材料产业园，进军风电、水电、太阳能光伏发电新能源产业，将集团建设成为科技型、智能型、生态环保型、多元化综合型高端产业集群。

“为员工谋福祉，为社会作贡献。”娲石集团为抗击新冠疫情捐赠 800 万元，为精准扶贫、社会公益事业等累计捐助1亿元。“我始终认为，企业创造的财富属于社会、属于国家，只有‘小家’‘大家’共同富裕，才能真正体现一个企业家的能力和价值，受到更多人的尊重。”在访谈的最后，魏华山说道。

（《湖北日报》2022年5月13日三版）

扫码看视频

中建三局党委副书记、总经理李琦——

冲刺万亿规模，奔赴世界一流

湖北日报全媒记者 周三春 **通讯员** 钟三轩

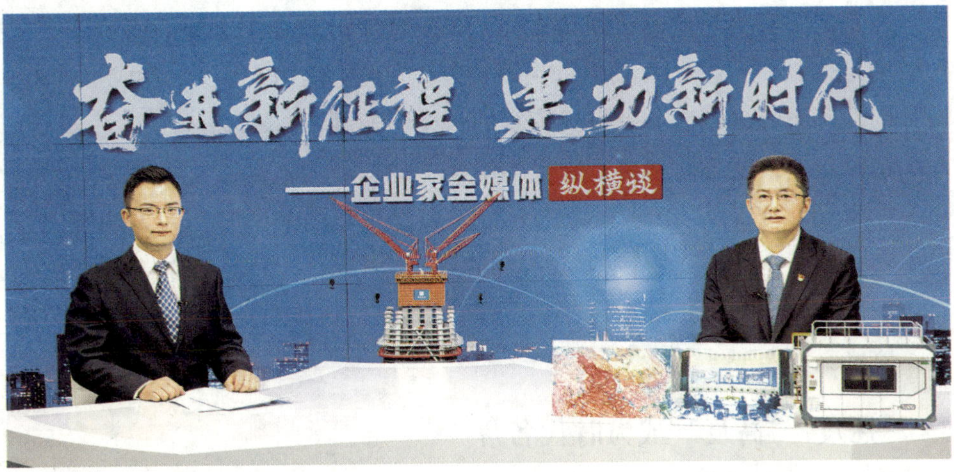

◆ 2022年5月5日，中建三局党委副书记、总经理李琦（右）做客湖北日报企业家全媒体纵横谈。（湖北日报全媒记者 柯皓 摄）

企业名片

中建三局是世界最大投资建设集团——中国建筑集团旗下的优秀“排头兵”，1965 年 7 月成立，是全国首家行业全覆盖房建施工总承包新特级资质企业。中建三局连续多年排名中国建筑业竞争力 200 强第 1 名、湖北百强企业第 2 名，荣获 15 项国家科技进步奖、300 余项鲁班（国优）奖。

精彩语录

作为在鄂央企，中建三局扎根湖北 47 年，将始终深耕湖北、服务湖北、回报湖北。

“十四五”时期，中建三局以“成为最具价值创造力的世界一流投资建设集团”为发展愿景，要成为全球建造的卓越标杆、科技创新的行业典范、受人尊敬的一流企业。

争先文化是中建三局生生不息的精神血脉、高质量发展的内生动力、奔赴一流的价值底色。57 载创业，保持战略定力，在急难险重任务前能站出来，在国家重大战略上能跟上去。

这是一家大名鼎鼎的建筑企业——国内三分之二省（区、市）第一高楼，在他们的手中垒起；全球 37 个国家和地区，竖立着他们筑起的地标。

这是一支实力超群的建筑“奇兵”——改革开放初期，他们缔造“三天一层楼”的“深圳速度”；新冠肺炎疫情暴发，他们仅用十余天，建成火神山、雷神山两座医院，创造了令世界惊叹的“中国速度”。

这家企业，就是总部位于武汉的中建三局。

扎根湖北 47 年，中建三局在不断拔高建筑高度的同时，大刀阔斧地开启了向科技型企业蝶变的转型之路。2022 年 5 月 5 日，中建三局党委副书记、总经理李琦做客湖北日报 5G 演播室，讲述了用高新技术变革传统产业的“魔法”故事。

“速度”“高度”成为时代名片

访谈现场，一张布满挖掘机的照片，诉说着火神山、雷神山医院的建设传奇——4 万多名建设者日夜鏖战、攻坚克难，10 余天先后建成两所医院。作为主要承建方，中建三局倍感自豪和振奋。

李琦认为，之所以能创造“中国速度”，党的领导是战胜一切困难和风险的“定海神针”，社会主义制度集中力量办大事的显著优势是攻克一切艰难险阻的制胜法宝，企业领先的建造能力和全产业链优势是重要支撑，科学技术是战胜疫情的锐利武器。

缔造出无数建设“传奇”的中建三局，1965 年 7 月成立于四川攀枝花，1975 年移师湖北。

时代的浪潮中，他们一路争先，逐渐成长为年合同额跨 6000 亿元、年营业收入超 3000 亿元的多元化、全球性、综合性投资建设集团。

速度，在他们手中创造——

缔造“三天一层楼”的“深圳速度”，书写中国改革开放代名词；十余天时间建成火神山、雷神山医院的“中国速度”，成为湖北保卫战、武汉保卫战的坚强力量。

10小时，在广州建成全球最大气膜“火眼”核酸检测实验室；鏖战4昼夜，率先交付上海最大方舱医院首批床位；164天封顶武汉TCL华星光电t3扩产项目，刷新国内电子厂房建设的“光电速度”。

速度背后，是有口皆碑的品质。

火神山医院和雷神山医院运营期间，实现维保人员医护人员“零感染”、医院运行“零事故”、医疗废弃物“零污染”、重症患者“低死亡率”的奇迹，火神山项目机电施工班组获“第四届中国质量奖提名奖”。

高度，在他们手中筑起——

从重庆第一高楼——458米的陆海国际中心，到四川第一高楼——468米的成都绿地蜀峰项目；从华中第一高楼——475米的武汉绿地中心，到香港第一高楼——490米的环球贸易广场；从世界最高的平顶式大楼——492米的上海环球金融中心，到北京第一高楼——528米的中信大厦……在中建三局人手中，神州大地上拔地而起的摩天大厦，屡屡刷新城市天际线。

紧跟国家战略，他们立起央企标杆——

深耕京津冀、粤港澳大湾区、长江经济带等发展热土。112天高标准、高质量建成“雄安第一标”——雄安市民服务中心工程并荣获鲁班金奖；高质量建成北京大兴机场、雄安站、南京青奥中心、杭州萧山机场、港珠澳大桥珠海口岸、深圳国际会展中心等标志性项目。

践行“一带一路”倡议，他们做出表率——

在37个国家和地区，建设130余项工程，包括中巴经济走廊最大交通基础设施项目——巴基斯坦PKM高速公路，全球最大光热电厂——迪拜光热电站，全球最高等级的4F级机场——柬埔寨新金边机场等。2021年，企业综合实力达到ENR“全球最大250家承包商”第7位标准。

研发经费年均增长超30%

屡创纪录的“奇迹”，源于科技支撑。

“我们不仅是一家建筑企业，更要做科技型企业！”在湖北日报5G演播室内，李琦展示了企业两大自主创新装备模型。

一大“神器”，是中建三局历时10余年自主研发、全球首创的空中造楼机。这种造楼机，在百米高空实现工厂化、多作业面、流水式施工，能抵抗

14级台风，奠定中国超高层建筑施工技术在世界的领先地位。

另一大"神器"，是"零海拔屋"。这个神奇的房屋，能在30分钟内将海拔4000米的人居环境指标调节至"零海拔"水平，还通过光伏发电和余热回收等技术，"零能耗"运行。

近年来，中建三局研发经费投入年增长率均超30%，已累计获国家科技进步奖15项，主参编国家技术标准27项，授权国家专利2659项。聚焦碳中和、建筑工业化、数字化、绿水青山"四条主线"，建成"中建先进技术研究院""数字建造国家技术创新中心"，连续4次蝉联国家高新技术企业认定，被誉为"用高新技术改造传统产业的典型"。

如今，"空中造楼机""住宅造楼机""桥梁造塔机""地下造隧机""循环电梯""顶管机"等一批硬核装备，使中建三局在超高层、深基坑、大跨度结构、绿色建造、BIM应用等领域形成了10大核心技术优势。

在数字化转型上，中建三局融合大数据、物联网、人工智能等技术，建设领先行业的工程指挥中心，对全局海内外1700余个项目实时监测、远程指挥，及时响应业主需求，保障工程优质履约。

"十四五"争创万亿企业

2021年，湖北疫后重振交出了凤凰涅槃、浴火重生的英雄答卷。李琦表示，作为这份英雄答卷的"建证"者和参与者，全体中建三局人深受鼓舞、倍感振奋，矢志在湖北"建成支点、走在前列、谱写新篇"的新征程上挑大梁、争先锋、当主力。

建造和投资并驾齐驱，中建三局投资项目多集中于湖北，达到94个。

其中，有全球最大单个地下空间——武汉光谷地下空间，有全国最长城中湖底隧道——武汉东湖隧道，全国首个深层污水传输项目——大东湖深隧等。投资建设运营的首个产城融合示范园区——中建科技产业园（中建·光谷之星），吸引疫后来汉首家世界500强企业霍尼韦尔，以及腾讯云、中船重工、毕马威、霍普设计等头部企业入驻。

"十四五"时期，中建三局要成为全球建造的卓越标杆、科技创新的行业典范、受人尊敬的一流企业。李琦介绍，按照"高质量万亿三局"的发展目标，到2025年确保合同额超10000亿元，营业收入超5000亿元。

李琦说，中建三局将牵头落实中建集团与湖北签订的战略协议，锚定

“十四五”期间在鄂投资2000亿元目标，大力推动中建集团同湖北战略合作协议落实落地；精准对接湖北“十四五”规划，以多种模式投资建设新型基建、城市更新、交通水利、生态环保、科教文卫、产城融合等重大工程，为新阶段湖北高质量发展作出更大贡献。

（《湖北日报》2022年5月17日三版）

扫码看视频

国家管网集团西气东输公司武汉输气分公司党委书记霍永胜——

18年，为湖北输送天然气510亿标方

湖北日报全媒记者　彭一苇　通讯员　李森

◆ 2022年5月9日，西气东输公司武汉输气分公司党委书记霍永胜（右）做客湖北日报企业家全媒体纵横谈。（湖北日报全媒记者　柯皓　摄）

企业名片

国家管网集团源于习近平总书记“四个革命、一个合作”能源安全新战略的科学指引，诞生于我国油气体制改革的实践选择，开启了我国油气管网事业发展的新篇章。西气东输管道是我国距离最长、口径最大的输气管道，对带动东部、中部、西部地区经济共同发展，改善管道沿线地区人民生活质量，推动和加快西部地区的经济发展具有重大的战略意义。

国家管网集团西气东输公司武汉输气分公司负责辖区内2030公里天然气管道（其中湖北省境内约1964公里）、33座输气场站的管理运行，所辖管网北承中亚、西连川渝、南接海气，是国家管网集团西气东输公司管理场

站最多、线路最长、体量最大的直属二级单位。供气量占省内总用气量的73%，占武汉市总用气量的75%。

精彩语录

国家管网集团坚持服务国家战略、服务人民需要、服务行业发展，在推进管网公平开放、构建“全国一张网”中，促进油气能源保供能力持续提升。

公司践行“输气一刻不能停，供气一刻不能断”的承诺，保障着湖北人民日常生活和企业供气安全平稳。

在湖北，七成以上的天然气是通过公司近2000公里的天然气管道分输到湖北各地的。

天然气是生产生活必不可少的能源。在湖北，全省天然气总消费量的七成，是由国家管网集团西气东输公司武汉输气分公司供应。多年来，他们践行“运行一刻不能停，供气一刻不能断”的承诺，全力保障湖北人民日常生活和企业能源供气安全平稳，也为改善大气环境、建设美丽湖北作出了有力贡献。

2022年5月9日，国家管网集团西气东输公司武汉输气分公司党委书记霍永胜做客湖北日报5G演播室，讲述了这支天然气保供“主力军”的故事。

输送天然气510亿标方，相当于植树7300万亩

中亚气、川渝气、南方海洋气，眼下，三个大方向的天然气源源入鄂，点燃居家烟火，催动企业运转。

18年来，国家管网集团西气东输公司武汉输气分公司累计向湖北省输送天然气约510亿标方。

“这些天然气不仅满足了湖北人民生产生活所需，同时也产生了巨大的环保效益。”霍永胜算了一笔账：510亿标方天然气相当于替代约7500万吨标煤燃烧，减少排放8100万吨二氧化碳等酸性气体，减少4000万吨粉尘，相当于在湖北种植了7300万亩的阔叶林。

近年来，公司对湖北的供气能力一路提升，让更多群众、企业用上天然气。“十四五”期间，公司将承担湖北省内1300公里天然气管道建设前期工

作，项目前期工作量为西气东输公司之最。目前，西气东输公司正在有序推进西三中湖北段、川气东送二线、枣阳—合肥—宣城联络管道 3 项国家重点能源基础设施项目。

同时，公司统筹做好存量用户稳定接气和新增分输设施建设投产。2022 年年内，将完成红安、丹江口、仙桃干河、津江昆仑等站投产进气；积极推进宜昌力能开口、黄石迁站等工作，协调分输代输方式，着力开发西二线管道负荷，进一步提升供气能力，以满足湖北地区的用气需求。

疫情、风雪、洪水，挡不住保供的脚步

公司在湖北的管道、场站众多，安全保供是头等大事。对霍永胜来说，近几年来印象深刻的有好几件。

2020 年，疫情突袭，武汉处于封控状态。作为守护华中地区最为重要的输气分公司，武汉输气分公司不但要为湖北省居民平稳供气，还承担着为"火神山""雷神山"医院的天然气转输任务。

场站和管道的平稳运行，直接影响着湖北保卫战、武汉保卫战，须臾不能马虎。

冒着感染风险，员工们坚持上线工作，车辆过不去的地方，他们就骑自行车，自行车过不去的地方，他们就步行。那段时间，他们将源源不断的天然气能源输送到战"疫"前线，同时也夺取了安全生产零事故和人员零感染的双胜利。

2021 年夏天，湖北连遭强降雨。一场强降雨中，河水漫过荆襄支线 3# 阀室附近的河道，冲破阀室沙袋挡水墙，导致阀室内进水。此时，河流上游还要紧急泄洪，这将导致阀室水位进一步上涨。

必须及时处置，否则管道输气将中断！

危急时刻，员工陈明明主动请缨，奋勇游过 1.7 米深的水，前往阀室大门固定安全绳，为后续人员"牵"出一条安全通道。齐心协力，大家半个小时完成关键设备设施的抢险工作。安全撤出后，阀室外水位继续上涨至 2.1 米。由于他们不惧洪水挺身而出，为阀室的安全争夺到了宝贵时间。

2021 年冬天，夜里大雪纷飞。武汉西站巡检时发现分输支路调压撬监控阀故障。由于冬天居民用气量大，如果不处理将影响冬季保供。"今天再晚也是早，明天再早也是晚。"站内员工连夜抢修。深夜的气温降破零点，温

度低螺栓有点结冰，外加螺丝为了防腐刷上了油漆，让螺栓变得十分难拧。一人不行两人一起上，他们咬着牙铆足劲，才拧下了这十几颗“顽固”的螺栓。

更换新皮膜时，需将每个孔位精确对准。夜间视线不好，双手也冻得有点发抖，需要让眼睛挨着孔位才能仔细对准。本就复杂的更换作业，在温度低、视线差的不利条件下变得更有难度。凌晨两点，经过 6 个小时的奋战，他们彻底消除了设备故障。

此时，员工们双手冻得发紫，头发上、眉毛上流下的汗珠已结成了冰碴。

努力掌握关键技术，自己动手省下 170 万元

天然气管网是能源大动脉，关键设备和技术必须牢牢掌握在自己手里。“在关键设备和技术上的国产化，一直是我们创新攻关的方向。”霍永胜说。

公司所辖的忠县分输压气站 2 号索拉压缩机组机芯换芯作业，以前一直是由美国工程师来完成，备品备件和专用工具采购时间耗时长、人员沟通协调困难、工作效率低不说，由于是独家业务，美国人要收取高额服务费，始终是公司的一大痛点。

“美国人能干，我们为什么不能干呢？”霍永胜说，2021 年，公司开始自主换芯作业。员工们钻研精神很足，他们认真学习现有资料、研究讨论，对照图纸上的每一个部件、作业手册上的每一道工序、可能存在的每一项困难进行分析，最终形成了篇幅长达 27 页的换芯方案。

换芯作业还需要专用工器具，员工们边精细拆装、边精准测绘、边精确定制，成功制定了 15 类专用工具 37 套，制作应用国产化密封圈等备件 21 件、螺栓 2 件。

每一项步骤都是精细活，每一个操作内容都是一项“大考验”。鏖战 17 个昼夜后，高效率、高质量地完成了首次索拉压缩机国内自主换芯作业，比计划提前 3 天，节省了作业经费 170 余万元。

打造智慧互联大管网，是国家管网的战略目标。霍永胜介绍，公司正在探索人工智能、物联网、大数据在安全管控、生产经营、管道管理、工程建设等方面的应用结合，全力推进站场数字化运行、智能化提升。开展“智能摄像头、断线报警器、光纤预警系统”三种技防措施联动应用，专业科室全流程参与、基层场站全过程监护，确保第三方施工全周期受控。

虽然高科技应用越来越多，但保障管网安全仍离不开所有人的共同维护。“天然气具有燃烧和爆炸特性，并且是高压，一旦被破坏，会造成不可估量的严重后果。”霍永胜说。随着管道周边的建设施工越来越多，管道管理人员坚持每天多次进行无盲区、无死角巡检和徒步踏线，就是为了防止建设施工对管道造成破坏。

“管道正上方密集竖立了各类标识和报警电话牌，管道周边施工，务必告知我们。这不是为了阻止施工，而是为了确保安全，帮助施工快速完成。”霍永胜呼吁，希望人人参与管道保护，最大程度地筑牢管道安全防线确保人民群众生命财产安全。

（《湖北日报》2022 年 5 月 19 日六版）

扫码看视频

武汉城建集团党委副书记、总经理、副董事长应志刚——

武汉地标建造者
“十四五”时期冲刺世界500强

湖北日报全媒记者 成熔兴

◆ 2022年5月11日，武汉城建集团党委副书记、总经理、副董事长应志刚（右）做客湖北日报企业家全媒体纵横谈。（湖北日报全媒记者 魏铼 摄）

企业名片

武汉城建集团成立于2020年9月，是武汉市委、市政府贯彻中央和湖北省国企改革精神，整合原武汉地产集团、建工集团、商务区集团、园发公司、工程咨询部、二零四九集团和都市产业集团等7家企业组建而成的，是武汉城市建设的龙头企业。武汉城建集团还加挂武汉市城市更新中心牌子，统筹负责全市城市更新重难点项目的改造建设任务。

重组后，作为城市综合服务运营商，武汉城建集团聚焦城市更新、综合开发、建筑施工三大主导产业，园林生态、设计咨询、城市服务、资本运营四大支撑产业，立足武汉，布局全省，辐射全国，面向世界，项目遍及全国20多个省市及全球多个地区。

精彩语录

武汉城建集团的发展实践，为推进湖北省国企改革提供鲜活"样本"。

武汉城建集团之所以能脱颖而出，成为市属国企改革发展的"模范生"，得益于"五个好"的优势：即一个好班子、一支好队伍、一批好职工、一个好氛围、一个好基础。

这"五个好"的优势，充分体现了城建集团团结、担当、奉献、拼搏、传承的企业精神，我们将继续保持和发扬，使之成为我们打造百年企业、缔造百年基业的"根"和"魂"。

1983年开发武汉首个商品房小区，1985年建成黄鹤楼，20世纪90年代起先后投资参建了车谷、光谷、国家网安基地和武汉中央商务区，建成东湖绿道、市民之家、琴台大剧院、辛亥革命纪念馆等百余个城市地标，如今有1万余个已建、在建项目遍布武汉三镇。

这就是武汉城市建设的"排头兵"——武汉城建集团。

2022年5月11日，该集团党委副书记、总经理、副董事长应志刚做客湖北日报5G演播室，亮出国企改革成绩单：重组后年营收规模由250亿元倍增至500亿元，2022年冲刺750亿元，实现"三年涨两倍"，有望进入中国企业500强。

"我们的'十四五'目标，是代表湖北地方国企，冲刺世界企业500强！"应志刚说。

武汉地标建造者："每5分钟相遇一次"

"琴台大剧院宛如'琴键飞奔'，又似'水袖飞舞'，累计接待宾客近600万人次。"

"黄鹤楼斗拱飞檐、气宇轩昂，象征了大江大湖大武汉的英雄城市脊梁。"

"中央云城地处'汉口之根，江汉之心'，周边一公里集聚中山公园、协和同济、武商、外校等顶级资源，是武汉城市更新的封面代表作。"

"雲栖湖岸地处三角湖畔，拥有4000亩水域和700米湖岸线，将打造高品质国际社区，向新时代美好生活致敬。"

访谈中，应志刚带来多件建筑模型，制作精良，美轮美奂。他介绍，武汉城建集团重组成立时间虽不长，但前身的7家企业都是陪伴武汉大城生长的本土企业，在各自领域实力雄厚，精品力作迭出，“累计荣获鲁班奖、詹天佑奖、广厦奖等国家级奖项300余项，联合国规划卓越奖等国际奖项6项。”

其中，武汉建工集团拥有70年历史，先后建造了黄鹤楼、亚心医院、国家网安基地等一批标志性工程。重组后，入选国资委国企改革“双百企业”，被评为湖北省唯一一家“双百企业”三项制度改革A类企业。

武汉地产集团深耕武汉40余年，开发了武汉市首个商品房小区，参与投资建设了武汉开发区、东湖高新区两大国家级开发区。重组后，连续两年夺得房地产销售武汉市场全口径、权益口径“双第一”。

商务区集团负责原王家墩机场的搬迁及武汉中央商务区的建设，是军地融合典范。园发公司建设运营了武汉园博园、汉口里、长江文明馆等生态园林项目，重组后实力排名全国园林绿化行业前五。工程咨询部是全国首批获得工程咨询综合甲级资质单位，也是华中地区唯一上榜的地方国企。二零四九集团是武汉市规划勘测设计行业的领军企业，都市产业集团则是武汉市土地储备的重要功能性平台。

应志刚介绍，目前武汉城建集团在武汉的已建及在建项目总数已超过1万个，“车行武汉，每5分钟就能与武汉城建集团的项目相遇一次……”

创新改革引领者：多项举措开武汉先河

敢为天下先，是涌动在武汉人骨子里的基因，武汉市属国有企业亦如是。

从武汉柴油机厂聘请中国国企第一位“洋厂长”，到鄂武商在深交所挂牌，成为中国商业异地上市第一股，武汉国企一直站在破旧立新的改革最前沿，以体制、机制与观念的创新，激发活力，搏击商海，一往无前。

如今，薪火相传的创新精神，传到了武汉城建集团手中。

2022年3月16日，武汉城建集团举行“揭榜挂帅”攻坚行动启动仪式，49个攻坚团队揭榜49个影响企业发展和达成年度目标的困难任务，涉及销售、市场拓展、征地拆迁和土地上市、应收账款清收、重点项目推进等。对于完成任务者，年底经过评榜认定后，最高可获100万元奖励。

这一举措，在武汉市属企业中是第一次。而这样的创新，在武汉城建集团内部已成常态。

应志刚介绍，重组以后，该集团按照中央、省市部署安排，扎实推进改革各项工作，全面落实“规定动作”，并结合企业重组实际，在体制机制、岗位管理、选人用人、薪酬分配等方面创新开展“自选动作”，取得阶段性成效。

在市场充分竞争的综合开发板块，该集团积极推行内部市场化比选机制和风险抵押金制度，强化全周期考核，将开发项目可研指标写进目标考核责任书，由企业领导班子、项目团队签订责任书并交付风险抵押金，将个人薪酬与项目效益深度捆绑，充分调动干部职工主动性。如汉阳归元C项目，就已按新机制执行。

在管理创新方面，该集团全面推进国企数字化建设，构建了“中台＋微服务”的“1+N”管理平台，综合开发、建筑施工等板块和财务、成本、招标采购、人力资源等多个条线系统上线运行，有效促进了信息互通、资源共享、管理协同、效率提升。

在科技创新方面，该集团2021年研发投入达到8.8亿元，同比增长80%，排名市属企业第一，获得专利、科技奖204项，国家、省市设计奖项70多项。

国企改革“模范生”：四项指标居全市第一

应志刚介绍，2020年9月武汉城建集团启动改革重组，涉及员工近万人，未发生业绩滑坡和上访投诉，不仅实现“物理整合”零震荡，还释放出了“化学效应”“乘数效应”。

2021年，集团营收达到501亿元，同比增长近1倍；实现利润30.7亿元，上缴利税近100亿元；集团总资产、净资产分别超过3565亿元、938亿元。在市属企业中，武汉城建集团营收、利润、净利润、上交税费四项指标均排名第一，有望进入中国企业500强。

城建铁军，使命担当。

应志刚表示，下一步，武汉城建集团将加快改革转型，做优做强做大，努力打造武汉城市建设的王牌军，当好城市功能提升的贡献者、市属国企转型的引领者、市民美好生活的创造者，力争2022年营收达到750亿元，2023年超过1000亿元，“十四五”末突破1500亿元，全力冲刺世界企业500强，实现武汉市属国企的历史性突破。

（《湖北日报》2022年5月20日四版）

扫码看视频

湖北联投集团党委书记、董事长刘俊刚——

首创抗疫健康码的国企，奋楫争先挺进世界500强

湖北日报全媒记者　胡弦　通讯员　熊敏

◆ 2022年5月11日，湖北联投集团党委书记、董事长刘俊刚（右）做客湖北日报企业家全媒体纵横谈。（湖北日报全媒记者　柯皓　摄）

企业名片

2008年9月，湖北省联合发展投资集团有限公司（以下简称“湖北联投”）诞生于武汉城市圈建设“两型社会”综合配套改革试验区获批的历史时刻。历经14年发展，集团资产规模达3000亿元，年营收679亿元，两年来上缴税金110亿元，所属企业主体信用AAA评级达3家，国家高新技术企业20家，控股1家、参股3家上市公司，综合实力位列中国服务业企业500强第227位。2021年12月，省委省政府赋予新联投“三全三商”全新功能定位——“科技园区、产业园区、功能园区全生命周期运营商”“城市更新全产业链综合服务商”和“工程建设全领域总承包商”。

精彩语录

哪里有急难险重，哪里就有湖北联投挺身而出。

坚持"人才强企"战略，以实绩论英雄，让吃苦的"吃香"、实干的"实惠"、有为的"有位"，确保人才数量上"源源不断"、能力上"堪当重任"、状态上"接续奋斗"。

彰显"一二三级联动、多业务板块协同、产城融合发展、全生命周期运营"的独特优势，以"投"为引领、以"建"为依托、以"产"为支撑、以"运"为基础，以"新城建"对接"新基建"，当好城市高质量发展的优质合伙人。

2022年5月14日，湖北健康码又迎来新变化：核酸显示页面的刷新按钮，更大更醒目了。

这背后，是省楚天云工程师们的日夜守护。

成立14年来，从武汉城市圈的"开路先锋"，到园区新城建设的生力军，再到国企改革的先行者，湖北联投一路劈波斩浪、勇立潮头。5月11日，湖北联投集团党委书记、董事长刘俊刚做客湖北日报5G演播室，畅谈湖北联投将如何迈入中国企业500强以及世界企业500强的历程和愿景。

攻坚克难的突击队：助力武汉城市圈打通5条断头路、建设4条城铁

很多人不知道，"抗疫神器"健康码出自楚天云公司。2020年3月10日23点46分，在湖北联投与烽火合资并控股成立的楚天云公司，余雷等7位工程师研发出湖北健康码源代码。如今，这几行珍贵的源代码已被湖北抗疫专题展收藏并展出。

从精准掌握确诊、无症状、时空伴随，再到首创"灰码"实时预警，楚天云已累计发放6463万张健康码，归集展示疫苗接种数据1.42亿条，扛住了最高峰700万次/小时核酸检测访问。

"湖北联投既是一家新企业，也是一家老企业。"刘俊刚介绍，新，是因为联投成立和改革重组的时间还不是很长；老，是因为有一批联投的老企业是伴随着新中国建设一路成长起来的。

山沟沟里，他们鏖战17年建成二汽车城——

1969 年，“19 岁”的湖北工建接到光荣任务——建工部从所属工程局调集了近 4 万建筑大军奔赴十堰，“开凿”第二汽车制造厂。从 1969 年至 1986 年，湖北工建共完成第二汽车制造厂工业与民用建筑总面积 240 多万平方米，其建设规模在当时的全国“三线建设”中“首屈一指”。

闯荡建材市场，他们造出中国第一张“木芯板”——

福汉木业作为国内十大板材制造商之一，“零甲醛”板材工艺荣获国家科技进步二等奖。

从平原到山区，从城市到农村，他们修建的公路可从中国黑龙江抵达美国夏威夷——

70 年来，联投湖北路桥逢山开路、遇水架桥，共修建公路 6000 余公里，其中高速公路 1500 公里，大型桥梁 510 余座，长江大桥 5 座。

“哪里有急难险重，哪里就有湖北联投挺身而出。”刘俊刚这样概括。

进入新世纪，省委省政府高瞻远瞩规划武汉城市圈。“湖北联投成立后打的第一场硬仗，就是不讲条件、排除万难，做武汉城市圈一体化的‘开路先锋’。”刘俊刚说，仅用 1 年时间，联投就打通了武汉绕城、青郑、汉英、汉洪、和左等 5 条“断头”高速，5 年建成武汉至咸宁、黄石、黄冈、孝感 4 条城际铁路，总里程 270 公里，形成武汉周边“半小时经济圈”。

城市开发运营的生力军：33 个园区培育科技型企业 1.2 万余家

从修路架桥的“老基建”，湖北联投转型步入筑城造梦的“新城建”。

“别人更多‘造房’，我们专注‘筑城’，两者有本质不同。”刘俊刚带来了花山的两张对比图。

“筑城、兴业、优居”，花山原住民经历了从村民到市民的“华丽转身”。花山新城通过国土空间整治、基础设施建设推进一级储备，通过科技产业园、城市综合体等进行二级开发，通过城市运营、产业服务等开展三级运营，同步加强数字赋能、金融支撑，形成多业务板块协同、产城融合发展。这一成熟的“新城建”模式，被国家发改委誉为新型城镇化的“湖北样板”。

通过一二三级运营，湖北联投向“城市合伙人”发力——先后启动鄂州梧桐湖、咸宁梓山湖等 8 大新城综合开发项目，累计投资超 500 亿元，带动社会投资突破 5000 亿元，引进上百家国内外优质龙头企业落户。

看城市更新，在全国落地旧城改造、商业综合体、高品质住宅等 120 余个功能性开发项目。2022 年 1 月 3 日，全省最大城市更新项目之一的襄阳樊城滨江商务带项目开工，总投资 300 亿元，总建筑面积 140 万平方米。通过工业遗产改造、立体轴线网络、城市区域更新，实现从"工业锈带"到"文化客厅"的重生，让工业遗产变成"记忆原点"。

看园区开发，已形成"科技资源导入 + 产业新城及科技园区 + 金融服务 + 上市平台 + 产业集群"五位一体产业循环发展新模式。以红莲湖大数据云计算产业园、光谷生物医药加速器为代表，湖北联投在全国累计开发运营科技产业园区 33 个，培育服务科技型企业 1.2 万余家，入驻世界 500 强企业 20 家、上市企业总部 42 家，综合实力全国第五；位于比利时的"中比科技园"和俄罗斯的"中俄托木斯克工贸合作区"，成为"一带一路"上的重要对外合作窗口。

看城市运营，在全国首创联投"美好社区"模式，目前服务项目超 100 个，服务面积约 1500 万平方米，逐步构建城市治理"新生态圈"。联投环保业务遍布全国近 30 个省（区、市），近三年垃圾焚烧烟气治理市场占有率全国第一、污水处理规模华中第一，火电烟气治理特许经营全国第五，成为名副其实的"城市环保管家"。

国企改革的破冰船：2022 年率先闯入中国企业 500 强

"作为第一批挂牌的省属企业，湖北联投要争当省属企业国资国企改革排头兵。"肩负省委省政府的重托，湖北联投豪迈提出"三步走"战略：

第一步是进入中国企业 500 强稳居中游；第二步是进入中国企业 500 强第一方阵，力争到"十四五"末，企业总资产达 5000 亿元，营收超过 1500 亿元，培育 5 个上市公司；第三步是进入世界企业 500 强，奋力冲刺"营收 2000 亿元、利税 200 亿元"目标，再造一个新联投。

"500 强'三步走'战略，并不是喊口号、博眼球。"刘俊刚说，湖北联投拥有优良的历史传统、成熟的市场基因、雄厚的人才储备，为实现持续发展奠定了坚实的基础。湖北联投将以"红领 500 强"党建品牌为引领，"一企业一品牌、一支部一特色、一党员一宣言"，为改革保驾护航。

改革聚焦"三个打破"，打破坛坛罐罐，系统性重构三大业务板块；打破边边角角，战略性抢占产业新赛道；打破条条框框，大力推进市场化经营机制破冰。通过"1+N 自行组阁""揭榜挂帅"等，湖北联投大胆变"身份管理”为“岗位管理”、“组织选配”为“公开竞聘”、“伯乐相马”为“赛场选马”，让更多优秀人才脱颖而出。“真正实现‘位子谁来干，契约说了算；薪酬怎么发，业绩说了算’。”刘俊刚介绍，目前湖北联投已完成商贸物流公司、城市运营公司、联投资本、数产集团等经营单位管理岗位公开竞聘选拔。

“2 万联投人将同舟共济、奋楫争先，以联投出彩为全局增光，昂首挺进中国和世界企业 500 强，书写湖北省属国企改革发展璀璨的一笔！”刘俊刚豪情满怀。

（《湖北日报》2022 年 5 月 23 日四版）

扫码看视频

武汉光谷建设投资有限公司党委书记、董事长周爱强——

与光谷共成长，建设光谷新荣光

湖北日报全媒记者　张真真　通讯员　李培培　朱梦瑾

◆ 2022年5月14日，武汉光谷建设投资有限公司党委书记、董事长周爱强（右）做客湖北日报企业家全媒体纵横谈。（湖北日报全媒记者　魏铼　摄）

企业名片

武汉光谷建设投资有限公司成立于2002年10月，是东湖高新区管委会下属的大型国有企业，负责高新区内市政基础设施、工业及民生房建等项目建设，以及部分武汉市重点工程建设，并先后配套开展了房地产开发及物业管理工作，是武汉市、东湖高新区重要的国有投资建设平台。

个性问答

作为新光谷人我很幸福

主持人：您是湖南人，十年前以全国公选第一名的成绩来到光谷。作为一名新光谷人，又是光谷的建设者，您对光谷有着哪些不一样的体会？

周爱强：来光谷十年，我感到很光荣！光谷是一个创新性、包容性很强的地区，处处能感受到“新”，感受到年轻。

光谷是国家省市战略叠加的区域，在这里工作，践行这些战略，我感到很自豪，更能体现自己的价值。

如今在光谷，随处可以看到绿地、书房、咖啡屋，国际化城市的感觉越来越浓。生活在这里，我很幸福。

东湖隧道、高新大道、光谷大道高架等主干道，光谷国际网球中心、东湖高新区公共服务中心、湖北省科技馆新馆等地标建筑，都由它修建。

它，与中国光谷相伴相生。

1988 年，武汉东湖高新区创建成立，2001 年获批设立国家光电子产业基地，“中国光谷”横空出世。

2002 年，为建设中国光谷，尤其是基础设施建设，它“呱呱坠地”，取名武汉光谷建设投资有限公司。

它，与中国光谷共同成长。

从“武汉地图外被遗忘的两厘米”，中国光谷从 15 平方公里、30 平方公里，发展到如今的 518 平方公里。

2022 年它正好 20 岁，已成长为中国光谷最大的建设平台，累计完成建设项目 1175 个，实现总投资 1521 亿元。其中，完成市政道路超 1000 公里。这一长度，可以从武汉连到北京。

当前，中国光谷正全力打造“科学之城”“追光之城”“向往之城”，聚力建设湖北东湖科学城，加速迈向世界光谷。

“光谷建设，建设光谷。”2022 年 5 月 14 日，武汉光谷建设投资有限公司（以下简称“光谷建设公司”）党委书记、董事长周爱强做客湖北日报 5G 演播室时表示，公司作为国家省市区战略的践行者、光谷发展的参与者、光谷创新精神的代表者，正全速推进湖北东湖科学城重大建设项目，包括 7450 亩核心区土地场平、配套市政道路建设等，“不久后，一个崭新的、面向世界科技前沿的东湖科学城，将会呈现在大家面前”。

生于光谷，自带“创新基因”

访谈时，周爱强拿出两块步道砖，将水快速倒在砖上。砖上的水瞬间消失，就像被海绵吸收了一样。

"这是我们应用在高新大道上的透水砖，雨水被吸收后渗透到地下，实现小雨不湿鞋、中雨不积水、大雨不内涝。"周爱强说。

不仅步道砖，光谷建设公司修建高新大道时，还采用了众多智慧技术——智慧喷灌系统，会根据天气、温度变化，自动调节喷灌水量；智慧交通系统，会根据车流、人流量，智能调节交通信号灯；多杆合一，智慧路灯杆、电线杆、电子显示屏等集中到一根杆上……

生于光谷，自带"创新基因"。"我们修建的光谷国际网球中心，是全亚洲最大的平开式可开合屋顶的网球中心，让球赛不受天气影响。"周爱强说，目前国际上有名的温网、法网、澳网等大满贯赛事所用场馆，都没有这种屋顶。该项目采用全专业 BIM（Building Information Modeling，建筑信息模型）设计，创下了 5 项中国第一、2 项华中之最，荣获第十三届第一批中国钢结构金奖、国家优质工程奖。

极具施工挑战的，还有湖北省科技馆新馆。新馆内一道长达 45 米的钢结构悬挑，长度仅次于央视大楼，居全国第二。

光谷建设公司代建时，采用了自平衡卸载、斜拉索施工等尖端技术，保证了大跨度大悬挑钢桁架结构的安全稳定性。项目获评全国建筑业创新技术应用示范工程、全国建筑业绿色建造暨绿色施工示范工程等荣誉。

"目送第一位病人进去时，我热泪盈眶"

"建了这么多项目，让我印象最深刻、最感动甚至一辈子刻骨铭心的，是 2020 年疫情防控期间，省妇幼保健院光谷院区的重症医院改造项目。"周爱强清晰地记得，2 月 12 日临时接到紧急任务，要求在 2 月 19 日晚上 7 时前完成改造。

军令如山！

"当时没工人、缺材料、作业面狭窄，时间紧任务急，解决困难比平时要难上几倍甚至几十倍，但没有任何退路，必须完成。"他回忆，当时他们紧急调集 700 多名工人，包括建设"雷神山""火神山"医院的部分原班人马，通过各种渠道筹集材料……

争分夺秒！

2 月 19 日下午 4 时，他们提前 3 小时完成任务。仅七天七夜，他们将一家专科医院的毛坯房，奇迹般地改造成武汉市第三家新冠肺炎患者重症治疗医院。

“3点50分，救护车载着病人已经在门口等着了。目送第一位病人进去的时候，我热泪盈眶！”说到这里，周爱强眼圈泛红。

他说：“我为按时完成任务倍感光荣，也为病人得到救治而高兴，更为现场众志成城抗疫的力量所感动，这是国家的力量，党的力量！虽然我没当过兵，但那一刻，我觉得自己是一名战士，也明白了什么叫战斗。当你要为了国家去战斗的时候，必须勇往直前。”

急难险重的任务，还有许多。2016年武汉内涝、2019年雪灾、常态化疫情防控……一次次出征，光谷建设公司践行着国企使命与担当。

20年来，光谷建设公司共交付学校35所，建设还建房900万平方米，让光谷地区近30万名居民搬入新家。

“东新模式”，从3年变为9个月

紧跟光谷发展步伐，光谷建设公司一路向东拓荒。

“这是光谷生物城2009年与2016年同一个视角的对比图。”周爱强指着一张展板说，从当时的一片荒芜，到如今光谷生物城综合实力已是全国前列、中部第一。

建设光谷生物城、未来科技城、武汉东湖综合保税区等园区，服务华为、联想、霍尼韦尔等大型企业，为其工业厂房做配套建设。

服务过程中，东湖高新区创造出变电站建设的“东新模式”。

周爱强介绍，按常规变电站建设，从土建到电力部分，一般是由供电公司独自承担从立项到建设的所有工作，全程约需3年时间。

为提速，东湖高新区将建设任务切分：由光谷建设公司负责变电站土建部分，建完移交给供电公司安装电力部分。“这样，相关手续可‘并联’进行，节约了近75%的前期审批和建设时间。”

2021年，华为增设变电站按照这一模式，仅9个月就如期交付。

从一个辉煌走向另一个辉煌

“今年，是公司成立20周年。”周爱强说，中国光谷正全力打造“科学之城”“追光之城”“向往之城”，建设具有全球影响力的世界光谷。

"我们也在思考，要塑造怎样的建设平台，才能与世界光谷相匹配？"他表示，下一个10年，光谷建设公司将做好工程、公司、员工这三篇文章，流程再造、转型升级。

"做好工程，是公司最大的政治任务。"他说，要确保工程质量、规范和进度，还要引入BIM技术、装配式建筑、绿色建筑、海绵城市、智慧城市等新理念。

公司层面，则要进一步走向市场。"目前，项目建设占公司业务的80%，其他12家分、子公司只占20%。我们希望，转型后这个比例能够调个个儿。"他说，"如今效果已经初显。2021年新成立的光谷市政公司，不到一年就实施了57个项目，收入近1亿元。"

为激发员工干劲，该公司建立员工晋升时管理与技术"双轨并行"制度，对干部动态考核，建立科学的薪酬体系，不拘一格选人才。

"做好了这三篇文章，我们相信，公司将逐步打造出与世界光谷相匹配的建设平台，从一个辉煌走向另外一个辉煌。"周爱强说。

（《湖北日报》2022年5月26日四版）

扫码看视频

武汉金融控股集团党委副书记、总经理、副董事长梅林——

争当区域金融中心建设"排头兵"

湖北日报全媒记者　严运涛　通讯员　黄勇　沈星

◆ 2022年6月2日，武汉金融控股集团党委副书记、总经理、副董事长梅林（右）做客湖北日报企业家全媒体纵横谈。（湖北日报全媒记者　薛婷　摄）

企业名片

2015 年 8 月挂牌的武汉金融控股集团有限公司（以下简称"武汉金控集团"），是湖北首家挂牌的金融控股集团，注册资本 100 亿元，连续 4 年入围中国企业 500 强，综合实力稳居省市百强第一方阵，信用评级稳定在最高等级 AAA 级。2021 年，集团各项指标增长达到两位数，实现营业收入 527 亿元，实现利润总额 27.3 亿元，主要指标综合排名位居全国副省级国有金控集团前列。

精彩语录

全心呵护万千家庭小幸福，全情服务实体经济大发展，全力构筑区域金融中心大平台，争做武汉参与全国金融竞争的"排头兵"。

新金控，新理想，新未来！在金融服务的端口，在国计民生的前沿，武汉金融控股集团将与您一路同行。

一座闪闪发光的奖杯，三张栩栩如生的图片。2022 年 6 月 2 日，武汉金控集团党委副书记、总经理、副董事长梅林做客湖北日报 5G 演播室，分享武汉金控集团争当武汉区域金融中心建设"排头兵"的精彩故事：

拥有银行、证券、金融租赁、信托、基金、资产管理、融资租赁、担保、票据经纪等金融、类金融牌照 20 余张；全资、控股企业 127 家，拥有两家中国主板上市公司；在全国 15 家副省级城市国有金控集团中，牌照齐全度、资产规模、利润总额、资产收益率等均排名前列。

"做中国一流综合金融服务商，到 2025 年末，力争实现资产总额 2500 亿元，成功进入中国企业 500 强前半区，在全国地方金控集团中处于前列。"谈及愿景，梅林眼里充满希冀。

聚焦主业，4 年蝉联"金融界的奥斯卡"

"金龙奖"，中国最具影响力的全国性金融评选品牌，被称为"金融界的奥斯卡"。

2018 年，成立仅 3 年的武汉金控集团旗下湖北金融租赁公司，斩获全国金融行业唯一的"年度最佳支持实体经济金租公司"奖项，把"金龙奖"奖杯带回武汉。

此后连续 4 年，湖北金融租赁公司都蝉联这一奖项。访谈现场，梅林特意带来"金龙奖"奖杯。

"这座奖杯浓缩了武汉金控集团深耕金融主业，高质量发展金融主业的奋斗精神。"梅林介绍，7 年时间里，湖北金融租赁公司已经成长为资产突破 500 亿元、利润突破 10 亿元的参天大树，是集团高质量发展的"排头兵"和"主引擎"。

一座奖杯就是一盏奋进的灯塔。5 年来，武汉金控集团为实体经济、重大项目等提供综合金融支持超 6000 亿元。2021 年，湖北金融租赁公司全年新增投放 235 亿元。

2022 年，湖北金融租赁公司进一步加大投放力度，助力稳住经济大盘。截至 5 月底，累计投放超 120 亿元，租赁资产余额突破 450 亿元，在全国同类型地方性金融租赁公司中名列第一。

"要高效统筹疫情防控和经济社会发展，我们必须为打通物流和产业链上下游衔接堵点作出贡献。"梅林坚定的语气中，充满自信和激情。

投资 60 余亿元打造的长江国际航运金融港项目，是武汉金控集团"金融 + 实业"双轮驱动战略的典范项目，也是国家第三批多式联运示范工程。2020 年开工至今，该项目主体部分——位于阳逻港腹地的武汉国家粮食物流基地，已完成主体建设的 75%。

作为武汉市国企中涉及外贸业务最多的企业，武汉金控集团组建武汉长江国际贸易集团。2022 年 5 月，武汉长江国际贸易集团正式注册成立，成为武汉市唯一的外经外贸公司，服务武汉商贸物流中心建设。

硬核担当，运钞车变身运菜车

武汉街头，空空荡荡无一人，一排运钞车停放在路边而不是银行门口，他们在干什么?

演播室里，梅林展示的一张照片打开记忆的闸门：

2020 年初春，武汉抗疫保卫战最吃劲、最关键的时刻，千万市民居家抗疫，此时市民基本生活物资保供是头等大事。当时，近千吨的蔬菜粮食在湖北周边，运不进来。

关键时刻，武汉金控集团扛起物资保供大旗，展现国企硬核担当。

在武汉市委市政府的一声号令下，武汉金控集团组织全面消毒的运钞车 300 多辆，近千名押运队员日夜不停为中百集团、武商超市等 390 个网点送货，40 多天时间，运送生活物资超 5000 吨。一时间，"运钞车变身运菜车"的感人故事传遍江城。

照片的背后，还有武汉金控人难忘的"武汉保卫战"——2020 年 2 月 7 日晚，武汉金控集团连夜组织 1350 名党员干部，迅速下沉至武汉市 3 个区 12 个街道 100 个社区开展帮扶。

"当时，我白天在一线工作，晚上就把工作信息群感人的图片，配上文案编辑好，在朋友圈分享。"梅林说，这些在紧急关头、冒着被感染风险勇敢站出来的人，是武汉金控敢打胜仗的精神脊梁。

至今，点开梅林手机相册里的那些图片，仍然令人泪目："'疫'往无前，平凡之路""社区里最亮的灯""我们背负着岁月静好""坚守黎明，情至'疫'尽""上岗了，我们就是战士"……

并购九州证券，找回“失落 20 年的荣光”

2022 年 4 月 25 日，是武汉金融业的高光时刻。

当天，武汉金控集团联合东湖高新区和江汉区相关国资公司，与九州证券控股股东九鼎集团签订正式协议，共同收购九州证券 72.5% 的股权，其中武汉金控集团持股 50%，成为控股股东。

这是武汉国有企业时隔 20 年后，再次控股全国性综合类券商。

20 世纪 90 年代，武汉券商风头在全国颇盛，武汉证券是全国最早的券商之一，汉柜是全国第三大证券交易中心。然而，随着汉柜退场，华泰证券接管亚洲证券，广发证券整合武汉证券，武汉国资错失控股券商机遇，成为最令武汉人扼腕的一声叹息。

业内人士认为，武汉金控集团对九州证券的并购，填补了武汉国资控股证券公司的空白，也找回武汉“失落 20 年的荣光”。

2020 年 9 月，人民银行发布《金融控股公司监督管理试行办法》，明确金融控股公司需持牌经营。据悉，包括武汉金控集团在内，各地均积极申请金控公司这一重要金融牌照，目前人民银行仅批复中信金控和北京金控 2 家持牌。

“并购九州证券后，武汉金控集团实控了 3 家全国性金融机构，为集团申报全国性的持牌金融控股公司完成了最后一块拼图，集团稳稳站上了比肩北京、上海、深圳等地方金控集团的第一方阵。”梅林说，集团有望成为湖北省内首家持牌金控公司。

梅林表示，到 2025 年，武汉金控集团将推动新增证券、公募基金、保险等牌照 3 至 5 个，成为省内首家持牌金控公司，为实体经济提供综合金融支持不低于 3000 亿元，投向湖北区域、中小微企业占比不低于 40%；强化提升“湖北金融租赁公司、国通信托、证券板块、开投信用”四驾马车的利润贡献率，再打造 5 个利润超亿元单体项目，培育形成 3 个自主可控营收板块。

（《湖北日报》2022 年 6 月 9 日五版）

扫码看视频

中国银联湖北分公司党委书记、总经理危刚——

支付“国家队”，实招促消费

湖北日报全媒记者 张阳春

◆ 2022年6月2日，中国银联湖北分公司党委书记、总经理危刚（右）做客湖北日报5G演播室。（湖北日报全媒记者 朱熙勇 摄）

企业名片

中国银联股份有限公司（以下简称“中国银联”）是经国务院同意、中国人民银行批准设立的中国银行卡联合组织，通过银联跨行交易清算系统，实现商业银行系统间的互联互通和资源共享，目前是全球发卡量最大、交易量最大的银行卡组织。中国银联湖北分公司设立于2002年12月，20年来公司一直秉承“扎根荆楚、引领产业、成就伙伴、惠及社会”使命，在全省城乡各地，与省内金融机构共同推动银行卡业务发展。

精彩语录

坚持支付为民，持续提升金融服务水平，为湖北省经济发展贡献力量。

持续开展移动支付便民工程建设，与省内金融机构共同推动湖北省支付生态发展。

推动惠企利民政策落到实处，提振居民消费信心，推动消费市场复苏。

2022年6月13日20时起，2022“惠购湖北”消费券开始发放。政府消费券，已成为释放消费潜力、促进市场回暖的重要手段。2022年，云闪付再次成为湖北消费券发放平台之一。

无论是哪家银行的银行卡，几乎卡面上都有中国银联的标志。作为支付领域的“国家队”，中国银联云闪付App已深入到购物、出行、就医等市民日常生活的众多场景中，成为手机里一款高频使用的App。

6月2日，中国银联股份有限公司湖北分公司（以下简称“中国银联湖北分公司”）党委书记、总经理危刚做客湖北日报5G演播室，介绍有关湖北消费券发放的信息，以及中国银联打造便民支付工程，推动惠企利民政策落地的故事。

在湖北一年交易4.41亿笔

如果没有银联网络，银行卡就没法跨行交易，各种手机支付工具也无法正常使用。中国银联的核心职能就是建立和运营统一、高效、安全的银行卡清算网络，开展银行卡清算业务，保证银行卡跨行、跨地区和跨境使用，并以此为基础发展支付等业务。

截至2021年底，湖北地区银联卡发卡量累计达到3亿张。2021年，通过银联网络，湖北省银行卡跨行清算交易金额1.67万亿，清算交易笔数4.41亿笔。

在移动支付时代，云闪付是很多人手机里的移动钱包。危刚介绍，云闪付作为“银行业统一App”，整合银行体系的特色服务资源，为用户提供一站式跨行银行卡管理服务，其主要特色优势功能包括：银行卡余额一键查询、信用卡账单一键查询、免手续费快速转账、免手续费还信用卡、信用卡在线申请、一键绑卡等。当前，云闪付用户已超过4.6亿，湖北省内用户超2000万户，用户可在全国超3000万家商户扫码支付。

降费让利帮商户稳经营

受疫情等因素影响，零售、餐饮、文旅等行业的经营商户、小微企业遭受一定冲击。2022年以来，国家有关部门出台了系列助企纾困政策举措。作为支付领域的“国家队”，中国银联采取了降费让利、助商惠民等措施，助力“六稳”“六保”。

“通过一系列‘组合拳’帮助商户稳经营，为稳市场主体和保障民生加油助力。”危刚介绍，2022年4月30日至5月31日，中国银联携手多家银行和知名商户启动了“银联点亮假日·五一回馈季”活动，通过发放优惠券包、开展银联支付满减等多重福利活动，提升消费者获得感，促进消费持续恢复。

降费让利方面，从2021年9月30日起，中国银联开始实施为期3年的手续费减免活动。按照人民银行等四部委的工作部署，中国银联联合发卡银行实施银行卡刷卡手续费优惠，对小微企业卡、单位结算卡跨行转账汇款交易实行手续费减免。

“疫情发生以来，中国银联一直采取多种举措帮扶纾困小微企业和个体工商户。”危刚介绍，2020年疫情发生后，中国银联启动援鄂企业复苏计划，向湖北补贴服务费1592万元。同时，向湖北省受疫情影响较大的重点商贸流通企业、重点市场保供企业以及亟待扶持的中小微企业提供商流技术支撑计划、商业消费提振计划和商家信贷扶持计划等专属支持服务。

消费券间接拉动效应达8.78倍

2022年湖北消费券于6月至10月发放，受到消费者强烈关注。

“中国银联湖北分公司已争取到2022年‘惠购湖北’消费券发放资格，将继续通过云闪付提供便利的消费券使用体验、支付体验。”危刚称，将发挥银行卡组织协调作用，撬动商户匹配消费优惠，组织商业银行投入营销资金，助力政府放大财政资金投入的乘数效应，进一步提振居民消费信心，推动消费市场复苏。

官方消费券总金额大、覆盖面广，对于刺激消费有着显著的拉动效应。2021年，湖北省发放了4轮9批次的湖北消费券，直接带动消费超过50亿元，也推动了湖北全省社会消费品零售总额在2021年实现了19.9%的增长。

“在2021年湖北消费券发放工作中，云闪付平台发放消费券金额1.77亿元，刺激消费的乘法效应明显。”危刚介绍，2021年，中国银联湖北分公司发放消费券金额1.77亿元，参与商家达6.85万户，直接带动消费金额超过7.35亿元。同时，积极整合商业银行、商贸企业等投入约4000万元开展各类消费促进活动，累计间接带动全省消费15.53亿元，间接拉动比为1 ：8.78。

发放活动结束后，中国银联湖北分公司又自投资金 1000 万元，在全省 17 个市州开展了银联优惠券发放活动，有力支撑了全省消费扩容提质。

在发放湖北消费券之后到 2022 年一季度，银联云闪付平台还发放了鄂州消费券、宜昌消费券、襄阳文旅券、荆门消费券等地市级消费券以及沙洋消费券、安陆消费券等县域消费券，并通过叠加补贴优惠和配套的全面助商措施拉动消费，助力经济复苏。2022 年一季度累计发放 2600 万元，直接带动消费金额超过 1 亿元。

“挥一挥”就可出入地铁

“2 元钱的地铁票价，补贴后，云闪付支付仅需 1 分钱，实在太优惠了。”在武汉，不少市民们为刷手机乘地铁的方便和优惠而惊喜。

“中国银联投入大量资源，深耕公共出行领域的支付便民服务。在武汉，银联支付已深度覆盖地铁出行的全场景。”危刚说。

2021 年 5 月以来，中国银联湖北分公司在武汉地铁相继开通了云闪付扫码过闸、闪付过闸、手机闪付过闸等支付形式，日均交易笔数已超 10 万笔。只需要把银行卡绑定到智能手机或可穿戴支付设备后，使用手机或手表、手环等可穿戴设备“挥一挥”就可以出入地铁。

为给广大市民带来真正的实惠，中国银联湖北分公司联合各商业银行开展了“1 分钱乘地铁”“随机立减”等营销活动，到现在银联在地铁场景单独累计出资补贴 3150 万元，拉动商业银行出资补贴超过 1000 万元。目前，相关活动仍在开展中。

“始终践行‘支付为民’理念，联合支付生态各方共同服务社会民生，不断打造便民支付工程。”危刚称，围绕出行、医疗等民生相关的重点领域，中国银联还与合作伙伴共同打造了无感停车、无感加油、医保缴费、在线问诊等一系列便民惠民智慧服务。下一步，中国银联将持续聚焦与居民日常生活息息相关的领域，不断推进移动支付便民工程建设。

（《湖北日报》2022 年 6 月 13 日五版）

扫码看视频

中国城乡控股集团有限公司党委书记、董事长胡国丹——

绿染荆楚，奔赴诗与远方

湖北日报全媒记者 付勤 曹秉 **通讯员** 王振 方国辉

◆ 2022年6月10日，中国城乡控股集团有限公司党委书记、董事长胡国丹（右）做客湖北日报企业家全媒体纵横谈。（湖北日报全媒记者 朱熙勇 摄）

企业名片

中国城乡控股集团有限公司（以下简称“中国城乡”）是特大型央企中国交通建设集团有限公司落实十九大精神、践行国家战略，聚焦各级政府提升产业发展力和环境承载力的迫切需求，潜心打造的城乡融合发展领域的领军企业。

精彩语录

神韵荆楚，未来可期。作为在鄂企业、在汉企业，中国城乡愿意竭诚与湖北省各级政府一道，全面发挥中央企业资金、技术、人才、政策等优势，以习近平总书记关于碳达峰、碳中和的重要论述为指引，共谋发展大计、共谱绿色篇章，为荆楚大地“天蓝、地绿、山青、水净”贡献力量，让美丽湖北、绿色崛起成为湖北高质量发展的重要底色。

黄鹤楼是什么颜色？

白天，是红墙黄瓦，白云黄鹤；夜晚，则是赤金、琉白、朱红、绛紫、靛蓝的光影映照夜空……

自2020年十一黄金周起，黄鹤楼正式开启夜游通道。依托沉浸式的"光影+演艺"，"天下江山第一楼"披上了夜的霓裳。

"夜上黄鹤楼"背后的技术支撑之一，即为中国城乡旗下企业。以此为代表，多年来，中国城乡业务板块已涵盖市政设计、城乡水务、清洁能源、景观园林、光影创意、生态农业和城乡一体化综合开发等诸多领域。

2022年6月10日，中国城乡党委书记、董事长胡国丹做客湖北日报5G演播室，讲述为城市和乡村"点亮天际"与"扮靓空间"背后的故事。

点亮"冰丝带"，供应"健康蛋"，冬奥会上的幕后英雄

2022年2月，第24届冬奥会举行，一展东方气象、大国风采。

从主要场馆的灯光技术，到各国运动员的健康饮食，在盛会的幕后英雄中，有着中国城乡控股集团有限公司的身影。

"作为本届冬奥会和冬残奥会官方创意光影秀服务独家供应商，中国城乡旗下的良业科技，负责'冰丝带'——国家速滑馆的点亮。"胡国丹说。

长城脚下，海陀山巅，延庆冬奥村、山地新闻中心的室外灯光，也由良业科技设计打造。

除了科技感，还有烟火气。在各国运动员于社交媒体晒出的冬奥村美食中，有来自中国城乡的"健康蛋"。中国城乡旗下的德青源，是亚洲最大的蛋鸡养殖和生产企业，被纳入"双奥"鸡蛋全品类唯一服务保障单位，在赛事期间供应了280万枚鸡蛋。

胡国丹介绍，德青源的成立与国家的扶贫战略紧密相连，属于国家重点推广的"金鸡"产业扶贫项目。"目前，我们已在全国24个贫困县打造了蛋鸡场，累计帮助26万人脱贫致富。"

这些，都成为中国城乡肩负国家战略、践行央企使命的缩影之一。

"中国城乡是中交集团的产业投资运营平台，是践行国家生态文明战略，服务城乡融合发展的中央企业。"胡国丹介绍，自2018年8月重组新设以来，公司紧紧围绕服务生态文明、清洁能源、城市更新、乡村振兴等国家战略，以"产业+"为核心，迅速布局了"城乡水务、城乡能源、城乡生态环境、

城乡综合发展、城乡产业发展”五大业务板块。

多年间，中国城乡致力于为各级政府解决好“产业发展与环境保护”之间的矛盾、提供兼具效率与效益的最优方案。

七把“金刚钻”，开启新征程，破题核心技术关键领域

中国城乡的创建，是紧随国家战略的“好雨知时节，当春乃发生”。

中国城乡的发展，则是迅速渗透至更多城市、更多板块的“随风潜入夜，润物细无声”。

通过收购并购、改革改制、创新培育等发展模式，其迅速吸收和培育了一批具有一流产业能力的明星企业，形成了享誉业界、国内一流的七个品牌矩阵。

胡国丹介绍，中国城乡下辖的中国市政工程东北设计研究总院、中国市政工程西南设计研究总院和中交城市能源研究设计院，均为原建设部（现住建部）直属的国家级大型城乡设计研究院，是“国内一流的三家市政设计院”。

公司旗下的北京碧水源科技股份有限公司，曾荣获两项“国家科学技术进步奖”，拥有世界领先的水处理“膜法”技术，为污水资源化、海水淡化、河湖富营养化治理等领域提供了关键的技术支撑。

除此之外，中国城乡还致力于打造国内一流的全生态领域产业平台、清洁能源综合服务运营商、城市光影创意运营商、生态农业品牌、城乡一体化综合开发运营商。

“通过发挥央企在资金、品牌、管理等各方面的优势，我们迅速构建了自身的优势产业体系。”胡国丹说，“这‘七个一流’，也是中国城乡的七把‘金刚钻’。”

通过在核心技术、关键领域的深入探索，中国城乡开启了美丽中国、美好城乡建设的攻坚征途。

从武汉北湖、龙王嘴，湖北十堰神定河的污水处理厂；到在长江布局LNG（Liquefied Natural Gas，液化天然气）接收站、中转加注站，推动“气化长江”战略；再到“夜上黄鹤楼”“武汉东湖”“夜游三峡”等夜游经济、精品项目的打造……在湖北省、武汉市的江湖沿线、城市乡村，已经满是中国城乡的深深印记。

情系绿水青山，奔赴诗与远方，绿色发展共建新城乡

污水变净水，荒地变绿林，垃圾变“矿藏”，青山变“金山”，鸡蛋有了

身份证，城市“亮”起夜经济……

中国城乡正通过一批批标杆工程，在全国范围内着力打造更多的“活力城乡、生态城乡、宜居城乡、智慧城乡、普惠城乡”模板。

湖北武汉，则将成为其战略发力点——2018年，中国城乡重组新设成立，同年8月正式落户武汉经开区；2020年12月，武汉市政府与中交集团签署合作协议，双方主要领导共同为中国城乡总部经济产业园揭牌。

这一产业园位于武汉经开区沌口核心的郭徐岭半岛，临后官湖，建成后将成为中国城乡总部所在地，是目前中交集团内部规模最大、业态最全的总部基地。

胡国丹介绍，产业园总占地约334亩，总建面约75万平方米，涵盖产业、商业、科研、居住等诸多功能业态，预计将提供超万个就业岗位。

“兵马未动，粮草先行。目前，产业园的住宅配套建设已基本完成，花园办公、科创基地也在全速推进中。”他说，“188米的总部办公大楼施工至第6层，建成后将成为‘沌口第一高’。”

那么，为什么选择将总部迁入湖北武汉？

“近年来，‘长江大保护’已上升到国家战略。湖北是千湖之省，武汉是百湖之市，对于河湖治理、流域治理与生态环保有着巨大需求，这些与中国城乡的主营业务、核心板块高度契合。”胡国丹说。

与此同时，营商环境、人才储备，也成为吸引中国城乡落户的关键因素。“在与湖北省、武汉市等各级政府的接触之中，他们的战略眼光、发展激情与招商政策深深打动了我们。”胡国丹说，作为智力密集产业，武汉市的百万大学生也为企业的发展提供了源源不竭的动力。

灵秀湖北，绿水青山，作为经济大省、科教大省、生态大省、农业大省，正在书写着生态优先、绿色发展的湖北答卷。谈及未来，胡国丹表示，会继续扎根湖北、立足武汉，在助力长江生态大保护、城乡融合新发展上有所作为，为荆楚大地的绿色发展注入新活力、作出新贡献。

（《湖北日报》2022年6月27日四版）

扫码看视频

武汉市融资担保有限公司总经理邓正国——

当好银行“消防员”、企业“勤务员”

湖北日报全媒记者　张阳春

◆ 2022年6月13日，武汉市融资担保有限公司总经理邓正国（右）做客湖北日报企业家全媒体纵横谈。（湖北日报全媒记者　柯皓　摄）

企业名片

武汉市融资担保有限公司成立于2020年11月，是武汉唯一的市级政府性融资担保机构，由武汉市财政局履行出资人职责，第一大股东为武汉商贸集团。目前，公司政策性融资担保业务走在全省前列，担保户数、金额以及放大倍数均为全省第一。

精彩语录

担保就是担当。始终当好政府信用的“快递员”、银行业务的“消防员”、企业发展的“勤务员”。

降门槛、降要求、降成本，财政金融联合发力，把惠企纾困政策“一竿子插到底”。

打造“融资服务方舱”，打通企业融资“最后一公里”，也是“最难一公里”。

成立不到两年时间，平均每天帮助30多家企业获得融资，破解资金难题。

这就是诞生于2020年疫情后经济重振关键期的武汉市融资担保有限公司（以下简称“武汉融担公司”）。两年时间，公司已成为全省规模最大的政府性融资担保机构，成为中小微企业融资的贴心服务者。

2022年6月13日，武汉融担公司总经理邓正国做客湖北日报5G演播室，介绍帮助中小微企业打通融资“最难一公里”的故事。

每天帮30多家企业获得融资

武汉融担公司是在特殊时期肩负着特殊任务而设立的。2020年，在疫后经济重振的关键时刻，面对小微企业、个体工商户普遍面临的融资难题，武汉市委、市政府果断决策，筹建市级政府性融资担保机构。2020年11月，武汉融担公司正式成立。

融资担保机构可以为企业发展提供资金和信用担保，解决中小企业在生产经营过程中遇到的暂时资金困难。在武汉版的新型政银担合作机制中，融资担保公司发挥着重要作用。

该机制的核心之一是“四方分险”，当出现代偿风险时，由国家融资担保基金和省再担保集团、担保机构、银行、市区两级政府分别按照4∶2∶2∶2的比例承担风险；之二是“四补机制”，即武汉市政府对公司给予资本金补充、保费补贴、风险补偿、业务奖补。

“揭牌即营业，组建即发力”。该公司坚持政府性、政策性和准公共性定位，聚焦服务武汉市小微企业、“双创”“三农”以及符合条件的战略性新兴产业等市场主体，缓解融资难、融资贵。

成立不到两年，武汉融担公司累计为18000多户小微企业提供政策性融资担保服务达127亿元，相当于平均每天帮30多家企业获得融资。目前，公司政策性融资担保业务走在全省前列，担保户数、金额以及放大倍数均是全省第一。

“担保就是政府信用的‘快递员’、银行业务的‘消防员’、企业发展的‘勤务员’，几方携手共同纾解中小微企业等市场主体融资难题。”邓正国介绍，目前该公司取得授信合作的银行达到20家，业务落地银行18家，分支行超过153个。

减免担保费超2.5亿元

“哪里有融资困难企业，哪里就有我们融担公司的身影。只要是小微企业合理的融资需求，就纳入支持范围。”邓正国说，武汉融担公司着力降门槛、降成本，把帮扶政策“一竿子插到底”。

2021年5月中旬，蔡甸区奓山片区、武汉经开区军山片区突发9级龙卷风。面对极端灾害天气，武汉融担公司快速行动，会同武汉农村商业银行、汉口银行，深入灾情严重的农户、企业开展帮扶工作，现场对接摸排79家受灾企业，收集到39家企业近2.77亿元融资需求，对其中7家需要融资担保支持的企业减免担保费用，做到应保尽保。

“在降低小微企业融资成本方面，执行全国最优的费用减免政策，且纯信用担保业务占比超99%。”邓正国介绍，公司年化担保费率均不超过1%，对单户100万元以下的贷款免收担保费，对受疫情影响和供应链冲击严重的市场主体执行优惠费率，平均年化担保费率低至0.5%。到目前，累计为9000多家企业提供免费服务，为6000家企业减费，累计减免担保费超2.5亿元。

当前，从中央到地方都在推进新一轮金融助企纾困行动。“保市场主体就是保就业、保民生。当下，正是发挥政府性融资担保机构作用的关键时刻。”邓正国介绍，武汉融担公司正加大对部分受疫情冲击较大行业的帮扶力度，打通企业融资“最后一公里”，也是“最难一公里”。

针对住宿餐饮行业的现实困境，武汉融担公司制定专项行动方案，建立绿色通道，快速推出“住餐纾困担”产品，采取负面清单制准入方式，大幅下调准入门槛，弱化对企业近两年的经营考量，帮它们快速渡过难关。专项方案推出后，5天时间内即摸排30多家餐饮企业。

20多款产品满足不同企业需求

武汉融担公司着力面向科技型中小微企业、“双创”主体、涉农主体、供应链群等四类市场主体，持续推动产品创新，目前形成了8个系列20多款覆盖不同行业、不同发展阶段企业的具体产品。

湖北金润德环保技术有限公司（以下简称“金润德”）是一家专注工业污水处理的高新技术企业，2020年疫情防控期间该企业部分工程停工，流动资金出现较大困难。武汉融担公司把成立后的第一笔担保服务送上门，帮助金润德渡过难关。后来，又继续支持、精准滴灌，助力该企业不断发展成长。2022年4月最新公布的湖北省第四批专精特新“小巨人”企业名单中，金润德榜上有名。

科技型中小微企业是武汉融担公司重点服务的领域之一。针对科技企业固定资产少、智力密集度高等特点，武汉融担公司推动了“科担贷”模式落地，明确精准支持范围，高新技术企业证书、全国科技型中小企业信息库入库企业均可获得融资支持。

该企业还研发了“人才担”“孵化担”等专项产品，让科技型企业有更多的融资渠道。2022年，已为350户科技型小微企业提供了融资担保服务，科技担保业务规模已达7亿元。

“当好科技型企业融资的‘知心人’，助力武汉市加快建设具有全国影响力的科技创新中心。”邓正国介绍，武汉融担公司专设科技担保服务中心，抽调精干力量成立工作专班，建立专项考核机制，提升科技企业融资服务获得感。

力争年服务小微企业超2.5万户

“围绕便捷化融资需求，坚持线上与线下两种模式并举。”邓正国介绍，截至目前，武汉融担公司线上业务规模达到44亿元，占比接近35%。

武汉融担公司已将担保模块嵌入9家合作银行线上产品流程，先后与工行、建行合作，完成“国担快贷”“善担贷”省内首笔业务投放。贷款申请、审批、签约、放款、还款、担保等全流程手续，无需纸质材料提交，真正做到“3分钟申贷、0人工干预、1秒钟放款”的“301”模式。

2022年，为切实降低小微企业在互联网银行渠道的融资成本，武汉融担公司与网商银行、微众银行两家互联网银行合作打造了线上化、批量化政策性担保贷款产品“E贷担”。该产品通过风险分担机制，实现利息较普通互联网银行产品下降近1个百分点，让客户打开手机、动动手指就能获得成本更低的资金支持。

“担保就是担当。武汉融担公司将推进小微企业融资服务生态系统、线下服务网络系统、线上智慧担保系统‘三大系统’建设，持续提升小微企业融资服务质效。”邓正国介绍，公司力争服务规模年增长率达40%，到2025年，年担保服务规模达到200亿元，年服务小微企业超过25000户，为小微企业提供更强大的融资服务支持。

（《湖北日报》2022年7月4日四版）

扫码看视频

盛隆电气集团副总裁谢正新——

让一度电创造更多GDP

湖北日报全媒记者　周三春

◆ 2022年6月14日，盛隆电气集团副总裁谢正新（右）做客湖北日报企业家全媒体纵横谈。（湖北日报全媒记者　何宇欣　摄）

企业名片

盛隆电气集团有限公司（以下简称"盛隆电气"）成立于1979年，是在国内智能电网及智慧能源管理领域领先并具有全球竞争力的企业。集团有42个子公司和生产基地、2个研究院，业务遍布全球50多个国家和地区，2013年当选亚洲品牌500强。

近年来，盛隆电气引领行业从"功能化时代"向"智能化时代"转型升级，市场份额已稳居国内外智能用电领域行业前列。通过研发智能设备、能源互联网和云平台，盛隆电气持续不断为海内外用户提供整体智慧能源解决方案，服务人民美好生活。

精彩语录

盛隆电气将坚持守正创新，探索行业前沿。走正道、办良企、育人才，打造百年企业。

让一度电创造更多的GDP，让智能用电使幸福生活更幸福，让智慧能源使美丽中国更美丽。

一台电脑或者一个移动终端，就可以操控整个办公大楼的电力设备。给电力运行系统装上“最强大脑”，是总部位于武汉光谷的盛隆电气集团的拿手绝活。

这家由改革开放春风吹拂出的民营企业，通过坚持不懈地守正创新，探索行业前沿，代表中国参与世界竞争。金沙江白鹤滩水电站、北京大兴国际机场、中直机关项目、比亚迪集团、福建东湖数字小镇、尼日尔女子学院、缅甸时代广场……放眼海内外，一个个超级工程、一个个标杆项目的背后，都有盛隆电气智能输配电设备的身影。

在世界舞台上立起中国自主品牌，精彩的赶超是如何发生的呢？2022年6月14日，盛隆电气集团董事长谢元德、副总裁谢正新一行来到湖北日报5G演播室，与大家一同分享背后的故事。

“国之重器”打破国外垄断

能源电力被称作工业的“血液”，犹如空气和水对人不可或缺。

“多年前，我们的国有产品处在一个非常尴尬的境地。”谢正新感慨，国内没有一家企业有自主品牌，也没有一家企业有底气和国际品牌对标。国内配电柜厂家都是三大品牌的“搬运工”，只能进行末端加工装配。

2016年，盛隆电气率先推出的iPanel智能配电柜，一举打破国际品牌在中国的垄断地位。

iPanel拥有100余项专利技术，三项关键智能化技术位居行业第一，两项关键安全参数达到行业最高水平，已成功应用于海内外诸多重点项目。这一产品的横空出世，不仅填补行业空白，还推动国家出台相应的政策和标准。

在武汉革命博物馆举办的“大江弄潮——庆祝改革开放四十周年”展览上，iPanel作为全场唯一一件由民营企业提供的实物展品，与北斗卫星一起被标注为“国之重器”，代表中国参与世界竞争。

持续多年的守正创新，让盛隆电气创造了多个行业第一、世界第一：

在国内智能用电市场占有率第一，率先在行业内建立流动式精益产线，率先设立品牌柜二维码“数字身份证”，开启硬件设备全生命周期管理……

在建规模世界第一、单机容量世界第一的金沙江白鹤滩水电站，盛隆电气承接了1000余台开关设备的制造供货任务。如今，由盛隆电气提供的整个电厂的全部核心配电设备，分布在水电站全部16个机组的每一处，为白鹤滩水电站保驾护航。“运行至今，未出现过任何问题，安全可靠。”谢正新说，2021年7月初，白鹤滩水电站投资建设方三峡集团特地发来感谢信。

近年来，盛隆电气的合作方广泛涉及基础设施、能源、工业、商业、楼宇等领域，多个世界第一、国内外重点工程中，盛隆电气都是输配电工程的主心骨、主力军。

守正创新是企业长寿的秘诀

1979年，创业之初的盛隆人在水泥板上写下“为四化建设出力、为人民造福流汗”的口号。这两句话被定位为盛隆宗旨。

走正道、办良企、育人才。蓬勃发展中的盛隆电气制定了百年企业战略目标，立志成为一家长寿的民营企业。坚持技术创新、模式创新、文化创新，盛隆电气不断探索行业前沿。

谢正新现场分享了几个创新小故事。

“盛隆的研发一直是以客户需求为导向。”他介绍，企业的“拳头产品”iPanel，就是为了解决用户数据统计分析、自我诊断、故障预警几大痛点而研发出来的。为找到合适的原材料部件，研发人员多次往返江苏浙江等地调研。市面上没有输配电监测设备，团队成员自己动手制作。历时一年时间，终于让配电柜如手机一般，实现了从“功能机”到“智能机”的跨越。

“硬件是躯壳，软件是灵魂，灵魂就是我们自主研发的iDrip智慧物联网系统。”谢正新介绍，延崇高速北京段用上了iDrip智慧物联网系统后，实现对所有配电室电力数据和隧道内动力设备的智能化管理，19个配电室监控系统的数据实现充分共享。该系统解决方案涵盖智慧电力、智慧能源、环境安防楼控、运维及物业管理等，可有效为客户降低投资成本15%，降低故障率70%左右，有效节能15%以上。2022年上半年被工信部评选为“国家级物联网示范项目”。

创新灵光持续闪现，得益于盛隆电气独特的模式创新和文化创新。

发展模式上，盛隆电气独创了群体老板制。文化上，秉承盛创院“立人已立，达人已达”的校训，企业以“两个第一”——建设中国电气开关行业现代化的第一车间，打造盛创院培养现代企业人才的第一课堂为战略目标，以关注青年的成长、成才、成功为目的。目前盛隆电气引进清华大学、武汉大学、华中科技大学、华北电力大学等高校人才，在北京设立了专职的研发机构。集团拥有独立研发团队 500 余人，已获得 200 余项专利和软件版权。

让每一栋建筑变聪明

如何让“一度电创造更多 GDP”？

谢正新以采用 iDrip 智慧物联网系统建设的福建东湖数字小镇为例，描绘了新一代的智能用电场景：作为公司的后勤人员，每天上班后只需要一台电脑或者一个移动终端，就可以实现对整个办公大楼水电气和空调的操作，也可以了解到楼宇的能耗排名统计图、故障频率和原因分析、能耗变化。这让每一栋建筑变得聪明起来，有了故障也能提前定位和预警，最大限度减少故障损失。该项目被国家发改委评为“促进产城人文融合”特色小镇的典型。

推动行业进步，让能源管理更精细化，节能降耗服务人民美好生活。谢正新说，这是全体盛隆人的愿景。

如今，一年一度的“盛隆电气智能用电博览会”（简称“盛博会”），已成为具有全国乃至全球影响力的行业盛会，已成功举办三届。施耐德、ABB、西门子等近百家行业知名企业参展，巨头云集，2000 余家合作伙伴参会，近万名专业人士以商会友，合作对话，共谋发展。

为满足产业链布局逐渐延伸和拓展的需求，2021 年盛隆电气在鄂州开建智能制造基地。作为省级重点工程，基地 2022 年即将全面建成投产。基地将提供行业领先的中低压智能型断路器、高效节能型变压器、电线电缆等，可年产各类电气智能设备 10000 台套，将盛隆电气整体的工程实施实力提升到一个新的阶段，也将带动行业上下游企业共同发展。

2022 年前 4 个月，盛隆电气的电气设备、电力工程合同额同比分别增长 40% 和 20%。谢正新表示，盛隆电气将继续当好产业链链长，带动合作伙伴、产业链上下游共同发展。盛隆电气提出网通百城、携手百企、链接百校、创建百团的“四百战略”，将“大众创业、万众创新”与“政产学研用”合作紧密结合、融为一体，形成一种动员广泛、基础深厚、能效强劲、多方共赢的社会大机制，创造智能用电新市场、新行业。

（《湖北日报》2022 年 7 月 6 日四版）

扫码看视频

湖北辉创重型工程有限公司党委书记、董事长戴辉——

做绿色装配式桥梁引领者

湖北日报全媒记者　刘毅　柯利华　通讯员　陆恪　曾琛琛

◆ 2022年6月16日，湖北辉创重型工程有限公司党委书记、董事长戴辉（右）做客湖北日报企业家全媒体纵横谈。（湖北日报全媒记者　何宇欣　摄）

企业名片

2006年，湖北辉创重型工程有限公司成立，10余年来先后承建项目覆盖跨江、跨河、跨海、跨峡谷、城市立交等各式结构的钢箱梁、钢管拱、钢桁梁、钢箱拱桥梁200余座，30余个项目获得“鲁班奖”“詹天佑奖”“中国钢结构金奖”等荣誉。

精彩语录

跨江越海，达道通途，辉创重工全力响应国家战略需求，放眼新基建行业市场，立足民生，服务交通。

我们的每一个产品都将跨越世纪，造福社会。要让企业与产品一样屹立百年，经得起时间的考验。

世界上第一座半漂浮体系独柱塔钢箱梁斜拉转体桥武汉杨泗港跨铁路斜拉桥、国内首座绿色装配式桥梁长沙湘府路快速化改造工程、世界上山区最大跨径的上承式钢管混凝土拱桥贵州大小井特大桥……它们的桥梁钢结构，均由湖北辉创重型工程有限公司（以下简称“辉创重工”）设计、制造、安装。

16年来，这家来自“中国钢构之都”团风县的企业，先后参与承建跨海、跨江、高速铁路、公路、市政等钢结构桥梁200余座，包括梁式桥、拱桥、钢架桥、斜拉桥和悬索桥等所有桥型，30余个项目获得“鲁班奖”“詹天佑奖”“中国钢结构金奖”等荣誉。

2022年6月16日，辉创重工党委书记、董事长戴辉做客湖北日报5G演播室，讲述“以桥为师，做绿色装配式桥梁引领者”的故事。

像“搭积木”般造桥

转体的桥梁单侧重约1.8万吨，相当于3个埃菲尔铁塔，最终停下的位置，实现毫米级精度。

说起武汉杨泗港跨铁路斜拉桥的成功转体，戴辉至今难掩兴奋。他说，该桥横跨京广铁路长达200多米，为尽量减少对铁路运行的影响，只能采用钢箱梁斜拉桥转体施工法，即先在平行于铁路的方向建好桥，再利用铁路运行“天窗点”，实行高难度的空中转体，把桥拼接起来。

这座桥从2019年6月24日完成首吊，到转体合龙，总共用时仅128天，创造了“辉创速度”，获得了武汉市委市政府的高度评价。

“辉创速度”不只在武汉显威。

在工厂集中加工预制配件，再到现场安装，20天建好湖南长沙湘府路快速化改造工程的74个桥墩，在业内传为佳话。与传统桥梁施工相比，湘府路快速化改造工程的预制拼装施工工艺以及工厂化集中加工的装配式生产模式，像“搭积木”般建桥，减少现场工作量，有效缩短工期，单位面积的用钢量节约30%。

2006年从武汉烽火大市场的一间租赁小厂房起步，迄今，辉创重工建桥200余座，平均每年造桥13座。

戴辉说，企业飞速发展离不开14年前的一个决定。当时，团风县提出打造“中国中部钢结构产业基地”，而辉创重工在武汉面临厂房小、订单多的矛盾，迫切需要建基地进行规模化生产。从大都市到小县城，双方一拍即合。

事实证明，2008 年落户团风是“关键一着”。戴辉说，团风县将钢结构作为“第一产业”来抓，县委书记亲自挂帅，企业有什么需求，他都带着各部门一把手现场协调、解决，效率很高。优良的营商环境，让辉创重工没有后顾之忧，专注于企业的发展。

把生产基地建在西南

如今，辉创重工主营业务从创业时的钢结构制造及安装，到现在涵盖桥梁及桥梁维护设备的研发与制造、桥梁检测与维修等全产业链，成为拥有钢结构工程专业承包一级资质和钢结构制造特级资质等多项资质证书的高新技术企业，市场遍及华中、长三角、珠三角和大西南等地。还走出国门，在土库曼斯坦建成布哈拉运河大桥，助力“一带一路”发展。

中国的西南地区，地质地形特别复杂，辉创重工在这里创造了许多“世界桥梁之最”。

人在桥下，贵州大小井特大桥犹如那悬挂在天边的一抹虹。

大小井特大桥主跨跨径 450 米，全长 1500 米，是贵州余庆至安龙高速公路平塘至罗甸段的控制性工程之一。全桥共计 58 个吊装节，桥台所在山坡峰顶与河底相对高度差达 250 米，上百吨重的节段被一节一节吊到 200 多米的高空后再精确拼接起来，这种超高的施工难度，集中体现了辉创重工的精湛技术。

“上百吨重的钢构件从团风运到贵州，成本很高吧？”湖北日报全媒记者问。

戴辉说，物流成本是钢构企业的痛点。辉创重工基于贵州高架桥建设需求量大的判断，果断打造贵州最大最专业的装配式桥梁制造基地，把跨出湖北的第一步选在贵州，在贵州长顺工业园建起西南生产基地。

西南生产基地建成后，运输成本降低，市场竞争力提升，辉创重工很快承接香火岩、大小井、乌梅河、团结桥等多座特大型钢管拱桥梁，其中贵州乌江河闪渡大桥，更是开拓了在山区建造钢桁梁悬索桥的新领域。

“哪里的需求最大，哪里的挑战最难，辉创重工的基地就建设到哪里。”戴辉说，今后，以西南生产基地为模板，不断复制，以点带面，在全国各地不断布局，将辉创品牌推向全国。

桥梁检查车成“硬核武器”

桥梁底部，一个形似火车车厢的作业平台，沿着轨道爬行，检查桥梁外观和裂缝，发现各种可能出现的病害，做到“对症下药”。

戴辉说，近20年，我国桥梁越建越多，其日常养护检查和保养维护备受关注。为破解这一难题，辉创重工研发制造适合各种桥梁需求的检查车，成功运用于成贵铁路菜坝岷江特大桥、海口如意岛跨海大桥、合福铁路铜陵长江大桥、武汉西四环汉江特大桥、云南怒江二桥等各类桥梁，成为新建桥梁的标配。

辉创重工的桥梁检查车融合5G技术，实现智能数字化，可以进行无人巡航。

目前，辉创重工有近500台套各式桥梁检查车走向市场。未来，辉创重工将以检查车业务为突破口，深耕桥梁维护领域，力争做到全国第一。

作为一家年轻的企业，辉创重工却立下“建百年钢桥，铸辉创品牌”的愿景，如何做到？戴辉用三个关键词来解读，分别是——

专注。辉创重工十几年来心无旁骛地专心研究桥、研究产业、研究技术，抽调骨干力量成立研发部，致力于技术创新与标准化，与多所高等院校和科研院所建立战略合作关系，目前拥有国内一流的桥梁生产线和近百项专利技术。

活力。公司从创业之初的百余人，发展到如今员工1200多人，有技术管理人员200余名、国家注册建造师40余名、中高级技工人员400余名，他们挑起了公司的大梁。

学习。辉创重工在全国同行中提出独有的“以桥为师”的理念，以“跨越、坚守、奉献、沟通、创新”的桥梁精神融入党组织建设和企业文化之中，鼓励员工用一种谦虚、敬畏、开放的心态研究桥梁、制作桥梁，最终爱上桥梁。公司先后与中铁、中交、中建、中铁建、中电建建立良好的合作关系，向它们汲取先进的管理、技术经验，培养了一大批既通技术又懂管理的综合型产业工人。

（《湖北日报》2022年7月8日六版）

扫码看视频

大冶尖峰水泥有限公司总经理张峰亮——

引入数字技术，做精而美的绿色建材

湖北日报全媒记者　龚雪　通讯员　石富　王宇花

◆ 2022年6月23日，大冶尖峰水泥有限公司总经理张峰亮（右）做客湖北日报企业家全媒体纵横谈。（湖北日报全媒记者　柯皓　摄）

企业名片

大冶尖峰水泥有限公司，位于大冶市保安镇，目前建有一条新型干法水泥熟料生产线，配套一座9MW纯低温余热发电系统，拥有石灰石矿、砂页岩矿3个自备矿山。其中金山石灰石矿，于2020年入选国家绿色矿山名录。

尖峰水泥，中国建材企业500强，全国水泥主导企业品牌。大冶尖峰水泥有限公司，是浙江尖峰集团股份有限公司（全国水泥行业第一家上市公司）的核心子公司。

大冶尖峰水泥生产线自2008年5月建成投产以来，荣获全国建材行业先进集体等国家级荣誉12项，荣获湖北省名牌产品等省级荣誉称号17项，荣获黄石市“十一五”突出贡献奖等市级荣誉称号25项，荣获大冶市纳税贡献奖等县级荣誉称号30多项。

精彩语录

水泥行业技术进步很快，企业要保持行业的先进性，必须不断提升和完善技术、装备。

始终秉承科学利用资源，为建设美好家园提供绿色建材的企业使命，务实进取，踏石留印，向着百年尖峰的目标不断迈进。

激励创新，倡导人人皆为才，人人尽其才，与高等院校、科研院所深入开展技术研究，推进技术创新。

水泥，重要的基础性原材料，广泛应用于土木建筑、水利、国防等工程，为改善民生、促进国家经济建设和国防安全起到重要作用。

大冶尖峰水泥有限公司（以下简称“大冶尖峰水泥”）广泛参与武汉城市圈的地标项目建设，武汉地铁、鄂州花湖机场、武九客运专线、二七长江大桥、鹦鹉洲长江大桥、东湖隧道等，都有尖峰水泥的身影。

大冶尖峰水泥持续革新，极尽发挥单条水泥生产线效能；不断技改，智慧节能经验在湖北省推广；坚持环保，参与国家重点研发计划；服务地方经济，助力大冶奋进全国县域经济 50 强。

2022 年 6 月 23 日，浙江尖峰集团股份有限公司副总经理、大冶尖峰水泥有限公司总经理张峰亮一行，来到湖北日报 5G 演播室，与网友一同分享企业成长的故事。

谈生产：极尽发挥单条水泥生产线效能

2021 年，大冶尖峰水泥交上漂亮的成绩单：全年实现营业收入 11.53 亿元，纳税 2.14 亿元，位居大冶市前三名。

这一成绩是如何做到的？张峰亮介绍，大冶尖峰水泥总体规模并不大，但是坚持走质量领先之路，注重内涵提升，通过技术创新和管理创新，全方位提升企业综合效益，成本控制、综合盈利能力等指标在行业里一直处于领先水平，这也是企业的核心竞争力。

同时，大冶尖峰水泥抢抓数字经济发展重要窗口期，投入 2000 多万元，建设 MES 系统、ERP 系统、IMBS 系统（矿山智能配料系统），并与水泥生产线 DCS 远程监控操作系统无缝对接，促进数字技术与企业生产管理的深度融合，实现经营管理各环节的数字化、信息化、可视化，企业生产经营的各个环节都得到严格控制，降低了风险，大大提升了运营效率。

谈技改：智慧节能经验全省推广

近年来，大冶尖峰水泥围绕国家能耗“双控”和“双碳”政策，进行一系列技改。

张峰亮说，大冶尖峰水泥认真学习、深刻领会、积极响应“绿水青山就是金山银山”理念和“双碳”战略，执行国家能耗双控、环保治理、智能化信息化建设等相关行业政策。近几年，已投入上亿元资金，对生产系统进行技术改造，包括引入先进的辊压机终粉磨系统替代原有管磨系统；购置新型节能设备提升水泥磨台时产，降低工序电耗；运用第四代篦冷机替代原有熟料冷却系统；生料选粉系统降阻扩容，有效降低了电耗；实施精准脱硝，应用业内先进设备如磁悬浮风机等。

近期，大冶尖峰水泥还进行替代燃料项目的研究，努力降低能耗强度和碳排放，购置新设备并进行自动驾驶操作系统的改造与提升。这些项目实施后，电耗、煤耗将明显下降，二氧化碳排放显著减少。

大冶尖峰水泥的智慧节能经验，被全省推广。2021 年 12 月 3 日，湖北省智慧节能培训会召开，来自全省各级相关主管部门和重点用能单位负责人，共 180 人齐聚大冶尖峰水泥，参观了解公司在智慧节能方面的做法和经验。相关负责人高度评价大冶尖峰水泥在智慧节能方面的超前管理意识和取得的成绩，希望推广尖峰水泥经验，切实推进湖北省节能减排工作。

谈环保：参与国家重点研发计划

大冶尖峰水泥是“十四五”国家重点研发计划“高端功能与智能材料”专项的重点参与单位之一，该项目由校企联合攻关，面向环境保护、污染治理和碳中和远景目标，对环境友好功能材料的急迫需求，开展低环境负荷无机胶凝材料关键制备技术与示范应用。张峰亮介绍：“其中，大冶尖峰水泥有限公司主要参与‘水泥窑协同处置废弃物低碳、超净、高能效工艺系统’与‘低环境负荷高性能胶凝材料体系设计与生产示范’课题的相关研发工作。”

走进大冶尖峰水泥厂区，蓝天白云，绿树成荫，花团锦簇。深入生产车间，干净、整洁，看不到灰尘，也没有很大的噪音，是一座花园式工厂。张峰亮表示，“公司一直坚持绿色环保发展理念，以严格的标准、先进的技术、有效的手段不断改善作业环境，打造绿色工厂，建设环境友好型企业”。

谈发展：向产业链上下游延伸

大冶尖峰水泥产品性能稳定，广泛用于商品混凝土生产，销售市场主要在武汉都市圈，以武汉、黄石、黄冈、咸宁、鄂州 5 个城市为主。

在做好水泥主业的基础上，大冶尖峰水泥近年来不断探索向产业链上下游延伸。张峰亮介绍，2021 年，大冶尖峰水泥与诺客环境共同投资设立了湖北诺客尖峰环境技术有限公司，主营固废处理，2021 年处理 5 万吨固废，实现资源的回收利用。同年，湖北尖峰新型建材有限公司成立，近期将投资建设一条年产 500 万吨骨料砂石生产线，将为商用混凝土提供更加丰富的原材料。

以大冶尖峰水泥为代表的建材新材料，是大冶市六大主导产业之一。大冶尖峰水泥生产线自建成投产至 2021 年底，累计纳税超 13 亿元。目前，大冶在全国县域经济排名第 79 位，位列全省前三甲。作为大冶市龙头企业之一，大冶尖峰水泥正为大冶市奋进全国县域经济 50 强奉献力量。

（《湖北日报》2022 年 7 月 11 日三版）

扫码看视频

湖北长安建设集团股份有限公司总经理叶发保——

挥泪砸屋精雕琢，匠心捧得"鲁班奖"

湖北日报全媒记者　张泉　刘毅　通讯员　胡天堂　纪学军

◆ 2022年6月24日，湖北长安建设集团股份有限公司总经理叶发保（右）做客湖北日报企业家全媒体纵横谈。（湖北日报全媒记者　何宇欣　摄）

企业名片

湖北长安建设集团股份有限公司是一家以建筑业为主，多元化经营的现代化建设集团公司，拥有建筑工程施工总承包特级资质，具备建筑工程、人防工程设计双甲级资质，控股长安房地产公司、长安世纪酒店、长安新材料等7家子公司。

公司先后被授予"全国建筑业诚信企业""全国工程建设优秀质量管理小组""全国工程建设优秀QC小组""湖北省先进建筑业企业"等数十项省级以上荣誉称号，连续多年跻身湖北企业100强、湖北民营企业50强。

精彩语录

长安特色的新型发展之路，可以总结为三个字："稳、精、新。""稳"就是保持定力，扎根主业，专注于完善优化建筑产业链；“精”就是管理精细、打造精品；“新”就是体制机制创新、管理创新、技术创新。

英山是长安建设的摇篮，长安建设能走到今天，离不开英山县委县政府一以贯之的帮扶，离不开英山40万父老乡亲的鼓励和关爱。吃水不忘挖井人，树高千尺不离根，长安人始终有一种割舍不断的家乡情怀。

71年前，湖北长安建设集团股份有限公司（以下简称“长安建设”），从英山县一个小小的建筑工程队起步，深耕建筑主业，改革创新，踔厉奋发，成长为一家产值过百亿的现代企业集团。

一路风雨一路歌！2022年6月24日，长安建设总经理叶发保做客湖北日报5G演播室，讲述企业逐梦“百年长安”的故事。

71载砥砺奋进，建筑队成长为现代建设集团

2021年10月2日晚，英山县长安世纪城风情街广场，高朋满座，歌舞飞扬，长安建设成立70周年晚会在这里举行。

一台晚会，展现了几代长安人砥砺奋进的步履——

1951年，一个建筑队在大别山南麓的小城英山成立了。谁也没有想到，一颗梦想的种子，经过70年的栉风沐雨，长成今天的参天大树。

1965年，以建筑队为班底成立的英山县建筑工程公司，由国有体制改为集体体制。

2001年，公司正式改制为湖北长安建筑股份公司，奠定了快速发展的基础。

2004年，在建筑工地摸爬滚打25年的段卫昌出任总经理，引领长安建设迈入跨越式发展的快车道。

2017年10月，长安建筑股份有限公司更名为湖北长安建设集团股份有限公司，业务拓展到北京、珠三角、长三角和湖北周边多个省份和地区，完成深耕湖北、面向全国、多元发展的市场布局。

2021年，长安建设年产值由2001年改制时不足1亿元，历史性地突破百亿元大关，达到105亿元。

长安建设何以在激烈的市场竞争中，成为行业的佼佼者？

叶发保总结为三字：稳、精、新——

“稳”就是秉持“建百年长安”的愿景和坚守“质量为本、诚信经营、

合作共享、贡献社会”的使命，保持定力，扎根主业，专注于完善优化建筑产业链。

“精”就是管理精细、打造精品。公司承接的所有工程项目不转包，不挂靠，不以包代管，确保企业内控质量、安全标准高于国家标准。

“新”就是体制机制创新、管理创新、技术创新。长安建设集团创立了独具特色的股权结构：最大股东的股权控制在 5% 以内，员工集体持股率达 80% 以上，并为骨干人才设立激励股，人员退休人走股留。这样的股权设计，让企业管理实现了资本、智力、劳动三者合一。

精益求精摘桂冠，湖北民企首获“鲁班奖”

2005 年，长安建设承建的华中科技大学同济医学院基础教学试验楼（二期）工程荣获“鲁班奖”，公司成为湖北首家获得中国建筑最高奖的民营企业。

“获得这一奖项非常不易！”叶发保说。

2002 年，刚刚完成改制的长安建设承接了同济医学院基础教学试验楼（二期）工程，提出通过建设该项目争创“鲁班奖”的目标。为此，公司专门成立创建“鲁班奖”领导班子，抽调精兵强将，组建项目管理团队。

在项目主体工程已完工的情况下，公司觉得工程质量已达到优质工程标准，但在屋面工艺和细节方面缺乏特色和亮点，离“鲁班奖”的要求有差距。项目部反复研究后，毅然决定将屋面砸掉，返工重做。当时工人们一边挥锤砸屋顶，一边默默流泪。

工程资料编制和整理是“鲁班奖”验收标准的硬门槛，为完成这项工作，公司专程派人到天津一家央企学习。

“到达天津后，对方提出只能看不能复印。无奈之下，我们派过去的学习人员只得临时买来相机拍摄照片，一共拍了 3000 多张，相机拍得发烫。”叶发保说。回来后，公司将所有照片冲洗出来，专门组织 6 个人的资料编制和整理专班，对照片进行梳理研究，参照编写工程资料。一次次地返工重写，废纸差不多堆满半间办公室。经过 8 个月的日夜奋战，终于圆满完成“鲁班奖”的资料编制和整理。

通过摘取“鲁班奖”的磨炼，长安建设在项目技术、质量管理、人员专业技能等方面都得到系统性提升，企业的知名度、影响力和竞争力显著提升，成为湖北省“楚天杯”创优大户，先后获得省级以上工程奖项 150 余项。

吃水不忘挖井人，扎根英山逐梦“百年长安”

5月25日，长征国家文化公园的重要组成部分——红二十五军长征集结地历史步道项目开工，标志着由长安建设承建的长征国家文化公园英山园区项目进入实质性建设阶段。

“参建长征国家文化公园，再一次彰显了长安建设在公共建筑领域的实力和担当。”叶发保说。

建一栋工程，树一座丰碑。长安建设建造了武汉军运会射击馆、广州军区武汉总医院、武汉王家湾数码港、武汉高科医疗器械园等一批公共领域重点项目和民生工程，很多工程成为地标性建筑。

何以在城市公共建筑领域取得这样的业绩？

叶发保介绍，多年来，长安建设一直高度关注国家在基础建设和城镇化方面的战略部署，将城市公共建筑领域作为公司业务主攻方向，在资金、人才、资源配置上倾斜，充分发挥企业技术优势，向水利、交通、公共服务、环境基础设施等民生工程建设项目发力。

“这些工程都是关注度高、科技含量高、建造要求高的‘三高’工程，我们践行绿色环保建造理念，实行智能化、数字化、精细化管理，实现使用功能和景观风貌双提升。”叶发保说。

海阔凭鱼跃，天高任鸟飞。早已跻身湖北企业100强的长安建设为何依然选择扎根英山？

“大城市的发展空间确实更为广阔，但英山是长安建设的摇篮，长安建设能走到今天，离不开英山县委县政府一以贯之的帮扶，离不开40万父老乡亲的鼓励和关爱。”叶发保说，吃水不忘挖井人，树高千尺不离根，长安人始终有一种割舍不断的家乡情怀。在逐梦“百年长安”新的征程上，“将继续扎根英山，行稳致远，以更丰硕的改革成果和发展业绩，回报社会和家乡人民”。

（《湖北日报》2022年7月13日六版）

扫码看视频

湖北省农信联社党委委员、副主任杨柳——

“挎包银行”不断上新，“支农支小”初心弥坚

湖北日报全媒记者 张阳春 **通讯员** 曾曼

◆ 2022年6月22日，湖北省农信联社党委委员、副主任杨柳（右）做客湖北日报企业家全媒体纵横谈。（湖北日报全媒记者 柯皓 摄）

企业名片

湖北省农村信用社联合社（以下简称“省农信联社”）2005年7月设立，承担对全省农信社的管理、指导、协调和服务职能。2015年全省农信社全部改制为农商行，是全国第二个完成全部改制的省份。全省农商行实行省联社、市州农商行、县（市）农商行三级法人体制，全系统党组织实行垂直管理。目前，省农信联社下辖76家市县农商行，总资产12570亿元，员工2.8万余人，是全省最大的金融机构。

精彩语录

以责任银行、合规银行、智慧银行“三大银行”为建设目标，聚焦主责主业，推动服务实体经济能力再上新台阶。

打造微贷绝对主业，坚持做小做散，坚持回归支农支小本源。

充分发扬农信系统“挎包银行”优良传统，认真践行一线工作法，访企业、走村组、进农户、问需求，主动做好各项金融服务。

存款规模在全省率先过万亿元，贷款增量保持全省金融机构第一。

在荆楚大地，无论多么偏远的乡镇，都有营业网点。把触角深深扎入银行服务最薄弱的区域，省农信联社及其所辖的76家市县农商行践行“金融为民”初心，交出沉甸甸的成绩单。

2022年6月22日，省农信联社党委委员、副主任杨柳做客湖北日报5G演播室，介绍全省农商行聚焦主责主业，服务小微企业和“三农”主体的故事。

背起新时代“挎包”

南台市场是荆门较大的农贸市场，2022年上半年升级为智慧化示范农贸市场。农商银行将“福卡e支付”收款码送给市场内的商户，根据扫码收款流水记录，商户就能获得贷款授信。在该市场，这一收款码覆盖率已达98.6%，不少商户都通过这个收款码获得了贷款。

通过“送码授信”，以商户资金流量确定可贷额度，这种便捷的获贷方式受到了商户的欢迎。不到5年时间，全省扫码商户增加到262万户，目前日均引流资金在10亿元左右。

一只大挎包，一双“铁脚板”，一辆自行车，为千家万户送去金融“活水”。农信社因此获得了“挎包银行”的美誉。如今，挎包里装的不再是算盘、账本，而是充满科技感的“数字装备”。

背起新时代“挎包”，全省农商行通过加快数字化转型，服务效能持续提升，令中小微企业、“三农”主体融资获得感、便捷性大大增强。2017年以来，全省农商行贷款客户由47.8万户增加到148.6万户，增长211%。

在支持全省经济高质量发展中，农商行积极当主力、当先锋。截至2022年一季度末，全省农商行存款余额10365亿元，存款规模在全省率先过万亿，同比增长13.59%，是全省平均增幅的两倍多。各项贷款余额6589亿元，较年初增加458亿元，增量再列全省金融机构第一。

“充分认识稳增长、稳市场主体的极端重要性，把加大信贷投放作为当前各项工作的首要任务。”杨柳介绍，全省农商行扩增量、稳存量双向发力，提前做好下半年两个季度的信贷投放储备工作，确保圆满完成全年新增830亿元贷款目标任务。

当好金融纾困的“主力军”

2022年以来，受疫情等因素影响，困难行业和困难中小微企业明显增多。省农信联社和全省农商行深入贯彻落实省委、省政府关于稳增长的工作部署，把助企纾困工作与“下基层、察民情、解民忧、暖民心”实践活动以及“解难题、稳增长、促发展”企业帮扶活动紧密结合起来，制订了加大金融纾困力度、助力稳住经济大盘的若干措施。

“全力做好受困主体的纾困支持，保障其合理资金需求，不得盲目限贷、抽贷、压贷，帮助渡过难关。”杨柳介绍，全省农商行成立由“一把手”担任组长的金融助企纾困工作领导小组，访企业、走村组、进农户、问需求，确保各项金融助企纾困措施落到实处。

同时，深入开展“小微金融店小二、乡村振兴主办行”等劳动竞赛活动，推进普惠贷款扩面增量提质。主动对接当地人民银行分支机构，积极争取支农支小再贷款额度，进一步加大普惠小微贷款投放力度。落实好名单式融资对接服务，联合行业主管部门、行业协会建立重点企业支持名单和纾困对接台账。

“我们一律不收取除贷款利息以外的其他任何费用，并主动承担押品评估费、登记费等办贷费用支出，累计减免相关费用近1000万元。”杨柳介绍，省农商行实施延期还本付息、续贷、调整还款计划等纾困措施。创新推出“周转融”快速续贷服务模式，优质小微企业客户在其农商行流动资金周转类微贷到期前，无需归还贷款本金或者只需归还部分贷款本金，避免客户因需要“先还后贷”而增加不必要的“过桥”成本。

“愿贷敢贷能贷会贷”服务小微

小微贷款，是农商行的主业。2017年以来，全省农商行微贷客户由

1110户增加到89.8万户，单户1000万元以下贷款占比由43.5%提高到62.5%。

“我们建立‘愿贷敢贷能贷会贷’长效机制，持续提升中小微企业融资获得感。”杨柳说。

针对“贷得慢”，全省农商行严格执行“公开承诺制”“限时办结制”“审批零库存”等制度，提高办贷效率。在广泛推广的“301”贷款模式下，客户只需在手机上填写基础资料，即可提交至后台自动审批，通过审批后可在手机银行App提款，突破办贷时间、空间限制，让数据多跑路、客户少跑腿。

缓解“贷得贵”，全省农商行坚决落实减息让利政策，帮助市场主体降低融资成本。2022年以来，贷款利率同比下降0.17个百分点，为客户节约利息约4亿元。

同时，加强与地方政府合作，完善风险分担机制，通过政银担合作体系为市场主体增信，缓解“贷得少”难题。截至5月末，与省农担公司合作的担保贷款3033户，金额31.5亿元；与省再贷款集团合作的担保贷款1775户，金额45.2亿元。

为269.6万农户建信用档案

普溪河村位于宜昌市夷陵区东北部，全村有1042户村民。三峡农商行夷陵支行开展授信以来，通过进村入户收集筛选信息，借助村级组成的第三方评议小组对农户进行评议、定级、公示，全村752户拥有了信用档案，618户获得贷款预授信。评级授信后村民可通过手机银行随用随贷，目前提款总金额达957万元。

近年来，全省农商行加强与地方党政部门合作，深入推进农村信用体系建设，持续按照“村银共建+金融村官+荆楚小康贷”模式推进整村授信，建立新型金融服务模式。省农信联社制订了整村授信“863”计划，即：农户建档率达到80%以上、预授信率达到60%以上、授信签约率达到30%以上的标准。截至目前，全省农商行累计建档269.6万户，授信38万户，授信金额171.7亿元，实际用信19.6万户、金额116.2亿元。

这其中，“金融村官”发挥了巨大作用。“金融村官”每周定期到派驻村至少现场办公1天，手把手帮助村民学习使用手机银行、电子银行设备，积极参与村组政务活动、开展整村授信、发放农区微贷、普及金融知识，让广大村民在家门口就可享受金融服务。

“通过‘金融村官’实现‘村银共建’，使得金融党建与地方党建、金融支农职能与地方乡村振兴中心工作深度融合。”杨柳说，全省农商行已累计向 14446 个村组派驻 5503 名金融村官。

“为湖北建设全国构建新发展格局先行区贡献力量。”杨柳表示，通过创新服务手段、建立长效机制、强化风险防控，确保全省农商行未来五年内实现贷款过 1.2 万亿元、总资产过 2 万亿元。

（《湖北日报》2022 年 7 月 21 日四版）

扫码看视频

太平财险湖北分公司党委书记、总经理潘建湘——

拥抱“农险+”风口，筑牢乡村振兴底盘

湖北日报全媒记者 刘畅 通讯员 谭凌霄 劳浩楠

◆ 2022年6月30日，太平财险湖北分公司党委书记、总经理潘建湘（右）做客湖北日报企业家全媒体纵横谈。（湖北日报全媒记者 朱熙勇 摄）

企业名片

太平财险湖北分公司，是四大中央管理保险公司之一、《财富》世界500强——中国太平保险集团在湖北的分支机构，下辖机构64家。公司连续12年实现承保盈利，连续6年被评为综合分类监管A类机构。

荣获湖北省政府“十佳优质文明服务保险机构”“第十届中国（武汉）国际园林博览会保险全球唯一合作伙伴”“湖北省保险行业公众宣传大比武‘最佳组织奖’”“2021年度湖北金融传播力优秀单位”，下辖机构太平财险宜昌中支连续两届蝉联“全国文明单位”荣誉称号。

精彩语录

“有梦想、敢担当，有激情、有胆识、善创新”，作为金融央企，中国太平财险以强烈的社会责任感，充分发挥保险“风险转换器”“安全保障器”“社会稳定器”“经济推进器”作用，致力于为百姓创造富裕安宁生活，为社会创造更多价值。

太平财险始终牢记“国之大者”，扛起央企使命，助力湖北建设全国构建新发展格局先行区。

农村稳方能天下安，农业兴方能基础牢。

2022年中央一号文件首次将“强化乡村振兴金融服务”单列为一项重要内容，并具体提出发挥“稳定器”和“助推器”作用，积极推进农业保险和再保险。

作为服务乡村振兴的主力军，太平财险积极投身农业保险创新，拥抱高质量发展，健步迈向新征程。

争当主力军，拥抱农业保险“最强风口”

乡村要振兴，最繁重的任务在农村，最大潜力也在农村。

2019年，中央全面深化改革委员会第八次会议通过《关于加快农业保险高质量发展的指导意见》，首次明确农业保险的政策性属性，并对加快农业保险高质量发展顶层设计。这是国家推进农业保险发展的重大举措。

“从湖北省落地来看，农业保险已步入高质量发展快车道。”2022年6月30日下午，太平财险湖北分公司党委书记、总经理潘建湘做客湖北日报5G演播室，“农险保费从数亿元迅速拓展到30多亿元，位居中部前列。这里面，也有太平财险的一份功劳。”

作为最早主动拥抱农险的金融央企，2020年，太平财险发布《支持农业保险高质量发展的政策措施》，从专业人才队伍建设、专属信息化建设、完善大灾风险体系三方面全方位支持，聚力解决农业“望天收”一系列痛点，湖北分公司作为太平财险系统最早拿到政策性农业保险经营牌照的机构，发挥主力军作用，锚定“扩面、增品、提标、拓领域”的目标。

“扩面”就是扩大保险覆盖面，使农业保险惠及更多农民；“增品”就是增加农业保险品种，满足农民日益增长的风险保障需求；“提标”就是提高保障水平，使农民得到更多保险补偿；“拓领域”就是不断拓宽农业保险服务领域，探索与“三农”政策联动机制，解决制约的现实瓶颈。

“下好先手棋，抢抓政策加码机遇。”潘建湘说，公司上下正拉弓满弦，将农险打造为太平财险服务乡村振兴的重要板块。

作为产粮大省，湖北全力推进水稻完全成本保险全面试点，太平财险湖北分公司取得在公安县、京山市、大冶市、孝南区、咸丰县等县市开展水稻完全成本保险的经办资格，目前累计承保水稻超40万亩，为近两万水稻种植户提供近5亿元风险保障。

在小麦、油菜等产品上，该公司也在枝江、孝感、大冶、阳新等县市开展试点，以实际行动服务“国家粮食安全战略”及“米袋子、菜篮子、肉案子”等工程。

接下来，湖北有望在产粮大县全面试点小麦完全成本保险、育肥猪养殖保险试点，太平财险也将积极参与其中，为农业安全提供更大的风险保障。

“农险+”为支点，撬动金融资源流向农业

挺过2022年初的倒春寒后，湖北集优农业开发有限公司董事长周影长出了一口气。

“今年多亏了保险防灾防损，几乎没受损失。”周影特意来到访谈现场，向湖北日报全媒记者介绍她购买的一款古茶特色保险的故事。

鹤峰，万里茶道茶源地之一，现存野生古茶近4万亩，其中以坛子洞古茶园分布面积最大，树龄最长。古茶园既要保护，又须适当采摘。该公司自2015年起，流转了坛子洞村2.5万亩山地。

古茶树多生长于高海拔山坡，受山体滑坡、倒春寒等自然灾害影响较大。常规茶树种植保险往往适用于规模化的整片茶园，无法满足古茶树分散化的保险保障需求。

潘建湘介绍，根据茶企的实际需求，太平财险湖北分公司针对古茶树的特殊生长情况，采取按株差异化承保的方式，于2021年初开具首张古茶树保险保单，助力野茶资源保护。

经政府部门认定的古茶树，太平财险现场挂牌编码，实景定位，生成完整的古茶树档案信息，实现精准承保。

通过订单农业模式，客户可在线认领古茶树，查看影像档案，实现古茶树的可关注，茶叶生产过程可视化，产品可追溯。凭借古茶树保险保单，不仅为野茶资源提供了充足的风险保障，也助推了古茶产品的保护与销售，让消费者更放心。该项目入选湖北省2021年农险创新案例。

近几年，猪肉价格经历"过山车"行情。剧烈的波动，让养猪企业和大户损失惨重，心有余悸，不敢放开手脚。

传统单一型的风险保障无法满足行业的风险管理需求。"我们正在探索'保险+期货'。"潘建湘透露，农民每头猪一年只需花10多元，大头由政府补贴，一经推出，大受农民欢迎，认购非常踊跃。

"由专业人士操盘，投保生猪价格指数保险。"通过远期套保熨平猪周期，无论猪价大起大落，都能保证农民收入平稳。

"以农业保险作为支点，可撬动更多金融资源向农业倾斜。"在潘建湘看来，以保险的保障功能为基础，通过"保险+期货""保险+信贷"等多种模式，可使金融资源与农业生产深度融合，碰撞出火花。

"保险+期货"已连续7年写入中央一号文件，突破了金融工具的组合，为农业转型升级打开广阔空间。

科技赋能，从经验判断到数据说话

2021年9月，因长时间干旱，公安县农田大面积受灾，正是棉花生长及收获的关键节点。

"早一天理赔，早一天拥有流动资金救灾。"棉农心急如焚。按照传统，理赔定损员要顶着烈日，深入田间地头，用脚踏访，一块块棉田查看，用相机拍摄后再做成理赔档案，时效较慢，也易产生误差。

太平财险湖北分公司与武汉珈和科技有限公司合作，使用卫星遥感技术，数据可以覆盖全部监测区域，误差不超过米级。通过红外成像，自动识别作物，大面积快速监测农情变化。

运用"卫星遥感+无人机+大数据"，大型计算机自动勾画地块，边拍摄边计算受灾面积和程度。"最快一个小时就能出数据，一个上午就理赔了几个村。"潘建湘告诉网友，老问题迎刃而解，基层理赔员一个人就能受理数万亩的定损。

"以前在荆门，有8辆勘察车，一年下来光油费都要50万元，投入大量人力和物力到现场勘查。”如今保险员再也不用翻山越岭去‘看猪’了。“用一个 App，农户就可以给猪照相、定位、量身高和体长。”潘建湘说，湖北地区差异大，农情复杂，特别适合运用这类新技术，对产品快速分类，快速理赔。

在江汉平原和武陵山区，许多特色农产品生产的现场，安装了全方位远程摄像设备，保险公司从后台对农产品全生命流程进行监控、存储和追溯，真正实现从经验判断到数据说话。

“科技赋能，是破题利器，推动从‘事后经济补偿’向‘事前风险’防范转移。”潘建湘欣喜地告诉记者，目前，广大农村正呈现“要我保”到“我要保”的良好态势，太平财险将奋力担当央企责任，拥抱黄金风口，深耕“三农”领域，助力乡村振兴。

（《湖北日报》2022 年 7 月 24 日三版）

扫码看视频

长江产业投资集团党委副书记、总经理黎苑楚——

深耕现代产业赛道，呵护企业创新全程

湖北日报全媒记者　廖志慧　通讯员　涂君山　张晶

◆ 2022年6月28日，长江产业投资集团党委副书记、总经理黎苑楚（右）做客湖北日报企业家全媒体纵横谈。（湖北日报全媒记者　刘曙松　摄）

企业名片

长江产业投资集团有限公司成立于2022年1月25日。集团注册资本336亿元，资产总额2000多亿元，集团旗下拥有实控二级子公司17家，员工7500人。集团聚焦国家战略和湖北省现代产业集群建设，履行省级战略性新兴产业投资运营主体和省级产业投资基金投资管理主体功能，到2025年，成为引领带动前瞻性、高端性、战略性产业发展的全国一流产业投资集团，进入中国企业500强。

精彩语录

新一代信息技术、生物医药、新能源、现代化工、生态环保、汽车零部件这6个赛道里，我们自己运营的实体产业，必须都是高新技术企业。在每个赛道，都要培养至少一家上市公司，以带动实体产业发展。

要将上市公司作为推进经济转型和高质量发展的突破口和风向标。

它很年轻，2022 年 1 月 25 日刚刚挂牌；

它很特别，因为它是湖北省属国企中唯一一家产业投资平台，还是湖北省属国企中没有冠名“湖北”的企业。

它就是肩负现代产业体系建设重任的长江产业投资集团有限公司（以下简称“长江产业投资集团”）。2022 年 6 月 28 日，长江产业投资集团党委副书记、总经理黎苑楚做客湖北日报 5G 演播室，畅谈企业如何引领带动全省现代产业体系高质量发展。

争当先行区建设排头兵

省第十二次党代会提出，“努力建设全国构建新发展格局先行区”。黎苑楚认为，建设先行区，为长江产业投资集团的发展提供了根本性全局性战略机遇。

服务现代产业体系建设、服务“三高地、两基地”建设是首要的。在他看来，作为省属国企中唯一一家致力产业投资的平台，长江产业投资集团要做现代产业发展的“排头兵”、聚集创新要素的重要支点、全省市场主体的“领头雁”。

当好“排头兵”“领头雁”，长江产业投资集团有“底气”。

“有快速发展的底盘。”黎苑楚介绍，长江产业投资集团由原省长投集团、省高投集团、省长江经济带基金管理公司、兴楚国资公司以及省宏泰集团优势产业板块五大方面战略重组而成。集团资产总额 2000 多亿元，资产负债率 55.7%，设立规模 500 亿元的创投、产投母基金，管理基金规模超过 3000 亿元。

“有优秀的现代企业经营人才。”他介绍，集团汇集包括上市公司董事长、总经理在内的产业投资经营人才近 300 人，中高级专业技术人才 500 多人，专业方向涵盖新能源、生态环保、汽车及零部件、新一代信息技术等现代产业各领域。“近期集团面向全球招聘我们两个母基金管理公司的总经理，在业内引起强烈反响。我们刚刚进行面试，候选人非常理想。”

黎苑楚说，经过这轮改革重组，集团上下发展热情高涨，逐步形成拒绝平庸、力争上游、勇于前行、不胜不休的企业文化。

为现代产业体系建设提供“最强资源”

构建现代产业体系，需要通过促进实体经济、科技创新、现代金融、人力资源4个方面相互作用、协同发展。作为构建现代产业体系的"主力军"，长江产业投资集团动作频频。

发展实体产业板块，夯实发展"底盘"。"我们主动调整集团投资结构，特别是果断从房地产及房地产前融等金融业务中退出，不断提升产业投资比重，提升新兴产业的能级层级量级。"黎苑楚说，正在研究出台支持广济药业、万润科技等旗下上市企业做强做优做大的一揽子举措，力争通过内外部资源整合，延伸产业链，形成更强的市场竞争力。"新一代信息技术、生物医药、新能源、现代化工、生态环保、汽车零部件这6个赛道里，我们自己运营的实体产业，必须都是高新技术企业。在每个赛道，都要培养至少一家上市公司，以带动实体产业发展。"

重塑基金业务板块，发挥好资本联结作用。按照省委省政府决策部署，整合扩容设立规模100亿元的长江创业投资基金和400亿元的长江产业投资基金，通过两支母基金引导放大作用，实现管理5000亿元规模的基金，不断创新和延伸创新投资、科创金融服务，构建面向企业成长全生命周期需求的科技金融"接力棒"服务体系，助力湖北产业转型升级和经济高质量发展。

构建科创服务板块，发挥好科技助推作用。"在改革中，我们几十家二级子公司都被压缩，但新成立了一家子公司——长江科技创新服务集团，以主办江夏实验室为突破口，主动对接科技创新的源头，以服务关键核心技术的攻关和成果产业化为导向，建立产业创新服务体系，提前布局一批未来产业。"黎苑楚介绍，近期将围绕新一代信息技术、生命健康、北斗产业、数字经济等创新领域，打造中部区域协同创新中心。同时，通过各类基金，吸引众多金融机构、投资机构共同参与，推动龙头企业和产业链企业落地。

开拓人才培养阵地，发挥好人力资源支撑作用。在这方面，主要通过湖北教投公司开展省内高校独立学院转设工作，承担培育产业发展亟须相关专业人才的任务。

"通过这4个方面工作，为全省现代产业体系建设提供更强、更高、更优、更全的要素资源。"黎苑楚表示。

发挥资本引擎作用引领高质量发展

现代产业发展始于技术，成于资本。黎苑楚表示，长江产业投资集团要创新企业和创新产业的发展路径，发挥资本和产业并购作用，实现"十四五"期间控股6家以上的上市公司，打造一批名副其实的战略性新兴产业龙头企业和领军企业，强化集团在战略新兴产业领域的投资布局，加快实现集团资产收入和利润规模的大幅度增长。

围绕资本市场方面，重点是从两个方面发力。

抓企业上市！“抓企业上市就是发挥我们创新投资的引领作用，通过基金投资培育企业成长，助力走向资本市场。”黎苑楚介绍，长江产业投资集团投了上千家科技型企业，已有60多家走向资本市场。“仅2022年，到目前已有10家企业通过上市公司的发审工作，有4家正式挂牌，在全省、全国都排在前列。”

抓上市企业！“上市公司是引领我省经济高质量发展的少数关键，牵一发动全身。”他介绍，全省大概有100多家产业类的上市公司，这个数字占我省规上工业企业数量的比例在千分之五左右，但创造了规上工业企业营收和利润的15%至16%。

他说，上市公司是连接实体经济与资本市场的桥梁，是聚集产业资源，延伸产业链的源头和纽带。“要将上市公司作为推进经济转型和高质量发展的突破口和风向标。”

第一，加快推进国有上市公司的技术骨干和高管持股或者股权激励。黎苑楚表示：“我们有一个股权激励代持基金，专门用来解决在股权激励中这些高管和技术人员没有资金来源的问题，我们还要进一步发挥湖北新旧动能转换指数的作用，实现上市公司和资本市场对接”。

第二，推动省内上市公司通过产业并购重组实现跨越式发展。集团专门成立了新旧动能投资管理公司，重点是推进上市公司以高端技术品牌为重点的跨境并购，以集成国内行业资源优势为目标的产业链并购，以盘活存量资产为目标的资源重整兼并，形成上市公司通过资本市场并购重组，加快企业发展、技术突破和转型升级的新发展模式。

第三，建设全国上市公司龙头企业研发平台高地。黎苑楚说，集团将支持和引导国内的头部上市公司，与湖北的高校院所合作，建立行业研发平台。“想想看，如果每年有20家全国头部上市公司在湖北建立研发平台，未来会有一个怎样良好的格局？”

（《湖北日报》2022年7月26日四版）

扫码看视频

湖北港口集团党委书记、董事长涂山峰——

依托黄金水道，湖北“港口航母”扬帆远航

湖北日报全媒记者 李源 通讯员 罗聂

◆ 2022年6月29日，湖北港口集团党委书记、董事长涂山峰（右）做客湖北日报企业家全媒体纵横谈。（湖北日报全媒记者 刘曙松 摄）

企业名片

2013年7月21日，习近平总书记冒雨考察武汉新港时强调：长江流域要加强合作，充分发挥内河航运作用，发展江海联运，把全流域打造成黄金水道。

为贯彻落实习近平总书记重要指示精神，湖北省委省政府作出了加快全省港口资源整合的历史性决策部署。

2015年8月1日，武汉港航发展集团有限公司正式成立；2021年6月30日湖北省港口集团有限公司揭牌成立。2022年4月29日，按照省委省政府工作要求，湖北省港口集团有限公司更名为湖北港口集团有限公司。

湖北港口集团有限公司作为全省港口航运投资、建设、运营主体，以港

口服务、综合物流、临港园区建设开发运营三大业务领域为主业，致力于建成全国一流、内河最大的现代港口服务商、综合物流集成商、临港园区运营商。

精彩语录

港口是重要的基础性、枢纽性设施，港口资源聚集程度、港航事业发展水平，是一座城市、一个区域通江达海能力的重要体现。

湖北港口集团有限公司自成立以来，最大目标就是“让黄金水道发挥黄金效益”。

我们可以自豪地向总书记汇报，您在阳逻港提出的“把全流域打造成黄金水道”，正一天天变成现实。

3 个月前，2022 年 4 月 29 日，湖北省属国资国企改革再出新动作：湖北港口集团有限公司（以下简称“湖北港口集团”）改革重组成立。

此次改革重组，是将港口资源优势转化为发展优势的重大举措，对于推动企业资源整合、要素集聚、功能提升，发挥规模效应、协同效应、品牌效应，增强企业核心竞争力具有重大意义。

新时代、新使命、新征程。锚定“建成全国一流、内河最大的现代港口服务商、综合物流集成商、临港园区运营商”目标，湖北港口集团持续深化全省港口资源整合，不断释放融合发展的改革红利，让长江这条黄金水道充分发挥出黄金效益。

成立湖北港口集团是服务和融入新发展格局的具体实践

“港口是重要的基础性、枢纽性设施，港口资源聚集程度、港航事业发展水平，是一座城市、一个区域通江达海能力的重要体现。”访谈开场，涂山峰用一句话阐明了港口对区域经济社会发展的重要意义。

他认为，成立湖北港口集团，是湖北把握立足新发展阶段、完整准确全面贯彻新发展理念、服务和融入新发展格局这条主线，深刻认识发展历史方位和形势任务的具体实践。

首先，推进全省港口资源整合，是落实习近平总书记关于港口发展重要指示精神的具体行动。

2013 年和 2018 年，习近平总书记两次视察湖北、考察长江，对湖北港口、航运发展提出殷切希望。在涂山峰看来，湖北港口资源整合工作，不仅是港口发展问题，也不仅是经济发展问题，更是我们能不能坚决贯彻落实习近平总书记重要指示、重要讲话精神的问题。开展全省港口资源整合，就是要把习近平总书记的重要指示落到实处，就是要把党中央的重大决策部署落到实处。

其次，深化港口资源整合，是推动湖北高质量发展的内在要求。

湖北得中独厚、得水独优，是长江干流流经里程超过 1000 公里的唯一省份。涂山峰说，要打好“长江牌”，推进全省港口资源整合是极其重要的举措，只有这样才能充分发挥黄金水道的黄金效益，才能拉伸湖北的发展高度。

再次，深化港口资源整合，是打造长江中游航运中心的必由之路。

纵观阳逻港这几年发展，2013 年集装箱吞吐量是 86 万标箱，到 2021 年是 184 万标箱，平均一年增加 10 万标箱。“虽然有较好的增长，但还有巨大发展空间。”涂山峰认为，湖北下大决心进行港口资源整合，就是要把阳逻港打造成为中部地区枢纽港，推进长江中游航运中心建设。

牢记嘱托、奋楫笃行，9 年间阳逻港迎来巨变

“2013 年到现在的 9 年间，是阳逻港发生巨变的 9 年。”涂山峰说，湖北港口集团正牢记嘱托、奋楫笃行，全力建设中部地区枢纽港。

看港区设施：9 年来，湖北港口集团加大投入力度，推进阳逻港区基础设施、集疏运体系和配套服务设施建设，阳逻港三期、阳逻综保区、铁水联运一期、多式联运海关监管中心等一批基础设施项目的建成投用，进一步提升了阳逻港的服务能力。

看航线网络：9 年间，阳逻港与国际国内各干支线船公司合作，开辟了武汉至上海洋山的江海直达航线、武汉到日韩的近洋直航航线等一系列品牌航线，打通了“日韩—武汉—蒙古—欧洲”等国际海铁联运新通道，为湖北加速打造内陆“新沿海”作出了积极贡献。

看枢纽地位：2013 年，阳逻港集装箱年吞吐量 86 万标箱，其中中转箱 24 万标箱，占比 27.9%；2021 年，集装箱吞吐量达到 184 万标箱，其中中转箱 98 万标箱，占比 53.3%。中转箱占比提高近一倍，说明阳逻港的枢纽地位进一步提升。

涂山峰介绍，为加快阳逻港集约化、高质量发展，2022 年以来，湖北港口集团大力推动阳逻港整合，解决了阳逻港多主体经营、恶性竞争这个多

年、多轮未解决的难题，实现船舶待港时间缩短了 12 小时，作业效率提高了 30%，能耗降低了 20%。

助力建设“先行区”，湖北港口集团争当三个“主力军”

省第十二次党代会报告提出，积极融入全国统一大市场，打造国内大循环的重要节点和国内国际双循环的重要枢纽。

涂山峰认为，省党代会报告对湖北港口集团的发展指明了方向：一是努力建设武汉国家级中欧班列区域性枢纽节点，提升通往阿拉山口和北部湾的国际通道功能；二是充分利用长江黄金水道，统筹长江、汉江港口功能，加快建设武汉长江中游航运中心；三是加强长江、汉江、清江流域上下游统筹，左右岸协调，干支流互动。

贯彻落实省第十二次党代会精神，湖北港口集团正按照湖北所需、企业所能、未来所向的要求，高质量发展中欧班列（长江号），大力拓展江海直达航线，积极开辟国内国际物流新通道，充分发挥港口、航运、园区、供应链平台等综合优势，努力成为湖北打造国内大循环重要节点和国内国际双循环重要枢纽的主力军、湖北建设综合交通运输体系的主力军、湖北建设高质量供应链物流体系的主力军。

风正时济扬帆起，击鼓催征开新局。

在由资源整合向功能整合、要素整合综合提升的基础上，湖北港口集团将全力推进由装卸运输港向物流枢纽港、金融贸易港、产业高地港、智慧绿色港转型。

“我们将秉持‘胸怀大局干大事’的精气神，在湖北建设全国构建新发展格局先行区中当先锋、做主力，不断擦亮港口服务、综合物流、临港园区建设开发运营三大业务的‘金名片’，持续提升口岸功能、不断加强枢纽功能、大力拓展通道功能。”涂山峰说。依托黄金水道，湖北“港口航母”正逐梦远航：力争到“十四五”末期，湖北港口集团港口货物吞吐量达到 2.5 亿吨，集装箱吞吐量达到 500 万标箱。

（《湖北日报》2022 年 7 月 29 日五版）

扫码看视频

第三篇 民生篇

良品铺子创始人、董事长杨红春——

有良品，才有“零食王国”的铺子

湖北日报全媒记者 肖丽琼 通讯员 吴凌 杨彩虹 实习生 王紫微

◆ 2022年4月1日，良品铺子创始人、董事长杨红春（右）做客湖北日报企业家全媒体纵横谈。（湖北日报全媒记者 柯皓 摄）

企业名片

良品铺子创立于2006年，总部设在武汉，连续7年在高端零食市场销售领先，是国内休食行业中唯一全渠道、全品类均衡发展的品牌，SKU（最小库存单位）超过1500个。截至2021年12月31日，线下门店2974家，覆盖22个省（自治区、直辖市）、179座城市。

精彩语录

良品铺子16年稳健发展的“秘诀”是做对三件事：坚持“良心的品质，大家的铺子”这一品牌创立初心；打造了一支能吃苦、能学习、能打仗的队伍；与员工一起分享发展成果。

2022年樱花季，良品铺子第7年“走花路”，联合武汉籍知名设计师潘虎，联名打造樱花限定系列，樱花味的果冻布丁、米酿，结合武汉城市地标和樱花元素的冰箱贴，"花样"创意获得消费者青睐，我们希望借助"樱花之城"这个标签，让更多人了解武汉、爱上武汉。

良品铺子，一个神奇的"零食王国"。

在这里，不光研究"味道"，还专攻"健康"——搭建"五星"高水平研发团队，起草推动国内首个儿童零食标准。

在这里，不光收购农产品，还提供增收"秘籍"——荆州莲藕、恩施小土豆等，从田间蹦上舌尖，身价也随之上涨。

"先有良品，才有铺子。"2022 年 4 月 1 日，良品铺子股份有限公司（以下简称"良品铺子"）创始人、董事长杨红春做客湖北日报 5G 演播室，分享这个"零食王国"以市场为导向专注研发、为三产融合增值赋能的生动故事。

"没有标准，何谈质量？"，推动《中国儿童零食团体标准》出台

研发，是良品铺子破解行业同质化的"杀手锏"。

2010 年，良品铺子成立了企业质检中心。该中心成为全国休闲食品行业首个通过 CNAS（China National Accreditation Service for Conformity Assessment，中国合格评定国家认可委员会）认证的实验室。10 年间，良品铺子搭建了"五星"高水平研发团队，采用自主深度研发、委外合作研发等多种方式持续提升产品力。

2020 年 8 月，良品铺子正式组建良品铺子营养健康研究院，研发针对不同人群的健康需求：女性钟爱的低热量零食；老人需要的多纤维粗粮、减盐零食；孕产妇、健身族、糖尿病人、痛风病人专用的功能性零食等。在良品铺子，研发团队每研发出一款过亿单品可获奖励超过百万元。目前，已有多个团队获得百万大奖。

每款新品上市前，首批"内测"用户都是员工。杨红春透露，眼下他不仅参与了前期 200 多位"糖友"的调研访谈，而且还兼任着无糖、低糖新品的内测员，每天都要给自己扎 3 次针测血糖，以检测新品的效果。

"花大工夫去研发健康零食，完全源于消费者需求。"杨红春直言。

近几年，在门店里常有想给孩子购买无糖、无添加零食的宝妈们。产品

经理调研发现，国内居然没有专门的儿童零食标准供参考。

“没有标准，何谈质量？没有标准，何谈放心？”杨红春说。

2020 年 5 月 17 日，良品铺子联合中国副食流通协会及行业内头部儿童零食工厂，共同起草《中国儿童零食团体标准》。良品铺子依照该标准打造了全新子品牌儿童零食“小食仙”。2021 年，“小食仙”全渠道终端销售额 4.17 亿元，同比增长 41.17%。其中，健康营养棒棒（糖）系列终端销售额达到 1.28 亿元，占比超过 30%。

除了自主研发，企业还不断向外借力，已与中国农科院、中国食品发酵工业研究院、中国农业大学、江南大学、中国食品工业协会等展开深度研发合作。

刚刚发布的 2021 年年报显示，良品铺子全年研发投入 3967 万元，同比增长 17.64%，4 年复合增速达 18.46%。

“通过消费端，反向整合产业链”，把荆楚农产品变成平台爆款零食

“这款卤藕的原料就是我家乡荆州的九孔藕。”在湖北日报 5G 演播室里，杨红春拿起荆楚风味卤藕，难抑自豪之情。

湖北莲藕种植面积和产量位居全国第一，种植面积达 200 多万亩，占全国莲藕总产量的 1/3。其中，荆州莲藕种植面积近 10 万亩，过去，农户常为销路发愁。2013 年，良品铺子通过当地龙头加工企业，以合作社形式对接数千名藕农，制定种植标准，保价收购，提高农户收入的同时也满足定制化需求，保证产品质量。

“作为一家休闲零食企业，食品就是我们反哺社会的桥梁。”杨红春说，湖北有非常多的特色农产品，作为平台型企业，良品铺子通过消费端反向整合产业链，向上游种植基地溯源、带动农民增收致富，向中游加工厂赋能、盘活行业产能。从第三产业逆向推动一二产业升级，跨区域推进“产业链融合”。

一组数据揭示出良品铺子推动湖北“三产融合”、助力乡村振兴的实绩——

“卤藕”系列原料产自荆州，2021 年采购湖北鲜藕 2500 吨，近 3 年累计采购 1 万余吨、金额过亿元。

“恩施小土豆”原料来自恩施，2021年采购900吨，为当地农民增收931万元。

“鱼肉”系列产自荆州、仙桃等地，年用鲜鱼3000吨，加工后采购额接近1亿元/年。

“米酿”系列每年加工孝感糯米8000吨，带动500余种植户总增收1100万元/年。

2020年，良品铺子发起“寻找湖北优质农产品”行动、助力更多特色农产品“走出去”——2020年上新的香菇系列来自神农架，年采购22吨（干货）；玉米系列来自汉川，带动当地500亩玉米种植。

“我们正利用企业研发优势加速湖北特色农产品转换，今年把武昌鱼也做成了零食售卖。未来计划把红安红薯等地方特产变成零食，通过良品铺子的渠道走出湖北，走向全国。”杨红春信心满满。

“政府给了我们‘逆行’的底气”，借力5G重构“人货场”

这是良品铺子的零食第二次走进湖北日报5G演播室。2021年12月13日，东西湖区委书记彭涛在参加“县（市、区）委书记全媒体纵横谈”时，带来的展示品正是辖区明星企业良品铺子的年货礼盒。

“良品铺子快速发展壮大，离不开政府部门的支持。”杨红春不吝为营商环境“点赞”。

2020年2月24日，良品铺子在上交所“云上市”，成为沪市首家“远程”上市的企业。经历了疫情的重大冲击，良品铺子仍如期登陆资本市场，到了2020年四季度，线下销售额实现了正增长。杨红春说，这一方面源于团队能吃苦、能学习、能打仗，另一方面源于东西湖区政府有序有力推动复工复产，给了企业“逆行”的底气。“当时，为了良品铺子华中物流中心支持全国区域分仓的出货量恢复到疫情前的水平，区政府给我们开证明用的章子都盖坏了2个。”

即使在疫情对线下渠道造成较大影响的情况下，良品铺子在2021年仍然取得了较好的成绩。年报显示，良品铺子2021年全年营收93.24亿元，同比增长18%，主营业务收入为91.44亿元，较同期上升18.97%。可以看出，良品铺子在过去一年中，业绩依旧稳健增长，符合预期。

常态化疫情防控背景下，良品铺子正在向5G要发展新动力。

杨红春说，5G 将会彻底改变传统零售，重构人、货、场关系。在消费侧，良品铺子将针对消费人群和消费方式的变化，升级渠道和产品，包括继续深度布局社交电商平台，让消费者体验新技术给购物带来的便利及乐趣；在供给侧，5G 将推动食品行业的信息化，进一步提升产品品质。良品铺子也将继续深化“高端零食”战略，以“为用户提供健康、营养、美味的食品”为己任，稳健经营，创新发展，逐步发展成为引领行业、造福社会的中国零食领导品牌。

（《湖北日报》2022 年 4 月 8 日三版）

扫码看视频

潜网集团董事长康峻——

小龙虾住着“空调房”游全国

湖北日报全媒记者 宋效忠 陈会君 **通讯员** 郭颂 颜川慧

◆ 2022年4月13日，潜网集团董事长康峻（右）做客湖北日报企业家全媒体纵横谈。（湖北日报全媒记者 薛婷 摄）

企业名片

湖北潜网生态小龙虾产业园集团有限公司成立于2017年10月，拥有六大核心业务板块——线上交易平台、线下交易中心、物流配送中心、水产加工中心、冷链仓储中心、国家虾稻实训基地，创办了中国小龙虾交易中心，小龙虾交易流通量排名全国同行业第一。

中国小龙虾交易中心已入驻商户580多家，日高峰交易量达1500吨，服务全省近43000户虾农，带动就业、创业10万余人。

公司是国家电子商务进农村示范点、全国农业农村信息化示范基地、湖北省农业产业化重点龙头企业。

个性问答

始终做对的事，用市场逻辑赚钱

记者：业界有人这样定义企业家，说“企业家是不好琢磨的人”。您觉得您是好琢磨的人吗？

康峻：我认为这是对企业家精神的一种概括。作为企业家，需要对商机有敏锐嗅觉，整合各种资源，并且从中让企业获得收益。接过父亲的接力棒后，我觉得肩上的担子更重了。公司1000多名员工，代表了1000多个家庭。怎么帮他们提高待遇，让他们更好地工作生活，从我的角度，需要认真地做好每件事，不逃避困难，每一个决策都要深思熟虑，做好企业的同时，为家乡小龙虾产业发展贡献一点力量。

记者：从事农业板块，投入很大，风险也很大。您是如何在评判风险和获取收益之间，寻找平衡点的？

康峻：农业是国之根本。公司总共有七八个板块。作为商人，当然希望每个板块都赚钱。但是，有些板块前期是要赔钱的，但我们看重的是中长期利益。我坚信，做对的事情，运用市场的逻辑赚钱，从中长期看会得到应有的回报。

记者：全国吃小龙虾的地方很多，特意到潜江吃小龙虾，会有什么特别之处？

康峻：潜江烹制的小龙虾，有128种口味，总有一款适合您。我最喜欢吃油焖大虾。油焖大虾的口味，绝对是一流的。上海市、浙江省的不少食客，一般不吃辣的东西，但他们吃了油焖大虾后，感觉完全不一样。潜江坚持“养虾先养水，好水养好虾”，潜江出产的小龙虾，就是不蘸调料，味道也鲜甜！

2022年的第一顿小龙虾，您品尝了吗？

那只美味的小龙虾，极有可能是从湖北潜网生态小龙虾产业园集团有限公司（以下简称“潜网集团”）“蹦”到大家的餐桌上。

位于潜江市后湖管理区的潜网集团，运作着全国最大的鲜活小龙虾交易中心，每年将17万吨左右的鲜活小龙虾，送达全国500多个大中城市。该公司2021年小龙虾交易额达84亿元，交易流通量位居全国同行业第一。

中国龙虾看湖北，湖北龙虾看潜江。

让小龙虾“活着”送达消费终端，有何行业秘诀？作为全省十大农业产业链之一的小龙虾产业，如何以交易平台为牵引，进一步做大做强？2022年4月13日，“龙虾交易大王”、潜网集团董事长康峻做客湖北日报5G演播室，揭开其中的秘密。

谈创业经历：散打高手“跨界”卖龙虾

“看您简历，是学体育的，怎么投身小龙虾交易行业了？”

康峻笑言，自己很“跨界”。他曾被省散打队选中，训练了两年多时间，取得省级散打比赛第二名的成绩。2001年，他考入武汉体育学院散打专业学习。

毕业后，他选择从事餐饮行业。2013年，康峻在武汉开了一家汉堡加盟店，很快，业绩在加盟店中排名第一。老家潜江盛产小龙虾，他又在江汉路步行街开了一家龙虾餐饮店。“龙虾上市季节，我每天从潜江进小龙虾到武汉。食材地道、加工到位，店子受到食客热捧，生意火爆。”

2019年1月，受父亲感召，他放弃在武汉的生意，回到潜江帮父亲管理潜网集团。

“父亲是做酒店出身的。2017年，他创办了潜网集团。在父亲指导下，我致力于让企业发展进一步多元化、规范化、专业化。”康峻说。

短短几年，企业交易额呈几何级增长，如今，平均每年交易额都在80亿元以上。“潜江小龙虾产业基础好，养殖量大，有规模效应。”康峻很谦虚。

作为新生代，康峻与父亲在经营方面不可避免有不同意见。“学习父辈的长处，也发挥我们的优势。”康峻说，“我们对线上销售更敏感，经过几年努力，也把线上平台做起来了。刚开始，父亲不理解，认为是要花枪，后来看到养殖户、商户多了销售渠道，也慢慢认可。”

谈园区发展：做全国小龙虾交易的领头羊

“与一般交易市场相比，你们的小龙虾交易市场，有什么特别之处？”

康峻展示出中国小龙虾交易中心的平面图。“我们规模很大，总计4万多平方米，专门用于小龙虾交易。”康峻介绍，2017年，入驻该交易中心的商户，仅有40多家，现在已经有500多家。还有线下交易区、电商大楼、虾谷快运平台、冷链仓储一期，等等。

交易中心每天公布全国几十个城市的龙虾价格。中心小龙虾每斤成交均价，大概高于周边市场2元至3元。除江汉平原，安徽、湖南、江西、江苏、四川等地的养殖户和商户，都争相将小龙虾送到潜江。“我们要做全国小龙虾交易的领头羊，小龙虾到潜江，不仅可以卖掉，还可以卖个好价钱。”

康峻介绍，小龙虾进入交易市场后，首站抵达“分拣中心”。数以千计的“虾嫂”，眼疾手快，迅速将小龙虾根据潜江规定的统一标准，按照重量进行分类。“比如4~6钱的是一类，6~8钱的是一类，等等，不同重量的小龙虾，价格大不一样。”康峻形象比喻，“就像一场‘选美大赛’，把小龙虾里面的‘白富美’‘高富帅’选出来，品相越好，价格越高。”

2022年2月底，中国小龙虾交易中心9钱以上的小龙虾，卖到了140元一斤。

康峻又拿出一个四周打有小孔的泡沫箱：“这是小龙虾的‘空调房’。”从潜网集团出发，基本上6~16个小时，小龙虾可抵达全国500多个城市。“让小龙虾保持鲜活，集团的冷链物流服务标准是关键。”康峻说，工作人员会在泡沫箱的中间放置一块冰柱，四周均匀铺满小龙虾，最后，在顶部铺上一层塑胶袋缠绕紧实。“这样，小龙虾处在低温环境中，可较长时间保持鲜活。”

谈产业规划：到潜江，不仅仅是吃顿虾

2021年，省委、省政府做出重大决策部署，强力打造十大农业重点产业链，小龙虾产业链是其中之一。

作为一家头部企业，潜网集团在壮大小龙虾产业链中将有何作为？

康峻介绍，集团正通过建设线上交易平台、线下交易中心、物流配送中心、水产加工中心、冷链仓储中心，全力打造国家级一二三产业融合发展标杆。电商大楼、10万吨冷链仓储（二期），将在2022年底竣工。“电商大楼将招收上海、浙江的电商团队、平台公司，请网红开展直播，多渠道销售潜江产品。”

潜网生态小龙虾产业园共占地2600亩，其中虾谷小镇占地660亩，交易中心占地400亩。“将来，客人进入产业园后，可实地观看小龙虾生长过程，还可参与钓虾等体验活动。食客来到潜江，不仅仅是吃一顿虾！”

近日，顺丰速运湖北公司入驻潜网生态产业园。“此前，我们的虾谷物流，基本运送的是12.5公斤以上的大件，只服务全国各地的大市场和餐饮

企业。启动与顺丰的合作后，3 公斤、5 公斤等轻量化的小包，也可以发送，方便普通消费者下单。”康峻欢迎大家用“鼠标”投票：“到虾谷 360 网站下单，我们在货源地，省去很多中间环节，一定以最优惠的价格，回馈大家厚爱！”

湖北潜网生态小龙虾产业园集团有限公司成立于 2017 年 10 月，拥有六大核心业务板块——线上交易平台、线下交易中心、物流配送中心、水产加工中心、冷链仓储中心、国家虾稻实训基地，创办了中国小龙虾交易中心，小龙虾交易流通量排名全国同行业第一。

中国小龙虾交易中心已入驻商户 580 多家，日高峰交易量达 1500 吨，服务全省近 43000 户虾农，带动就业、创业 10 万余人。

公司是国家电子商务进农村示范点、全国农业农村信息化示范基地、湖北省农业产业化重点龙头企业。

（《湖北日报》2022 年 4 月 18 日四版）

扫码看视频

欢乐谷集团副总经理、武汉欢乐谷总经理黄小林——

扎根武汉，与城市同欢乐共成长

湖北日报全媒记者 严芳婷 通讯员 韩璇

◆ 2022年4月15日，欢乐谷集团副总经理、武汉欢乐谷总经理黄小林（右）做客湖北日报企业家全媒体纵横谈。（湖北日报全媒记者 魏铼 摄）

企业名片

欢乐谷集团是华侨城集团下属的二级子集团，运营管理全国8家欢乐谷主题公园、5家玛雅海滩水公园。欢乐谷创立于1998年，以“打造连锁文化公园”为愿景，旨在为不同的城市带来同样的欢乐。

作为欢乐谷“东西南北中，欢乐大中国”全国战略布局的第五站——武汉站，武汉欢乐谷承袭华侨城的创想文化内核，以“常玩常新”的发展理念，全力打造“繁华都市开心地”。

精彩语录

落地十年，我们紧密结合江城特色开发引进项目，致力于打造武汉人自己的欢乐谷。

面对疫情我们没有选择“躺平”，而是不断拓宽发展“新路”。我们把武汉欢乐谷的运营经验及理念向外输出，承接其他建设中的主题乐园的咨询、运营、设计项目，让欢乐谷多年积累的智慧成果得到应用和变现。

体验经济时代，是一个消费者的服务需求不断升级的时代。我们要求所有欢乐谷员工，都需要有“园感”，即迅速发现公园各种问题并解决问题的能力，用一流的服务打造城市旅游地标。

亚洲首座双龙木质过山车、国内最大人工造浪海滩……

武汉欢乐大道以它命名，外交部发言人赵立坚为它点赞。

这是武汉欢乐谷，2022 年是它落地华中的第 10 年。2022 年 4 月 15 日，欢乐谷集团副总经理、武汉欢乐谷总经理黄小林做客湖北日报 5G 演播室，分享欢乐谷与武汉共生共长的故事。

“2020 年‘惠游湖北’期间，欢乐谷电音节活动盛况登上海外推特热搜，外交部发言人赵立坚点赞，成为向世界展示武汉疫后复苏的窗口。”黄小林说，10 年来，欢乐谷与武汉拥有共同的欢乐记忆。

多彩主题，融入江城春夏秋冬

“欢乐谷致力于打造武汉的‘城市地标’。”黄小林说，武汉欢乐谷在落地之初，就在核心区域专门设计规划出“欢乐江城”主题区，以实景形式呈现武汉本土文化，策划制作“打码头”情景剧，聘请专业的杂技和话剧演员，以生动的情节故事再现武汉民国时期的码头故事。

黄小林介绍，除了在硬件设施上融入武汉元素，武汉欢乐谷还打造出众多独属于武汉城市记忆的节庆文化品牌活动。

春季国风次元节。主打汉服国潮主题，引入国漫、古风等元素，让游客对汉服文化有更深层次的理解和感知。同时，武汉欢乐谷助推江城樱花名片，将生态樱花与人文赏樱结合，打造颇具特色的沉浸式樱花景观。

夏季 HOHA 电音节。电音节重新定义华中夜玩乐园的新方式，创新华中最大夜生活聚场，以“电音 + 双乐园”为特色，打造夜间文化和旅游消费聚集区，助力武汉拉动夜间消费需求。

秋季街头艺术节。每逢国庆长假前后，武汉欢乐谷会邀请许多知名年轻艺术家来现场演出，引进杂技、书法等具有中国传统文化习俗的互动表演，将传统文化与潮流元素融合，让游客领略异域风情的表演与传统东方艺术碰撞的魅力。

冬季LIGHTS游乐园灯光节。2020年，欢乐谷打造华中首个Smiley主题乐园——LIGHTS游乐园，结合非遗传统文化，联动黄鹤楼、东湖等城市五大地标，传递积极、美好的新年信号，塑造武汉“笑起来了”的品牌理念。

“武汉欢乐谷‘以公益为媒’，彰显央企社会责任。”黄小林说，作为武汉马拉松永久终点，欢乐谷从提供赛道贴心服务到“最美三公里”添新，从选拔汉马官方拉拉队到汇聚旗下品牌共迎汉马，从组建华侨城跑团参与赛事到“千里之行”纪念雕塑落成，全流程助力城市盛大赛事。

防疫经营两不误，时刻准备“再起跑”

2020年1月23日，面对突如其来的疫情，武汉欢乐谷率先闭园，307名员工留守宿舍，封城76天无一例感染。5月19日，关闭了117天的武汉欢乐谷焕新重启，用电音领嗨夏夜、艺术点燃国庆，热力四射的活动一波接一波，成为文旅行业疫后复苏风向标。146天“与爱同行 惠游湖北”活动中，武汉欢乐谷累计接待游客296万人次，一举成为最火爆景区之一。

“在疫情常态化防控阶段，我们坚持防疫和经营两手抓，在确保安全的情况下，发力本地游，为武汉市民提供家门口的欢乐体验。”黄小林说，疫情防控对客流量有一定影响，但园区的更新改造、活动策划一样不少。“我们坚信疫情一定会过去，并时刻准备着疫后抢先起跑。”

2021年初，欢乐谷引入国际知名IP“Smiley”，首创“国际IP+现代艺术+传统文化”的新潮灯光节，收入同比2019年增长36%，打造潮级大现场。暑期HOHA电音节，舞台、艺人、玩法全面升级，自开幕后持续刷新电音节入园量纪录，开幕仅10天逾8万人打卡夜场，较2019年电音节同期增长150%。夜游季以“大场景+大鬼屋+大演艺”为核心，打造全新夜游体验。开幕前9天营业收入同比2019年增长19%，创同期单日营业收入新高。

按照“经营场景化、商品IP化”的思路，优化二次消费的内容和场景。打造出鸿祥堂民国风奶茶店、欢乐里、聆水轩集装箱餐厅等全新网红打卡点，引入超级飞侠、奥特曼、盲盒等优质IP商品，优化商店和外挡陈列。

黄小林透露，2021年，园区二次消费收入占整体营收比重高达30%，同比2019年（剔除闭园期）有较大幅度增长。

未来5年，再“造”一个欢乐谷

眼下，武汉欢乐谷10年积累的运营经验，成为新的业务增长点：向外进行智力输出。

这两年，武汉欢乐谷先后拿下欢乐天际室内乐园、衡阳玛雅海滩水公园、武商梦时代乐园建设咨询及后期运营管理项目，在项目规划设计前端即全程介入，让欢乐谷多年积累的智慧成果得到应用和变现，实现轻资产输出。

《湖北省旅游业发展“十四五”规划》中提到，未来要将湖北建设成为世界知名旅游目的地。

黄小林说，为湖北文旅产业注入“欢乐力量”，武汉欢乐谷秉承“一年一小变、三年一大变”“常玩常新”的理念，不断开发新的旅游体验项目。

如今，欢乐谷已建成9大主题区，拥有110余项娱乐体验项目。黄小林说，未来5年，我们将再“造”一个欢乐谷，实现所有区域焕新升级，增加供给侧内容，丰富游客游玩体验，稳固华中旅游市场领先地位。

2022年，欢乐谷将启动极速世界主题区改造，计划2023年迎客。2024年，推出欢乐谷三期“大武汉”主题区，用实景呈现的方式展示武汉的过去、现在和未来；2025年计划推出环岛大漂流，并积极探索水上大巡游的新玩法，有效利用水域面积，提升游客体验值，并打造全新的渔光岛主题区；2026年，重磅项目全新的飓风湾主题区将对外开放。

同时，为适应演艺内容主题化、市场化、专业化需求，欢乐谷将进一步加强演艺与主题活动融合，实现市场演艺“一盘棋”，在现有每年一万多场表演的基础上，通过更加合理的场次安排，为游客营造表演无处不在的氛围；打造具有引领性、能够经受市场检验的节庆活动，为广大游客提供超预期的体验。

（《湖北日报》2022年4月20日四版）

扫码看视频

湖北采花茶业有限公司董事长马驰——

走出采花乡，遍地“采花”香

湖北日报全媒记者　金凌云　通讯员　王登府　刘毅

◆ 2022年4月19日，湖北采花茶业有限公司董事长马驰（右）做客湖北日报企业家全媒体纵横谈。（湖北日报全媒记者　何宇欣　摄）

企业名片

湖北采花茶业有限公司（以下简称“采花茶业”）是一家集茶叶科研、生产、销售、茶树种苗繁育为一体的大型现代化农产品加工企业，总部位于五峰土家族自治县。

2005年，五峰采花毛尖茶叶公司、天麻剑毫茶叶公司等五家茶叶企业以股份合作形式，成立湖北采花茶业有限公司。公司品牌“采花毛尖”是首批湖北老字号茶叶品牌，2006年被授予“湖北名茶第一品牌”，经过十多年的发展，如今采花毛尖渠道销售已经遍布北京、湖南、陕西、内蒙古等20多个省市区。

精彩语录

6万个芽头精制一斤上等好茶，采花毛尖，芽嫩汤鲜！
谁说好茶非要“泡”出来，一瓶矿泉水，泡茶就像冲咖啡！
有人问采花底气哪里来，我说百年古茶树，我们就有2000亩！

采花，一个透着诗与远方的名字。

它是一个地名，五峰土家族自治县采花乡，被誉为“楚天名茶第一乡”。

它也是一个品牌，曾入选第一批“湖北老字号”，是湖北省绿茶行业首个“中国驰名商标”。

它还是一家国家高新技术企业，三次获得湖北省科技进步奖，是省级专精特新“小巨人”。

初春采花乡楠木桥村，2150亩古茶树，从百年岁月中走来，带着云雾滋养的清香。6万亩茶园，连绵山间不见边。

2020年，采花宜红作为湖北省政府回礼，相赠蒙古人民，令“羊来茶往”成为一段佳话。

2022年4月19日，湖北采花茶业有限公司董事长马驰做客湖北日报5G演播室，畅谈采花的“绽放”故事。

6万个芽头制一斤好茶

“这是今年最新的头采春茶，清明前刚从百年古茶树上采的。”访谈现场，马驰端起一杯汤色透亮的“采花毛尖经典五星”，杯中叶片悬立，如起舞的罗裙。

他笑着说，采花绿茶最大的特点就是“板栗香、绿豆汤”，6万个芽头才能制这样一斤上等好茶。

五峰县地处北纬30°黄金产茶带，平均海拔1100米，森林覆盖率82%。群山叠翠，云雾缭绕，昼夜温差大，加之酸碱适中的山地黄棕土壤，为一代名茶造就天时地利。

被采花视作“镇店之宝”的古树茶，主要产自采花乡拥有700多年历史的楠木桥村，古茶树单芽鲜叶收购价最高达180元/斤。为保护这些古茶树，采花设立古树茶保护区，过去5年都只允许简单修剪，任何私自施肥打药以及整理的工作都是禁止的。

作为宜昌最早进行“外贸”的村落之一，楠木桥村早在19世纪中叶就将宜红茶卖到欧洲，是万里古茶道上的一个重要节点。如今，五峰在全县23个村建设超过2.5万亩欧盟出口茶叶基地，续写东方茶乡漂洋过海新茶话。

马驰提到一个细节。两年前，为让茶叶达到欧盟出口品质，采花乡全面禁鞭，许多村鞭炮经营户自愿关店。在采花核心茶园基地周边，从茶树种植到采摘，全程绿色防控、生态监管，杜绝污染源，确保茶叶品质纯净天然。

为保证鲜叶即收即制，采花鲜叶从树上采下到炒制，要求不超过4小时。流通不分远近，全程使用冷藏车运输。而从鲜叶到干叶，需经过27道工序，才能成就那一口“板栗香、绿豆汤”的好茶。

2009年，采花毛尖的制作工艺被评为湖北省非物质文化遗产。在“2021中国茶叶企业产品品牌价值评估”中，采花品牌价值达到10.47亿元，位居全国第六。

“茶叶大王”三获科技进步奖

2021年，采花茶业产量达1452万斤，同比增长7.56%；销售额6.1亿元，同比增长17.7%。

更让马驰自豪的是，“采花”拥有31项专利技术，其中4项发明专利，27项实用新型专利，并先后荣获湖北省科技进步二等奖2项、湖北省科技进步三等奖1项。

“科技是第一生产力，重视科技的企业才有未来。”他说，到2035年，我国要基本实现农业农村现代化，茶产业也不例外。

2022年2月，采花茶业投资6000余万元，与安琪集团共建采花高品质速溶茶生产线，一期项目已在采花茶业科技园投产。他掏出随身携带的一袋红茶粉，倒进一杯凉水中，茶粉顷刻溶解成为汤色红亮的宜红茶，不见任何杂质。

“即使在户外没有热水，同样能喝到一口纯正好茶！”他说，随着年轻新消费群体崛起，冲饮、冷萃罐装茶饮等新型茶饮料市场不断扩大，传统的饮茶、制茶思路都需要改变创新。

一包茶粉看似简单，却并非研磨即可，而是经过反渗透水处理、微压提取、生物酶解、膜分子过滤、反渗透浓缩、UHT灭菌、冷冻喷雾干燥、GMP

包装等八大全自动工艺。

更神奇的是，它是以绿茶为原料生产出的速溶红茶，其茶黄素含量比同类产品高出 50% 以上、茶红素高出 30% 以上，完成市场创新的同时，也有效延伸了茶产业链。

早在 2006 年，采花茶业便与湖北省农科院果茶所合作，建起省级茶叶工程技术研究中心。2008 年，该公司投资 2 亿元兴建采花茶业科技园，并设立茶叶研发中心。通过产学研合作模式，采花与华中农业大学、浙江大学等省内外 14 所高校院所，建立了长期合作。

2015 年，采花茶业获批国家高新技术企业，在全省率先实现茶叶产业高新技术企业认定"零"的突破。

2018 年，成为湖北省支柱产业细分领域隐形冠军企业。

2021 年，荣获湖北专精特新"小巨人"。

眼下，采花茶业正与中南民族大学及浙江企业合作，运用绿色防控、气象监测、土壤分层温湿度智能感应、水肥药一体自动喷淋灌溉、实时视频采集同步传输等高科技技术，改建 2300 亩智慧茶园。

三产融合引领乡村振兴

茶叶是五峰第一大支柱产业，全县茶园面积超过 22 万亩，近 20 万人口中有 13.5 万人靠茶吃饭。

乡村振兴须提智。这个"智"，对五峰茶农而言就是先进的种植技术。针对采花乡苦竹坪村茶园良种率低、收益不高等产业薄弱现状，采花茶业联合茶叶专家送科技下乡，指导茶农科学种植，累计投入 40 余万元对该村 560 亩低产茶园进行改造，使苦竹坪村茶园亩均产值达到 3000 元以上。

2020 年疫情期间，采花茶业在行业内率先响应号召推出"百圆惠"春茶，100 克的芽茶、250 克的特级毛尖、500 克的一级毛尖均只售 100 元。"这一举措既保障市场需求，也稳住茶农鲜叶收购，化解了企业库存积压风险，可谓惠农、惠企、惠大家。"马驰说，时至今日，"百圆惠"的销售和口碑仍在继续。

"产业是一个时代的产物，产业兴旺是因为紧跟时代，反映了时代的需要。"在他看来，当下茶产业发展，需要三产融合，统筹推进。"采花"要壮大，就必须跳出产业结构单一、产业附加值低的传统发展模式，以茶为基础和纽带，打造茶加食品、旅游、日用品、餐饮、药用、康养的“1+6”产业融合发展模式。

为推进茶旅融合发展，采花茶业科技园在建设之初，便规划设计2000平方米的湖北首家茶博馆，全方位展示湖北茶文化，年接待游客10万人次以上。

2022年2月8日，云上五峰茶旅融合项目开工，项目投资8亿元，利用空中索道、茶山步道等，将采花茶业科技园和青岗岭茶园连接，融古茶道汉阳桥、宜红茶工业遗址等古茶道遗存于一体，打造茶文化度假地。

“漫游五峰，春天喝茶，夏天避暑，秋天赏景，冬天滑雪，一年四季，皆有去处。”马驰说，这是我们发出的采花之约，也是五峰之约。

（《湖北日报》2022年4月27日三版）

扫码看视频

恩施市润邦国际富硒茶业有限公司董事长兼总经理张文旗——

让更多人爱上湖北茶

湖北日报全媒记者　翟兴波　程曼诗　通讯员　王欣　赵盛迷

◆ 2022年4月25日，润邦国际富硒茶业有限公司董事长兼总经理张文旗（右）做客湖北日报企业家全媒体纵横谈。（湖北日报全媒记者　何宇欣　摄）

企业名片

恩施市润邦国际富硒茶业有限公司于2005年底登记注册成立，拥有目前国内先进的蒸汽杀青“恩施玉露”自动化生产线、富硒绿茶精制、名优红茶生产线，是一家集茶叶栽培、加工、销售、科研、茶文化和茶旅游于一体的综合性现代化茶叶企业。每年可辐射茶园面积10万余亩，带动2万余户茶农增收。

2006年，公司起草并制定“恩施玉露”生产湖北省地方标准；2007年，恩施玉露新工艺、新技术研究项目获得湖北省重大科技成果鉴定。公司先后荣膺“国家高新技术企业”“中国茶叶百强企业”“全国守合同重信用企业”。2018年，公司生产的“长龄1299”恩施玉露茶成为习近平主席与印度总理莫迪东湖国事活动茶叙用茶。2019年，公司成为第七届世界军人运动会绿茶类独家供应商。2021 年，公司“芭蕉”品牌入选“中国茶品牌金芽奖榜中榜 30 强”。

精彩语录

17 年了，别人经常说我身上遍布茶烙印，满是玉露香。也有不少人称我为“茶委员”，我为此感到骄傲和自豪。

从茶树到茶客的杯子，小小一片茶叶，连接着千万茶农的饭碗。

乡村振兴需要千亿茶产业支撑。推动茶产业链向纵深发展，让越来越多的人爱上湖北茶。

湖北省农业产业化重点龙头企业、国家高新技术企业、中国茶叶百强企业……提起恩施市润邦国际富硒茶业有限公司（以下简称“润邦茶业”），总能让人联想到“恩施玉露”品牌。

恩施玉露是中国历史上保留下来的唯一蒸青针形绿茶，曾远销日本，名扬于世，1965 年还入选中国十大名茶名录。

“因为恩施玉露，我的人生发生改变。我希望，通过自己的奋斗，让更多人爱上湖北茶。”2022 年 4 月 25 日，恩施市润邦国际富硒茶业有限公司董事长兼总经理张文旗做客湖北日报 5G 演播室，畅谈恩施玉露的品牌复兴之路。

因为茶，这位江苏人与湖北结缘

张文旗是江苏常州人，20 世纪 80 年代毕业于北京理工大学。

2005 年，他从江苏到恩施考察投资旅游开发项目。在恩施考察时，他想买几斤传说中的恩施玉露，结果一无所获。在恩施芭蕉，漫山茶园吸引了这位爱茶之人。了解到恩施玉露的历史和产业优势后，张文旗决定投资成立润邦茶业公司，扛起恢复和重塑恩施玉露的大旗，复兴恩施玉露品牌。

他遍寻民间老师傅，组建团队，使近乎失传的恩施玉露传统技艺得以恢复；组织专家进行技术攻关，首次实现恩施玉露机械化、连续化、标准化和规模化生产；参与《恩施玉露生产技术地方标准》制定，将恩施玉露申报为“湖北第一历史名茶”。

凭借2018年武汉东湖国事活动茶叙用茶东风，"润邦恩施玉露"声名鹊起。后来，公司成为第七届世界军人运动会绿茶类独家供应商、参与2021年的外交部湖北全球特别推介会……恩施玉露名气越来越大，如今已成长为价值25亿元的知名品牌。

"每一款茶叶都有底蕴深厚的发展历史。作为湖北第一历史名茶，源于唐朝、兴于明清的恩施玉露亦然。"张文旗告诉湖北日报全媒记者，2020年他开始动笔写作《恩施玉露复兴之路》，经常通宵达旦，数易其稿后，终于完成。"这意味着恩施玉露有了自己系统成文的发展史，对恩施玉露工艺与技术、恩施玉露品牌复兴之路等都作了系统阐述。既是我15年心路历程的缩影，也是众多专家学者的智慧结晶和几代人为之奋斗的成果。"

助力茶产业链建设

从茶树到茶客的杯子，小小一片茶叶，连接着千万茶农的饭碗。

2021年8月，省政府印发《湖北省茶叶产业链实施方案》，并成立茶叶产业链工作专班和茶叶产业链专家团队；同年11月，我省召开茶产业链建设推进工作电视电话会，制定2025年实现全省茶产业过千亿的发展目标。

"作为湖北省茶产业链扶持的重点龙头茶企，润邦茶业做了哪些工作？"记者问。

"公司以品牌引领高质量发展，让'楚茶'香飘四海。"张文旗说，身为湖北省级农业产业化和林业产业化重点龙头企业、国家高新技术企业，润邦茶业积极响应全省茶产业高质量发展战略部署，以产业链建设为契机，推动恩施玉露大发展。

"2021年底，我们在恩施玉露的原产地——恩施市芭蕉侗族乡，开建一座标准化的恩施玉露博物馆，打造茶旅融合新名片。"张文旗介绍，公司茶园里新修了游步道。游客顺着台阶走到山顶，数万亩茶园可尽收眼底。博物馆建成后，游客可以通过老物件，了解恩施玉露的由来。"我们预计年接待人次将超过百万，每年将带动约5000万元茶叶产品和相关产品的销售。"

2022年初，润邦茶业启动"恩施玉露冷泡茶加工项目"和"古茶园建设项目"，开拓新茶饮市场和扩大饮茶消费群体，提升茶叶附加值；通过加强古茶树保护和文化传承，提升恩施玉露品牌价值。

让更多人喝湖北茶

“茶中有故事，你在深沉中发力，擦亮尘封多年的名茶招牌。茶中有技艺，你在传承中创新，赋予古法新的生机。茶中有生民，一枚小小的叶子，托起万千茶农的致富梦想。茶中有世界，恩施玉露一相逢，便胜却人间无数。”2022 年 1 月 21 日，湖北省政协表彰 100 名优秀政协委员，张文旗是其中的一位。这段话是对他的颁奖词。

“17 年了，别人经常说我身上遍布茶烙印，满是玉露香。”采访中，张文旗对不少人称他“茶委员”，满是骄傲和自豪。

多年来，作为湖北省政协委员、省政协农业和农村委员会副主任、恩施玉露茶产业协会会长、国家级非物质文化遗产恩施玉露制作技艺代表性传承人，他在各种场合积极围绕湖北茶产业高质量发展建言献策。

2020 年初，受新冠疫情影响，不少茶业公司错过早茶采摘，损失很大。张文旗向省政协农业和农村委员会反映：湖北全省春茶遭遇复产难、融资难、运输难、销售难问题。建议为复工人员返岗提供绿色通道；线上线下合力破解销售难题；解决茶企流动资金不足；畅通春茶等物资运输的绿色通道等，推动有关问题解决。

“乡村振兴需要千亿茶产业支撑。”张文旗在访谈中表示，他在提案《关于打造千亿鄂茶产业，巩固拓展脱贫成果的建议》中提出，推动“东方茶港”项目加快建设，打造高规格的武汉茶博会和茶叶主题论坛，开展“边疆行”“沿海行”等，让湖北茶产业唱响“一带一路”。要加强公共品牌建设管理，推动茶产业链向纵深发展，让越来越多的人爱上湖北茶。

（《湖北日报》2022 年 4 月 28 日六版）

扫码看视频

湖北长江医药集团党委书记、董事长罗明——

创新传承国粹，第二款抗疫中药即将问世

湖北日报全媒记者　成熔兴

◆ 2022年4月21日，湖北长江医药集团党委书记、董事长罗明（右）做客湖北日报企业家全媒体纵横谈。（湖北日报全媒记者　倪娜　摄）

企业名片

湖北长江医药集团创立于2003年10月，是湖北省最大的中药企业，拥有中药材种植、研发、加工生产、中药材交易、医药胶囊生产、医药物流、终端零售连锁为一体的完整医药产业链，目前为1200多家国内一线药企提供药用饮片、中药原料药、胶囊中间体。2014年1月，“长江医药”被国家工商行政管理总局认定为“中国驰名商标”。

精彩语录

长江医药的发展，一刻都离不开创新。

从创业初期 1 名党员，到如今 8 个党支部、108 名党员，长江医药可持续发展的每个阶段都有党员冲锋在前的身影。

2022 年 4 月 21 日上午，湖北长江医药集团（以下简称“长江医药”）党委书记、董事长罗明做客湖北日报 5G 演播室，亮出企业“成绩单”。

继连花清瘟后，全球第二款抗疫中药——葛厚石苓方已进入中试，2022 年有望上市。

2022 年年中，湖北公安、宁夏固原两座大型产业园投产，将成为华中、西北最大的中医药种植、生产、加工和交易中心。

两年之内，全球领先的胶囊自动化生产线将在荆州投产，达到年产 1000 亿粒的产能，跃居国内同行首位。

长江医药从 30 多平方米的小药店起步，如今形成集中药材种植、高科技中药生产、中药交易、新型医药胶囊生产、医药物流网络和连锁平台于一体的完整医药产业链，成为湖北省最大的中药企业。

谈起将来，创始人罗明信心满满：“‘十四五’末，企业总营收冲击 230 亿元大关，为湖北打造医药强省贡献‘长江力量’！”

总有效率 95%，鄂产抗疫中药即将问世

在新冠疫情防控中，中医药发挥了积极的预防和治疗作用。2020 年武汉保卫战中，中南民族大学药学院研发的“葛厚石苓方”获准运用于火神山、雷神山医院 154 名新冠患者的临床治疗，总有效率达到 95% 以上。后来，长江医药与该校展开校企合作，投入 2000 多万元进行技术攻关，将该汤药变成可工业化生产的中成药。

罗明表示，这款中成药本就成熟，但在工业化生产过程中仍有大量困难需要克服。比如，该药是包括 12 味中药的复方，“中药的不传之秘在于量，每一味药的微量变化，对最终药效都会产生影响。”为此，研发团队对各味药的用量搭配进行了微妙而细致的调整，前后进行了数十次的论证和调整，才最终确定了最优方案。

目前，我国中药抗疫使用率在 98% 以上，得到了国内外广泛认可。“中医抗疫的关口前移、防治并重已成趋势。”罗明表示，虽然新冠病毒一直在变异，但病毒的湿、热、毒、虚等这些病症未变，而“葛厚石苓方”着眼于

激发和恢复人体本有的免疫力以清除病毒，“我们对这款抗疫新药寄予了厚望，也很有信心，它能够为人类抗疫尽一份力。”

坚持品质第一，自建种植基地5万余亩

有了好的药方，还要有优质的原材料。

随着2020年版新药典的颁布实施，国家对于中药材的质量标准要求大幅提升，整个行业也迎来大洗牌。

长江医药始终坚持品质优先的原则，提前近十年布局中药材规范化种植。目前，集团在湖北荆州、十堰以及宁夏固原等地已有种植基地5万余亩，生产的中成药、中药饮片品种超过了600个。“未来三年有望实现体量的成倍增长。”

“我们利用广大农村地区的闲置土地、山间林地，组织当地农户成立专业合作社，公司提供种苗和技术支持，对药材进行保底回收。”罗明介绍，这一模式既保障了企业有可靠的原料来源，又带动了百姓增收，避免了药材价格波动带来的风险。

2016年，中国证监会发布《中国证监会关于发挥资本市场作用服务国家脱贫攻坚战略的意见》。长江医药积极响应号召，将公司注册地迁入十堰郧阳，成为华中地区第一个将公司注册地迁入国家级贫困县的药企。在十堰，长江医药以“租金＋薪金＋股金”的产业扶贫模式，带动当地农民增收脱贫致富，得到了国务院扶贫办和中国证监会的高度认可与推广。

搭建全产业链，两大产业园相继落成

前有研发，中有种植，中药产业链的后端还需要生产、交易与流通。

罗明介绍，长江医药位于宁夏固原六盘山的现代中药大健康产业园，总投资13亿元，可年产中药饮片5000吨，产值4亿至5亿元。“一期车间还未正式投产，就与国内6家饮片类企业签订了1.5亿元的订购协议。”

位于荆州公安的长江医药大健康产业园总投资53亿元，规划占地3500亩，分五期建设。目前一期中药产业园建设已基本完成，设备正在进场。投产后，长江医药20余种专利、18个国药准字批文将整体迁移落户于此，使其成为中部地区产能最大、设备最先进的中药生产基地。

作为省人大代表，罗明还积极推动在该产业园建立由政府牵头的区域共

享型医药检测中心，对各种植基地、各批次中药材进行独立检测，杜绝掺假、制假现象，同时避免园区及药企重复投资，降低企业经营成本，营造科技资源开放的共享政策环境。

坚持创新为魂，奋力弘扬中医药文化

中医药是中华民族的国粹。

2022 年 3 月，国务院印发了《“十四五”中医药发展规划》。“这份规划是新时代中医药产业发展的蓝图，让所有中医药人都备受鼓舞，充满信心。”罗明表示，湖北省委、省政府历来高度重视中医药事业的发展，多次提出打造“中医药强省”，发挥中医药在健康湖北建设中的作用。“作为全省中药龙头企业，长江医药责无旁贷。”下一步，长江医药将坚持“创新是引领发展的第一动力”，坚持从新药研发、严控规范化种植质量标准等方面持续发力，构建更加完整、高效的中药产业链，“力争 2025 年企业营收达到 230 亿元，为湖北医药产业发展贡献力量。”

在创新方面，长江医药正计划与中国饲料研究所立项研发“中药材饲料”，解决当前宁夏养殖业饲料来源困难的现状，并向全国推广，预计可创造百亿级商业价值；将原本用于高档中药材加工的冻干技术普及化，运用于枸杞、天麻、三七、铁皮石斛、肉苁蓉等道地中药材，整体提升中药材处理的品质和质量。新型中成药方面，长江医药目前在研并有望在两年内上市的中成药品种有 5 个。

■ 链接

长江医药关联上市公司2021年净利润4910万元

2022 年 4 月 27 日晚，湖北长江医药集团关联上市企业康跃科技发布 2021 年年报，企业医药板块表现亮眼，拉动业绩创下新高：2021 年公司实现营业收入 23.62 亿元，同比增长 94.48%。其中，医药板块占比达 65.98%。公司净利润 4910 万元，同比增长 94.91%。

这标志着，自 2020 年康跃科技与湖北长江医药集团旗下的湖北长江星重组以来，已成功扭亏为盈，并实现营收、净利润连续增长。

康跃科技总部位于山东，原本主营内燃机零部件，自2014年登陆创业板以来，业绩表现一直不理想，曾尝试转型光伏产业，却遭遇巨亏。2020年，长江星与康跃科技重组上市。当年第四季度，因合并报表，康跃科技就开始扭亏为盈，扣非净利润扩大到2314.67万元。

2021年，康跃科技的医药制造业务实现营业收入15.58亿元，同比增长433%，实现净利润2.38亿元，其中归属于母公司所有者的净利润1.24亿元。随着2021年医药板块占比上升至超六成，康跃科技已成功转型为一家以大健康为主业的上市公司。

（《湖北日报》2022年4月29日五版）

扫码看视频

利川星斗山红茶有限责任公司董事长、总经理卓万凯——

“利川红”逐梦“红天下”

湖北日报全媒记者 翟兴波 程曼诗 **通讯员** 王欣 张宝训

◆ 2022年4月26日，利川星斗山红茶有限责任公司董事长兼总经理卓万凯（右）做客湖北日报企业家全媒体纵横谈。（湖北日报全媒记者 何宇欣 摄）

企业名片

利川星斗山红茶有限责任公司成立于1997年，是一家集茶叶种植、收购、加工、销售及品牌运营于一体的省级农业产业化重点龙头企业。公司26年专注红茶，是恩施硒茶重要组成部分——“利川红”的开创者和主要推动者。

公司旗下品牌“星斗山·利川红”是“东湖茶叙”国事活动用茶、第三届中国国际茶叶博览会品茶招待会品鉴用红茶、第七届世界军人运动会指定用红茶，已成为中国红茶知名品牌之一。

2021年2月，公司被中共中央、国务院表彰为“全国脱贫攻坚先进集体”，创立了“12854”产业扶贫模式，带动利川市5万户约20万茶农增收致富。2022年4月，公司获得“全国五一劳动奖状”。

精彩语录

我个人是"屡败屡战"，我们公司是"九死一生、非常幸运"。

我们将一生一事，一战到底，奋力打造中国红茶知名品牌！

时代在变，环境在变，但是企业"品质与品牌双轮驱动"的经营理念，始终没有变。

从无人问津到一罐难求、从偏居山野到红动天下，它是一杯能喝的"龙船调"，是可以带走的湖北名片……4 年前的 4 月 28 日，"星斗山 · 利川红"成为习近平主席与印度总理莫迪东湖国事活动茶叙用茶。此后多个国际国内大舞台，均能见到"星斗山 · 利川红"的身影。

"26 年，只做红茶！""打造中国红茶第一品牌！"2022 年 4 月 26 日，利川星斗山红茶有限责任公司董事长、总经理卓万凯做客湖北日报 5G 演播室，分享企业凤凰涅槃和品牌打造的故事。

从"屡败屡战"到"九死一生"

"我是典型的'三农代表'！"卓万凯开门见山，从介绍自己开始了全媒体访谈。他所说的"三农代表"是指：出身利川市一个普通的农村家庭，毕业于华中农业大学，一直在家乡的农业企业里从事经营管理工作。

"我是屡败屡战！"卓万凯总结 2018 年前的自己，"拆东墙补西墙"是工作生活的常态。

他清楚地记得，那段时间，每天一起床，就要面对有一笔钱要还，或者有一笔费用要支，但是都没有着落的窘境。卓万凯说，企业当初无品牌、无渠道、无专业的营销团队，加之经营不善，年年亏损。"做了 26 年红茶，亏了 18 年，持平 4 年。"

庆幸的是，在政府扶持和朋友们的帮助下，濒临破产的企业多次逢凶化吉，度过一个又一个难关。

时代在变，环境在变，但是企业"品质与品牌双轮驱动"的经营理念，始终没有变。

"品质至关重要，没有之前的基础'1'，后面再多'0'也没有意义。""一杯优秀的茶叶，需要从茶树品种、种植采摘、加工工艺等方面都要优秀。"

卓万凯说，企业的茶园位于星斗山国家自然保护区核心带，茶叶生长环境非常优良，土生土长的优良品种“冷后浑”具有“花蜜香、玛瑙红、冷后浑”的特性。在“利川红”发源地毛坝镇，当地党委12任书记接续种茶30多年，加上公司有一个不离不弃、技艺精湛的制茶师团队，这些都是企业茁壮成长、“九死一生”的底气。

访谈现场，卓万凯向网友展示了“冷后浑”的独特魅力——开始泡出的茶，汤色清亮，温度低于10℃以下，透明的茶汤开始浑浊，温度越低浑浊现象越明显，品质好的红茶汤会浑得像咖啡一样，加热后又可以复清。

“冷后浑现象表明红茶汤对人体有益，其茶多酚、茶黄素内含物质丰富，鲜爽度高，是高品质红茶典型特征。”卓万凯介绍。

从寂寂无名到名响天下

在很多场合，卓万凯总是一袭红装，衣服上“星斗山·利川红”的字样醒目。

“在红绿青黄黑白六大茶类中，湖北茶目前最有机会争中国第一的是红茶。”卓万凯告诉记者，数年间，利川红发展成为湖北高端红茶品牌，离不开2018年的那次重要契机。

卓万凯介绍，“星斗山·利川红”由于独特的品质，很荣幸成为当年“东湖茶叙”国事用茶红茶。这为公司和品牌带来千载难逢的发展机遇。

“我们公司是受益最大的茶企之一，”卓万凯说，“东湖茶叙”后，“星斗山·利川红”相继成为第七届世界军人运动会指定用茶、第三届中国国际茶叶博览会品茶招待会唯一红茶，获第一届“我喜爱的湖北品牌”电视大赛金奖。在茶叶行业竞争异常激烈和疫情影响的双重压力下，公司2018年至2021年连续四年销售收入复合增长率超30%，销售和纳税在恩施州茶企中位居前列。公司成为湖北省茶产业链的重点支持企业，“星斗山·利川红”成为叫响大江南北的知名品牌。

2021年，公司获得全国脱贫攻坚先进集体、湖北省改革奖；2022年4月28日，公司获得“全国五一劳动奖状”。公司首席制茶师邱建红作为湖北省十名全国劳模、全国五一劳动奖章获得者代表之一，赴北京现场参加了庆祝中国共产党成立一百周年大会。“邱建红父子俩均获得过全国劳模殊荣，这在全国都少见。”卓万凯说，他本人也被表彰为全省优秀共产党员和湖北省优秀中国特色社会主义事业建设者。

“26年，专注红茶！如今，我们定下新目标，打造中国红茶第一品牌！”卓万凯表示，居湖北、看全国，企业将引入资本、智力、人才，多措并举，努力实现这个目标。

从“扶贫茶”到“振兴叶”

城育一片叶，叶养一座城。

企业的发展，离不开社会各界的支持。企业也时刻肩负社会责任，不断回报社会，积极投身脱贫攻坚和乡村振兴。

2015年，利川星斗山红茶有限责任公司提出并践行“12854”产业帮扶模式，即1个龙头企业通过1个名牌产品带动1个特色优势产业，通过2个专业合作社，参与8个贫困村，帮扶500户建档立卡贫困户，采取4条具体措施。

石入池水起涟漪。“12854”产业帮扶模式产生了很好的帮扶效果，辐射带动利川市5万户约20万茶农增收致富。2021年，利川星斗山红茶有限责任公司被党中央、国务院授予“全国脱贫攻坚先进集体”。

“乡村振兴新征程上，我们要接续奋斗！”卓万凯表示，要把“利川红”品牌打得更响，通过“利川红”品牌知名度、美誉度的不断提升，带动恩施州所有“利川红”授权企业具备更强的市场竞争能力，让广大茶农“泡出”绿色红利。

卓万凯表示，企业会积极参与到“万企兴万村”行动中，把毛坝镇兰田村、文斗镇堰塘村作为示范村，加大基地建设和茶农技能培训，通过茶树品种升级、茶园持续有机化、茶园景观化和主题化等提档升级，把茶产业发展与文化、旅游、体育等产业进行融合，让更多茶农吃上茶旅融合饭，促进这两个村的全面振兴，争取成为全省乃至全国乡村产业振兴示范村。

（《湖北日报》2022年4月30日三版）

扫码看视频

武汉利楚商务服务有限公司董事长王朋——

深耕11年，领跑国内聚合支付赛道

湖北日报全媒记者 刘畅 张倩倩 通讯员 杨淑君

◆ 2022年5月12日，武汉利楚商务服务有限公司董事长王朋（右）做客湖北日报企业家全媒体纵横谈。（湖北日报全媒记者 何宇欣 摄）

企业名片

武汉利楚商务服务有限公司为国内聚合支付领域的头部企业，业务覆盖全国主要城市，在国内设有2个研发中心和22个直营分公司，员工近千人。现已累计服务超120万家线下商户，日交易笔数2500万笔，年受理交易金额突破3500亿元。

2020年，公司成为首批获得中国支付清算协会收单外包“聚合支付技术服务”备案的企业。

拥有聚合支付品牌“扫呗”、商户收银SaaS“FU+”、全域营销中台“有域”等三大品牌体系，为数十个行业提供数字化支付、数字化经营、数字化营销等解决方案。

精彩语录

立足国计民生，顺应时代潮流，发挥技术和平台优势真正推动社会进步，是互联网企业成长壮大的核心密码。

希冀在2025年之前，再次成为商户的增长运营商，利用领先的数字产品和服务核心能力，帮助商户抢占先机。

近年来，数字经济席卷全球，加速重构产业与社会格局。

作为土生土长的湖北科技企业，武汉利楚商务服务有限公司（以下简称“利楚商服”）是其中的新龙头。利楚商服旗下品牌“扫呗”已成长为国内聚合支付领域领军品牌，年受理交易笔数90亿笔，跃居第四方聚合支付行业规模前二。

2022年5月12日，利楚商服董事长王朋做客湖北日报5G演播室，畅谈如何领跑全国聚合支付赛道。

“扫呗到账88元。”在湖北日报5G演播室，一声清脆而熟悉的声音让大家恍然大悟。

“说‘利楚’或许比较陌生，但是我们旗下的聚合支付品牌‘扫呗’，大家就应该熟悉了。”董事长王朋的开场白揭开了一个小秘密。在日常支付场景，商家收款的时候会听到“扫呗到账多少元”，就是利楚扫呗提供的服务。

平均年增长超100%，武汉本土崛起数字聚合支付龙头

生活中，消费者打开手机，扫一扫就能完成付款，安全又高效。

但一笔商业支付的完成过程其实较复杂，短短几秒，消费者、发卡银行、网联、支付机构、银联、收单机构、结算银行等多方都参与其中，而利楚商服所提供的聚合支付服务可以串联这些产业机构，让商户同时支持微信支付、支付宝支付、云闪付、刷卡支付、苹果支付、华为支付、翼支付、数字人民币支付等多种支付方式。

利楚商服还可以为商户提供多种场景的技术方案，如自助收银机上用刷脸支付，公众号和小程序、App、电脑网站上调用支付，公交场景下的离线支付，租赁自行车及代扣电费等场景下的免密支付，一笔交易订单的分账支付等。利楚商服为商户提供高效便捷的聚合支付产品和数字化服务，商户经

营效率更高，消费者的支付体验也会更便捷。

过去5年，利楚商服的规模平均年增长超100%，甚至在武汉疫情较严重的2020年也保持着70%的逆势增长。凭借对商户需求的准确理解和强大产品创新，利楚商服从行业上万家从业者中脱颖而出，成为湖北本土成长的数字经济领军企业，在行业内取得了多个“第一”。

2011年，国家开始发放第三方支付牌照，从大学时期就一直在互联网领域探索的王朋找准了发力方向，当年8月，利楚商服在武汉成立，是国内第一批从事银行卡收单外包的民营企业，面对蓝海市场，利楚商服快速成长，积攒了企业发展的原始资本。

2014年初，王朋敏锐地发现，移动支付即将兴起，未来的支付产品必将走向智能化、服务化、增值化，于是设立了研发中心，开始转向聚合支付技术的研发和应用。利楚商服是国内第一批从事聚合支付业务研发和销售的收单外包企业，并在2015年9月正式量产推出了第一款基于安卓深度开发的，实现刷卡、非接、扫码三合一的智能POS机，开创了行业先河。

2020年9月，利楚商服首批获得中国支付清算协会聚合支付技术服务备案，并在当年进行品牌升级，正式从支付服务商升级为商户数字化运营商，迈向更广阔的赛道。

在王朋看来，利楚商服之所以能够在行业变化中领先一步，主要得益于其对行业持续深耕，对商户需求的深刻理解，对行业变化能迅速做出应对。

从银行卡收单到聚合支付再到数字化经营，利楚商服坚守合规经营底线，一次次踩准了行业变革的节点，积累了120万有效商户，打造了一套成熟的商户服务运营体系，建立起相对较宽的行业护城河。

左手阿里，右手腾讯，靠谱价值观是成长的基石

2021年3月，一条消息犹如投入湖面的石子，激起波澜。

根据国家企业信用信息公示系统，利楚商服完成B轮战略融资，“腾讯创投”和“云鑫创投”两家公司新出现在股东名单中。前者由深圳市腾讯产业投资基金有限公司百分百控股，后者则是蚂蚁科技集团股份有限公司的全资子公司，两家股权比重均为14.1129%，在寸土必争的互联网战场上，蚂蚁系和腾讯系同时入股同一家机构的情况，十分罕见。当年9月，泰康保险也独家领投了利楚商服B+轮融资，成为利楚商服战略股东。

“为什么能同时受到多个大佬们的青睐？”除了利楚的高速成长性以及资本对产业数字化升级国家战略的重视之外，王朋认为，利楚商服团队一直以来稳健合规的经营风格和“靠谱”价值观，是行业巨头认同的主要因素。

支付行业服务商户众多，离钱比较近，行业早期野蛮发展阶段，存在着一些不规范和诱惑，这些风险业务往往有较高的利益回报。

“但是企业一旦触碰了这些业务，往往就再也回不到正轨，最后是一条不归路。”王朋说，利楚商服作为支付行业的先行者，很早就意识到了建立健全的风险管理机制的重要性，为此做了诸多努力。利楚商服从成立开始就将“靠谱”作为企业的核心价值观，王朋强调，这是每个利楚员工都必须坚守的一道生存底线。

积极应用科技力量，和银联、蚂蚁、腾讯的安全团队一道，打造风控引擎，及时辨别且杜绝风险商户的引入，并在交易中识别风险交易及时中止交易，让风险商户无处可逃。

企业设立了网安警务室，青山区公安局定期安排民警值班，指导利楚商服加强系统安全建设并及时处置网络安全事件。公司依靠自身的数据分析能力帮助警方共同构建安全屏障，连续两年获公安部门的书面致谢。

2020 年，人民银行正式出台聚合支付技术服务的技术标准和监管方案，利楚商服积极参与监管机构针对行业技术标准和监管方案的调研和讨论，完成了各项挑战和安全认证，最终成为行业里第一批拿到聚合支付技术服务备案的企业，并作为企业代表加入中国支付清算协会，当选为理事会员。

从移动支付商到数字化运营商，提速数字化运用新场景

当前，随着数字经济逐渐渗透到各行各业，数字经济正成为重组要素资源，驱动消费升级的关键变量和着力点，如何抓住先机、抢占未来发展制高点？

深耕行业多年的利楚商服早已认识到，数字化经营成为商户发展中的必选题。单一的支付服务已经很难满足商户的发展需要，只有深入下沉到细分的行业，构建广泛的服务生态，成为既能为商户提供安全、便捷的数字化支付服务，又能帮助门店提升经营效能的数字化经营运营商，才能行稳致远。

近些年，利楚商服加大了研发侧投入，研发人员占比 20%，研发投入超年营收的 10%，着力打造“全域商户数字化服务”，已取得了多项成果。

尤其是在团餐、校园、教培、轻快餐茶饮、商超便利、生鲜零售、果蔬批发等行业，利楚商服以支付这个基础服务为切入点，深度打通线下门店数字化能力，融合支付与营销方案，整合大数据、AI 技术、小程序、智能软硬件等能力，为商家提供包括支付、营销、会员、自助购物等的行业 SaaS（软件即服务）综合解决方案，帮助商家实现多场景、线上线下融合的数字化经营。

（《湖北日报》2022 年 5 月 24 日四版）

扫码看视频

首衡集团常务副总裁伍彦——

华中超级“菜篮子”年底亮相孝感

湖北日报全媒记者　刘宇　通讯员　宋博文

◆ 2022年5月16日，首衡集团常务副总裁伍彦（右）做客湖北日报企业家全媒体纵横谈。（湖北日报全媒记者　倪娜　摄）

企业名片

首衡集团是全国农产品商贸物流产业标杆企业，中国北方地区最大的国际农产品贸易产业综合运营商。

该集团秉承以城市农产品稳价保供为基本出发点，通过农副产品交易市场、加工集配、冷链仓储一站式的产业闭环发展模式，打造食品产业生态卫星城。

目前，该集团已在河北高碑店、保定、曹妃甸、饶阳，湖北孝感，湖南常德、永州等地布局，打造以食品为核心的商贸物流集群。曾先后荣获农业产业化国家重点龙头企业、中国农业企业500强、全国公益性示范市场、国家级示范物流园、国家供应链创新与应用试点、农业农村部定点市场等荣誉称号。

精彩语录

汇聚全世界，繁荣一座城。

我们做不了惊天动地的大事，就给老百姓做些实实在在的小事。

立足汉孝，辐射华中，链接全国。首衡城将携京津冀协同发展经验和产业雄厚资源，以武汉城市圈协同发展为契机，为湖北乃至华中提供优质的民生保供服务，为推进农业产业化发展贡献力量。

进口车厘子好吃，价格也贵，是水果中的“奢侈品”。

2022年底，位于孝感的首衡城·华中国际食品产业新城（以下简称“首衡城”）开业后，吃货们有望实现“车厘子自由”。

首衡城由全国农产品商贸物流产业标杆企业——首衡集团建设运营，总投资300亿元，占地近8000亩。建成后，首衡城将成为整个华中地区规模最大的“菜篮子”，形成华中农产品市场需求调节的“蓄水池”和价格调控的“稳定器”。

2022年5月16日，首衡集团常务副总裁伍彦做客湖北日报5G演播室，讲述打造华中地区超级“菜篮子”的故事。

落子孝感，填补华中市场空白

在北方，首衡集团名气不小。位于河北高碑店的新发地农副产品物流园，是京津冀地区最大的“菜篮子”，也是首衡集团第一个重大项目。

“去年年交易量1400多万吨，交易额达1500亿元。”伍彦介绍，首衡河北新发地园区共有8000多家经销商和企业，经营品类达400多种，辐射范围覆盖北京、天津、河北等13个省市，服务保障人群超过4亿人，已成为国内最大的农产品商贸物流平台。

作为北方农产品商贸物流巨头，为何“牵手”华中的孝感？

伍彦娓娓道来——

决定落户孝感前，首衡集团没有跟任何政府部门对接，而是“悄悄”在武汉城市圈内的多个城市，做了一年多时间的市场调研。他们发现，在有“九省通衢”之称的武汉，几家大型农产品批发市场建设时间较早，基础配套和集散功能已无法满足现代流通市场的需求。此外，从城市发展趋势来讲，这些农批市场基本上都在城区，不符合城区的核心功能，转移或外迁是迟早的事。

“这是一个市场空白点。”伍彦直言。

首衡集团决定：建设一个现代化农产品商贸物流产业集群，立足湖北，辐射中部。

选址何处，又是一道选择题。

几番论证后，首衡集团将目光锁定孝感市孝南区，原因很简单：孝感处于武汉城市圈核心层，区位交通优势明显，京港澳南北贯通，具备大中转、大集散、大流通的先天优势。

“不是简单的承接产业转移，而是更高能级的再造。”伍彦表示，首衡城项目将在规模、设施、产业链等方面全面升级，在孝感打造一个升级版的首衡新发地。

智慧流通，托起 6 亿人的“餐桌”

开门七件事，柴米油盐酱醋茶。首衡城做的事，就是与老百姓息息相关的事——吃。

“果蔬肉蛋禽、米面粮油、水产海鲜肉类……只要跟吃有关的，都可以一站式采购。”伍彦细数首衡城建成后带来的种种利好。

不只品类齐全，还要物美价廉。伍彦介绍，首衡城采取产地直发或厂家直发模式，能将产品从产地直接送到百姓餐桌，省去商品中间流通环节，大大降低成本。“到时不仅可以实现‘车厘子自由’，东南亚的榴莲、澳洲的牛肉、北欧的海鲜等，都能以比较实惠的价格拿到。”

农产品市场，保鲜是第一要务。伍彦介绍，首衡城划定专门的冷库区域，建立了生鲜食品集配平台、智慧物流中心以及智能云仓，确保农产品快速抵达全国各地。他举例：生鲜食品集配平台实现食品检测入库、集配全自动化分拣，确保城市订单集中高效配送；智慧物流中心提供智慧化物流管控、车辆管理调度、商品理货配货装卸货等专业化服务；智能云仓对订单进行管理及跟踪，动态掌握订单的进展和完成情况，提升物流效率。

老百姓喜欢什么产品？什么时候采购？科学调度尤为重要。伍彦说，首衡城运用物联网、大数据、云计算等技术，通过对产地数据、交易流通数据和消费数据的分析，研判食品价格趋势，了解区域消费需求和消费偏好，优先采购市场俏销产品。

疫情发生以来，越来越多的老百姓意识到食品安全的重要性。首衡城食品安全检测溯源中心参照国际食品质量标准，构建数字化食品安全溯源体系。“只要进入了市场的生鲜食品，都可以做到来源可追溯、去向可追踪、物流可监控。”伍彦说，确保进出园区的食品符合国家食品安全标准和食品安全认证标准。

伍彦说，建设一个智慧、安全、高效的食品产业新城，稳稳托起华中及周边地区 6 亿人口的“菜篮子”“果盘子”“米袋子”。

营商温度，成就“首衡速度”

“11 月底，首衡城就要开业了，欢迎大家前来做客！”演播室现场，伍彦向网友们发出了热情邀请。

首衡城首批开业面积为 1878 亩，建筑面积 100 万平方米。运营后，每日交易量超万吨、年交易额达 500 亿元，将成为华中最大农产品集散中心。

眼下，位于孝感孝南区毛陈镇的首衡城建设现场一片忙碌。“在保证施工质量和安全的前提下，我们工人都是三班倒，人轮机不停，24 小时赶工期。”伍彦说。

“去年 8 月开工，今年 11 月开业，速度非常快！”伍彦连声称赞，孝南的营商温度，创造了首衡速度！

首衡城项目一落地，就被列为孝南区委区政府的“1 号工程”。

为助力首衡城早日开业，孝南区采取超前受理、部门联动、并联办理的机制，将首衡城项目开工所需要的“五证”办结时限由 41 天减少到 1 天；项目揭牌第三天，孝南就送来了“金融大礼包”，为该项目举行专场政银企对接会，针对入驻商户和企业，供应链金融授信共 25 亿元。

“不出项目部，遇到问题就能全部解决。”伍彦说，签约后，孝南就在项目部设立了“一办八个专班”，与企业联合办公，紧盯项目推进流程，提供“保姆式”服务，坚持“小事当天办，大事三天办”。

除了推进建设进度，孝南还千方百计帮助首衡城招商。

3 月底，孝南组织形式各样的对接会，向各地龙头农产品种养基地、名特优食品龙头企业介绍首衡城，牵线搭桥签订战略合作协议。当下，孝南还结合首衡城产业业态，推出地方特产名品链、水果产业链、水产产业链等 10

多个相关产业链发展规划，让区级领导担任链长，运用产业链图谱开展多场招商活动。

伍彦说，意向商户已达6000多家，预计首批开业后，项目可直接提供就业近5万个、间接带动就业近10万人，综合税收达5亿元。

（《湖北日报》2022年5月30日四版）

扫码看视频

武汉中仪物联技术股份有限公司总经理、总工程师郑洪标——

给排水管道做"胃镜"查漏洞

湖北日报全媒记者　李朝霞　通讯员　熊杰

◆ 2022年5月29日，武汉中仪物联技术股份有限公司总经理、总工程师郑洪标（右）做客湖北日报企业家全媒体纵横谈。（湖北日报全媒记者　朱熙勇　摄）

企业名片

武汉中仪物联技术股份有限公司成立于2010年，是一家专注于管道检测、养护、修复以及信息化管理的高新技术企业。该公司提供的检测与修复设备服务辐射全国，涉及的水系包括长江、黄河、珠江等；在国外服务区域包括北美、南美、欧洲以及东南亚等地，全球服务网点超20个。

精彩语录

在管道运维领域，中仪股份完成了从设备国产化到设备自主研制的创新过程，并申请了美、日、德等7个国家的发明专利，海外出口量成倍增长。

中仪股份在前期做管道检测机器人时，就提前布局了5G物联网技术，目前已完成了整个排水管道生命周期的业务串联。

中仪股份将继续发挥本土强企优势，推动湖北省管网运维行业优质发展，助力区域水环境科学治理再上新台阶。

南非开普敦市鹈鹕公园，一台长相酷似“瓦力”的机器人打开头顶灯光，一头钻进地下排水管道。

路面上，工作人员通过电脑显示屏可清晰地看到管道内部的视频图像、全景图、横断面轮廓、色谱图等多项数据。

这台机器人来自万里之遥的武汉光谷，由武汉中仪物联技术股份有限公司（以下简称“中仪股份”）研制。

不单是南非，在江城，武汉“瓦力”更是大显身手。2018 年起，每年雨季到来前，它们都会巡检排查武汉排水管网，疏通城市“毛细血管”，全力让百姓少受渍水之苦。

2022 年 5 月 29 日，武汉中仪物联技术股份有限公司总经理、总工程师郑洪标做客湖北日报 5G 演播室，讲述中仪股份用新技术给排水管道做“胃镜”的故事。

手握百余项“绝技”

诞生于 2010 年的中仪股份最初进入排水行业，主打机器人，以代替人工进行管道探测。

“目前，我国排水管道堵塞和渗漏严重是急需解决的两大问题。”郑洪标坦言，国内管网运维行业起步较晚，早期我国排水管道检测手段较为落后，一般由工人下井完成，存在危险性不可预测、检查效果差、成本高、检测数据无法精确分析等问题。另一方面，国内排水管网错综复杂、分布密集，与国外管网结构存在较大差异，无法直接照搬国外经验。由此，研制适合国内管道情形的检测设备成行业发展新趋势。

管道检测机器人最早由英国人发明，过去 50 多年间一直使用模拟传感器。2016 年，中仪股份将模拟传感器升级为数字传感器，升级后的管道机器人，通信、采集方式发生了改变，分辨率提升 10 倍以上。

瞄准新趋势，中仪股份与中国地质大学（武汉）、武汉大学、华中科技大学展开长期合作，实现从检测到修复再到信息服务方面的一次次技术突破。

“在管道运维领域，我们完成了从设备国产化到自主研制的创新过程。”

郑洪标介绍，技术创新是公司可持续发展的原动力。目前，中仪股份拥有超100项授权专利、软件著作权，参与30多项行业规范及地方标准编制，累计服务超2000家水务环保企业。同时，申请了美国、日本、德国等7个国家的发明专利，海外出口量成倍增长。

2021年8月，中仪股份入选工信部第三批专精特新“小巨人”企业名单，成为我省专精特新企业中的排头兵。

2022年5月，中仪股份入选新一批建议支持的国家级专精特新“小巨人”企业名单，成为“小巨人”中的“尖子生”。

研制全球首款数字高清检测机器人

“2016年，我们率先推出全球首款数字高清CCTV（管道内窥摄像）检测机器人。”访谈现场，郑洪标展示了他们新研发的全景量化检测机器人模型。该机器人可生成管道全景三维模型等数据，技术人员可迅速判读，在1分钟内精准找出破裂、沉积甚至偷排污水等问题。

眼下，中仪股份已研发出包含“视、声、光、电、波”等适用于不同场景、不同需求的管道检测技术。

视——让机器人爬进管道利用数字高清摄像技术进行精细化检测，并借助单芯传输技术将检测情况实时传输至监理平台App，给管道做“胃镜”。

声——借助超声波在有水环境下给管道做“B超”，测量其内部轮廓、积淤量等情况，声呐技术和视觉机器人相结合使用。

光——通过水上激光，结合水下声波，检测管道整体轮廓。

电——类似于“心电图”，使用聚焦电流法检测因管道内部漏损而导致的电流变化，以判断管道泄漏情况。

波——结合机器人，通过电磁波雷达探测设备给管道做“核磁共振”，有针对性地检测管道周边空洞情况。

郑洪标打了个比方：中仪股份好比一名“非开挖管道医生”，借助上述检测技术对修复点位进行精准定位，地下管道可以不用开挖或尽量少开挖就能精准修复。

2017年，中仪股份自主研发了国内首台紫外光固化整段及局部修复设备，并在两年后开设首家国产化生产线的修复材料生产基地，填补了我国非开挖修复装备的产业化空白。

“就像补轮胎，排水管道也分为点位修复和整段修复。”郑洪标介绍，根据德国人发明的原位固化法，中仪股份发展出紫外光固化修复工艺，使用更高效节能的紫外光替代汞灯作为光源，一般6至8小时就可修复长50米的管道，减少对市民出行的影响。

同时，在管道整段修复中，软管材料的供应一般会超过待修复管道30米至100米，剩余材料易造成高能耗与环境污染。中仪股份打通整修材料与点修系统的兼容性，在一定条件下将尾料用于点位修复，既节约资源，又保护环境。

12年产值增500倍

眼下，中仪股份的业务范围已实现从上游材料，到中游产品，再到下游服务的产业链全覆盖。

郑洪标介绍，管道检测与修复以外，中仪股份目前已在全国开展排水运维信息化服务超过100项。通过管道机器人采集数据，再上传至大数据平台，水务部门可直接在后台获取管网水位、流量等数据，摸清地下管网情况。

为助力提升城市管理水平，中仪股份研发“鲲鹏”智慧排水管网信息平台，借助移动互联网、大数据、物联网、云计算等新技术，帮助管线规划相关人员更有效地设计、维护管线，实现城市排水管网的资源管理整合、规划设计、分析优化等，为水务部门提供科学决策依据。

2020年以来，中仪股份相继引进三峡资本、国投创业和中节能资本作为战略投资者，为企业发展注入强劲力量。目前，中仪股份正谋划在创业板上市。

创业12年，中仪股份营收由50万元增长至2.5亿元，成为国内排水管网全生命周期运维的领军企业。

“中仪股份会将物联网的特性继续融入检测修复的全流程，将排水行业的相关技术逐步拓展至其他领域，做管道检测和修复的专家、装备技术的综合服务商。”谈及下一步规划，郑洪标充满信心。他计划，用3年时间将企业营收提升至4亿元至5亿元，其中国际市场份额占30%左右。

（《湖北日报》2022年6月6日四版）

扫码看视频

湖北寿康永乐商贸集团有限公司副总裁余琳——

竭诚当好市民的生活服务员

湖北日报全媒记者 饶扬灿 戴文辉 **通讯员** 殷彬 易光斌

◆ 2022年5月30日，湖北寿康永乐商贸集团有限公司副总裁余琳（右）做客湖北日报企业家全媒体纵横谈。（湖北日报全媒记者 何宇欣 摄）

企业名片

湖北寿康永乐商贸集团的前身为成立于1967年的十堰市副食品公司，经55年砥砺奋进，现已成为以商超连锁为主业，集时尚百货、酒类批发、现代物流、食品加工、生态农业、房地产开发、智慧物业为一体的鄂豫陕渝毗邻地区规模最大的本土民营商贸零售企业集团，现有员工8000余人，商超网点涵盖十堰城区及周边县市、神农架林区等地，连锁门店300余家，年销售收入超40亿元，自2015年起连续入选湖北民营企业百强。

精彩语录

几十年过去了，我还记得当年十堰大街小巷都流传着寿康的广告语："副食商品千万家，寿康永乐求最佳！"这里面最核心的就是一个"求"字，就是“永远要把消费者把合作商的满意放在第一位”，我们要永远做好十堰老百姓的生活服务员。

赚钱不是企业的最终目的，服务民生事业才是。只有把消费者服务好了，把民生事业做好了，消费者满意了，企业经营效益才能好。

在武当山南岩，有一面巨大的摩崖石刻，上书“福寿康宁”，寄托了人们对美好生活的向往。

在十堰，有一家民营企业，名为“寿康永乐”，经历改制，规模越做越大，始终竭诚当好市民的生活服务员。

2022 年 5 月 30 日，湖北寿康永乐商贸集团有限公司（以下简称“寿康永乐”）副总裁余琳做客湖北日报 5G 演播室，讲述“品质寿康”“民生寿康”“诚信寿康”的品牌故事。

从“三个决不”到“三个满意”

余琳说，寿康永乐发展壮大的历程，是不断突破自我、改革创新的过程，但无论怎么变，“我们对商品品质、服务品质的追求始终不变”。

20 世纪 90 年代，物资相对匮乏，谁找到货源谁就拥有顾客乃至市场份额。但寿康永乐董事长王国华提出“三个决不”：决不卖假货；决不做虚假宣传，引导、欺骗顾客；决不降低服务的高标准、严要求。

当时，酒、奶粉等商品非常紧俏，但假货猖獗。寿康永乐的采购人员带车到工厂提货，眼睛盯着商品装车，全程押车返程，路上吃饭上洗手间都换班，白天夜里都是如此。

余琳说，这种做法似乎有些傻，但事实证明，对品质的追求成就了企业，“几十年过去了，我还记得当年十堰大街小巷都流传着寿康的广告语：‘副食商品千万家，寿康永乐求最佳！’”

1997 年，寿康永乐改制，彻底转为股份制民营企业，推出“三个满意”工程：顾客满意、员工满意和合作商满意。

寿康永乐成立人才发展与培训部，每年投入逾 500 万元专项资金用于干部员工的培训学习，定期分批安排年轻干部到日本、美国等国家参观考察，并同步推行干部期股、承包经营、目标兑现等一系列激励机制。

“干部员工把工作当作自己的事情来办，员工收入与企业效益共同增长。”余琳介绍，目前在寿康永乐工作超过20年的员工有500多名。

寿康永乐有很多合作伙伴，双方的关系始终是同舟共济。余琳说：“我们建立数字化信息平台，经营数据对合作商开放；寿康干部商学院每年投入数百万元研究消费者变化，成果与合作商共享。这些年下来，寿康永乐成就了一大批百万级、千万级的合作商。”

扛起“流动菜篮子”“流动米袋子”

有这样一种说法：赚钱是商人的天职，逐利是企业的目的。

但余琳认为，赚钱不是企业的最终目的，服务民生事业才是，“只有根植于民生事业，把服务民生作为出发点和落脚点，才能走得长远，这也正是我们寿康永乐集团发展的文化内因之一。”

菜篮子、米袋子、果盘子，是最根本的民生需求。2012年至今，寿康永乐建设集常温物流、低温冷藏物流、仓储式超市、第三方物流等功能于一体的国家5A级新型综合性物流园区——寿康永乐商贸物流园，成立寿康日日鲜公司、寿康豆制品公司等食品加工制造企业，构建了“市、县、乡（镇）、村”四级物流体系和“工业品下乡，农产品进城”的双向物流通道。

2020年疫情期间，这套体系经受住了严峻考验。8000多名寿康永乐人逆行而上，克服种种困难，保证中心城区、县城、乡镇300多家门店正常营业，确保市民生活所需。集团充分发挥产业链优势，全面实施“线上下单、线下配送”，组建多支保供大军，扛起了十堰市民的“流动菜篮子”“流动米袋子”。

余琳讲了一个关于豆腐的故事：疫情期间，十堰豆制品货源紧缺。很多人打电话到寿康永乐，说想吃一块豆腐。寿康永乐人肩挑背驮，将千方百计协调购进的大豆运进集团豆制品工厂，干部员工一起上，吃住都在厂里，三班倒、24小时满负荷生产，终于让市民吃上久违的豆腐。

也是在那次疫情中，寿康永乐多方组织货源，加大投放冷鲜肉500余吨，仅此一项就亏损195万元，余琳说：“能让市民吃上和平常一样的肉食蔬菜与粮油米面，我们认为是值得的。”

用诚信提升品牌价值

在十堰，经常听到寿康永乐的两条广告语，一条是“购正宗名酒，到寿康永乐”，另一条是“寿康无假货，件件都放心”。余琳说，这体现的是寿康永乐从骨子里对诚信的坚持，“寿康永乐，决不卖假酒。我们从 20 多年前坚持到今天，也会一直坚持下去。”

寿康永乐是目前十堰最大的酒类经销商。20 世纪末，寿康永乐每年投入专项资金，研发防伪保真技术，构建起封闭运输、入库专管、专人配送、销售跟踪等 4 道名酒防伪保真防火墙。

“诚信是一个人的底线。只有讲诚信，别人才愿意和你打交道，才愿意和你交朋友。做企业更是如此。”余琳介绍，近年来，寿康永乐推出“无障碍退换货”服务，后来又升级为“异地无障碍退换货”。比如说，有竹溪消费者在十堰寿康永乐卖场买了套衣服，回家后不想要了，可以凭购物发票到寿康永乐在竹溪的门店无条件退换。

对品质的追求、对民生的关注和对诚信的坚持，构建起寿康永乐的品牌价值。

2021 年年底，寿康永乐组织春联征集活动。十堰市民余庆峰一家 8 口创作了 8 副春联。他的岳父刘敬银在 1969 年复员来到十堰，目睹了寿康永乐自 20 世纪 60 年代至今的商海沉浮，50 多年来，他从寿康永乐公司深刻感受到十堰人淳朴、包容、好客的气质。

余琳现场背诵刘老先生创作的对联。上联：浓浓寿康情；下联：久久永乐意；横批：亲如一家。

商贸零售行业正处在向数字化转型的变革时代，寿康永乐也面临着前所未有的机遇和挑战。余琳说，寿康永乐将立足十堰，面向鄂豫陕渝毗邻地区，构建“三大主营业态（商超零售、时尚百货、酒类批发）”“两大产业园区（物流产业园区、生态农业园区）”的多元化协同发展格局，全力推进民生寿康、品质寿康、诚信寿康、生态寿康、百年寿康建设。

（《湖北日报》2022 年 6 月 7 日五版）

扫码看视频

武商集团党委书记、董事长陈军——

商业第一股，不断创“第一”

湖北日报全媒记者　肖丽琼　通讯员　邬妍　徐萍

◆ 2022年5月31日，武商集团党委书记、董事长陈军（右）做客湖北日报企业家全媒体纵横谈。（湖北日报全媒记者　柯皓　摄）

企业名片

武商集团成立于1959年，是我省最大的综合性商业企业，目前在省内12个地（县）级市共有购物中心门店12家，超市门店71家，在建的还有武商梦时代、南昌武商MALL、黄梅武商汇3家购物中心门店，利润总额连续多年位列中国商业零售业上市公司三甲，连年入围中国商业零售百强、中国连锁百强，先后荣获“全国五一劳动奖状”“全国改革创新奖”“全国思想政治工作先进企业”和“全国诚信单位”等多项荣誉称号。

精彩语录

2021年，武商第一次走出湖北、走进江西，迈出了几代武商人想迈而没有机会迈出的一步。这个项目从洽谈到落地，仅仅用了两个月的时间，创造了项目收购的“武商速度”。武商将借此在湖北以外布局落子，扩大公司商业版图，为公司实现跨越式发展迈出具有战略意义的重要一步。

坐落于武汉市解放大道最繁华处的武商MALL，被誉为“华中第一商圈”。2021年，武商MALL所属的武商集团股份有限公司（以下简称“武商集团”）吸引了近300家首店、近200场首展，聚“首”力在华中地区遥遥领先。

作为中部商业龙头，成立63年的武商集团勇当“尝鲜者”“领跑者”，不断创造“第一”：1986年，在全国率先进行股份制改造；1992年，在深交所上市，成为“中国商业第一股”“湖北第一股”，也是深圳证券交易所首家异地上市公司；2022年，82万平方米的武商梦时代即将开业，将刷新国内最大单体购物中心纪录。

2022年5月31日，武商集团党委书记、董事长陈军做客湖北日报5G演播室，分享武商不断“攀登高峰”的故事。

华中首店“收割机”

5月21日，武商MALL·国广内的Apple Store（苹果直营店）湖北首店开门迎客，各地果粉纷至沓来，连续几天登上微博热搜。

在零售界，“得首店者得流量”，首店的数量也体现出一座城市的时尚度和消费力。

十余年来，武商集团率先引入GUCCI、卡地亚、LV等60多个奢侈品牌华中首店，兰蔻、雅诗兰黛、DIOR、香奈儿等60多个国际高端美妆品牌华中首店。最新入驻的苹果直营店，为武汉“首店名单”再增重磅品牌。

不仅有首店，还有首展。2020年10月，LV将“看见LV”全球巡展首站选定在武商MALL·国广，向“英雄武汉”致敬。GUCCI、宝格丽、DIOR等重奢名品也纷纷将展览落子武商集团。

首店、首站为何扎堆武商MALL？陈军表示，答案就在武商集团63年的发展历程中。

1959年9月28日，“中苏友好商场”（武汉商场前身）在武汉开业，成为新中国成立后自己兴建的第二家大型综合商店。

1992年，武商集团投资3000万元扩建武汉商场，3.3万平方米的商场成为当时武汉最大的购物中心。这一纪录在1996年被武汉广场（现武商广场）刷新，开业当年销售额达到10亿元，连续多年蝉联全国商业单体经济效益第一。1999年，58层的世贸广场开业，成为当时武汉最高的标志性建筑。2007年9月29日，完成改扩建的武汉国际广场开业。至此，国广、武广、世贸连成一体，武商MALL正式形成。

陈军回忆，“武广商圈”于1996年在全国打响名号。现在，国广的奢侈品销售总量稳居华中第一，武广的国际高端美妆零售位列全国百货第一，世贸的黄金珠宝销售总量居华中第一，放眼全国，有如此商业影响力和辐射力的商圈并不多见。

走出湖北迈出实质性步伐

2022年4月，武商集团发布公告，证券简称“鄂武商A”变更为“武商集团”，引起社会关注。

“30年前，武商通过资本市场‘走出湖北’，如今，武商迈出‘走出湖北’实质性一步。”谈到这次更名，陈军感慨颇深。

1986年12月25日，武汉商场股份集团有限公司挂牌。正当武商加快推进上市之时，风向生变：“姓资姓社”争论升温，股份制被指“走资本主义道路”，“吃掉”了国有资产……一时间，武商的股份制改革与上市面临搁浅。

1992年春天，邓小平在南方一语定乾坤：证券、股市，这些东西究竟好不好，有没有危险，是不是资本主义独有的东西，社会主义能不能用？允许看，但要坚决地试！

时任武商集团董事长毛冬声放开手脚，快马加鞭推进股票上市，一个月坐两三次飞机跑中国证监会，用垮两台复印机，盖了100多个公章，湖北资本市场迎来历史性时刻——1992年11月20日，鄂武商登陆深圳证券交易所，成为“中国商业第一股”“湖北第一股”，也是深圳证券交易所异地上市商业第一股。

2021年，武商集团迈出“走出湖北”的实质一步。当年9月，武商集团出资33亿元成功收购南昌苏宁广场项目，是2021年中国单体商业项目金额最高、速度最快的收购案。在南昌，武商集团将打造一座标杆性商业综合体——南昌武商MALL，填补江西省国际名品的空白。

省内商业重新布局

借“走出湖北”契机，武商集团重新规划省内商业布局。陈军将其称为“摩尔城做精、梦时代做新、众圆做实、超市做优、区域市场做强”——

在武汉市内构建商业“黄金三角”，即江北武商MALL、江南武商梦时代、青山武商城市奥莱此呼彼应；做强区域市场，襄阳武商MALL等7家购物中心向“购物中心化”转型并在各自区域市场独占鳌头，一批面积在10万平方米以内的微购物中心遍地开花；全面梳理和完善商业品牌，推行标准化，为品牌扩张做准备。重塑“武商梦时代”“武商MALL”“武商汇”“武商里”“武商城市奥莱”“武商超市”六大商业体系，武商超市打造“武商优选”等6个自有品牌商标。

陈军表示，武商集团的初心是“做中国民族商业领袖企业”，更名既能更好反映公司业务实际情况和未来发展战略定位，也能增强投资者信心，提升公司的市场影响力，将国有资产做大做强。

再投1亿“武商券”助力消费提振

经历疫情的冲击，湖北把稳增长放在更加突出的位置。

“武商要稳，必须做好‘三服务’——服务员工、服务合作伙伴、服务顾客。”陈军说，武商集团扎根武汉、立足湖北，始终与湖北人民同呼吸共命运，时刻践行大型企业的责任和担当。

2020年，武汉遭受疫情冲击，武商集团赶在春节前为供应商预结货款11亿元，同时执行全国同业力度最大的纾困政策，为供应商减免各项经营费用9亿元，与供应商“共生共长”。2021年，武商集团又对供应商开展“一店一策”帮扶，助力他们“稳”下来，“挺”过去。

2021年，武商集团为全体员工加工资、餐补，改善工作环境，员工幸福感增强，企业凝聚力提升。

2020年以来，每次政府发放消费券，武商集团均最先响应，并配合发放武商券，勇当商业重振“领跑者”。

2020年4月，武汉首次发放消费券，武商集团配发“武商消费券”与武汉消费券叠加使用，撬动消费的杠杆率超过14倍。2021年，湖北发放四轮消费券，武商集团也同步推出武商券，配套活动优惠力度超过前一年。2022年湖北消费券即将发放。陈军透露，2022年将以“鄂武商A”中国商业第一股上市30周年为契机，投放1亿元“武商券”助力武汉消费提振。

（《湖北日报》2022年6月8日四版）

扫码看视频

蕲艾产业协会会长、湖北蕲艾堂科技有限公司董事长田群——

让千年蕲艾历久弥新

湖北日报全媒记者　柯利华　刘毅

◆ 2022年6月2日，蕲艾产业协会会长、湖北蕲艾堂科技有限公司董事长田群（右）做客湖北日报企业家全媒体纵横谈。（湖北日报全媒记者　薛婷　摄）

企业名片

2013年，湖北蕲艾堂科技有限公司诞生于中国艾都——蕲春县，是一家集蕲艾种植、研发、生产、销售、蕲艾制品OEM/ODM、技能培训、艾灸馆加盟及品牌运营于一体的现代化科技型企业。

蕲艾堂以国家地理标志保护产品“蕲艾”为核心原材料，糅合现代生产工艺，开发出七大系列100多种蕲艾养生产品，包括艾条、艾绒、艾饼等传统原料；蕲艾灸贴、眼贴、足贴、颈贴、腰腹贴等各种灸贴；蕲艾精油、蕲艾足浴、蕲艾日化、蕲艾礼盒、蕲艾家纺等深加工产品。公司日产灸贴200万片，是行业一流的艾灸贴供应商。

精彩语录

做队友，不做对手。我们协会引导蕲艾企业抱团差异化发展，形成“创立自我，追求无我”的产业格局。

茅台好喝，因为用赤水河之水酿造；蕲艾之所以好，因为我们有全世界独一无二的艾品种。

蕲艾协会所有企业家已形成一个共识：不能光吃祖宗饭，得给子孙留下金饭碗。

世界艾草看中国，中国艾草看蕲春。

“家有三年艾，郎中不用来。”《本草纲目》记载：蕲艾“灸百病”。

提起这株千年药草，蕲春人豪气十足。短短十几年，蕲艾产业链从无到有，从小作坊到大工厂，全县2000多家企业“艾”里淘金，带动约20万人通过种植、加工、艾灸服务等方式就业、增收。2019年，蕲艾和潜江龙虾一同入列省级农产品核心大品牌。2021年，蕲艾产值达80.88亿元，品牌价值以98.69亿元位居全国区域品牌排行榜第37位。

2022年6月2日，蕲艾产业协会会长、湖北蕲艾堂科技有限公司董事长田群做客湖北日报5G演播室，畅谈“像酿造茅台一样打造蕲艾”的故事。

一株艾草长出百亿产业

一款艾灸贴，用起来像贴膏药一样方便，贴在穴位上即可；一款眼贴，分冷敷、热敷两种，冷敷做眼膜，热敷就是蒸汽眼罩；还有3.0版艾灸器，下载一款“寻艾App”，就可轻松找到穴位熏灸……

“现在的蕲艾产品解决了普通人不会用艾灸的痛点，不再是传统意义上的艾条、艾柱。”访谈现场，田群展示多款蕲艾产品。他说，这些年，蕲艾企业突出用户思维，个个铆足了劲创新产品，在大健康这片蓝海里找到自己的阵地。

成立只有9年的蕲艾堂，将艾灸贴作为主攻产品，2013年起步销售收入200万元，此后业绩每年翻番，到2019年突破1亿元大关，成为蕲春本地艾企中当之无愧的领跑者，先后获得国家级高新技术企业、省农业产业化重点龙头企业、省支柱产业细分领域隐形冠军培育企业等称号。

田群说，蕲艾堂领跑之路并不孤单，蕲春有 18 家艾企入规、19 家艾企为高新技术企业，均占全县半壁江山，2022 年蕲艾产值可突破百亿元，“成绩归功于蕲艾产业发展独特的双轨制。”

第一条轨道是政府重视。书记县长挂帅产业发展领导小组，设立产业基金，对蕲艾种植、加工、销售全产业链进行奖补，保护品牌、保证品质、保障艾农利益；第二条轨道是行业自律，蕲艾产业协会 2014 年成立，引导蕲艾企业各自培育独特的拳头产品，走差异化发展之路，形成“创立自我，追求无我”的产业格局。

蕲艾产业一度缺少一二三产业深度融合的龙头企业。2021 年蕲春县力补短板，引入上海一家企业联手本土企业湖北蕲仁堂科技有限公司，合资成立蕲艾集团，投资 15.8 亿元建设蕲艾科技产业园，实现当年开工、当年投产。田群说，在蕲春，“蕲艾”两个字很金贵，一般不会同意用于企业名号，协会主动配合县政府，挨个做通会员企业思想，蕲艾集团顺利注册。

对标茅台的“艾中精品”

一款蕲艾产品，价值几何？

田群介绍，在蕲春，蕲艾艾柱最高可卖到 3000 元一支，还供不应求；蕲艾精油附加值更高，每公斤市场价可达 5000 元，开始进入国际大牌化妆品的供应链。

不管是线下还是网上，蕲艾比外地艾产品都要贵一些，这是为什么？人们多有疑问。

田群坦言，确实贵一些，贵在品质好，“我们有一个理念，要像酿造茅台一样打造蕲艾”。

茅台是喝的，蕲艾是用的，这两者能有什么联系？田群娓娓道来：其一，好水出好酒，好叶成佳艾。正如茅台用赤水河之水酿造，蕲艾产自地处北纬 30° 的蕲春，植株一般能达到 2.5 米到 3 米高，叶片肥厚，出绒率高，被业内公认为“世界上最好的艾”。据湖北中医药大学卢金清教授团队研究，蕲艾所含精油、总黄酮、绿原酸、多糖的含量，分别超过其他艾草 2 倍至 8 倍不等，充分证明蕲艾的道地性。

其二，如同茅台越陈越香、越陈越贵一样，自古就有“七年之疾，求三年之艾”之说，制作蕲艾产品的大多是经过三年自然风干陈化的艾叶。三年蕲艾因艾绒金黄，陈化后有效成分得到加强和转化，被誉为“黄金艾”，用来做艾灸火力温和，通筋活络，效果奇佳。

其三，蕲春艾灸疗法和茅台酒制作工艺，都是国家级非遗。近年来，蕲春组织各方力量，以《本草纲目》为蓝本，遍访鄂东民间灸师，挖掘整理新版《蕲春艾灸疗法》，通过推陈出新，蕲艾艾灸已自成体系，有温灸、汤灸、熏灸三种方式，“蕲春艾灸师”获全国“我最关注的劳务品牌”网络投票第一名。在黄冈，所有中医院、国医堂均开设“蕲春艾灸疗法”特色专科，艾灸纳入医保目录。新冠疫情期间，张伯礼、仝小林等院士先后推介蕲艾熏灸。

让品牌家喻户晓

2021 年底，首届“湖北有礼”评选，蕲艾堂出品的“国潮”蕲艾礼盒喜获“湖北十大人气礼品”第一名；2022 年初，在“我喜爱的湖北品牌”电视大赛网络投票活动中，蕲仁堂斩获金奖。

“产品再好，不会吆喝，也难以带动消费。”田群说，蕲艾企业不仅以现代科技赋能传统艾灸，开发出多款产品，更在品牌塑造和营销理念上引领同侪。他透露，“国潮”蕲艾礼盒的包装设计费高达 50 万元，操刀的设计师参与过北京冬奥会的服装设计。

文化赋能，让蕲艾香飘更远。

2022 年 3 月，蕲春艾灸连锁管理有限公司应运而生，借助“蕲春艾灸疗法”这个国家级非遗品牌，打造蕲春艾灸馆“千城万店”。田群介绍，按照文化宣传、标牌服饰、技术疗法等“八统一”要求，2025 年底前将在全国开设 2300 家店，2022 年目标是 500 家，推动艾灸养生保健服务进社区、进家庭、进养老机构。

“艾灸馆有体验感，是向外推介蕲艾品牌的一个最好途径。”田群说，蕲艾协会所有企业家已形成共识：不能光吃祖宗饭，得给子孙留下金饭碗——打造一个家喻户晓的品牌，因为它能为蕲艾产业的发展带来源源不断的动力。

（《湖北日报》2022 年 6 月 23 日五版）

扫码看视频

恒天嘉华非织造有限公司常务副总经理曹仁广——

11年精织"一块布"，冲进全国前三强

湖北日报全媒记者　吴文娟

◆ 2022年6月10日，恒天嘉华非织造有限公司常务副总经理曹仁广（右）做客湖北日报企业家全媒体纵横谈。（湖北日报全媒记者　柯皓　摄）

企业名片

恒天嘉华是由中国机械工业集团有限公司下属公司控股的混合所有制企业，是一家专业生产医疗防护和卫生用非织造材料、制品的企业。

从仙桃市彭场镇出发，从零起步，11年来精织"一块布"，该公司逐步成长为一家享誉国内外的医疗卫生用非织造材料的行业领军企业。公司在中国非织造行业10强企业中排名第三，湖北省第一。

未来，恒天嘉华致力于医疗防护和个人护理两大板块，重点开发可降解、绿色低碳的新型非织造布产品，坚持走高质量发展道路，奋力建设具有全球竞争力的世界一流非织造布企业。

精彩语录

聚焦主业，默默耕耘。

企业核心竞争力的源泉，来自于技术研发和创新。

“合力同行，创新共赢”，“布”同凡响。

它以“一块布”起家，又以“一块布”傲立行业之林。

它“布”同凡响，从小镇企业起步，只用了11年就做成了业内全国第三。

这家年轻却不简单的企业，就是位于“中国非织造布产业名城”仙桃市的恒天嘉华非织造有限公司（以下简称“恒天嘉华”）。

2020年抗疫期间，恒天嘉华响应号召，紧急转产口罩和防护服用无纺布，生产的无纺布可以生产医用平面口罩50亿片，医用防护服700万件。

2022年6月10日，恒天嘉华非织造有限公司常务副总经理曹仁广做客湖北日报5G演播室，畅谈“一块布”的传奇故事。

“布”里乾坤大，小镇企业拿下多个“国字号”头衔

我们生活中用到的口罩、棉柔巾、消毒湿巾，都有恒天嘉华的身影。

“这都和一块布有关——非织造布，别看小小的一块布，里面可大有乾坤。”曹仁广介绍，“我们公司专门生产‘这块布’——医疗卫生用非织造材料和制品。”

从仙桃市彭场镇起步，11年来，恒天嘉华营业收入由3亿元跨越到25亿元，逐步成长为一家享誉国内外的医疗卫生用非织造材料的行业领军企业。

这块布里有多大乾坤？曹仁广如数家珍。

收获不少“国字号”头衔——

中国非织造创新企业、中国医卫非织造材料研发基地、中国产业用纺织品行业“十三五”领军企业、中国产业用纺织品行业协会常务理事单位。

朋友圈“大佬”频现——

全球三大医疗防护企业麦朗医疗、嘉德诺医疗、哈利涯德医疗的合作伙伴，美国宝洁公司、日本花王、中国恒安、中国稳健医疗等世界500强企业和国内知名企业的主要供应商。

两条世界先进的生产线柔性切换——

亚洲第一条德国莱芬双组份6层纺熔复合生产线，亚洲第二条、国内第一条德国莱芬双组份3层纺粘复合生产线，全智能化操作，可以实现产品柔性切换，灵活生产多品种、多类别产品。

曹仁广认为，恒天嘉华在行业内的影响力，是靠两款拳头产品撬开的。

非织造材料——研究开发出非织造材料系列产品20多个，其中，超越系列蓬松柔软纺熔非织造材料等7项产品在业内位居领先地位；高阻隔性三抗（抗血液、抗酒精、抗静电）产品等10多项属于国内外一流产品。

非织造制品——拥有自有品牌“安立方”口罩、“菲乐朗”棉柔巾，医疗制品及日用品类的商标，逐步建立驰名商标品牌。

“像你看到的这个安立方口罩，就是我们利用自己独特的超越系列蓬松柔软纺熔非织造材料制造的，更加柔软、透气和舒适。”曹仁广拿起一款公司的明星产品现场推介，“如果佩戴我们这款口罩，体验感特别好。”

“不创新，毋宁死”，打造全国最大医疗感控非织造材料生产基地

“公司核心竞争力的源泉，来自企业的技术研发和创新。”曹仁广坦言，“不创新，毋宁死。”

11年来，恒天嘉华紧盯创新，持续用力，练就了不少“独门秘笈”——

公司是湖北省唯一生产三抗非织造材料的企业，国内最大的医疗感控（手术室感染控制）非织造材料的生产基地；

国内第一家双组份纺熔非织造材料生产厂家，也是国内唯一一家可以全面生产双组份纺熔和纺粘多层复合产品的公司；

美国宝洁公司皮芯双组份无纺布和全棉水刺面层无纺布的国内唯一供应商。

“近几年研发投入都超过销售额的5%，特别是近3年，投入了近1.5亿元的研发经费。”曹仁广说。

该公司引进了一批博士、硕士和非织造行业资深技术专家人才；投资3000多万元，建立了5个理化实验室和1个微生物实验室，拥有先进的产品研发和检测仪器，可以覆盖医疗卫生用非织造材料的全指标检测。

公司还与华中科技大学、东华大学、青岛大学和武汉纺织大学合作，研究开发出具有自主技术产权的产品20多项。在非织造领域，拥有80多项发

明专利和实用新型专利；参与制定 1 项国家标准，10 项团体标准。

“我们非常注重人才和技术工人的培养。”曹仁广介绍，公司以省级劳模创新工作室为平台，进行产品开发、技术创新、培育人才，提升员工素质，推动企业高质量发展。截至目前，一人荣膺全国五一劳动奖章，一人获得湖北省五一劳动奖章，一人成为荆楚工匠。

争分夺秒驰援一线，紧急转产哪怕产能损失 85%

2020 年疫情防控期间，仙桃累计生产了湖北 80%、全国 40% 的防护物资，作为龙头企业的恒天嘉华紧急复产复工，跑出了保供加速度。

“开足马力、高速运转，背后付出了艰辛的努力。”曹仁广说。

2020 年 1 月 26 日虽然是大年初二，恒天嘉华迅速组织所有人员，取消休假，转产口罩和防护服用无纺布。

当时，被称为口罩“心脏”的熔喷无纺布，是医用口罩生产的重要原材料之一，市场供应严重不足。

恒天嘉华原本生产纺熔复合无纺布，不是专业生产熔喷无纺布的企业。1 月 27 日开始，在转产熔喷无纺布导致产能损失 85% 的情况下，恒天嘉华不惜代价、不计成本，投入 3000 万元进行设备改造，紧急转产熔喷布。

由日产 2 吨、5 吨，再到 10 吨、20 吨、40 吨！抗疫期间，恒天嘉华累计生产熔喷布 4178 吨、防疫用各类无纺布 13022 吨，生产的无纺布可以生产医用平面口罩 50 亿片，医用手术服或防护服 700 万件。

2 月 1 日，公司又接到口罩保供任务，3 天时间内，从购置首条口罩生产线起步，紧急转产医用平面口罩，从日产 10 万片到 50 万片，再到 100 万片、200 万片、300 万片。

回首当初的争分夺秒，曹仁广的心头总会涌起一股暖流：“当时改造转产困难很大，技术人员分散在全国各地，大家想尽一切办法，第一时间返岗。”

“有一名员工当时腿受伤，硬是拖着行李箱从天门南站步行 2 个小时回到仙桃，有的员工连夜开车 1500 多公里逆行回到公司。”

为了让改造设备尽快生产出合格产品，设备工程师陈剑 3 个月连轴转，吃睡在车间，将 5 条生产线全部调整为用于生产医用口罩和防护服材料。为了早一天生产口罩，他和同事紧急组建攻关组，连续奋战 3 个昼夜，调试 10 条口罩生产线。

疫情之后，全国同类产业迅速壮大，“追兵”越来越多、越来越近，恒天嘉华加快了奔跑的步伐。

“奋力建设具有全球竞争力的世界一流非织造布企业。”曹仁广说，仙桃将非织造布产业作为该市工业第一产业，大力培育和发展，全力打造区域公共品牌“仙桃无纺布”，借此东风，恒天嘉华将乘势而上，加快产能升级、结构升级、品牌升级，在“一块布”上书写新传奇。

（《湖北日报》2022 年 6 月 30 日十三版）

扫码看视频

华彬快消品集团夏金顺讲述投资湖北的故事——

一罐红牛，拉动咸宁"一瓶水"产业

湖北日报全媒记者　陈会君　周鹏

◆ 2022年6月21日，华彬快消品集团芙丝生产基地总经理夏金顺（右）做客湖北日报企业家全媒体纵横谈。（湖北日报全媒记者　朱熙勇　摄）

企业名片

华彬集团于1984年创立，董事长严彬是第十三届全国政协委员、中国侨商联合会荣誉会长。经过近40年发展，集团已成长为一家国际化、多元化的跨国企业，业务涵盖快速消费品、绿色健康、通用航空、健康生态园、资源能源及文化体育等众多领域和产业。

华彬集团在湖北投资有特殊的情感。自2005年7月1日以来，华彬集团先后在湖北投资建设了红牛维他命饮料（湖北）有限公司和华彬快消品集团芙丝生产基地等多个产业实体。红牛维他命饮料（湖北）有限公司2005年在咸宁开建，2006年7月1日第一罐红牛下线，截至2022年6月30日，累计生产红牛饮料突破165.8亿罐。2015年9月25日，华彬集团再次牵手湖北，与十堰竹溪合作，2018年6月，VOSS天然矿泉水湖北生产基地投产。

精彩语录

武汉是英雄的城市，湖北人民是英雄的人民。作为伟大抗疫精神发源地，在新时代，抗疫精神必将鼓舞华彬各个产业在湖北“逢山开路、遇水架桥”，在大健康产业和实业方面快速发展。

“渴了喝红牛，困了、累了更要喝红牛”等红牛的广告语，大家已耳熟能详。27 年前，华彬集团董事长严彬牵线中泰企业合作，创立了红牛维他命饮料有限公司（以下简称“中国红牛”），并将产品首次命名“红牛维生素功能饮料”，率先拿到保健食品批文。严彬也被行业誉为“中国功能饮料之父”。

进入中国市场 27 年，红牛一直是业内“学霸”，其长盛不衰的秘诀是什么？跟湖北又有什么关联？

2022 年 6 月 21 日，华彬快消品集团芙丝生产基地总经理夏金顺，代表华彬集团走进湖北日报 5G 演播室，分享华彬的湖北故事。

落子咸宁，累计生产值突破 471 亿元

作为快消品，一般都有生命周期。很多饮料品牌走向市场又淡出市场。红牛在中国市场稳当“学霸”27 年：配方不变、包装不变、价格不变。

夏金顺说，俗话说，天不怕地不怕，就怕“学霸”放暑假。“在快消品市场里当‘学霸’，也得下真功夫。”

创立伊始，中国红牛就投入巨资开拓市场和培育功能饮料消费理念。这么多年过去了，集团始终坚持做好产品，始终关心关注消费者的诉求，始终用心解决市场上的每个问题。

“大家在街头买到的红牛，很可能是在咸宁生产的。”夏金顺说，2005 年 7 月 1 日，红牛维他命饮料（湖北）有限公司项目签约，严彬董事长决定在咸宁打造一个年产量 12 亿罐的红牛饮料生产基地。当年 11 月 12 日，项目开工，2006 年 7 月 1 日，第一罐红牛饮料下线。该项目从考察到建成投产仅用了 15 个月。

为什么选择咸宁？夏金顺介绍，华彬对湖北非常有感情，咸宁有着很好的交通区位优势、生态环境优势，营商环境也很好，多个因素叠加，集团最终落子咸宁。

咸宁生产基地不负众望。2021年5月26日凌晨，咸宁基地第150亿罐红牛饮料成功下线，14年零10个月的时间，累计生产值突破471亿元，为湖北和咸宁经济作出了贡献。

在红牛的带动下，今麦郎、华源、安利、元气森林等众多世界知名品牌汇聚咸宁，食品饮料产业已成为咸宁重要产业之一。目前，仅咸宁高新区，饮料食品产业规模以上企业就有12家，2021年工业总产值82亿元，实现税收10亿元。

投资竹溪，让“中国水”成为“世界水”

时隔10年，华彬集团2015年在湖北投资天然水国际品牌：VOSS(芙丝)。

夏金顺介绍，VOSS原产自挪威。2015年，华彬集团收购VOSS，计划在国内找到一处与挪威一样“纯粹”的水源地。考察团队考察了多处水源地，最终选择了神农架西麓的竹溪县。

神农架是国家级生物多样性典范区、我国植物界的“绿色基因宝库”和南水北调中线工程水源涵养区，是名副其实的“天然氧吧”。经权威机构检测，所选水源地的水龄有上万年，水龄越高，水的污染越小，水的活性越高，水质“高锶、低钠、弱碱”，常年水温11.5℃，口感清冽。2021年12月，该水源地通过生态原产地保护产品认证，是目前唯一“湖北神农架”原产地认证的矿泉水资源。

夏金顺坦言，投资竹溪成本很高，但严彬先生感恩于湖北人民为南水北调工程所作的贡献，本着“不能让老实人吃亏”的朴素心愿，毅然决定投建，希望将“中国水”变成“世界水”。

芙丝生产基地2015年12月动工，克服了滑坡、水灾、雪灾等困难，于2018年6月投产，目前累计投资7.69亿元，建筑总面积9.2万平方米，全厂现有10条生产线，可生产多种规格水产品，二期引进德国克朗斯全自动超净系统生产线2条，年产能达到33万吨。

履行责任，为区域经济贡献力量

芙丝生产基地不仅仅生产水，该企业还参与扶贫等多项公益活动。

夏金顺介绍，VOSS矿泉水落地竹溪，带动了当地基础设施、物流运输、农产品商贸、旅游服务等产业发展。目前，已有2家物流公司、3家合作社和 2 家产品包装厂与 VOSS 工厂建立合作关系。

“我们将以‘造血式扶贫’助力竹溪乡村振兴。”夏金顺说，建厂时，公司对符合条件的贫困户优先录用，并为他们进行一对一培训，部分技术人员还派出去学习，让他们掌握一技之长。截至目前，VOSS 工厂已解决当地近 200 人就业。

同时，严彬先生及华彬文化基金会每年投入 30 万元支持当地教育事业，鼓励年轻教师在山区支教，资助贫困生完成学业。2020 年新冠肺炎疫情暴发，华彬快消品集团紧急调集千万元物资，支持湖北及全国各地抗击疫情。

夏金顺表示，华彬和 VOSS 品牌将继续履行社会责任，主动对接华彬集团在健康产业、文化旅游、通用航空等领域的资源项目，为湖北发展贡献力量。

（《湖北日报》2022 年 7 月 1 日六版）

扫码看视频

湖北省农业生产资料控股集团有限公司党委书记、董事长彭光明——

农民“老朋友”，农田“新保姆”

湖北日报全媒记者　汪子轶　通讯员　李荣　王晓博

◆ 2022年6月13日，湖北省农业生产资料控股集团有限公司党委书记、董事长彭光明（右）做客湖北日报企业家全媒体纵横谈。（湖北日报全媒记者　柯皓　摄）

企业名片

湖北省农业生产资料控股集团有限公司，是湖北省供销合作总社直属企业，省内最大的农资流通企业，现注册资本2亿元。集团现有15个农资主营业务子公司，在省内拥有14家农资配送中心、13家基层直营店、547家“三农”服务中心（庄稼医院）、910家农资加盟连锁店，主要经营化肥、农药、农膜等农资产品，2021年实现营业收入50.83亿元，业务遍及国内23个省区。多年入选“中国服务业企业500强”等榜单，位列中国农资流通企业综合竞争力百强第一方阵。

精彩语录

湖北农资，货真价实。情系荆楚，服务“三农”。

站在新的历史起点，全体湖北农资人，将秉承供销社“扁担背篓精神”，不忘初心，砥砺前行。

向以农业投入品为主的现代农业综合服务商加速迈进，朝着加快成为服务农民生产生活的综合平台与党和政府密切联系农民群众的桥梁纽带而不懈努力。

从鄂西山区的枝头硕果，到江汉平原的稻米飘香，农业农村，始终是保障我省经济持续健康发展的“压舱石”。始创于1952年的湖北省农业生产资料控股集团有限公司（以下简称“湖北农资”），始终聚焦“三农”主责主业，已成为陪伴我省广大农民走过70载岁月的“老朋友”。

这家企业凭什么最让湖北农民信赖？这位“老朋友”又有着怎样的故事？2022年6月13日，湖北农资党委书记、董事长彭光明做客湖北日报5G演播室。

农资保供“不断档”

化肥是粮食的“粮食”，在农业生产资料中占比较大，其销售紧随农时，有淡、旺季之分。湖北农资作为省级化肥淡季商业承储企业，承担着农资储备、保障供应的重任，坚持为农民平价或低价供应农资。旗下企业多次入选“全国供销总社农业生产农资保供重点企业名单”。

从2016年湖北汛情后捐赠55吨化肥；到新冠肺炎疫情期间不讲条件、不算小账，克服困难抢抓调运、平价销售；再到2021年8月随州暴雨灾害后第一时间赶赴现场……近年来，这位农民的“老朋友”一直是我省农资保供的“主力军”。2022年来，国内化肥市场供需偏紧。彭光明透露，2022年春节前后，公司全体员工第一时间投入到春耕保供行动中。

生产，抓起来！集团旗下的潜江富来地、枝江佳玛驰公司满负荷运转，实施两班倒，确保生产不断、产量不减，春耕期间日均产量达1500吨，日均发运量达2000余吨，确保春耕订单如期交付，满足春耕用肥高峰。

调运，转起来！钾是农作物生长三大必需的营养元素之一，对作物稳产、高产有明显作用。“我省钾肥资源相对缺乏，集团安排专人在青海驻厂进行采购、调运。”彭光明介绍，2022年来，集团在加大自采供应的同时，还承办了3万吨国储钾肥在湖北区域的投放工作，从签订合同到钾肥送到厂内投入生产用时不到15天。

储备，稳预期！通过构建完善的农资配送网络，打通“最后一公里”，春耕期间，湖北农资敢于郑重承诺：“各区域内农民如有应急需要，请列出所需品种数量和送货地点，我们保证在三天内调运到位！”

质量，有保障！集团坚决推进农资打假行动，开展送肥下乡行动，多年来集团累计捐赠化肥 3000 多吨，优惠供应化肥 10 万多吨。

服务，不打烊！ 2022 年以来，集团组织专家走进田间地头“把脉问诊”，开展农技服务及田间指导 70 余场，建设试验示范田 60 余块。近 5 年，集团培训“庄稼医生”1400 余人次。

“明星肥”拿下“全国首创”

“庄稼一枝花，全靠肥当家”。我国正在积极推进化肥农药减量增效。在湖北，在提升施肥专业化、集约化水平和肥料利用率方面，湖北农资一直走在前列。

在湖北农资入股的湖北佳玛驰生态农业有限公司，有一款神奇的“明星肥”，区别于传统常规肥料，这款高塔造粒的有机－无机全水溶复合肥产品能够调节土壤酸碱度、改良土壤结构、提高肥料的利用率，可减轻常规肥料所带来的环境污染问题，果、菜、茶和大田作物都通用，写下了一项“全国首创”。凭借这款肥料，佳玛驰公司成功入选“专精特新”企业。

彭光明介绍，佳玛驰公司产品主要以缓（控）释肥、水溶肥、液体肥、腐植酸为主，以有机肥替代化肥，是湖北农资推动实现“从单质肥向复合肥，从低含量向高含量，从化肥向有机肥的三个转变”，筑牢“绿色供销”农资服务品牌的重要抓手。

该公司打造的“测土配方肥”，能让土地“缺啥补啥”，配制过程就像医生看病一样，先检查，再开方。先测定土壤成分，了解土壤养分含量的状况，再计算出需要的各种肥料及用量，得出配方并科学施肥，让作物长得更好更壮。

近年来，湖北农资与禾大科技、省农科院等单位开展合作，在随州、天门、潜江、宜昌建设了 4 家智能测土配肥中心，通过优化氮、磷、钾配比，增强大量元素与中微量元素的配合增效作用，让土壤作物营养更高效，有效辐射了方圆 100 公里的销售范围。

让湖北新农人越来越“潮”

每年立夏过后便是水稻施肥的农忙天。以往，农人们总是面庞黝黑，汗水透衣；而如今智能植保无人机实现了“机器替人”，省时省力又省人工。

2022 年 5 月，在湖北农资专业飞防团队帮助下，洪湖市乌林镇香山村水稻种植大户沈智坐在家中轻松完成了 1500 亩水稻田的施肥作业。原来需要 30 个人 5 天的工作量，该团队用 3 台无人机仅 2 天便完成了。

告别“面朝黄土背朝天”，一批“新潮”的高科技武器正走进田间地头。

近年来，湖北农资正着力打造“数字农田”，通过网络通讯技术，实现对农作物生长中温度、湿度、光照度情况的获取，提高农作物品质，解放农民双手。

“如果大家 3 月到我们松滋数字农田基地来，就能领略湖北现代农民的风采了。”彭光明笑着描绘该基地的春耕新图：一排排育秧硬盘整齐摆放，埋在地下的水肥一体化设施正在给秧苗喷洒浇水，育秧大棚内温度、湿度、光照度等各类参数实时传导至中控室电子屏上，无人机精准地在水稻田上空来回施肥……

湖北农资旗下湖北供销现代农业服务（松滋）示范基地现有生产基地 2200 亩。已建成农业监测与控制、农事档案追溯等智慧农业云平台，数字化育秧工厂占地 1.6 万平方米，拥有标准化温室育秧大棚 40 个，服务供秧面积达 1 万亩。据统计，该基地每年统防统治服务面积达 5 万亩以上。

种地更轻松了，土地却留不住人，怎么办？

在城镇化推进过程中，农业种植规模化、集约化、产业化已成趋势，“谁来种地，怎么种地”成为亟待破解的难题。彭光明透露，近年来，湖北农资助力打造“农民外出打工，供销社为农民打工”服务品牌，做了一些有益尝试，为农业种植养殖提供“保姆化”全程服务。他们依托旗下的农资配送中心等，从代耕代种开始，“包办”测土配肥、统防统治、农机作业等服务，因地制宜开展土地托管服务，成为广受农民欢迎的“新种田人”。

目前，湖北农资打造的松滋示范基地围绕“耕、种、管、收、烘、储、加（加工）、销”八个环节，已实现土地托管及流转面积 1 万亩，辐射周边 12 个乡镇，成为湖北农资和湖北供销智慧农业和农业社会化服务示范窗口。2022 年，该集团计划实现土地托管覆盖面积 8 万亩次。

（《湖北日报》2022 年 7 月 5 日四版）

扫码看视频

中电光谷联合控股有限公司总裁黄立平——

深耕产业服务，引领区域产业组织方式变革

湖北日报全媒记者　张真真　通讯员　张秋菊

◆ 2022年6月22日，中电光谷联合控股有限公司总裁黄立平（右）做客湖北日报企业家全媒体纵横谈。（湖北日报全媒记者　魏铼　摄）

企业名片

中电光谷联合控股有限公司组建于2004年，是香港联交所主板上市的产业园区运营集团，第一大股东为中国电子信息产业集团有限公司（中央管理的国有重要骨干企业，以下简称"中国电子"）。

中电光谷以中国电子网信产业资源为依托，以全生命周期园区运营服务为基础，积极响应国家战略，全力支撑中国电子网信产业生态和"数字中国"建设战略，致力于推动构建"央企带动，大中小微企业联合创新"的产业体系，打造以产业集群化、服务智能化、投资网络化为特征的产业资源共享平台。

精彩语录

真正能够抗周期性的是企业的价值观和企业的文化。

一个真正有价值的企业，它首先应该体现为社会价值，市场所需的背后是社会所需。

产业园区的核心目标是服务产业、服务企业。

制造业提升，很大程度上体现为制造业的装备水平和数字化能力的提升。

下一代科技企业孵化器，更重要的是要提供具有公共科技创新功能的服务。

从光谷软件园起步，到光谷金融港、光谷生物城、武汉未来科技城起步区……

从武汉，到鄂州、黄石、黄冈……

从湖北，到山东、上海、深圳……

如今，中电光谷联合控股有限公司（以下简称“中电光谷”）在全国42个城市开发运营各类主题产业园76个，运营园区面积超3000万平方米，服务企业及各类技术创新机构逾8000家。

作为中国电子旗下的产业园区运营公司，中电光谷以园区运营为主体，园区开发为支撑，产业投资为引擎，持续深耕产业服务。“我们打造以产业集群化、服务智能化、投资网络化为特征的产业资源共享平台，推行‘系统规划方法论’和‘综合运营方法论’。”2022年6月22日，中电光谷总裁黄立平做客湖北日报5G演播室时表示，公司正探索产业园区的新时代“平台赋能”综合运营模式，打造超级产业生态，培育城市创新活力，为区域经济转型升级和可持续发展提供综合解决方案，引领区域产业组织方式变革。

业绩逆势增长，社会价值报告获评五星

2021年，中电光谷逆势增长。公司年报显示，2021年其销售收入同比增长48.6%，净利润同比增长37.9%，经营活动现金流同比增长57.7%。

“从某种意义上讲，真正能够抗周期性的是企业的价值观和企业的文化。”黄立平说，中电光谷一直把追求社会价值作为第一目标。一个真正有价值的企业，它首先应该体现为社会价值，市场所需的背后是社会所需。“逆势增长，正好反衬了我们在当前环境中，把社会价值放在首位，适应了社会

的需要。”

“产业园区的核心目标是服务产业、服务企业。这些企业最大的需求是降成本、提质量、立品牌。它就需要更有特色的建筑设计，更好的工作环境，还有可控的成本。”黄立平表示，“他们针对不同区域、园区内不同企业，实行‘私人订制’个性化规划。”

在不同城市布局产业园区，中电光谷提出“一城一法”“一园一策”。根据每个城市的科技产业禀赋、文化脉络等特色，他们针对性地策划和设计。对于科技企业发展比较好、科技人才比较多的区域，发展科创氛围园区；对于制造业结构比较完整的，发展综合性制造业园区；对于龙头企业明显的区域，则围绕龙头去打造产业链。

针对一个园区内不同企业，中电光谷 2021 年提出“敏捷定制”。黄立平表示，敏捷定制的核心是“定制”，即按照企业个性需求，量身打造专属空间；侧重在“敏捷”，即普遍的快速反应，高效完成项目建设，充分表现不可替代的服务优势。“经过一年多尝试，我们在很多城市取得成功。地方政府比较为难的用地不大的制造型企业，在我们园区都实现了个性化需求。”

中电光谷发布的《2021 社会价值报告》，经中国企业社会责任报告评级专家委员会评级小组评定，获得综合评级五星。

布局“武鄂黄黄”成效显著，探出光谷科技成果产业化新样本

省第十二次党代会提出，努力建设全国构建新发展格局的先行区。

“我理解首先是高质量产业发展的先行区，湖北有较好的高新技术产业基础，较完整的制造业基础，农业竞争力也颇具特色。”黄立平认为，在新发展阶段，湖北如何更好地配置要素，更好地发挥武汉科创的引领作用，在区域协调发展方面大有可为。

他介绍，光谷生物城不少企业经过 10 多年发展，无论是创制新药还是仿制药，有的取得了二期临床，有的取得了一致性评价，很快就可以产业化。

“但是制造原料药，无论是环境评价还是安全性评价，都适合放到化工园区。如今，湖北有 51 个化工园区，具有很好的原料药生产的承载条件。”黄立平表示，“原料药生产，在制药领域特别是创新药、生物药等领域，附加值是最大的。光谷生物城这一批企业的成果，如何率先在湖北实现产业化，需要重点谋划。”

2022年5月，中电光谷已与宜昌当阳市对接，就规划原料药基地做深入研究。

黄立平表示，组织产业，不同于一个工厂、一个工艺流程的设计，它涉及城市规划、产业规划、要素组织，是一个很复杂的系统，“而这些正是中电光谷擅长的，我们会在这些方面寻找更多的要素组织的抓手，为湖北未来的产业布局、质量提升尽力发挥更大作用。”

实际上，过去几年，中电光谷在“武鄂黄黄”城市群的布局，已经取得了显著成效。

中电光谷与省科技厅、葛店开发区共同打造的鄂州光谷联合科技城，聚焦光谷地区科技创新成果产业化，目前已汇聚60多家光电子信息领域相关企业，成为葛店开发区最重要的产业培育聚集地。

黄石光谷联合科技城、黄冈光谷联合科技城相继建成，也迅速成长为当地承载光谷科技成果产业化的重要基地。

“光谷以科技创新、引领性产业为主，带动性、溢出性的产业在周边及特色区域发展，这其实就是一个新格局。”黄立平表示，中电光谷这些年在“武鄂黄黄”乃至全省的探索，书写了一个区域协调产业发展的全新样本。

数字赋能创新生态，布局科技企业孵化器未来模式

当前，武汉市正深入实施工业提升三年行动，着力推动产业综合实力和核心竞争力再上新台阶。

早在2020年，中电光谷提出“智造·武汉”计划，在新洲、蔡甸、江夏等地布局数字化、智能化产业基地，全方位整合数字制造、5G、人工智能等技术，更好利用科技推动武汉制造业转型升级。

“武汉未来的发展，无论是规模扩大还是质量提升，我个人认为最有可能实现的突破口是制造业。”黄立平表示，制造业提升，很大程度上体现为制造业的装备水平和数字化能力的提升。

位于蔡甸区中德国际产业园的中电光谷数字产业园，正打造价值链与创新链双向融合示范园区，帮助更多制造型企业抓住数字经济发展机遇。

走进位于阳逻经济开发区的中电光谷智造中心展厅，大屏幕上一组组数据实时跳动，上下游入园企业、招商服务、停车信息等一目了然，智慧园区的气息扑面而来。

中电光谷通过自主研发的中国电子智慧产业园平台，实现了园区基础设施设备数字化、企业服务数字化、产业资源数字化，大大提升了园区运营效率，实现更好的要素对接、供应链体系整合，深受园区企业青睐。目前，该平台已经在全国17个城市23个项目上线。

4月，中电光谷有两家单位获批国家级科技企业孵化器。至此，中电光谷已拥有8个国家级科技企业孵化器，10个国家级众创空间，行业领先。

“下一代科技企业孵化器，不仅仅是提供最基本的政策性对接服务和要素服务，更重要的是要提供具有公共科技创新功能的服务。”黄立平介绍，其中最主要包括公共实验设备及平台，“目前，我们在集成电路设计、医疗器械研发、新药创制、数字创意等领域布局，去探索科技企业孵化器的未来模式。”

（《湖北日报》2022年7月9日三版）

扫码看视频

正大集团农牧食品湖北区总裁杨秀涛——

深耕荆楚30年，强壮农牧产业链

湖北日报全媒记者 夏永辉 刘汉泽 **通讯员** 石娟 范小青

◆ 2022年6月23日，正大集团农牧食品湖北区总裁杨秀涛（右）做客湖北日报企业家全媒体纵横谈。（湖北日报全媒记者 柯皓 摄）

企业名片

正大集团成立于1921年，是泰籍华人创办的知名跨国企业，以农牧食品、商业零售、电信三大事业为核心，同时涉足金融、地产、制药、机械加工等10多个行业领域，业务遍及全球100多个国家和地区，员工超45万人。

正大集团自1992年进入湖北以来，总投资超过60亿元，年产值超过200亿元，现有企业24家，遍及以武汉、襄阳、宜昌为核心的三大都市圈，覆盖猪、肉鸡、蛋鸡、鱼、虾、蟹等种类的饲料、养殖和食品等业务。

精彩语录

相信中国，扎根于斯，利国利民利企的事业一定能做大做强！

做世界的厨房，做人类能源的供应者，正大集团与您同行！

1979年，中国对外开放大门打开，泰国正大集团成为第一家进入中国的外资企业。

1992年，邓小平同志南方谈话开启了新一轮改革开放大潮，正大集团挺进华中、落子湖北。

经过40多年的发展，正大集团在国内已设立企业600余家，年销售额约1800亿元。其中，汇聚于我省的农牧板块在全国名列前茅：全国最大的饲料生产基地、排名全国前十的种子供应商、正大首个百万头生猪养殖屠宰食品加工基地、正大农牧产业链最全的业务板块等。

“相信中国，扎根于斯，利国利民利企的事业一定能做大做强！”2022年6月23日，正大集团农牧食品湖北区总裁杨秀涛做客湖北日报5G演播室，畅谈企业发展经营之道。

华人回归，扎根热土

“正大集团的经营宗旨是‘利国、利民、利企业’，这是我们一切行为的根本出发点。”谈及正大为何成为改革开放后首家进入中国的外资企业，杨秀涛介绍说，这里面既有华人的感情因素，也有企业的发展考量。

正大集团成立于1921年，是泰籍华人谢易初、谢少飞兄弟创办的跨国企业，2021年全球销售额840亿美元。

虽然正大集团早已国际化发展，但华人血脉仍是联络彼此的天然纽带。在我省历年举办的华创会上，都能看到谢氏企业家们的身影。

20世纪90年代，伴随着“南方谈话”的改革春风，正大集团进军湖北。

“湖广熟，天下足，湖北自古就是农业大省，农牧种类丰富。”杨秀涛说，这是一片生机盎然的沃野和热土，值得企业扎根。

至目前，正大集团已在襄阳建成100万头生猪全产业链，在随州建成5000万只肉鸡全产业链，布局宜昌和咸宁的两条百万头生猪全产业链已全面启动建设，在黄冈的30万只蛋鸡全产业链将扩产到300万只。

正大“襄阳模式”成清华研究案例

农业产业链有链条长、投资大、时间长、见效慢等特点。

1995年，正大集团落子襄阳。公司在产业链设计之初，就确定了四位一体的发展模式，政府＋企业＋银行＋农民合作社融为一体，互相依靠、互相促进、互相激励。

杨秀涛介绍，企业围绕生猪产业链条现代化，推动一产往后延、二产两头连、三产走高端，形成“贯通产加销、融合科工贸”链条完备、紧密衔接、纵横配套的生猪全产业链。

目前，正大集团已在襄阳成立襄阳正大农业开发有限公司、襄阳正大有限公司、正大食品（襄阳）有限公司等 7 家企业，形成年生产饲料 136 万吨、出栏生猪 100 万头、屠宰生猪 100 万头、食品加工 10 万吨的生产能力，打造了从饲料原料基地、饲料生产、生猪养殖、屠宰食品加工，到食品销售、生态循环发展的生猪全产业链条。

“去年襄阳生猪全产业链总产值近 120 亿元，上缴税收近亿元，带动农民就业上万人，增加农民收入超过 2 亿元。”杨秀涛说，依靠地方政府的支持和全体员工的拼搏奉献，襄阳板块实现了税收、科技含量、市场美誉度的三个跃升。

正大集团襄阳板块的发展，被正大集团总部誉为“襄阳模式”，成为清华大学解决“三农”问题的经典研究案例。

全力保障食品安全，产品直供国家队

6 月 8 日，满载着 30 吨猪肉产品的冷链物流车从正大食品（襄阳）有限公司驶出，开往奥林匹克体育中心等 10 多个国家队运动员训练基地。

国家体育总局对运动员食品安全要求极为严苛，要检控兽残、农残、重金属等 108 项食品安全指标、400 多项兴奋剂类指标。

正大食品（襄阳）有限公司猪肉加工采用世界先进的生产工艺，设备控制全自动化，全程冷链运输物流体系，最大程度上保障食品安全。

“我们对一头猪全转化，深加工 1200 个产品，实现猪变肉、鲜变卤、肉变饺。”杨秀涛说，正大食品是全国首批屠宰标准化示范厂、粤港澳大湾区“菜篮子”认证企业，湖北省唯一获得猪肉食品供港资质企业，荣获湖北省食品安全突出贡献政府奖。

公司坚持工业 4.0 和人才 4.0 战略，实践“做出好食品，卖出好产品”的发展理念。

在工业 4.0 方面，公司引进世界最前沿、最领先的生产设备和加工工艺，拥有亚洲单体规模最大的专业化猪饲料加工厂、互联网 + 大数据智能化 4.0

养殖场；投资 5 亿元的全自动卤肉生产线，是目前全球第一条、也是唯一一条全自动化卤肉生产线，年生产能力为 1.2 万吨。

在人才 4.0 方面，公司高薪聘用国际化饲料、养殖和食品专家，并委派优秀干部赴欧洲、美国、东南亚等国家和地区学习，还为高层次人才提供 EMBA 培训研读机会，选拔优秀高校毕业生加入正大集团未来领导者培训计划。

用爱传递温暖，勇担社会责任

除了产业投资，正大集团特别注重参与社会公益事业。

杨秀涛介绍，集团曾先后捐资数十亿元用于支持社会公益事业，资助涵盖了教育、科研、文化、医疗卫生以及环境保护等领域。

正大池阳小学是襄阳市襄州区 2013 年新建学校。近 10 年来，正大集团陆续为学校提供图书室、美术室、饮水设备、体育器材等多方面援建，为农村孩子创造良好的学习环境。

2014 年，正大集团在襄阳成立正大利民行动委员会，设立了专项慈善基金，组织开展一系列的公益慈善活动，包括扶贫慰问、关爱孤寡老人、捐资助学等。

2020 年初，新冠疫情暴发，正大集团在第一时间成立了疫情防控专项小组，制定应急预案，同时成立党员突击队，进行社区保供，先后为湖北 3000 多个小区提供食品供应 2 万多吨，为襄阳、咸宁、潜江、天门、仙桃 5 个地区储备食品近 2000 吨。

杨秀涛介绍，疫情期间，襄阳正大抗疫情、保民生、稳物价，共保障供应畜禽饲料 24 万吨，覆盖超过 6000 个养殖户的 80 万头存栏生猪、1500 万只存栏禽类动物，有力支持疫后复工复产。

（《湖北日报》2022 年 7 月 12 日五版）

扫码看视频

湖北农业发展集团有限公司党委副书记、总经理陈华志——

农业“航母”深耕全产业链

湖北日报全媒记者 崔逾瑜 祝华 **通讯员** 郭小波 王桢磊

◆ 2022年6月24日，湖北农业发展集团有限公司党委副书记、总经理陈华志（右）做客湖北日报企业家全媒体纵横谈。（湖北日报全媒记者 朱熙勇 摄）

企业名片

湖北农业发展集团有限公司是2021年省属国资国企改革中唯一新成立的、以发展现代农业为主业的省属企业。

集团以服务“推进乡村振兴、建设农业强省”为使命，聚焦农产品生产流通、种业研发经营、农业基础设施建设与耕地开发、特色种植养殖、农机服务等业务，巩固加强粮油等重要物资应急储备。

目前，集团总资产234.8亿元，旗下全资及控股二级子公司12家，包括3家国家级重点龙头企业、9家国家级高新技术企业，2个国家级示范园区、1个国家级示范基地，8家省级重点龙头企业、10个省级示范基地。

精彩语录

坚持用市场化、资本化、工业化、智能化思维发展现代农业。

聚焦农业产业发展的重点领域和关键环节，谋划建设一批"顶天立地"的重点项目，以延伸产业链、提升价值链、完善供应链；建设一批"铺天盖地"的惠农利民项目，助力乡村振兴和农业强省建设。

湖广熟，天下足。

长期以来，在迈向农业强省的征程上，荆楚大地一直缺乏一家省级综合性农业平台。

2021 年，省委、省政府作出重大决策，成立湖北农业发展集团有限公司（以下简称"湖北农发集团"）。

作为 2021 年省属国企改革唯一新成立的、以发展现代农业为主业的省属企业，一成立就肩负起打造湖北农业"航母"的重任。

2022 年 6 月 24 日，湖北农发集团党委副书记、总经理陈华志做客湖北日报 5G 演播室，分享集团推进改革创新、努力打造现代农业全产业链生产服务商、建设全国现代农业基地的故事。

绷紧弦拉满弓，打造荆楚农业"航母"

农为邦本，本固邦宁。

为打造国家级农业产业领军企业，2021 年底，省委、省政府因势而谋，成立湖北农发集团。

作为此轮省属国资国企改革唯一新成立的、以发展现代农业为主业的省属企业，湖北农发集团重任在肩。

"根据省委、省政府赋予的功能定位，湖北农发集团将打造成集现代种业、特色种植养殖、农副产品加工及内外贸易于一体的现代农业全产业链生产服务商。"陈华志介绍，集团将围绕守住粮食安全底线和保障重要农产品有效供给，聚焦农产品生产流通、种业研发经营、畜牧水产养殖等主业，用市场化、资本化、工业化、智能化的思维，创新体制机制，力争成为安全优质农产品的供给者、现代农业全产业链的引领者、重大农业基础设施的建设者、乡村振兴战略的实施者、"一带一路"农业合作的践行者，着力打造湖北现代农业“航母”，建设全国现代农业基地。到2025年，力争实现资产总额、营业收入双过500亿元。

开局就是决战，起步就是冲刺。

陈华志表示，集团正式挂牌后，迅速紧弦拉弓，着力实现从“物理整合”到“化学融合”。

资源融合，组建种业集团，建立现代育种基地，全力推广“楚花香”“中昌”食用油、“长江谷王”大米、“好福”牛肉、“楚香黑猪”、“云鹤”盐等知名产品，走规模化、品牌化之路。

渠道融合，各子公司实现渠道共享、平台共建、产品互通，推动成立湖北农垦农场联盟、优质稻米及菜籽油全产业链联合体，实现种植、加工、贸易一体化。

产业融合，聚焦上下游优势资源，成立小龙虾控股集团、湖北水产集团，打造全产业链服务商。

集团成立以来，各项经营指标稳中向好。截至6月底，资产总额达234.8亿元，实现营业收入98亿元。

紧盯科技创新，让产业增效产品增值

“农业靠政策、投入，更靠科技创新。”陈华志说，集团成立后，与高校院所紧密合作，着力解决一批农业“卡脖子”难题，以工业化理念、产业化思维推动农业产业升级，让农产品告别傻大粗，迈向高大上，实现产业增效、产品增值。

集团与武汉轻工大学等院校合作，“吃干榨尽”每颗稻谷，碎米用于生产生物糖浆，稻壳用于生物发电，从米糠中提炼稻米油和用于制药的谷维素，实现从一颗稻谷到一粒米、一滴油、一片药的转变，效益翻十几倍。谷维素项目投产后，年产谷维素片1000万瓶，产值可达6亿元。

种子是农业的“芯片”。集团与中国农科院油料所合作，成功收购王汉中院士团队选育的“中油杂39”高油酸油菜等一批优势品种，依托洪山实验室研发改良生猪品种，加快繁育基地建设，加大市场推广力度，不断提升“湖北芯片”性能。

世界龙虾看中国，中国龙虾看湖北。湖北每年产生小龙虾壳70多万吨，目前大多被加工成虾壳粉作为饲料，每吨两三千元。而虾壳是生产甲壳素的优质原料，加工成衍生产品氨糖，效益增加数倍。为此，集团与华中农业大学、湖北工业大学、省农科院等合作，提炼虾壳中的甲壳素，将其运用到医疗、化妆品等领域，项目将在沙洋加快落地。

"虾形识别定位技术，干啥用的？"为解决小龙虾剥虾尾依赖人工、成本高的难题，集团与科峰公司合作，研发智能剥虾机。利用图像识别定位技术，单台机器每小时剥虾尾5万只，每天开机20小时，相当于45个熟练工人的产出，既可缓解用工难，又大幅降低成本。目前，该技术正在进一步攻关。

聚焦主业，冲刺省内行业"第一股"

2021年，省委、省政府作出加快农业产业化发展的重大决策部署，强力打造十大农业重点产业链。

陈华志表示，"三产联动""接二连三"，支撑带动全产业链发展，湖北农发集团责无旁贷。聚焦重点领域和关键环节，集团谋划建设一批"顶天立地"的重点项目和一批"铺天盖地"的惠农利民项目——

优质稻米产业链，与省内32家加工企业、合作社及新型农业主体共同组建联合体，重点培育"楚花香""长江谷王""二度梅"等品牌，在孝感、黄冈、随州、江汉平原建设优质稻订单生产基地25万亩。

菜籽油产业链，与省内油脂加工企业、新型农业主体合作，扩大种植规模，提升就地加工转化率，建设高品质种植基地，推广高产量、高含油的优质品种，开展大宗贸易，实现鄂油西运、南运。

小龙虾产业链，成立集科研示范、良种选育、养殖加工、智能装备、冷链物流于一体的小龙虾产业控股集团，引进小龙虾自动分选机、智能剥虾机、真空包装机等智能设备，建立甲壳素产业技术创新服务中心，研发高附加值产品。

"培育现代农业上市企业，是产业链建设的重要一环。"陈华志说，目前集团有2家省级金种子企业，1家市级金种子企业。小龙虾产业控股集团、湖北省现代农业公司已启动上市规划，正在开展上市辅导，以上市公司标准规范企业运营。

按计划，2025年底前，小龙虾产业控股集团有望登陆资本市场，成为湖北乃至中国小龙虾第一股。湖北省现代农业有限公司上市后，将实现湖北粮油行业上市企业零的突破。

抢占新赛道，跑出加速度。眼下，湖北农发集团正着手建设一家省内农产品交易中心和种业、粮油、水产、畜牧、蔬菜五大现代农业基地，延伸产业链、提升价值链、完善供应链，夯实重要农产品稳产保供基础，开创延链补链强链新局面，为全面推进乡村振兴，加快农业农村现代化贡献农发力量。

（《湖北日报》2022 年 7 月 15 日五版）

扫码看视频

远大医药集团董事会主席、远大医药（中国）有限公司总裁唐纬坤——

“救命药”“短缺药”贴钱也要做

湖北日报全媒记者　胡蔓　李燕

◆ 2022年6月24日，远大医药集团董事会主席、远大医药（中国）有限公司总裁唐纬坤（右）做客湖北日报企业家全媒体纵横谈。（湖北日报全媒记者　薛婷　摄）

企业名片

远大医药（中国）有限公司是一家集制药、核药及心脑血管介入诊疗科技、合成生物工业（氨基酸系列等）于一体的科技创新型国际化医药企业。企业前身为成立于1939年的八路军太行山革命根据地的卫生材料厂。2008年，远大医药成为香港上市公司——远大医药集团（股票代码：00512.HK）的核心成员企业。目前远大医药拥有30多家成员企业，聚焦领域包括肿瘤诊疗、心脑血管急救制剂、高端心脑血管介入医疗器械、重症及抗感染、呼吸及五官科以及合成生物产品和精品原料药为代表的多个业务领域。

近年来，远大医药秉承“综合优势、创新引领和全球拓展”的发展理念，先后与世界领先的医药企业、海外高新技术公司、大学和科研机构建立了深入的合作关系，前瞻性布局全球创新和科技领先前沿领域，现已在全球设立了5个技术研发平台和5个研发中心，协同推进国际化创新布局。

精彩语录

大医精诚，医者仁心。以满足患者需求为中心，以顺应市场发展为方向，以坚持科技创新为原动力。远大医药一直致力于开发好产品，满足未被满足的临床需求，帮助患者摆脱疾病困扰。

在远大医药83年的发展历程中，我们始终践行长期价值经营的发展战略和秉承“综合优势、创新引领和全球拓展”的发展理念。今天，远大医药已经发展成为一家致力于成为受医生和患者尊重的科技创新型国际化医药企业。未来，我们将一如既往地以满足患者需求为中心，加快各项创新产品引进工作，让更多的国内患者用上与国际良好治疗效果同步的创新药品。

提到远大医药的前身武汉制药厂，很多人并不陌生。它是新中国化学制药的“八大药厂”之一，最早可以追溯到八路军的卫生材料厂。远大医药曾成功研制了中国首支柴胡注射液、首创了胰岛素、并且独创了白内停滴眼液。我国首个抗血小板注射类药物——盐酸替罗非班等也都在远大医药诞生。有着辉煌过去的远大医药，眼下，也有着不同寻常的压力。

“我们夜以继日地工作，就是为中国医生和患者打造全世界最先进治疗方案，创新至极，病有所医！”2022年6月24日，远大医药集团董事会主席、远大医药（中国）有限公司总裁唐纬坤博士做客湖北日报5G演播室，分享远大医药负重前行，不断向医药研究巅峰进发的故事。

不计成本引入肝癌创新药

6月19日，全球唯一一款用于结直肠癌肝转移选择性内放射治疗的产品钇[90Y]微球注射液在中国上市。这是2018年远大医药联合鼎晖投资斥资近百亿人民币从澳大利亚医疗器械公司Sirtex公司引入的全球创新产品。

据悉，钇[90Y]在全球超过50个国家和地区使用，治疗患者超过15万，被多个国际权威机构纳入到临床实践指南并推荐。但在正式引入前，此药在中国并无应用。

“肝癌患者的痛楚一直牵引着我们的视线。”唐纬坤说，这也是企业投入巨大资源让这款创新药服务中国患者的原因。

肝癌被称为“癌症之王”，2022年2月，国家癌症中心发布了最新一期的全国癌症统计数据显示：中国每年肝癌新发病例达40万例，约占全球肝癌新发病例47.6%。多数患者发现时已是中晚期，仅20%至30%的肝癌患者可以通过手术切除进行治疗，且5年内复发率仍高达60%至70%。“因此，我们迫切需要一种治疗肝癌的有效药物。”唐纬坤坦言。

2021年9月，中国工程院院士、清华大学附属北京清华长庚医院院长董家鸿带领北京清华长庚医院多学科医疗团队，在海南省实施了我国首例特许准入钇[90Y]微球注射液–90树脂微球治疗肝癌手术，患者经过治疗后，肿瘤持续缩小，门静脉癌栓完全消退。2022年3月，这位患者在北京清华长庚医院接受了肝部肿瘤切除手术，获得了晚期肝癌的最终治愈。“钇[90Y]微球注射液能够通过释放纯的β射线，在肿瘤内部的血管里杀灭肝脏肿瘤细胞，推动缩瘤，来使肿瘤细胞达到可切除的标准。小试牛刀，结果让人兴奋。”唐纬坤透露。

2022年1月30日，钇[90Y]微球注射液获国家药品监督管理局批准上市。2月以来，天津、陕西、江苏、杭州、湖南、辽宁以及海口等多个省市的三甲医院已为多位患者成功实施钇[90Y]微球注射液精准介入手术。

“以满足未被满足的临床需求为出发点，来进行产品布局。这是远大医药秉持的信念。”唐纬坤说。

不仅用得上，更要用得起

一个价格高昂的药品，必然会让患者的可及性大打折扣。在远大医药看来，药品不仅要让患者用得上，更要用得起。

在引入钇[90Y]微球注射液之时，远大医药就开始了另一番谋划。唐纬坤透露，湖北是远大医药核医学布局的重要战略地，公司正在规划钇[90Y]微球注射液产品生产研发平台的建设，加强新药研发、攻关放射性药品制药技术、发展高端药品医疗器械制造。其更深层的意蕴是，让这些疗效确切但价格昂贵的药品，一步步降低“身价”，为更多的中国患者服务。

唐纬坤坦言，在产品研发方面，研发新药的周期长、风险高，中国市场承受新药研发的成本和风险能力都相对偏弱，为此，公司采用了全球化研发布局的思路，一方面寄托于自己全球的研发中心进行自身研发；另一方面，依靠商务拓展部门在全球寻找最适合、最领先的技术进行国产化落地。今天，远大医药已经发展成为一家拥有全球 30 多个成员子企业的集团公司。通过采用自主研发和全球拓展双轮驱动，远大医药已经形成了国内外双循环联动发展并相互促进的新格局。

通过整合，远大医药实现了产品引进及国产化落地，一批治疗脓毒症、副流感等全球创新产品运用于临床，这不仅极大地丰富了远大医药的产品管线，并一步步降低成本，压缩价格，让大量患者受益。2021 年，企业共完成了 8 项产品引进，其中心脑血管高端医疗器械 4 项、肿瘤领域 2 项、眼科领域 1 项、重症领域 1 项。

“在发展、壮大的过程当中，不断有更多的优秀企业和人才加入进来，一代又一代远大人铸造了企业踏实做事、治病救人、不忘初心的 DNA，这也是我们企业长久健康发展的不竭动力。”唐纬坤感慨道。从 60 余年亏本生产治疗重金属中毒的“救命药”二巯基丙醇到坚持生产 6 个国家级小品种短缺药，在唐纬坤看来，药企追求的不仅是利润，更是一份良心和责任，对于一些患者渴盼的品种，即便是贴钱，也应满足市场之需。

三个重要领域不断发力

唐纬坤深谙，创新是一个药企得以持续发展的不竭动力。

自 2015 年起，随着创新发展理念的深化及国际布局能力的提升，远大医药凭借敏锐的嗅觉，逐步确立精准介入、抗肿瘤、重症及抗感染三个领域为重要布局领域，已形成包括 14 家国内外公司的投资组合和业务伙伴圈。

在技术方面，远大医药取得的创新成果也可圈可点。在精准介入领域，目前已经储备了 10 款全球创新产品，覆盖了冠脉血管介入、外周血管介入、神经介入、结构性心脏病、电生理以及心衰六个方向，其中 2 款药涂球囊产品 Restore 和 Aperto 已经成功上市。此外，远大医药还在北美及欧洲设立了海外研发平台和生产基地，持续进行创新产品的开发；在常州以及武汉光谷分别建立无源产品（无源产品本身不需要驱动源，比如心血管支架、手术刀、一次性使用注射器等）和有源产品（需要使用电、气等驱动的器械，比如各类医用电气类器械，包括超声、激光、高频 / 射频等类型）的研发及生产基地，并已投入使用。

唐纬坤自豪地介绍，公司已在全球 38 个国家和地区开展创新药的临床试验，还积极推进重症及抗感染领域产品的研发。由公司自主研发的全球首创新药 STC3141，已在全球三大洲的五个国家推广，在脓毒症、急性呼吸窘迫综合征（ARDS）、重症 COVID-19 感染、COVID-19 感染引发的 ARDS 四个适应症上获批 7 个临床批件，国际多中心临床也正在全面推进中。

“这些创新产品将会是公司未来新的利润增长点。”让唐纬坤引以为傲的是，截至 2022 年 5 月，远大医药在研项目超过 130 项，其中全球首创项目近 50 项，超过 20 项在海外获批开展临床试验，尤其是公司的心脑血管精准介入平台，已储备 10 款器械产品。此外，覆盖 6 种心脑血管疾病，肿瘤诊疗一体化药物平台已储备 1916 款产品，涉及 913 个癌种。在科研能力方面，远大医药在武汉光谷、澳洲、比利时、美国波士顿和美国圣地亚哥下设 5 个研发中心，分布在海外 7 个国家的 14 个医药成员企业，能够在全球 35 个国家开展研发创新工作。

（《湖北日报》2022 年 7 月 16 日六版）

扫码看视频

湖北安琪生物集团有限公司副总经理郝开银——

“酵母大王”把“最小”的事干到极致

湖北日报全媒记者　雷巍巍　通讯员　黄琼　杨李根

◆ 2022年6月26日，湖北安琪生物集团有限公司副总经理郝开银（右）做客湖北日报企业家全媒体纵横谈。（湖北日报全媒记者　何宇欣　摄）

企业名片

湖北安琪生物集团有限公司始创于1986年，酵母及深加工产品应用于烘焙与发酵面食、食品调味、酿造、人类营养健康、动物植物微生物营养等领域。酵母类产品年产能35万吨，在国内市场占比55%，在全球占比15%，产销规模居全球酵母行业第二。

该公司建有国家级企业技术中心、博士后科研工作站、CNAS国家认可实验室，获得授权发明专利237项。主导和参与制定酵母行业所有的国家和行业标准，两次获得国家科技进步奖，10次获得省部级科技进步一等奖，并获得中国质量奖提名奖、全国质量标杆奖、“国家技术创新示范企业”、“国有重点企业管理标杆创建行动标杆企业”，荣获第三届湖北改革奖（企业奖）。

精彩语录

走出国门之后，我们代表的就不仅仅是宜昌和湖北，而是中国。

安琪主导产品的全球化，注定我们必须市场国际化、制造国际化、人才国际化。

产品和技术是企业的安身立命之本，创新是引领发展的第一动力。

不仅要创新发展，更要绿色发展。

只要坚持朝着一个城墙口冲锋，哪怕再小的事，干到极致，也能成就大梦想。

一袋酵母只有几克，它做到年产能35万吨，产销规模全球第二。

从宜昌到全球，它在沙漠上开辟生产"绿洲"，打开世界看见中国的窗口。

扎根实业、深耕主业、做精专业，从0至100亿元，它用了35年。

它是中国"酵母大王"——湖北安琪生物集团有限公司（以下简称"安琪集团"）。2021年，安琪集团逆势实现销售收入107.69亿元，同比增长20.9%。

2022年6月26日，安琪集团副总经理郝开银做客湖北日报5G演播室，畅谈小小酵母"变魔术"的故事。

深耕主业，把小小酵母做到百亿产值

酵母，普通百姓家的常客。小小酵母到底长啥样？

"酵母实际是种微生物，就像一个缩小版的鸡蛋。正常鸡蛋缩小到万分之一，就跟酵母形状差不多。"郝开银介绍，在自然界中，包括人类的皮肤上，微生物无处不在。"唯独酵母应用领域广泛，可做馒头、面包，酿造白酒、啤酒、葡萄酒。"

疫情期间，家家户户做馒头包子，一袋袋干酵母粉立下汗马功劳。酵母是如何生存的？郝开银如数家珍。

"酵母是有生命的，它能在无氧状态下休眠。"郝开银现场拿起一袋酵母介绍，在和面过程中，酵母吸水后会"苏醒"，从面粉里吸取营养慢慢生长。生长时，它会释放二氧化碳，馒头就发起来了。二氧化碳越均匀，馒头里的孔隙就越均匀，做出的馒头好吃又好看。

为了"好吃又好看"，35年来，安琪集团一直在不断努力筛选优质菌种。

创立于1986年的安琪集团是宜昌市属国有企业，前身是宜昌食用酵母科研基地。从小小酵母起家，如今，安琪集团酵母及深加工产品已应用于烘焙与发酵面食、食品调味、酿造及生物能源、人类营养健康、动植物及微生

物营养等领域。

2021 年，安琪集团销售收入突破百亿大关。作为最早研究和生产酵母抽提物的企业，安琪集团已发展成为全球最大的酵母抽提物供应商，2021 年全年产量超过 10 万吨，是助力安琪集团跨越百亿大关的黑马选手。

“只要坚持朝着一个城墙口冲锋，哪怕再小的事，干到极致，也能成就大梦想。”郝开银总结百亿安琪“秘诀”：扎根实业、深耕主业、做精专业。

埃及沙漠建起中国酵母工厂

国际化和专业化是安琪集团矢志不渝的追求。

访谈现场，郝开银视频连线安琪集团埃及工厂和俄罗斯工厂相关负责人。透过镜头，网友感受到安琪集团浓浓的国际范儿。

2010 年，安琪集团走出国门、开疆拓土，首站选择埃及，在 12 万平方米沙漠上建起一个现代化的工厂。2015 年，俄罗斯工厂紧随其后开工建设，2017 年建成投用。

安琪集团的海外发展之路，为何从埃及和俄罗斯开始？郝开银道出缘由。

首先是产品原材料。糖蜜是生产酵母的原料之一。埃及盛产甘蔗，俄罗斯盛产甜菜，均为酵母生产提供丰富的原材料。

其次是地理和成本优势。埃及是亚非欧交界地，区位优势明显。安琪集团产品从埃及出口到中东、非洲、欧盟等地，可享受零关税。俄罗斯具有能源优势，降低海外生产成本。

“埃及和俄罗斯工厂建成投产，实现安琪主导产品制造国际化，积极融入国际国内市场双循环。”郝开银介绍，2021 年，安琪集团成立 6 个海外事业部，聘用当地员工，深度开发国际市场。目前，安琪集团产品销往 160 多个国家和地区，国际业务规模占比达 30%。2021 年，安琪集团实现外汇收入 4.34 亿美元，同比增长 12.7%。

既要走出去，又要请进来。在郝开银看来，企业的国际化应该是双向的。

近几年来，安琪集团先后组织近百名埃及员工、60 多名俄罗斯员工，到宜昌三峡大学学习中国文化，在安琪集团总部学习技术。据测算，每名海外员工到中国学习，安琪集团需支出近 10 万元，仅此一项成本就接近 2000 万元。

“非常值得！”郝开银语气坚定，“企业走出国门后，代表的不仅是宜昌和湖北，而是中国。”

持续创新焕发“超能力”

据统计，全球酵母产业规模约为600亿元到800亿元。这被认为是行业的“天花板”。

“产品和技术是企业的安身立命之本，创新是引领发展的第一动力。”郝开银现场引用安琪集团党委书记、董事长熊涛的话说，如果说安琪集团过去的发展靠要素驱动，未来跨越式发展，一定要靠创新驱动。安琪集团将依靠微生物菌种和发酵技术，在生物农业、生物化工、生物材料、生物医药等多个方面布局发力，突破行业“天花板”。

现场，郝开银视频连线安琪集团研究院院长张彦博士，带网友走进安琪集团宜昌总部技术中心。

2021年，安琪集团研发投入达6.1亿元，2022年计划继续增加投入，实施40多个重点研发项目和30多个新产品项目。目前，安琪集团已经与华中农业大学、江南大学、中国农业大学、三峡大学等高校，中科院天工所、深圳先进院等科研机构开展合作，建立起国家级企业技术中心、博士后科研工作站、CNAS国家认可实验室、酵母功能湖北省重点实验室等46个国家、省级、市级创新平台。郝开银介绍，安琪集团已累计申请专利近1300件，两次获得国家科技进步奖，10次获得省部级科技进步一等奖，荣获“国家技术创新示范企业”等称号；还孵化8家高新技术企业。

产业发展，不仅看含“金”量，更要看含“新”量、含“绿”量。

“环保也是竞争力。”郝开银说，安琪集团始终把生态效益放在首位。2021年，该公司环保投入达5.13亿元，完成节能减排技改项目28个，减排二氧化碳近两万吨。安琪酵母入选工信部国家级“绿色工厂”。

展望“十四五”，安琪人信心满满：力争实现销售收入200亿元以上，加快迈进国际一流生物技术大公司行列，争当宜昌“强产兴城、能级跨越”的排头兵，为湖北加快“建成支点、走在前列、谱写新篇”，建设全国构建新发展格局先行区贡献安琪力量。

（《湖北日报》2022年7月18日四版）

扫码看视频

中粮湖北区域协同平台主任王世学——

端牢端稳“中国饭碗” 国人餐桌琳琅满目

湖北日报全媒记者　廖志慧

◆ 2022年6月28日，中粮湖北区域协同平台主任王世学（右）做客湖北日报企业家全媒体纵横谈。（湖北日报全媒记者　刘曙松　摄）

企业名片

作为全球布局、全产业链的国际大粮商，中粮集团以农粮为核心主业，聚焦粮、油、糖、棉、肉、乳等品类，同时涉足食品、金融、地产等多个领域，业务覆盖养殖、采购、存储、加工、运输、贸易与分销等上下游环节。2021年，中粮集团营收超6600亿元，利润总额超230亿元，连续三年创历史新高。

精彩语录

好吃又营养的“家佳康”不是一日一时能建成的。

"世界什么问题最大？吃饭问题最大。"这是毛泽东主席在《湘江评论》创刊宣言中写下的一句名言。

民以食为天。保证粮食安全，需要足够的实力。农产品稳产保供国家队主力——中粮集团，则具备这样的底气。

我们每个人的餐桌上，或多或少都有这家企业的产品。一滴油、一块肉、一碗米饭、一片面包，可以说，"有餐桌就有中粮"。2022 年 6 月 28 日，中粮湖北区域协同平台主任王世学来到湖北日报 5G 演播室，带来了丰富美味的"国民餐桌"。

重仓湖北，2021 年中粮湖北区域整体产值约 250 亿元

湖北一直是中粮集团投资布局的重点区域。20 世纪 60 年代，中粮集团就在湖北建立了脐橙出口基地、生猪养殖基地。1962 年 3 月 20 日，满载着中粮供港鲜活商品的第一列"三趟快车"，就是从武汉发出。60 年来，伴随着湖北经济社会的发展，中粮集团在鄂业务不断扩大。

2020 年，中粮集团党组书记、董事长吕军来鄂考察，并与湖北省政府签订战略合作协议。按照合作协议，中粮集团湖北区域协同平台在湖北加大了粮油、生猪、乳业、茶叶、淀粉糖、包装等产业领域，以及城市综合开发运营方面的投资。2021 年中粮湖北区域整体产值约 250 亿元，年度纳税 3.58 亿元，均较"十三五"有显著增长。目前，中粮集团 17 家专业化公司，已有 15 个在湖北落地及开展业务。

粮油产业方面，"我们进一步加大了粮食贸易、仓储物流建设力度，加大了对本地稻谷、菜籽等原材料收购力度。"王世学介绍，2021 年中粮扩建了武汉小麦加工基地，预计 2022 年 10 月投产，届时中粮在湖北的面粉年加工能力将达到 45 万吨。

生猪产业方面，中粮集团在湖北率先建成了从饲料生产、种猪繁育、商品猪养殖到屠宰加工的生猪全产业链。"在武汉，我们成功创立了'家佳康'猪肉品牌，快速向全国复制，目前已在全国布建 100 余个高标准生态养殖基地，配套建设多个屠宰加工厂和肉制品加工厂。"王世学介绍，中粮家佳康除已投资的武汉、黄石、广水产业链外，2020 年又投资 10 亿元在黄冈新建了年屠宰加工 150 万头生猪的现代肉食产业园，已于当年投产；中粮家佳康还将与广水签约再投资 30 亿元，在广水新建一整条新的生猪产业链。

乳业方面，2020 年中粮旗下蒙牛集团投资 20 亿元在武汉东西湖区新建了全球单体规模最大的乳制品产业基地，达产后可年产乳制品 100 万吨，东

西湖区将成为名副其实的乳业百亿产业园。2021年投产至今已生产11.5万吨，产值12.39亿元，累计已纳税近千万元。同时该工厂也是全国最大的低温学生奶生产基地，可满足华中、华南、华东等地区的学生奶供应。

城市综合开发运营方面，中粮旗下大悦城控股近年已投资了150亿元，其中投资70亿元的武汉光谷大悦城2022年初已经营业，成为武汉东部地区第一个投入运营的商业综合体。“我们还积极参与武汉地铁小镇项目建设，蔡甸地铁小镇就是由大悦城控股整体开发的。”王世学表示，这些投资项目，足见中粮集团对与湖北合作的高度重视以及发展的信心。

央企担当，2020年疫情期间为湖北供应44.5万吨物资

中粮集团作为农粮领域最大央企，在急难险重任务前彰显担当。王世学在现场分享了2020年武汉抗击疫情时的几个难忘时刻和相关数据。

第一时间反应，保供、捐助、转产“三箭”齐发。1月23日武汉封城后，中粮集团党组迅速部署，迅速确定了“不停工、保生产、保供应”方针，快速安排挺进抗疫“战场”。从1月24日除夕起，中粮家佳康武汉工厂就组织近百位员工坚守在生产和销售一线，满足武汉市各大商场和超市订单需求；集团旗下牛奶及乳制品加工厂和医用酒精加工厂也未停工，开工率100%；并向社会公开承诺“不断供、不涨价”。

快速向疫情高地捐赠物资。“大年初一，中粮集团知悉武汉要建设火神山医院后，立刻要我们联系中建三局捐赠后勤物资，初二我们在封路限行的紧急情况下克服一切困难，向火神山医院项目现场捐赠了10大卡车米面粮油、牛奶、饮用水等，成为第一时间向火神山医院项目捐赠物资到现场的央企。”王世学回忆。

供应巨量保供物资。自2020年1月23日到5月16日，中粮累计向湖北全省供应了44.5万吨各类保障物资。

连通亿万农户的中粮集团，也是乡村振兴的主力军。

2021年底，中粮湖北区域协同平台为响应省委省政府打造优质稻米产业链的相关政策举措，就高档优质稻“虾稻1号”与仙桃达成了种粮一体化订单农业多方协议，2022年在仙桃市郑场镇已落实订单“虾稻1号”种植一万多亩。“目前田间长势良好，预计2022年秋季可回收高品质原粮1000多万斤，预计为当地种植农户增加200多万元的纯收入。”王世学介绍。

蛋鸡养殖是罗田县的主要农业产业之一，是全县拓展脱贫攻坚成果、实现乡村振兴的关键。中粮期货与罗田县签订精准帮扶合作协议以来，在该县开展鸡蛋品种“保险+期货”业务专场培训，并出资支持鸡蛋“保险+期货”

项目。"把更多金融资源配置到农村经济社会发展的重点领域和薄弱环节，更好满足乡村振兴多样化金融需要。"王世学表示，鸡蛋价格保险以大连商品交易所鸡蛋 2103 合约价格为标的，保障期限为 1 个月，保障金额 348.29 万元，涉及蛋鸡 32.1 万只，鸡蛋 481.51 吨，保障了农民利益。

重视创新，用科技创新端好"中国饭碗"

演播室现场，王世学带来了琳琅满目的"中粮餐桌"。其中，亚麻籽猪肉被摆在了最显眼的地方。

什么是亚麻籽猪肉？"就是在饲料中加入亚麻籽后所饲养出来的猪肉，它的最大特点就是 α－亚麻酸的含量和比例均高于普通猪肉，帮助平衡膳食脂肪酸比例。"王世学介绍。

这可不是吹牛，而是中粮与华中农业大学的合作成果——"一种生产富含 a- 亚麻酸健康猪肉的猪饲料及应用方法"发明专利。

没有科技创新，就没有现代农业。多年来，中粮湖北各企业坚持与湖北各大高校、科研院所紧密联系，开展了多项产学研合作——

以中粮家佳康为例，与华中农业大学动科动医学院（动物遗传育种实验室）合作搭建了猪基因组育种技术平台；2011 年与华中农业大学合作研究的"优质健康猪肉生产的关键技术集成和产业化示范"项目获湖北省科技进步二等奖；2017 年"提高母猪繁殖性能的全繁殖周期调控技术建立与应用"项目获湖北省科技进步一等奖；2018 年，校企合作申报发明专利"一种短期饲喂即可缓解育肥猪运输应激的饲料"，于 2021 年 9 月获得授权。

"中粮家佳康与上述院校的合作，对肉制品的风味营养进行研究，帮助成就了'家佳康'营养健康高端的品牌形象，可见好吃又营养的'家佳康'不是一日一时能建成的。"王世学介绍，中粮与湖北科研院校的合作，推进了农业科技成果转化，推动了先进农业技术传播和科技成果的快速转化应用，提升了产品品质，降低了生产消耗，同时培养了企业技能人才队伍，促进了高校毕业生高质量就业。

（《湖北日报》2022 年 7 月 20 日四版）

扫码看视频

湖北庄品健实业（集团）有限公司总经理吴志雄——

深耕一粒米，守护一粥一饭的踏实

湖北日报全媒记者 张茜 **通讯员** 吴述明

◆ 2022年6月28日，湖北庄品健实业集团总经理吴志雄（右）做客湖北日报企业家全媒体纵横谈。（湖北日报全媒记者 薛婷 摄）

企业名片

湖北庄品健实业（集团）有限公司成立于2001年，专业从事稻米种植、收购、储存、加工及产品营销，是农业产业化国家重点龙头企业，全国68家国家级粮食应急保障企业之一，首批中国好粮油行动示范企业，连续多年被认定为中国大米加工企业50强。目前公司稻谷年加工能力达到80万吨。

精彩语录

一头连着农民，一头连着市场，让农民从“种得好”到“卖得好”是企业最重要的责任。

作为国家级粮食应急保障企业，庄品健不论何时，都站在讲政治、顾大局的高度来组织生产经营，时刻做到粮食“数量真实、质量完好；调得出、用得上”。

庄品健将以“时光不语，静待花开”的心态，用持之以恒的努力，守护好老百姓一粥一饭的踏实。

五谷食米，民之司命也。一粥一饭，关系着百姓幸福。

天门是全国产粮大市。1955 年出土于该市石家河遗址红烧土中的谷壳，曾被专家鉴定为人类最早种植的水稻粳稻品种。

穿越千年，稻香绵延不绝。从吃得饱到吃得好，湖北庄品健实业（集团）有限公司（以下简称“庄品健”）持续深耕一粒米，续写新的稻作文化故事。

2022 年 6 月 28 日，湖北庄品健实业（集团）有限公司总经理吴志雄做客湖北日报 5G 演播室，分享一粒米演绎的现代农业故事。

品质至上，优质稻订单面积达 40 万亩

消费升级的大背景下，人们对吃的追求从“吃得饱”转为“吃得好”，优质大米越来越受到消费者青睐。

庄品健集团生产的庄品健、石家河、米太太、黄小惠等系列产品备受消费者认可，畅销全国多个省市，2021 年实现销售收入 15 亿元。

“一粒米”一年能卖到 15 亿元，庄品健靠什么？吴志雄说：“公司在粮食生产全产业链的每个环节都做到了精益求精。”

好粮食，首先是种出来的。通过采取“龙头企业 + 合作社 + 基地 + 农户”的经营模式，庄品健大力推广优质水稻种植。

引导农户标准种植，庄品健推行统一供种、统一肥水、统一病虫防治、统一技术指导、统一机械作业，力求做到同一品种在品质上的一致性。

“我们还建立了优良品种推广价格引导机制。”吴志雄介绍，以“石家河土城珍米”这款产品为例，基地订单按每斤 2 元的价格收购，比常规优质稻每斤高出 0.6 元至 0.7 元。

发展优质粮源基地，是提升粮食品质的法宝，也是带动农民增收的有效方式。

吴志雄说：“农业产业化龙头企业一头连着农民，一头连着市场，农民及大伙脚下耕耘的这片土地，就是企业面对市场最大的底气。”

2017 年，庄品健与天门市种植大户、家庭农场、合作社签订长期合作协

议，建立订单基地 8.5 万亩。

2018 年，通过订单合同联结带动农户 18985 户，按订单价收购农产品比按市场价多向农户支付 1140 万元。

2019 年，联合天门市内 25 家具有一定规模的农业合作社，牵头组建农业产业化联合体，流转土地 17.6 万亩，建成高标准水稻种植示范基地，并大力向周边农户推广优质稻谷品种种植。

2021 年，庄品健优质稻订单面积达 40 万亩，带动农户 43605 户，每亩增收 200 元至 300 元。

品牌引领，从“种得好”到“卖得好”

有了优质粮源，要实现从“种得好”到“卖得好”，好米还需好卖相。

2015 年，“庄品健”被认定为中国驰名商标。围绕品牌强企，以国家优质粮食工程建设为契机，庄品健不断推进管理体系、收储设施、加工工艺、智能生产系统升级改造，大米清整、存储、加工、打包、装箱等环节全部实现机械化、自动化，粮食全程不落地。

“收储这一环节，过去‘看天收’，粮食收获期遇到极端天气，就不能及时晾晒、入库，会造成大量粮食变质、变坏。”吴志雄介绍，庄品健建设了粮食产后服务中心，包括日处理稻谷 9600 吨的粮食清整中心、日烘干稻谷 3500 吨的烘干中心、控温绿色储粮设施等，大大提高粮食收储效率。

“低温循环烘干技术将稻谷受热温度严格控制在 35℃以内，整体出米率比传统晾晒粮食提高一两个百分点，品质明显提高，我们还投资改造了储存成品粮 2 万吨的控温仓房，库存优质稻谷夏天的最高粮温不超过 25℃。”吴志雄说。

在生产上，过去，从稻谷到大米，所有加工环节都相连，单一环节出现问题就直接影响整个生产。现在，庄品健大量运用现代科技手段对砻谷、碾米、精加工环节实行分段控制，对每一段加入缓冲环节，做到工序之间互不影响，管理效率提升的同时也保证了产品品质。

在品牌运营上，庄品健也探索了一些创新方式。该公司建立粮食企业 + 村级组织 + 生产主体（合作社、农户）“三位一体”的粮食产销运营模式，支持有实力、有资源的村、社、农户，共同参与“石家河土城珍米”产品的销售，拓展参与品牌建设的广度和深度。

粮企担当，时刻确保"调得出、用得上"

作为国家级粮食应急保障企业，庄品健如何体现粮企担当？

"时刻做到粮食'数量真实、质量完好、调得出、用得上'。"吴志雄说。

"2020年初，新冠肺炎疫情突袭，在全市实行静态管理的时候，大年初一，我们接到了保供武汉的通知。"吴志雄回忆，"尽管疫情还充满不确定性，公司也没有防护物资，员工们还是第一时间返回岗位、投入生产。"

"在第二天，也就是大年初二，庄品健的运输车队就驶向武汉，成为第一批保供武汉的大米加工企业。"吴志雄自豪地说，在市场上出现囤米风潮时，他们还率先在粮食加工及流通企业中承诺"不断供、不降质、不涨价"，获得全省粮食经营企业的积极响应，起到了稳定粮价的作用。

据统计，疫情期间，庄品健累计生产销售大米66907吨，并先后完成了省级成品动态储备大米2000吨、天门临时成品储备大米7000吨以及武汉市成品储备大米6100吨的生产储备任务。

作为一名"创二代"，泡在大米加工厂里长大的吴志雄对农业、农村和农民有着特别的感情。"时光不语，静待花开。"他希望，未来，庄品健能成为一家创新型企业，建立多元融合的产业体系、支撑引领的科技体系、创新创业的经营体系、安全可控的质量体系、"互联网+"的流通体系的"五大体系"，建立企业竞争的新优势；也能成为一家有责任、有情怀、有温度的企业，"端牢中国饭碗，守护好老百姓一粥一饭的踏实。"

（《湖北日报》2022年7月22日四版）

扫码看视频

第四篇

逐梦篇

长江生态环保集团有限公司党委书记、董事长王殿常——

“水管家”让长江变了样

湖北日报全媒记者　戴辉　通讯员　李曲　实习生　梁颢蓝

◆ 2022年4月21日，长江生态环保集团有限公司党委书记、董事长王殿常（右）做客湖北日报企业家全媒体纵横谈。（湖北日报全媒记者　李溪　摄）

企业名片

按照习近平总书记共抓长江大保护的要求，长江环保集团应运而生，全面参与长江经济带生态环境保护修复工作。该集团从生态系统整体性和长江流域系统性出发，坚持“厂网河湖岸一体”系统治理，与沿江省市合作投资建设运营一批水环境综合治理项目，业务区域已从湖北宜昌、湖南岳阳、江西九江、安徽芜湖 4 个试点城市拓展到长江经济带 11 省市，助力地方取得良好治水成效。

精彩语录

以“保护长江，奉献绿色”为使命，以“一江清水，一流企业”为愿景，坚定不移走好“可持续、系统性、高质量”发展道路。

以城镇污水治理为切入点，坚持“中医整体观”系统治理，不断探索新模式新机制。

利用智慧水务等现代化信息化手段，选用长寿命、高质量管材，高标准建成长江经济带的城市“良芯”，努力实现污水全收集、收集全处理、处理全达标。

“水管家”就是管理城市里所有跟水有关事物的主体，从原水到供水，从污水到防洪排涝，看得见的看不见的、地上地下的、河里岸上的，都交由“水管家”管起来，而且还要管好。

这是一家在习近平总书记“长江嘱托”下诞生的企业。

2018年4月26日，习近平总书记在深入推动长江经济带发展座谈会上明确要求，三峡集团要发挥好应有作用，积极参与长江经济带生态修复和环境保护建设。当年，长江生态环保集团有限公司（以下简称“长江环保集团”）成立，成为三峡集团开展长江大保护的主力军。

2022年4月21日，长江生态环保集团有限公司党委书记、董事长王殿常做客湖北日报5G演播室，分享精彩的“长江故事”。

长江经济带治理全覆盖

4年，落地投资2000亿元保护长江生态。大投入的背后，有着精彩的“战术”。

王殿常介绍，只有坚持可持续路径、系统性治理、高质量发展，才能更好助力长江母亲河永葆生机活力。

紧跟国家战略，注重长江沿线省市实际需求——

看上游，落实成渝双城经济圈战略，聚焦赤水河流域治理；走中游，助力中部地区绿色崛起，积极参与洞庭湖、鄱阳湖、三峡水库生态修复和环境保护工作；行下游，积极参与长三角一体化发展，依托长三角生态绿色一体化发展示范区开发者联盟，融入示范区绿色发展。

持续拓展“五水共治”，力护一江碧水向东流——

在水生态方面，开展河湖治理1405公顷，新增人工湿地65公顷，修复水生态植物面积256公顷，内源污染清理374万立方米，完全消除相关河湖重度营养化；水安全方面，积极参与城市内涝治理，52亿元投资易涝点整治和水利枢纽建设，全面提升排水管网防涝标准。岸线方面，整治 230 公里长江岸线，其中 89% 为生态岸线……碧波荡漾的长江流域，正在构建一个万物和谐的美丽世界。

人不负青山，青山定不负人。

眼下，长江环保集团实现长江经济带治理全覆盖，落地项目区域合流制溢流污染有效减少 70%，基本消除污水收集空白区，同时，把纳入工作范畴的 32 处黑臭水体全部变清流。推进生物多样性保护，中华鲟繁育出苗 40 余万尾，创历史新高，特有珍稀植物得到有效保护。

四年来，长江环保集团以城镇污水治理为切入点，坚持"中医整体观"系统治理，不断探索新模式新机制，积极助力长江经济带生态环境保护发生转折性变化。

"如今，放眼长江两岸，江豚吹浪立，沙鸟得鱼闲，清代诗人薛时雨笔下的江河盛景，正在成为人们眼前的美妙画卷。"王殿常说。

大手笔投资添绿湖北

湖北是拥有长江干流岸线最长的省份，是长江大保护的主战场。王殿常表示，作为吃湖北粮、饮长江水的在鄂央企，推动建设"美丽湖北、绿色崛起、打造全国重要增长极"，企业义不容辞。

说着，王殿常拿起两张对比强烈的图片。一张是昔日的光谷生态大走廊所在地，杂草丛生、污水横流。另一张是基本建成后的光谷生态大走廊，蜿蜒流淌的豹子溪水南北贯穿，两侧绿树、草坪、花丛无数。

"在江城武汉，高标准打造汤逊湖流域治理、光谷生态大走廊等项目，这些地方逐步实现湖清岸绿，成为湖北水环境系统治理典范。"王殿常说。

他介绍，光谷生态大走廊还是智慧长廊，智慧多功能杆、分布式能源站、海绵设施、光伏瓦系统等，成为推动清洁能源和长江生态环保"两翼齐飞"、将绿水青山变成金山银山的生动实践。

在湖北，该集团用上"硬核"高科技手段，用科技创新赋能河湖治理。例如在武汉汤逊湖创新提出"治湖先治湾""引水活水"流域治理新理念，创新应用"EHBR 膜 + 水生态 + 智能分流"湖湾治理集成新技术，现在试验区水质明显好转，生态持续向好。

"去年底，汤逊湖大批越冬的红嘴鸥云集，出现久违的万鸥翱翔盛况，汤逊湖成为鸟儿们过冬的天堂。”王殿常说。

王殿常透露，目前在长江沿线的运营城市管网长度达到2.5万公里，相当于两次“长征”的长度。

在湖北，三峡集团长江大保护投资460亿元，新增雨污管网2781公里。他们仅用3个月就完成了武汉市东西湖区机场河流域临时分散式水处理服务项目主体工程，这是长江沿线最大的分散式临时水处理设施，工期较同等规模污水处理厂大幅度减少22个月，有效解决当地雨季污水溢流问题，显著改善当地近20万人居住环境。

“城市智慧水管家”兜治污水

据了解，当前水环境治理普遍存在着工程化、应急化、碎片化问题，系统治理迫在眉睫。

水污染治理“黑臭在水里，根源在岸上，核心是管网”。统计显示，沿江地级城市管网欠账和投资平均在100亿元以上，仅长江干支流30个地级及以上城市的需求就超过3000亿元，而目前地方财政压力巨大，依靠传统模式解决管网问题难度很大。

为此，长江环保集团创新应用“城市智慧水管家”模式。

王殿常解释，“水管家”就是管理城市里所有跟水有关事物的主体，从原水到供水，从污水到防洪排涝，看得见的看不见的、地上的地下的、河里的岸上的，都交由“水管家”管起来，而且还要管好。

王殿常认为，“城市智慧水管家”能建立一种长效机制，抬高长江大保护高质量发展的“底板”。比如它告别以往“九龙治水”模式，主动承担城市水环境考核压力，实现政府更有为、市场更有效。同时，解决“撒胡椒面式”的点状治理模式，实现精准投入、节约投资。此外，利用智慧水务等现代化信息化手段，选用长寿命、高质量管材，高标准建成长江经济带的城市“良芯”。

“展望未来，我们以‘保护长江，奉献绿色’为使命，以‘一江清水，一流企业’为愿景，坚定不移走好‘可持续、系统性、高质量’发展道路。”王殿常进一步解释，可持续路径是长江大保护高质量发展的必要前提，系统性治理是长江大保护高质量发展的根本方法，高质量发展是长江大保护新发展阶段的必由之路，要坚持高标准建设、高水平运营、差异化发展、公司化运作，努力探索经济效益、社会效益、生态效益同步提升的环境治理新路子，持续推动共抓大保护工作取得新进展、新成效。

王殿常称，未来将大力推广应用"城市智慧水管家"模式，着力打好管网攻坚战，守护一江清水，打造一流企业，唱响更多新时代的"长江之歌"。

（《湖北日报》2022 年 4 月 26 日十二版）

扫码看视频

十堰文旅体投资发展集团有限公司党委书记、董事长周义波——

车城文旅旗舰扬帆起航

湖北日报全媒记者 饶扬灿 戴文辉 **通讯员** 张文静 覃左艳

◆ 2022年4月20日，十堰文旅体投资发展集团有限公司党委书记、董事长周义波（右）做客湖北日报企业家全媒体纵横谈。（湖北日报全媒记者 何宇欣 摄）

企业名片

十堰文旅体投资发展集团有限公司成立于2022年1月1日，是一家综合型国有企业，注册资本22亿元，主要围绕旅游、会展、文创、康养、数智、教培等6类产业开展业务，业务覆盖景区运营、媒体运营、会展会务、教育培训、旅游服务、体育赛事、文创产品、数智运营、医美康养9大板块。

精彩语录

相比其他城市大手笔、高起点的文旅集团，我们体量还不大，绝大部分资产都是文化体育方面的公益性资产，这就要求我们必须是一支能打敢打、勇战善战的过硬队伍。

两年内无形资产估值达到100亿元，成为十堰文旅投融资平台的利器，建设文化强市、IP大市、文旅新市。

以武当山为龙头，整合十堰旅游资源，从产品、通路、传播、价格等4个方面构建以城市为单元、城市旅游为产品、媒体矩阵为传播载体的营销体系，推动文旅融合和"引客入堰"行动计划。

武当山、汉江水、东风车。十堰拥有丰富的文旅资源，可供开发的空间十分广阔。

2022年1月1日，十堰文旅体投资发展集团有限公司（以下简称"十堰文旅体投"）成立，十堰文旅体旗舰宣告起航，担当起引领全市大旅游、大健康、大生态产业发展的重任。

2022年4月20日，十堰文旅体投资发展集团有限公司党委书记、董事长周义波做客湖北日报5G演播室，以充满激情的语言描绘未来："我们将按照'整合大资源、做强大文化、发展大旅游、推动大康养、形成大产业'的工作思路，整合全市文化、旅游、体育、康养经营性资产，开启十堰文旅的新篇章。"

十堰文旅体的"1369"

周义波用"1369"来概括十堰的文旅资源。

"1"为1个旅游内核，即武当山。

"3"是3个旅游极：东北端丹江口水库水体旅游极、西端城区汽车工业旅游极、南端三县森林旅游极。

"6"指6条以武当山为中心生发出的主要旅游线路：到丹江口市的水体移民主题旅游线，到郧阳的老家专题旅游线，到郧西的七夕寻仙旅游线，到城区的工业乡愁旅游线，到房县的野趣诗酒旅游线，到竹溪、竹山的森林寻宝线。

"9"为9大旅游产品，包括山岳游、河湖（水体）游、古建游、研学游、工业游、设施体验游、朝圣游、森林康养游、矿山寻宝游。

遗憾的是，资源禀赋优越的十堰，称得上旅游大市，却非旅游强市。一组数据为例：2019年，十堰接待游客7540.3万人次，实现旅游总收入773亿元。"与全国前列的旅游城市相比，还存在不小差距。同时也说明，十堰文旅开发的空间和潜力是非常大的。”周义波说。

在这种背景下，十堰文旅体投集团成立，整合十堰市文化和旅游局、十堰市文联所属13处经营性国有资产，资产总额22亿元。

“相比其他城市大手笔、高起点的文旅集团，我们体量还不大，注册资金只有22亿元，绝大部分资产都是文化体育方面的公益性资产，还有少量的经营性资产，这就要求我们必须是一支能打敢打、勇战善战的过硬队伍。”周义波说。

以文化开发“高级旅游”

从集团成立至今，共计100多天，十堰文旅体投一直着力谋篇布局。

该集团完成了平台架构的搭建，开启对市文旅系统单位经营性资产，市文旅集团所属体育馆、体育中心、游泳馆、奥体中心资产，以及柳林影剧院、武当书画院和电影发行放映公司等市属国有资产的划转工作。

周义波说：“这些资产一旦整合到位，我们将启动对资产的重新定位和包装，整合十堰文旅体资源，推动全市文旅体产业集约化、市场化和规模化发展，促进国有资本在流转中保值增值；参与全市文化旅游体育康养产业项目的规划设计、开发建设、营运管理；打造文旅形象宣传和品牌，拓展旅游市场，促进文旅经济发展。”

更远期的谋划已渐渐清晰。周义波说，十堰文旅体投将在现有资产基础上，进一步扩大经营规模，通过国资委政策性划拨、吸收合并、股权收购等市场化手段，吸收一批文化、旅游、体育、康养企业，并给出系统发展规划，“今年底，我们争取资产规模达到AA，明年达到AA+，运用评级、授信、信贷、债券、ABS（资产支持证券）、REITs（不动产投资信托基金）、PPN（非公开定向债务融资工具）、借支、股融等金融手段解决融资瓶颈。”

对游客来说，初级旅游是浮光掠影，高级旅游是精神愉悦和深度体验，只有以文化为内容、旅游为平台的文化旅游产业才会呈现出前所未有的生机与活力。周义波表示，十堰文旅体投计划通过“行政+资本”的手段进行文化收储，买断、租赁、合资等方式继承文化IP资源，进行文创开发和IP包装，“两年内无形资产估值达到100亿元，成为十堰文旅投融资平台的利器，建设文化强市、IP大市、文旅新市”。

2022 楚商大会落地武当山

细心的网友注意到，直播中周义波与主持人的着装比较特别：周义波一身白衣，主持人身穿黑衫。

“黑与白、阴与阳，这是太极的颜色，是武当山的符号。”周义波说，“我们当前的重点工作就是以武当山为龙头，整合十堰旅游资源，从产品、通路、传播、价格等 4 个方面构建以城市为单元、城市旅游为产品、媒体矩阵为传播载体的营销体系，推动文旅融合和‘引客入堰’行动计划。”

周义波在直播中透露：2022 年秋天，第六届楚商大会将在十堰举行，十堰文旅体投承办，就在武当山。

楚商大会创办于 2013 年，已举办 5 届，在凝聚楚商力量、发挥楚商才智、弘扬楚商文化，助力湖北经济社会发展方面成效显著。周义波表示，本次楚商大会的主题为“武当论道、共商楚运”，“通过招商引资、招才引智，继续推动楚商大会成为我省对外开放的金字招牌”。

十堰文旅体投还与武当山就多项合作事宜进行对接，达成意向——

在武当山下，与袁家村和浙江新影集团联合建设善水街旅游街区，植入声光电和演艺演出内容，把武当山的夜经济做出彩；

在山上乌鸦岭，对街区重新包装，一个店铺一种经营品类，对游客产生吸引力，产生购买欲；

在武当山旅游经济特区三沟片区，建设榔梅溪谷乡野生活美学民宿集群，植入度假、美食、采摘、休闲等业态，让游客进得来、留得住、有回味……

十堰文旅体投计划举办“世界太极拳大赛”，进一步推广太极拳。“经历过疫情，人们发现，健康是最大福祉。”周义波说，“太极拳身心并重、简便易行，文化底蕴深厚，健身效果明显，是一个待开发的宝库。”

（《湖北日报》2022 年 5 月 5 日三版）

扫码看视频

湖北富邦科技股份有限公司董事长王仁宗——

数字化让农业告别“望天收”

湖北日报全媒记者　胡琼瑶　通讯员　刘裕

◆ 2022年4月21日，湖北富邦科技董事长王仁宗（右）做客企业家全媒体纵横谈。

（湖北日报全媒记者　倪娜　摄）

企业名片

湖北富邦科技股份有限公司是利用新材料、新工艺、新技术、大数据、人工智能等服务现代农业的国家高新技术企业，是肥料助剂细分行业的隐形冠军。2015 年以来，富邦科技开始转型数字农业，并在全球布局。

富邦科技销售网络遍布全国各地和东南亚、欧洲、美洲、非洲，客户达 500 多家，与湖北宜化集团、湖北兴发集团、黄麦岭、云天化集团等 30 家中国化肥百强企业建立了稳定合作关系。富邦科技十大系列十四大产品的企业标准获得备案，填补了该行业的标准空白。

精彩语录

大数据、移动互联网、物联网、AI 和生物技术交接在一起，给传统农业升级提供无限动能，能参与数字农业的实践，是这一代人的幸福及机遇。

做农业，要耐得住寂寞，才能守得住繁华。

你眼中的农业是什么样子？

面朝黄土背朝天，还是看天吃饭、凭着感觉走？进入数字化时代，传统农业所面临的这一切，都将被重新定义。

湖北富邦科技股份有限公司（以下简称"富邦科技"）是一家数字农业的深耕者，伽马射线为土壤体检、智能化配肥、机器人采摘、大数据估产……这样的"新奇特"技术被广泛运用，数字化让农业插上腾飞的翅膀。

2022 年 4 月 21 日，湖北富邦科技股份有限公司董事长王仁宗做客湖北日报 5G 演播室，讲述数字农业的奥秘。

数字化技术改变战略布局

"你们的肥料助剂做得很成功，为何转型做数字农业？"

"着眼未来，后者更值得做。"王仁宗说。

富邦科技成立于 2007 年，生产基地在应城，研发基地在武汉光谷生物城，产品销售遍布全国各地及东南亚、欧洲、美洲、非洲等国家和地区，公司跻身全球化肥助剂供应商前列。

在与土壤打交道的过程中，王仁宗发现：有些农民为了追求产量，过量或滥用化肥，造成土壤板结、地力下降等问题。

富邦科技曾对孝感 100 万亩耕地进行土壤调研。农民反映：化肥明明用得很多，作物品质却在下降，瓜不甜，菜不香。

王仁宗解释：因为作物生长过程不仅仅需要氮磷钾，还应补充钙铁锌硒等中微量元素，长期单一使用大量化肥易使作物营养失调。

科学施肥、智能配肥成为改良地力的重要手段。王仁宗拿起一个伽马射线传感器告诉我们："这是公司的拳头产品。安装了传感器的测土车，在田块上走一圈，通过接收来自土壤的自然伽马射线，可以准确测出氮、磷、钾、有机质、pH 值等指标数据，反映出土壤的健康状况。"

根据土壤"CT 扫描体检报告"，结合种植模型，车间里的智能终端配肥机迅速完成配肥工序，生产出相应田块所需的个性肥料。

数字化技术在配肥领域的成功运用，让富邦科技看到了一个更加宽广的领域——农业全链条的智能化服务。

全世界寻找农业“尖板眼”

位于应城市三合镇西头村的富邦数字农业示范园，集聚了5G、传感器、无土栽培、水肥一体化、无人采摘机、农作物遥感估产等世界领先数字技术。

示范园从以色列引进多个智慧大棚。近200个传感器均匀分布在大棚内部，实时采集环境信息，第一时间传达至指挥中心。指挥中心相当于“大脑”，会根据收到的信息，自动调节大棚内的温、光、水、气、肥，保证农作物处于最佳的生长状态。

4月正值黄瓜上市，访谈当天清晨，基地工作人员采摘了4盒智慧大棚种植出来的水果黄瓜送到演播室。王仁宗介绍，产品绿色、无公害，直供盒马鲜生等超市。

农作物成熟，采摘费时费力。针对这一现状，2021年，富邦科技投资以色列Tevel公司，开发水果采摘无人机，实现果实采摘全天候自动化。

圆形的无人机在空中飞旋，根据传感器的“指示”，全维度自动识别水果成熟程度，在管理员的遥控指挥下，伸出一米长的铁爪，轻巧地摘下成熟的果实，放进果篮中。水果成熟季，无人机可24小时全天候自动作业。

当前，农产品质量安全被广泛关注，富邦科技引进国外农产品溯源系统。

拿起一个土豆，扫一扫它身上的二维码，手机屏幕上就出现了这个土豆的前世今生——包括品种名称、施肥用量、病虫害防治方式、收获日期等。

日新月异的数字化技术运用，让“怎么种田”的答案已大不一样。王仁宗有一个形象的比喻：过去农事“看田望天”，现在看屏幕、看数据。

农业“尖板眼”从哪里来？王仁宗的思路是：面向全世界寻找先进的农业高科技。

2016年至2020年，富邦科技通过控股、参股等方式，先后从荷兰、加拿大、以色列等国家引进农业先进技术和模式。进行自我创新和技术整合后，富邦科技初步探索出集土壤检测、水肥一体化、物联网管理、无人机采摘、产量预估于一体的农业数字化产业链条。

为农场提供“专属定制”服务

在“中国苹果之都”山东烟台，通达公司的果园基地里，苹果树长势喜人。

细细观察，果树主干上插入一个白色仪器，这个茎水势传感器，会实时告诉管理员：哪棵果树需要施肥，哪棵果树缺水，怎么施肥，如何补水。管理员只需操作电脑或手机，就能将这些问题轻松搞定，一个人管理百余亩果园游刃有余。

这是富邦科技合作的基地之一。根据测产结果，实现智能精准灌溉的苹果树，相比之前，节水 10% 至 40%，产量提高 10%。

“围绕农业产前、产中、产后，我们为有需要的市场主体提供完整的数字农业解决方案。”王仁宗说。

富邦科技与京东集团旗下的北京京东乾石科技有限公司签约，为数十家京东农场提供“耕种管收”一揽子解决方案。与阿里旗下的蚂蚁区块链科技有限公司强强联手，共同推动互联网、人工智能、区块链等数字化技术在农业农村中的应用。

在数字农业版图上，富邦科技正在贡献自己的方案和智慧，所服务的数字大田、数字果园、数字大棚、数字园林在全国遍地开花，遍布陕西、河南、湖南、山东、山西、内蒙古等十几个省份。

富邦科技自主开发了农业数字种植“田小二”App 平台，农户可以在手机上查看田间作物长势，进行远程控制，平台已累计服务 5 亿人次、面积超过 4000 万亩。

富邦科技还把目光投向海外。

2020 年，富邦科技系列专利技术，以近亿元的价格转让给国际肥料企业巨头，帮助其提升肥料品质、生产新型肥料、实现资源综合利用。

眼下，富邦科技的新兴业务已在欧洲、东南亚、北非等海外市场开花结果。

“国际化不仅是为了扩大市场，更重要的是加大海外技术与国内市场的协同，提高企业的核心竞争力。”王仁宗说。

（《湖北日报》2022 年 5 月 6 日四版）

扫码看视频

保利发展控股湖北公司党委书记、董事长彭新哲——

为追梦人的城市，筑起造梦空间

湖北日报全媒记者 付勤 曹粟 **通讯员** 郭哲 胡帆

◆ 2022年4月27日，保利发展控股湖北公司党委书记、董事长彭新哲（右）做客湖北日报企业家全媒体纵横谈。（湖北日报全媒记者 朱熙勇 摄）

企业名片

保利发展控股集团股份有限公司（SH600048），简称保利发展控股，成立于1992年，是中国保利集团有限公司控股的大型上市公司。目前，通过深耕核心城市群，业务覆盖中国内地主要城市，以及洛杉矶、伦敦、悉尼、墨尔本等海内外100余城。

根据2021年年度报告，保利发展控股实现销售金额5349亿元，在TOP5房企中增速第一。

精彩语录

从“圆明园兽首”，到“冬奥会”，再到最近央视热播的现象级大剧《人世间》，保利一直在大家身边。

在房地产领域，我们将坚持"房住不炒"，聚焦高质量发展。我们也坚定看好湖北、看好武汉，将以最高昂的热情、最主动的心态，为湖北人民更美好的生活贡献保利力量！

从香港佳士得惊天一拍，护送"圆明园兽首"国宝归来；到迎接四海来客，担当2022年冬奥会后勤安保服务工作；再到参与出品的《人世间》，成为央视开年热播剧……

在企业的高速发展掠影中，保利发展控股既展现了大国央企应有之风范，也以其独有的企业魅力和文化，成为了时代的见证者、记录者与同行者。

作为中国保利集团有限公司旗下大型上市公司，保利发展控股以不动产投资开发为原点，在城市之中展开多元业务的布局。

2022年4月27日，保利发展控股湖北公司党委书记、董事长彭新哲做客湖北日报5G演播室，分享保利发展控股如何躬耕湖北，与城市共同生长。

谈城市情感，"武汉是保利全国布局的第一站"

"我很喜欢武汉这座城市，武汉人有'敢为人先，追求卓越'的精神，确实是了不起的英雄城市。"彭新哲说。

从武汉军运会背后的精准保障、东方服务，到2020年疫情期间的倾囊相助、共克时艰，保利发展控股与武汉可谓情意深长。

这份情感的缔结，来自于20年前的落子。

2002年，保利发展控股从广州大本营出发，迈出全国化布局的步伐。这盘棋的第一步，即落在了地图上的"天元之位"——九省通衢，湖北武汉。

"从首个项目光谷保利花园开始，我们逐步布局光谷生活圈、南湖生活圈、汉阳生活圈、汉口生活圈，形成了一批如保利心语、保利时代、武汉军运村等标杆项目。"

20年的时光，见证着保利发展控股和武汉这座城市肩并肩的成长与进步。20年间，保利发展控股的业务版图继续向省内拓进，进入黄冈、襄阳、宜昌、荆州、孝感、黄石，形成了7城49盘的项目布局。保利发展控股的10大美好生活服务，在湖北落地了7项。

"其中，富利建设集团有限公司承建了湖北大量优质工程，保利物业服务了近30万湖北业主，保利地产投资顾问有限公司形成新房代理、新房分销和存量房租售三大核心业务，提供不动产全链条综合服务。”彭新哲说。

与此同时，保利商业、保利酒店在武汉与黄石先后布局打造了武汉保利广场、黄石保利假日酒店；保利公寓在武汉布局了 N+ 小东门青年社区、N+ 健吾假日酒店、N+ 欢乐大道人才公寓；保利和乐教育服务模块，更是从武汉创业起家，旗下拥有保利和乐早教中心、保利和乐幼儿园、保利和乐青少年宫、和乐华美国际学校等四大产品体系。

筑就造梦空间，点亮万家灯火。这些业务单元，是保利发展控股“更具活力的不动产生态平台”中的重要一环。以武汉为核心向周边辐射，保利发展控股在湖北与武汉的布局，致力于将这一个个“圈”，绘制得更加丰盈、更加圆满。

谈物业服务，“做‘大物业时代的国家力量’”

从军中而来，随家国共进。在改革开放浪潮中迎来“三十而立”的保利发展控股，立高质量发展，更立使命担当。

3 月底，保利发展控股旗下保利物业收到了来自张家口市公安局和北京冬奥会安保总指挥部河北安保指挥中心的两封感谢信。

在这场“屏幕后的硬仗”之中，从赛事服务，到艺术献礼，再到技术保障，保利发展控股全方位展现了央企责任、铁军实力。

“作为‘大物业时代的国家力量’，保利物业深刻践行‘善治善成，服务民生’的企业使命。”彭新哲表示，近年来，保利物业获得了诸多政府机构、大型企业、著名景区的认可，比如司法部、文化和旅游部、国家信访局、西安地铁、广州塔景区、山西平遥古城、山西五台山景区、浙江西塘古镇等。

包括冬奥会在内，博鳌亚洲论坛、三亚财经国际论坛、夏季达沃斯论坛、第七届世界军人运动会、第六届亚洲沙滩运动会、第十四届全国运动会等大型论坛、国际赛事之中，到处可见保利物业身影。

2019 年在湖北，作为军运会的保障单位，保利物业也交出了一张优秀的“成绩单”，展现了代表东方之美的服务水平。在其最新服务名录之中，还包括中国科学院武汉病毒研究所、华中科技大学机械学院、襄阳襄州区城市管理执法局等。

除此之外，保利物业也以“红色物业”为引擎，为政府的城市治理做外延、做补充，助力湖北省内 30 万业主的民生获得感、幸福感、安全感进一步提升。

“在当下，从社会到购房者，都越来越意识到社区治理作为‘最后一道防线’的重要性。”早在12年前，保利物业就开始推出“亲情和院”，通过探索政府、物业和业主的三方联席制度，持续致力打造“共建共治共享”的新社区模式。

动作来自于思想。探究保利发展控股的家国情怀，与其独特的价值观密不可分。2022年，保利发展控股正式发布了企业核心价值观：向上、向心、向善。他们认为：向上，是一种奋斗的精神，没有奋斗达不到的远方；向心，是一种深层的凝聚，没有团结干不成的事；向善，是一种家国的情怀，没有比初心更强大的动力！

正是基于这样的企业价值观，无数奋斗的保利人将与生活在这座城市的人们一起，共同开创美好新时代。与温暖同行，与幸福同行，与城市同行，与你我同行。

谈行业未来，“迈入高质量发展的新时代”

4月8日，《保利2021–2022年房地产行业白皮书》正式发布。自2017年以来，保利发展控股已连续推出了6册白皮书，认真梳理企业对于市场的感知、思考与展望。

“这本白皮书的卷首语，叫《迈入高质量发展的新时代》。我们认为行业已经呈现出了‘五化’趋势。”彭新哲说。

何为“五化”？目前的中国房地产行业正在释放什么信号？结合这本白皮书，他一一给予了解读：

一是去金融化，企业端要求房企保持适度杠杆；消费端也不能把房子作为金融产品，而要回归居住本质。

二是制造业化，土地红利不再、利润下行，必须用制造业思维和精细管理的理念，不断提升效益。

三是极致专业化，在“房子是用来住的”定位下，房企需要更加专业，产品和服务都要做到最好。

四是功能民生化，民生保障是最根本的，各大房企，尤其是央企，要广泛参与到保障房、社区建设、基层治理当中，发挥责任担当。

五是竞争格局加剧分化，信用和专业能力将成为最核心的竞争力，强者恒强、弱者恒弱，行业门槛也会越来越高。

对此，保利发展控股认为，房企要顺应行业新的运行规则和“五化”趋势，必须走高质量发展之路。

于城市，展开深度赋能；于业主，助力美好生活；于行业，则形成榜样标杆。

“中长期来看，房地产行业基本面没有改变，合理住房需求有支撑。”彭新哲称，“对此，我们将坚持‘房住不炒’，聚焦高质量发展，推动行业回归实体经济本原。同时，通过稳增长、扩内需、调结构，为实现‘租购并举’‘住有所居’作出更大的、应有的贡献。”

这册白皮书，浓缩了保利发展控股的新思考。对于进入变革的中国房地产行业，也是一本极具意义的启示录。

未来，以“更具活力的不动产生态平台”的深化构建，以“红色物业”的持续引领，以对行业发展的良性驱动，保利发展控股将坚定深耕湖北，为更多城市的发展画出精彩一笔。为在城市追梦的奋斗者们，筑就安放美好生活的造梦空间。

（《湖北日报》2022 年 5 月 11 日六版）

扫码看视频

湖北攀升电脑创始人、董事长陈孝军——

10年“攀升”，坐上中国定制电脑“头把交椅”

湖北日报全媒记者　黄磊　实习生　戈婷

◆ 2022年5月5日，湖北攀升电脑创始人、董事长陈孝军（右）做客湖北日报企业家全媒体纵横谈。（湖北日报全媒记者　魏铼　摄）

企业名片

湖北攀升电脑，品牌创立于2012年，主营高性能定制电脑、一体式电脑、笔记本电脑及相关周边设备，拥有攀升IPASON和武极Vgame两个子品牌。攀升电脑以天猫、京东、拼多多、阿里国际、速卖通、来赞达、亚马逊等大型电商平台为主要销售渠道，产品远销130个国家和地区，是中部首个进入国家信创产品的电脑整机生产企业，也是高性能定制电脑全国第一，线上定制电脑销量全球第一。

精彩语录

我们赶上了数字经济的大潮，攀升本身就主攻数字化经济，主攻电脑及整个泛电脑硬件设备。攀升迎来了重大的发展机遇，也愿意为湖北省、武汉市数字经济的发展作出自己应有的贡献。

《楚天都市报》和《计算机世界》是我大学时代最爱的两家报纸。不久前，《计算机世界》宣布停刊甚是可惜，而《楚天都市报》以“极目新闻”的形式转型升级、蓬勃发展，则更是印证了唯有创新，才有出路！

80后，计算机专业科班出身，湖北攀升电脑创始人、董事长陈孝军是华中科技大学校友创业的优秀代表。

2022年5月5日，陈孝军走进湖北日报5G演播室，讲述攀升电脑这家年轻企业的创新故事。

2012年，攀升初创，不到十年，高性能定制电脑全国第一，线上定制电脑销量全球第一，形成集高性能定制电脑、一体式电脑、笔记本电脑及相关周边设备的完整产业链。

2022年9月，攀升将入驻武汉市黄陂区新落成的滠口攀升科技园，集生产中心、研发中心、全球销售中心于一体，年产能从目前的128万台增至350万台，预计2025年综合产值突破百亿元。眼下，攀升正积极响应湖北“光芯屏端网”战略，深耕集成电路、新材料等领域。

谈起未来，陈孝军信心满满：“攀升将聚焦新电商、新直播、新业态、新赛道，持续沉淀技术优势，努力建设成为全省制造业数字化转型新高地的样板企业和引领企业！”

短短10年，“攀升”成为行业领头羊

武汉，执全国定制电脑行业之牛耳，攀升等武汉定制电脑电商，占据国内市场份额八成以上。

访谈现场，陈孝军说，攀升电脑自广埠屯起家，而后逐步发展壮大，是土生土长的湖北本地企业。

在几家定制电脑电商中，攀升起步较晚，如何快速“攀升”为行业领头羊？

陈孝军说，一直以来，攀升都将自主研发作为核心战略，研发人员占比13%，目前已申请专利177项、授权151项，科研创新专利数行业第一；与

华中科技大学、武汉理工大学等高校共建实验室，定向培养人才；旗下 90% 以上产品均为自主研发设计。2015 年，攀升自主研发的 UFO 水冷电脑获得德国红点奖电脑行业全球唯一提名。

2020 年武汉疫情期间，攀升也积极贡献力量。陈孝军介绍，攀升接湖北省疫情防控指挥部通知紧急复工，辅助高德红外生产可满足红外测温检测需求的医用电脑，为防疫一线贡献武汉力量。

如今的攀升，荣誉等身。陈孝军介绍，近年，攀升电脑先后荣获 2020—2021 年商务部第二批数字商务企业、湖北省支柱产业细分领域“隐形冠军”科技小巨人企业、湖北省专精特新“小巨人”企业、湖北省高新技术企业、湖北省电子商务示范企业，武汉市上市后备“金种子”企业，武汉制造业企业 100 强等荣誉称号，并入选央视“品牌强国工程”。

畅销全国，售后服务高效优质

定制电脑行业竞争激烈，攀升的冠军密码是什么？

“答案，就是我们的工人和工程师。”陈孝军笑言。

他介绍，攀升电脑拥有全国定制电脑行业独家的定制化柔性生产线，4 条生产线每日最多可生产 5000 台电脑。在柔性生产线上，5000 台电脑可以做到每一台都不一样。平均一台电脑有 12 种配件、35 种出产流程、78 项质检程序，按需装配保证电脑定制的个性化。消费者当日 5 点前购买的定制电脑，当天即可发货，实现武汉市内次日达，北上广深等地隔日达。

此外，攀升还率先提出了在全国一二三线城市“5 分钟响应，2 小时上门”的高标准服务。

陈孝军介绍，攀升借助专业的电脑维修平台，使得攀升维修点覆盖全国，获得万名专业电脑工程师的技术支持。每台攀升电脑附送唯一的服务二维码，用户通过扫码下单后，可 5 分钟内得到响应，2 小时内免费上门维修。针对常见故障问题，快速提供有效解决方案，为用户量身打造高效优质的售后服务体系。

助力“光芯屏端网”，迈向星辰大海

2022 年 2 月，攀升旗下武汉粟米方田科技有限公司正式成立并投入运营。陈孝军表示，粟米方田将打造集核心技术、高端人才于一体的国内一流研发机构，以集成电路设计、软件开发及 MCU 设计与应用开发、工业控制节点软硬件解决方案为主要经营方向，为尽快实现核心技术自主自立做出攀升贡献。

“‘光芯屏端网’是湖北正在打造的重点产业集群。攀升将凭借强劲的科研实力，引领 PC 终端产业迈向星辰大海。”陈孝军说。

而“粟米方田”名字的由来，也寄托着陈孝军自己的愿景：“‘粟米方田’取自中国第一部数学专业著作《九章算术》之标题，‘粟米田’三字形对称，‘方’字意对称，寄托了攀升电脑紧抓核心技术研发、‘锻造一精品，十亿人相约’的愿景。”

2022 年 9 月，攀升将逐步入驻新落成的滠口攀升科技园，生产中心、研发中心、全球销售中心将一体化落户，年产能从目前的 128 万台增至 350 万台，预计 2025 年综合产值突破百亿元。陈孝军称，攀升将加速多元化产品布局，推进产业智能化、数字化、网络化发展，促进上下游产业链在本地聚集。

做数字化转型样板企业

近日，湖北省发布的数字经济发展“十四五”规划提出，到 2025 年，数字经济核心产业增加值超过 6000 亿元，占全省 GDP 的比重超过 10%，培育 3 至 5 家数字经济全球知名企业，出现一批全国知名的数字经济领军企业，让数字经济成为推动湖北省经济社会高质量发展的主引擎。

对此，陈孝军表示，攀升将持续深入探索数字化与产品“智造”的有机结合，打造现代数字化高新技术企业标杆。

他介绍，除定制电脑领域外，攀升还结合自身技术实力，打造依托攀升直播服务一站式解决方案而搭建的标准化专业直播间，直播间所用的都是攀升自研设计的专业设备，为直播从业者提供高标准、高品质的硬件和软件调试支持。同时，攀升还以各大电商平台为载体，为湖北各市区农副产品助力带货，以数字化全面赋能传统产业，并激活新兴领域的发展潜力。

谈及未来，陈孝军信心满满：随着即将投用的攀升科技园内全新研发中心和智能化生产线启用，攀升将进一步提升旗下产品的多样性，从单纯的高性能向着智能化、物联网化的方向发展，继续加强各方协作，努力建设成为全省制造业数字化转型新高地的样板企业。

（《湖北日报》2022 年 5 月 16 日三版）

扫码看视频

岚图汽车科技有限公司CEO卢放——

成立不到两年，将高端新能源汽车卖到欧洲

湖北日报全媒记者　左晨　通讯员　张莹莹

◆ 2022年5月14日，岚图汽车科技有限公司CEO卢放（右）做客湖北日报企业家全媒体纵横谈。（湖北日报全媒记者　魏铼　摄）

企业名片

岚图汽车科技有限公司（以下简称“岚图汽车”），组建于2018年，是一家高端智能电动汽车科技公司。作为中国“造车新势力”，岚图充分整合东风公司超52年的造车技术和优势资源，以用户为中心构建创新的商业模式，致力于成为“中国高端电动汽车领导者”。岚图定位为“零焦虑高端智慧电动品牌”，以“让汽车驱动梦想，为美好生活赋能”为品牌使命，为当代社会新中坚力量创造现代格调的美好生活。

精彩语录

作为全球首款电动豪华旗舰 MPV，岚图梦想家将填补现有 MPV 在智能、性能、豪华方面的缺失，引领 MPV 进入到电动化、智能化时代，彰显中国汽车品牌的自信。

未来，岚图将依托东风超 52 年的造车技术和资源优势，用更多的岚图创新技术，为建设汽车强国作出贡献，携手擘画中国汽车产业美好蓝图。

作为一家用户型科技企业，岚图汽车致力于为用户服务，致力于满足并引领用户需求。岚图坚持与用户共创共享，实现品牌共创、产品共创、服务共创。

这是一名新能源汽车“国家队”队员，诞生不到两年，不断刷新行业速度——

从品牌诞生，到首款车型上市，用时仅 11 个月；从首款车型下线到万辆整车下线，用时仅 205 天；从首款车型上市到第二款车型上市，用时不到两年。

岚图汽车——东风公司旗下高端新能源品牌，自成立以来，以一往无前的“岚图效率”，带动了湖北乃至整个中国汽车产业转型升级，跑出了新能源汽车领域的一片“新蓝海”。

2022 年 5 月 14 日，岚图汽车科技有限公司 CEO（首席执行官）兼 CTO（首席技术官）卢放做客湖北日报 5G 演播室，讲述了岚图缔造新能源汽车产业美好蓝图的故事。

民族汽车品牌崛起新力量

汽车“新四化”浪潮席卷全球，汽车产业正经历百年未有之大变局。

站在“新风口”之上，中国民族汽车工业“排头兵”——东风公司敏锐嗅到这一时代机遇。

早在 2018 年底，东风公司内部经过多次调查讨论后，就打造高端新能源汽车品牌达成了共识，下定了决心。

2020 年 5 月 6 日，东风公司董事长、党委书记竺延风的一封信，吹响了东风公司转型发展的号角。他在《不负时代、不负使命、不负青春——致东风公司 h 事业部的一封信》中提到:“2020 年，是东风新 50 年的开局之年，也是建设卓越东风和世界一流企业的关键一年，东风要用 50 年积累的全价值链优势，打好转型升级攻坚战！”

2021 年 6 月 26 日，寄托东风转型发展希望的独立新公司“岚图汽车科技有限公司”诞生了。

作为东风公司角逐新能源赛道的一把“利刃”，岚图汽车自成立起，便跑出了令行业惊叹的“岚图速度”——

2020 年 7 月 29 日，岚图品牌诞生，2021 年 6 月 19 日，首款车型岚图 FREE 上市，仅用了 11 个月。

2022 年 2 月 17 日，岚图汽车宣布正式进军欧洲市场，岚图 FREE 首站将“登陆”挪威，成为最快实现从本土走向全球的中国高端新能源汽车品牌。

2021 年 1 月份，岚图汽车在内蒙古牙克石启动全球测试同行者第三站活动，在零下 25℃的环境下，岚图 FREE 也能确保电池处于最佳充放电状态。“岚图 FREE 出口挪威，只是岚图进军海外市场的第一步。未来，岚图还将陆续进入欧洲其他国家。”卢放说。

2022 年 5 月 7 日，岚图第二款战略车型——“电动豪华旗舰 MPV”岚图梦想家正式上市，一举打破进口豪华 MPV 市场壁垒，填补了国内高端新能源 MPV 市场空白，该款车型从 4 月 7 日预售至今，已收获超 4000 个订单。

卢放表示，东风公司一直在探索高端化品牌发展方式。岚图，正是东风公司把握汽车新能源化、智能化发展趋势的最新尝试。岚图汽车承载着东风公司品牌向上和探索自主品牌发展新模式的双重使命，不仅是央企在电动赛道的典范，更是中国成熟车企转型升级的新标杆，也是东风公司“新五化”的成功实践。

核心员工持股 10%

一往无前的“岚图速度”，源于科技创新硬核实力。

“作为一家科技公司，保持核心技术的领先性尤为重要。”卢放介绍，2021 年岚图汽车发明专利申请量达 521 项，在东风公司位居第三位。2022 年 5 月 5 日，由世界知识产权组织管理的重要知识产权国际条约之一的《海牙协定》在中国正式生效，东风公司三项外观专利通过申请，其中一项便是岚图梦想家。

说起这款刚刚上市的新车，卢放颇为自豪。“该款车型拥有 17 项 MPV 首搭技术，创造了多项全球第一。”卢放说，它是全球首款双动力新能源 MPV，第一款搭载高通 8155 车机芯片，第一款具有 L2 + 智能驾驶辅助的 MPV，还是全球首个搭载实时疲劳监测系统的 MPV。

如今，从整车到电池，岚图汽车已经建立了完整的新能源技术体系——

“千人千面”柔性生产。通过打造 ESSA 多重扩展的原生智能电动架构和中央集中式 +SOA 电子电气架构，真正实现了用软件定义汽车，能为用户提供多场景新能源动力解决方案。

电池系统树起安全新高度。创新研发了琥珀、云母电池安全系统技术，在权威机构测试中，两大电池系统均“未进水、未冒烟、未起火、未爆炸”，树立了三元锂电池系统安全新高度。

高效补能实现里程“零焦虑”。岚图汽车正在研发 800V 高电压平台及超级快充技术，能够实现充电 10 分钟续航 400KM，有望成为最早量产 800V 高压超级快充的中国高端电动品牌。

除了引领汽车产业发展潮流，岚图汽车还打造了世界级 4.0 数字工厂。

卢放介绍，融合 5G、大数据、边缘计算、AI 等全球领先技术，岚图数字工厂实现了生产、管理、品控等全流程的数字化运营，焊装车间自动化率高达 99%，整车软硬件及装配可查询和追溯 10 年。

创新动力，来自源源不断的“造血”能力。

让“打工人”变身“创业人”。在岚图汽车，超过 4000 名员工分别来自 1500 家公司，平均年龄 31 岁，核心员工持股占比 10% 以上，这样的持股比例是央企里最高的；在内部管理上，岚图汽车采用 OKR（即目标与关键成果法）管理模式，用互联网思维运营企业，全员以目标为导向，高效沟通、正确决策、协同作战。

每年至少投放一款新车

作为一家用户型科技企业，岚图汽车致力于为用户服务，致力于满足并引领用户需求。

“用户不仅仅是车主身份，还能够参与到岚图研发、测试、服务等各个生产流程中，打造属于用户自己的品牌与产品。”卢放说，在过去两年里，岚图共启动了 7 站创享同行者活动，有超过 81 名同行者参与了岚图 FREE 与梦想家的产品共创，共收获了超 300 条珍贵的优化建议，其中已采纳建议超过 130 余项。

岚图汽车，还是央企首家创建直营渠道模式的车企。在线下，岚图在全国 25 个城市建设了 56 家岚图空间；在线上，岚图通过官方 App 等数字化平台与用户直接沟通，用户足不出户即可完成预约上门试驾、个性化选购、生成订单、在线支付等体验，目前岚图官方 App 用户数已超过 100 万。

相比专注于某些单一品类的车企，岚图汽车制定了三年横跨 SUV、MPV、轿车三大品类的品类战略，将完成三大品类的产品布局，保证每年至少有一款新车投放市场。继岚图 FREE、岚图梦想家后，岚图汽车第三款战略车型——高端电动轿车也将在年内正式亮相。

乘东风、逐梦想、绘蓝图。卢放表示，全球汽车产业转型大背景下，岚图汽车将有力推动“东风制造”向“东风创造”“东风智造”转变，推动中国民族汽车品牌持续向上。

（《湖北日报》2022 年 5 月 27 日五版）

扫码看视频

湖北祥云（集团）化工股份有限公司党委书记、董事长胡华文——

打造一朵生态“祥云”

湖北日报全媒记者　刘毅　张泉　通讯员　田小慷　雷仕达　李文泰

◆ 2022年5月19日，湖北祥云（集团）化工股份有限公司党委书记、董事长胡华文（右）做客企业家全媒体纵横谈。（湖北日报全媒记者　倪娜　摄）

企业名片

湖北祥云（集团）化工股份有限公司，始建于1970年5月，原名广济县化肥厂，位于湖北省武穴市田镇，是一家以生产磷复肥为主的大型化工企业，年肥料综合生产能力达400余万吨。连续10余年荣获中国化工企业500强、中国化肥企业100强、湖北省企业100强，已通过质量管理、环境管理、职业健康安全管理、能源管理和两化融合管理五大体系认证。

精彩语录

我们之所以特别重视环保、生态、绿色和科技，几十年如一日地孜孜以求，是因为我们有一个梦想，就是要打造一朵生态"祥云"。

祥云的生产过程，关系到碧水蓝天；祥云的产品使用，关系到绿水青山。

祥云股份对生态的追求优先于其他一切。

从一家小型县化肥厂，成长为行业翘楚和黄冈市单体产值最大的企业，湖北祥云（集团）化工股份有限公司（以下简称"祥云化工"）已走过50余年的发展历程。

在半个多世纪里，中国经济风起云涌、波澜壮阔，祥云化工勇立潮头、破浪前行，从巍巍大别山，昂首迈向全球市场的蓝海。

大江奔流气正雄，浪逐千里意愈坚。

2022年5月19日，祥云化工党委书记、董事长胡华文做客湖北日报5G演播室，讲述生态立企，打造"祥云"的故事。

将生态环保当作生命线

时间回溯。

2000年3月2日，在祥云化工职代会上，33岁的胡华文当选为总经理。同年底，公司领导班子调整，他担任公司党委书记、董事长兼总经理。执掌祥云化工时他郑重承诺：一年内扭亏为盈，三年内重塑祥云。

三年后，他兑现了自己的承诺。2004年1月1日，胡华文被评为2003年度"湖北经济十大风云人物"。

生态环保是化工企业生存发展的生命线。

"可以说，祥云对生态的追求是优先于其他一切的。我们之所以特别重视环保、生态、绿色和科技，几十年如一日地孜孜以求，是因为我们有一个梦想，就是要打造一朵生态'祥云'。"胡华文说。

为此，祥云化工对生产流程、设备技术等进行系统性再造——

2017年10月，祥云化工投入5000万元，对瓜果肥车间尾气进行超低排放改造。通过增加管道洗涤、电除雾两级收尘工艺，将尾气粉尘含量由原来的每立方米烟气30毫克至50毫克，下降到3毫克至8毫克。同年12月，中央经济工作会议明确将污染防治列为未来三年的"三大攻坚战"之一，这对全国的烟气治理提出了更高要求。祥云化工再次投入5000余万元，在30万吨合成氨项目锅炉车间安装一套先进脱硫装置，将尾气中每立方米烟气中的三大污染指标二氧化硫、烟尘及氮氧化物含量分别降到35毫克、10毫克、50毫克以下，切实做到超低排放。

一手抓减排，一手抓循环利用。祥云投入3亿元，建设污水、废气、废渣全覆盖的回收再利用系统，年节约用水500万吨、节约用煤1万吨，降低生产成本100余万元；通过废气废渣回收利用，每年增加收入60万元，连续多年荣获“全国能效领跑者标杆企业”称号。

2017年11月，祥云化工被中央文明委授予“全国文明单位”荣誉称号，全国磷复肥化工企业仅此一家。2020年11月，经中央文明委复查合格，祥云继续保留“全国文明单位”荣誉称号。2018年底，祥云被工信部评为“国家绿色工厂”。

投入10亿元治理磷石膏

创新是企业跨越发展的内生动力。

对落后产能坚决淘汰，毫不动摇。祥云化工相继淘汰关闭磷肥、三氯生和精细化工等多条生产线，拆除3套产能低的硫酸装置，新上3套年产40万吨硫磺制酸装置，年增加磷酸一铵产能55万吨，为企业增加产值11亿元，上缴利税7000万元，并长期与武汉工程大学、华中农业大学等高校和科研院所进行产学研合作，每年拿出1000万元设立创新奖励基金。

“公司第一套年产3万吨磷铵装置，是祥云化工的发家之本，我们是非常有感情的，但该拆一样得拆。”胡华文说。

2021年底，祥云化工投资20多亿元建设的30万吨合成氨智能工厂满负荷生产，该项目是祥云化工从磷化工向煤化工领域的一次延伸，年创利税4亿元。走进厂区，完全无烟无尘；自动化生产车间看不到人，技术人员在中央控制室，轻点鼠标就能生产。

在厂区最高处，祥云化工投资2000万元，打造一个党建法治文化公园。每年投入1000万元以上，打造花园式工厂，创建全国工业旅游示范企业，现在每年有3万人次来参观游览。

磷石膏综合利用是长期制约磷化工产业发展的世界性难题。2021年6月，祥云化工投资7亿余元，启动磷石膏综合利用项目建设。项目分两期，第一期从开工到投产仅用6个月，第二期将于2023年6月全部建成。该项目是湖北省磷石膏无害化处理的第一套装置，项目全部建成后，磷石膏年综合利用可以达到600万吨，实现产用平衡。

此外，祥云化工还和湖北鑫天宏、华新水泥等企业合作，开展磷石膏综合利用。截至目前，在磷石膏治理上，祥云已投入10亿元。

冲刺全国化工50强

胡华文说，祥云化工做的是化肥，想的却不仅是自己的“一亩三分地”，而是把企业放在“三农”的大局中来思考。

2016年，祥云化工就提出“健康肥”的理念，联合华中农业大学等科研院校，开发一系列生态环保的新型肥料产品，涵盖磷复肥整个产业链，还涉及氨化工、硫化工、氟化工等产业。

“你看，这就是祥云化工生产的工业级磷酸一铵。你闻闻，没有味道，结晶像白糖一样纯净，跟我们传统观念中有刺鼻气味的化肥已经完全不一样了。它溶解速度很快，不仅可作高档水溶肥料，还能作灭火器的阻燃剂原料。经过转化，还可以变成现在新能源电池的主打材料——磷酸铁锂。”访谈中，胡华文向湖北日报全媒记者展示一款产品说。

目前祥云化工正在谋划“7+2”产业布局，包括以磷为基础的7个板块和以合成氨为基础的2个板块，拟投资220亿元，征地5200亩，在马口工业园建设祥云新材料产业园，一期计划在2022年7月份开工。与中国农科院、全国农技推广中心，共同成立绿色增值肥料研究院，力争3年内实现产品系统转型。与此同时，加强与中国电信、浙大中控等合作，进一步推进物联网和机器换人，提高生产经营效率。

“祥云化工将开拓精细化工、生物基化工和化工新材料等新型化工产业，逐步形成项目集中园区、产业集群发展的良好态势，到‘十四五’末，企业计划实现新增销售收入300亿元，利润60亿元，进入中国化工50强，助力黄冈和湖北经济高质量发展。”胡华文表示。

（《湖北日报》2022年5月31日四版）

扫码看视频

宜昌兴发集团有限责任公司党委副书记、总经理袁兵——

不负长江，携绿色化工向千亿进发

湖北日报全媒记者　李墨　雷巍巍　通讯员　邹远景　蔡亮

◆ 2022年5月28日，宜昌兴发集团有限责任公司党委副书记、总经理袁兵（右）做客湖北日报企业家全媒体纵横谈。（湖北日报全媒记者　薛婷　摄）

企业名片

宜昌兴发集团有限责任公司是全国最大的精细磷化工企业和三峡库区最大的移民迁建企业。现有1家上市公司、51家子公司和34家参股联营公司，总资产485亿元，员工13000人。连续七年入围中国企业500强，主导和参与制订修订国际、国家、行业等各类标准70项，60%的主导产品销往全球113个国家和地区。

精彩语录

“保护母亲河，共建美丽长江”对于兴发来说，不是“选择题”，而是“必答题”。

“十四五”期间，绿色兴发将向千亿迈进，力争用5年左右时间“再造一个兴发"。

无论我们飞得多高、多远，我们始终不曾忘记我们从哪里来，我们为什么而出发。

宜昌兴发集团有限责任公司（以下简称"兴发集团"）是全国最大的精细磷化工企业，也是三峡库区最大的移民迁建企业。

从昭君故里兴山香溪河畔的一家小黄磷厂，到如今一代绿色化工大王，这个喝着香溪水、在长江畔长大的企业，先后创造6项全球第一，连续7年入围中国企业500强。

2018年4月24日，习近平总书记视察湖北，考察长江，首站来到兴发集团，察看企业搬迁、改造及码头复绿情况，并在现场为长江经济带发展立下生态规矩。

4年多来，兴发集团牢记总书记的殷殷嘱托，加快产业绿色转型升级，实现生态效益与经济效益的和谐统一。

截至2021年，兴发集团总资产已达485亿元，员工达到1.3万人。

2022年5月28日，兴发集团党委副书记、总经理袁兵做客湖北日报5G演播室，表示："'十四五'期间，绿色兴发将向千亿迈进，力争用5年左右时间再造一个兴发。"

从三峡库区到113个国家和地区，昭君故里放飞"金凤凰"

"我是昭君的老乡。"一见面，袁兵便笑着介绍，自己是地道兴山人。

许多人提起兴发集团，都觉得难以置信：一个山区县城，为何飞出这样一只"金凤凰"？袁兵直言，兴发集团的几次跨越，与三峡工程密不可分。

兴山县内，已探明的磷矿储量达3.5亿吨。靠着周边丰富的水电和磷矿资源，兴发集团在香溪河畔建起小黄磷厂。

"老厂区位于现在的三峡水库淹没线以下，当时产品单一，技术也比较落后。"他说，1995年，随着三峡工程开工建设，兴发集团启动三峡库区移民迁建技改工程。这一搬，促成兴发集团破茧成蝶。

三峡工程推动兴发集团快速发展的同时，也打通了山区的黄金水道。兴发集团抓住机遇，在香溪河畔投资修建峡口深水码头，形成150万吨的年货运能力。

该公司的主要生产厂区，距码头均在10公里以内。出口产品从这里装船后可通江达海，彻底打通交通瓶颈，每年可节约运输成本近千万元。

1999年，兴发集团在上海证券交易所上市，同年底组建成立宜昌兴发集团有限责任公司作为母公司，对水电、矿产、化工三大产业实现整合重组。

2001年，兴发集团发展步入快车道。袁兵介绍，为了保护三峡库区生态，也为寻求更大的发展空间，兴发集团决定在产业发展上“走出去”，立足宜昌，面向全国，走向世界。

“当时，兴山有过一场大讨论，‘要不要让兴发飞出去’？县委县政府认真讨论后，决定支持兴发走出去，直面市场竞争。”袁兵认为，这是兴发集团成长中至关重要的一步。

此后，兴发集团先后在省内及重庆、贵州等多地建立规模化的生产基地，并在美国、巴西、德国、阿根廷、越南等国家和地区，设立区域营销平台。如今，兴发集团60%的主导产品，出口世界113个国家和地区。

生态不是“选择题”，而是“必答题”，2021年盈利超过“十三五”总和

2018年4月24日，习近平总书记在湖北考察长江经济带发展时，对兴发集团在沿江化工企业中率先行动，带头搬、主动改、加快转，给予充分肯定。

袁兵表示，“保护母亲河，共建美丽长江”对于兴发集团来说，不是“选择题”，而是“必答题”。

过去4年，兴发集团全面推动“关停、转型、搬迁、治污、复绿”五大工程，加快产业绿色转型升级。

为守护一江清水，宜昌新材料产业园封堵全部直排口，污处装置扩能到实际需求的1.5倍，同时重点推进工艺改进和环保提升，园区综合排放削减30%，年取水量同口径下降50%，“四废”基本“吃干榨尽”，综合利用率达95%以上。

为破解化工围江，兴发集团宜昌新材料产业园拆除22套装置，拆除搬迁沿江1公里范围内装置10套，资产价值1.66亿元。截至目前，兴发集团已累计拆除装置32套，资产价值达13.58亿元。

“为不负长江、不负子孙后代，再大的牺牲、再大的投入都值得！”袁

兵说，与关停、转型、搬迁同步的是植绿。兴发集团投资1.12亿元，修复沿江拆除腾退的900米岸线，打造长江绿色生态廊道，实现生产岸线向生态岸线的美丽蜕变。

按照循环化发展思路，兴发集团累计投资超过60亿元，切入新材料发展赛道，培育出微电子、有机硅新材料、绿色生态除草剂三大核心优势产业，绿色动能生机勃发。

2021年，在全球抗击新冠肺炎疫情的大背景下，兴发集团实现销售收入459.19亿元，净利润50.11亿元，出口创汇11.05亿美元，盈利超过“十三五”总和。“兴发用历史最好成绩，向总书记交上了一份绿色转型的长江答卷。”袁兵说。

三峡实验室科技创新日夜兼程，力争5年，再造一个兴发

访谈中，袁兵提起兴发集团的多个“全球第一”时，分外自豪。

截至目前，兴发集团的黄磷清洁生产产能全球第一，六偏磷酸钠产销量持续20年全球第一，三聚磷酸钠产销量全球第一，二甲基亚砜产销量全球第一，次磷酸钠产销量全球第一，阻燃剂产销量全球第一。此外，草甘膦产能全球第二、中国第一，有机硅和电子级化学品产能规模居全国前列。

这些“全球第一”，成为兴发集团在“十四五”期间，迈向千亿销售规模的底气。

袁兵认为，未来的化工产业必须是绿色的、位于产业链和价值链高端的、可持续的。

2021年底，我省组建7家湖北实验室，其中位于宜昌的三峡实验室是依托兴发集团、牵头联合10家单位共同组建的。

“它希望解决什么问题？”湖北日报全媒记者问。

袁兵介绍，三峡实验室主要是围绕磷石膏综合利用、微电子关键化学品、磷基高端化学品、硅系基础化学品、化工高效装备与智能控制等五大研究方向，推进基础研究、应用基础研究和产业化关键核心技术研发，助力宜昌建设世界级精细磷化中心。

“三峡实验室有一个重要研发课题，就是电子级磷酸。”袁兵拿出一瓶清澈的透明液体介绍，它主要用在大规模集成电路、薄膜液晶显示器、半导体等微电子工业中，供芯片清洗和蚀刻。“不光是电子级磷酸，兴发在集成电

路湿电子化学品领域也有创新研发，还有电子级硫酸、电子级氢氟酸。”

“现在的兴发，已经实现从一个传统制造企业向现代科技企业转型。”袁兵说，希望在50年、100年后，长江边的兴发，也能够成为像全球化工巨头巴斯夫那样的企业。“它位于德国路德维希港的总部旁边，也有一条美丽的母亲河——莱茵河。”

（《湖北日报》2022年6月2日五版）

扫码看视频

杜肯新材料集团公司董事长路标——

把“湖北造”空调风管装进苹果总部

湖北日报全媒记者　戴劲松　夏中华　通讯员　刘王美　张樱宁

◆ 2022年5月31日，杜肯新材料集团公司董事长路标（右）做客湖北日报企业家全媒体纵横谈。（湖北日报全媒记者　薛婷　摄）

企业名片

杜肯新材料集团公司总部位于湖北葛店国家级经济技术开发区内，现有湖北葛店、广东肇庆两大生产基地，并在美洲、东南亚、南亚、中东等地区设有子公司或办事处，近30年专注于冷热量风管传输和管道的节能保温，通过对技术和产品的持续创新，引领通风空调行业不断发展，在全球柔性复合风管细分行业市场占有率接近70%，先后获评为湖北省细分领域隐形冠军科技小巨人企业、省级服务型制造示范项目企业、国家“专精特新”小巨人企业。

精彩语录

我们走得很慢，但从不后退。公司自成立起始终专注一个领域，静下心来搞研发，近30年来既专心又耐心，渐渐形成核心竞争力。

我们一直在做好自己的事情，一旦自己独创的产品和方案形成技术标准，就难以被对手撼动。这种发展路径不急功近利，很稳健，也很有竞争力。

价值赢得客户，奋斗成就员工。我们之所以能在市场的种种诱惑和不断冲击中坚持下来，深层原因还是企业的文化、精神和性格。

2022年5月27日，勇士队在主场战胜对手的哨声吹响，时隔3年再次闯入NBA总决赛，该队2019年新投用的场馆——旧金山大通中心球馆首次迎来美国篮球界的巅峰对决。

场馆内群星闪耀、观众沸腾的背后，还有一个“中国元素”鲜为人知：为容纳近2万人观赛的场馆提供舒适环境的纤维织物风管系统，是由总部位于湖北鄂州的杜肯新材料集团公司（以下简称“杜肯集团”）设计制造的。

5月31日，杜肯集团董事长路标做客湖北日报5G演播室，讲述他带领这家“独角兽”公司一路奋进的故事。

瞄准全球，在细分市场一路开拓

美国苹果公司总部大楼，是乔布斯生前设计的一幢状如飞船、面积26万平方米的建筑，号称全球最大的智能系统办公大楼。

“2015年，作为来自中国的新面孔，杜肯在众多竞争者中击败强劲对手，成为这幢大楼智能空调末端送风系统的唯一供应商。”回忆这段经历，路标仍有做梦的感觉。

较长一段时间，国内外大型建筑的中央空调系统传统风管使用的是镀锌铁皮加各类保温材料，安装繁琐，使用中易漏风，既不利于清洗，也不利于健康。

“杜肯产品的市场空间和替代价值正在于此。”路标介绍，“我们研发一种用纤维织物缝制而成的风管，叫索斯风管，轻便美观，安装快捷，出风均匀，健康环保，节省成本，正全面替代笨重落后的传统风管系统。在此基础上，集团又研发出带保温功能的绝热索斯风管和复合橡塑风管。”

以苹果项目为例，路标和同事们跟踪了5年，“难以计数的电话、邮件、会议沟通，数百页各类文案材料。”后期交付，苹果公司工程师专程到位于鄂州市的葛店杜肯工业园验收，对产品细节“吹毛求疵”。“回头看，这段经历锻炼了集团的质量控制能力，过程很难熬，结果很美好。”

在路标看来，为苹果公司提供服务对集团具有里程碑意义。圆满完成这一高标准要求的项目后，杜肯很快接到特斯拉、亚马逊、美联航等客户的订单，进而在欧美高端市场逐步建立品牌地位。

除此之外，北京冬奥会上，二七厂冰雪项目训练基地、延庆冰上运动中心等多处场馆都有杜肯柔性风管系统的身影。

“事实上，这是杜肯产品第三次亮相奥运会，包括4年前的平昌冬奥会和2008年北京夏季奥运会。”路标说。

冬奥会场馆内长时间观赛，会不会让观众“冷得发抖”？如开足暖气，冬季赛场的冰温还能保障吗？“完全不用担心！”路标解读了杜肯风管保温系统的神奇——当室内某处参数发生改变时，系统会立即精准调节该区域的温度、湿度，做到“同室不同温”，既符合竞赛项目对低温的要求，又保证观众有舒适的观赛环境。

连续两届冬奥会“中标”的几年间，正逢杜肯迈入稳健成长的阶段。集团在全球首创柔性复合橡塑风管系统，在柔性复合橡塑风管细分行业拥有近70%的市场占有率。

四次转型，锤炼核心竞争力

“专注一个领域，静下心来搞研发。”这是路标总结的制胜秘诀。他以孕育期、学步期、少年期、青春期和稳步成长期来概括公司的发展阶段，在此期间，公司完成了4次转型。

公司通过5年摸索，明确专业化方向，接着推出第一条橡塑生产线并创建品牌，然后在广东建厂，开拓国际高端市场，并在国内率先引入纤维织物风管，相继完成两次转型。

“杜肯是‘青春期’来到鄂州的，也是集团第三次转型的开始。”2011年，杜肯工业园在葛店开发区竣工投产。正是从中标苹果公司这一年起，杜肯拉开了从制造型企业向整体解决方案服务商转型的序幕。

2019年以来，集团迈入第四次转型的稳步成长期。“集团的4次转型和时代的发展息息相关，也对应了国家改革开放以来的经济发展脉络。”路标认为，“既专心又耐心”，帮助企业练就核心竞争力，不急功近利，不投机取巧，但走得很稳健，进而能在种种危机中平安过关。

杜肯集团现有近 400 人，规模虽然不大，但在近 30 年奋斗中，他们研发了 10 余个系列的数百种精细化产品方案，以满足不同用户的不同场景需求，并在全球各地累计申请近百项专利技术。近些年，除 2020 年新冠疫情有所影响外，杜肯的销售额和税收均递增，基本以每年 30% 的速度增长。

文化特质，企业竞争“冰山下的部分”

“之所以能在市场的冲击中坚持下来，深层原因还是企业的文化。这是看不见的竞争力，是冰山下的部分，相较技术更不容易被模仿。”路标说，价值赢得客户，奋斗成就员工，企业文化是管长远的竞争力。

到杜肯工业园参观，大都会有特别的感受：这里既有咖啡厅、健身房、时尚餐厅以及功能齐全的酒店，同样也有生产车间、仓库和研发实验室……以“现代极简”为主题的景观空间布局，充分将自然、阳光、互动引入办公场所，生态与生活艺术融合。“但我们的特别不是表面的。集团一直倡导在‘家文化’中培养奋斗者品质，让员工在优质的工作环境中为客户提供高品质的个性化解决方案。”路标说。

过去 15 年间，杜肯集团每年从管理层和一线骨干中选拔出五六位优秀员工，通过股权激励成为集团合伙人，目前已占到员工总数的 20%。

令路标引以自豪的是，不仅北京大兴国际机场等众多重大工程建设都有杜肯人的身影，而且近在身边的亚洲第一、中国唯一的专业货运枢纽机场——鄂州花湖机场也注入了“杜肯基因”。

眼下，花湖机场通航正步入倒计时。路标认为，货运枢纽机场投运将提升杜肯产品全球配送的便利性，他对企业跟随地方经济发展步伐并迎来更辉煌的腾飞时刻充满期待。

（《湖北日报》2022 年 6 月 10 日四版）

扫码看视频

中国长江航运集团有限公司党委副书记、总经理刘振华——

饱蘸"红黄绿"，扮靓母亲河

湖北日报全媒记者　戴辉　通讯员　曾红　李韦

◆ 2022年6月1日，中国长江航运集团有限公司党委副书记、总经理刘振华（右）做客湖北日报企业家全媒体纵横谈。（湖北日报全媒记者　朱熙勇　摄）

企业名片

中国长江航运集团有限公司（以下简称"长航集团"）是一家拥有近150年历史的企业，以航运业务和邮轮旅游业务为核心、港航服务业务为支撑，是我国最大的内河航运企业，能实现远洋、沿海、长江全程物流服务。

长期以来，长航集团深耕长江经济带，在长江大宗货物运输、抢险救灾以及长江三峡国宾接待任务中，始终发挥国有企业主力军作用，被誉为"长江国家队"。

迈入新时代，长航集团将以功成不必在我的境界和建功必须有我的担当，全力践行国家长江经济带发展战略，全面建设"江海一体、水陆联动、绿色发展、创新引领、中国领先"的长江经济带专业化区域性公司，朝着"成为中国领先的江海联运和邮轮旅游的综合服务商"的战略目标稳步迈进。

精彩语录

与祖国共命运，同时代共发展。

以商业成功推动时代进步。

坚持“红黄绿”发展策略，建设绿色长江、美丽长江、幸福长江、智慧长江、平安长江。

双轮驱动，内生增长。

这是一家拥有近150年历史的企业，其前身可追溯到1873年成立的轮船招商局汉口分局，是我国最大的内河航运企业，能实现远洋、沿海、长江全程物流服务。

它就是招商局集团所属、位于武汉的中国长江航运集团有限公司。

2018年4月，习近平总书记视察湖北、考察长江经济带发展和经济运行情况时，乘坐的“长江壹号”轮就是长航集团设计、建造和运营的。

2022年6月1日，长航集团党委副书记、总经理刘振华做客湖北日报5G演播室，讲述用“红黄绿”发展策略守护长江的故事。

红——重振百年长航雄风

刘振华介绍，新中国成立后，以招商局长江分支机构为主体组建的长江干线国营轮船运输企业，对当代中国长江航运事业起到奠基性作用。

刘振华分享了一段惊心动魄的往事——

20世纪50年代发行的第二套人民币中有一张是5分钱纸币，正面图案是1949年起义的“海辽”轮。

1949年9月，招商局“海辽”轮冲破国民党的海上封锁，历经8天9夜，从香港辗转巴林塘海峡，绕道北上开回大连港。10月1日，“海辽”轮成为新中国第一艘挂起五星红旗的海轮。毛泽东主席复电船长和全体船员，表示祝贺和嘉勉。

以“红”的主色调“塑形铸魂”，长航集团在长江主战场上扬帆起航。

改革开放以来，伴随长江航运体制改革，长航集团几经风雨和磨砺。2017年，招商局集团提出“重振百年长航雄风”，长航集团逐渐步入高质量发展轨道。

在长江大宗货物运输、抢险救灾以及长江三峡国宾接待任务中，长航集团始终发挥国有企业主力军作用，被誉为“长江国家队”。

2020 年初，新冠肺炎疫情肆虐，长航集团“蓝鲸”轮率先驰援武汉，成为第一艘援汉医疗队“水上之家”。

2021 年煤炭供应紧张时期，长航集团全力以赴抢运保供，被评为“2021 年中国煤炭保供突出贡献企业”。

2022 年 3 月，长航集团旗下吴淞口邮轮港应急改造方舱医院，累计收治患者 5542 人，有力支持上海疫情防控。

当前，长航集团正深入贯彻习近平总书记在三次推动长江经济带发展座谈会上的重要讲话精神，着力建设绿色长江、美丽长江、幸福长江、智慧长江、平安长江。

黄——双轮驱动扬帆远航

刘振华介绍，长航集团这艘“巨轮”，由“江海联运”“邮轮旅游”双轮驱动，航行在“黄金水道”上。

在江海联运方面，长航集团干散货年运量 2021 年首次突破亿吨大关，成为长江流域首家亿吨航运企业，并始终占据长江及海进江原重油运输市场主导地位，外贸成品油运输业务规模位居远东第一，内贸成品油运输业务规模位居国内第一。

他特别提到，2018 年 4 月 25 日，习近平总书记在乘坐长航集团“长江壹号”游轮调研考察长江沿岸生态环境和发展建设情况期间，与船员亲切交谈，关切询问游轮建造、航道条件等情况，让长航集团全体员工倍感振奋。

访谈期间，刘振华指着“长江荣耀”游轮船模介绍，这是武汉首艘大型全电力驱动的绿色环保型双体滨江游船，2022 年 2 月投运，是招商局集团支持湖北疫后经济重振重点项目之一，也是长航集团跻身武汉城市滨江游高端市场的“开篇之作”。

2022 年 1 月，长航集团倾心打造的新一代长江高端游轮“长江叁号”从武汉首航重庆。中国工程院院士、武汉理工大学首席教授严新平称，“长江叁号”游轮的设计建造，在智能环保等方面达到了我国内河游轮的新高度。

降低物流成本，水运大有作为，长江“水上高速路”越来越畅通，黄金水道潜能不断释放——

刘振华介绍，从“十三五”开始，长航集团就着力发展以长江航运为主通道的多式联运、全程物流，目前已建立“江海一体、干支一体、水陆一体、港航一体”全供应链一体化、系统化的物流模式，形成江海联运、全程物流的核心优势；推行“货港航联动、水公铁联运”，可提供“江海一票通、水陆一体化、全程一站式”的门到门、端到端全程物流解决方案。

在湖北，长航集团与武汉铁路局等单位合作，整合物流要素资源，打造水公铁联运、江海联运、水水中转等多样化物流产品，由海及江、从长江干线到湘江 / 赣江支流，业务触角从沿江两岸延伸至内陆腹地，成为我国高质量发展的重要力量。

绿——聚力节能减排降耗

“新长江 26007”轮 LNG（液化天然气）动力改造一年以来，二氧化碳排放量同比减少 557 吨，船舶燃料成本下降 16%……谈起船舶清洁能源，刘振华如数家珍。

目前，长江新一代绿色智能 7500 吨级散货船“长航货运 001”轮已投入运营。与长江现有同类船型相比，该船综合能效提高 10% 以上，二氧化碳排放降低 20%，污油、污水实现零排放。这是长航集团独家承担工信部“内河绿色智能船创新专项”实船示范的 3 种船型之一。

“长江上推广绿色清洁能源，已取得重大技术突破。”刘振华说，2022 年 5 月 18 日，长江首艘新一代 130 米 LNG 动力散货船在湖北枝江开工。

刘振华说，长航集团正与中海油、三峡集团携手推进“气化长江”，共建长江清洁能源船队。同时，与潍柴集团合作开展大功率纯气体燃料发动机关键技术研发，完成 1000 千瓦气体机的研制和台架试验，并取得中国船级社认可。

洗舱站是长江大保护的“神器”。化学品运输船舶在更换不相容货物、进港检修时必须洗舱，以保证运输安全，防止污染江水。刘振华介绍，长航集团是长江干线承担洗舱站项目最多的企业，重点围绕宜昌枝江洗舱站“交通强国”示范项目，实现一键控制洗舱作业，兜住船舶每滴污水。

变“绿”的还有两岸服务区。减少船舶污染物排放，是实现绿色航运的关键。刘振华介绍，长航集团在长江沿线已建成 7 座水上绿色综合服务区。

“打造绿色航运，给子孙后代留下一条清洁美丽的万里长江。”刘振华称，

2021 年，长航集团完成干散货船舶受电装置改造 91 艘，长江游轮全部完成受电装置改造。

（《湖北日报》2022 年 6 月 15 日四版）

扫码看视频

京山轻机股份有限公司董事长李健——

从山沟小厂到全球名企的持续奔跑

湖北日报全媒记者　李剑军　通讯员　余舟　潘丹

◆ 2022年6月2日，京山轻机股份有限公司董事长李健（右）做客湖北日报企业家全媒体纵横谈。（湖北日报全媒记者　朱熙勇　摄）

企业名片

京山轻机股份有限公司是国内瓦楞纸包装机械龙头企业，全球瓦楞纸板产线装备销量前三。现有员工4000多人，产品远销60多个国家。2022年公司营收40多亿元，涉及光伏组件设备、包装机械、新能源等多个领域。公司拥有行业内唯一国家级企业技术中心，累计获得专利授权700余项。

精彩语录

要让一帮久经沙场的中高层管理者理解、支持，不是简单一个职务任命就能做到的。

我从父亲身上学到了三点：强烈的冒险精神；特别善于用人；从来不会不懂装懂。

把一块空白业务做起来，大家自然理解支持我。

你收过快递吗？快递用的纸盒纸箱，通常由易降解、轻量化的瓦楞纸制成。而生产瓦楞纸包装机械的国内龙头企业，就是京山轻机股份有限公司（以下简称"京山轻机"），它也是中国纸制品包装机械第一家上市公司。

京山轻机最早可追溯到1957年京山县宋河镇山沟里的一个小农具厂——星火农具厂，当时主要是打一些镰刀、斧头、锄头等农具，历经65年锤炼，成就了今天京山轻机这家全球性的知名企业。2022年6月2日，省工商联副主席、京山轻机及国宝桥米董事长李健做客湖北日报5G演播室，畅谈山沟小厂通过持续奔跑成长为行业龙头、全球名企背后的故事。

谈企业成功秘诀，专注创新与重视人才

在李健看来，京山轻机成功最核心的因素有两点：几十年如一日专注创新；持续不断地培养与引进人才。

自20世纪80年代起，京山轻机先后与华中科技大学合作设立李培根院士工作站、智能装备研究院，联合开设工程硕士班、总裁班，与武汉大学、武汉理工大学结成战略合作伙伴。1999年，京山轻机在武汉建成了国内最早一批、行业唯一的国家级企业技术中心。目前公司拥有华中、华东、华南、欧洲四大研发中心。研发投入占营收之比攀升至5%至8%的较高水平。

引进与自主培养相结合，京山轻机形成了博士硕士（技术主管）、本科毕业生（技师）、工人的人才梯队。一批来自武汉大学、华中科技大学、华南理工大学、西南交通大学等重点高校的毕业生成长为技术和管理骨干。

2021年，京山轻机研发费用达1.9亿元，同比增长26.82%。纸板纸箱生产工艺研究累计获得专利700余项，其中发明专利180余项，另有软件著作权187项。凭借持续技术创新，公司包装机械产品的国内市场占有率攀升至30%左右，居行业第一。京山"中国轻机名城"称号不胫而走。

2021年年报显示，京山轻机总营收首次突破40亿元大关，同比增长33.52%，其中包装机械板块营收9.39亿元，同比增长27.08%。2022年一季报显示，京山轻机主营收入10.37亿元，同比增长13.56%，继续充当行业领头羊的角色。

谈“创二代”角色转变，用经营业绩赢得大家支持

作为民营企业家第二代，又是武汉大学国际金融科班出身，1981 年出生的李健是湖北企业界有名的“少帅”。

1983 年，李健的父亲孙友元开始担任京山轻机的前身京山轻工机械厂厂长，历经 15 年奋斗，使京山轻机于 1998 年在深交所上市。在父亲召唤下，原打算出国发展的李健，决定加入京山轻机管理团队。

刚接手公司时，作为“学院派”，他一度认为当过铁匠的父亲有些老土。回过头来看，他觉得父亲身上有三点让他受益终身：第一，强烈的冒险精神。第二，特别善于用人。第三，从来不会不懂装懂。

“一个大学刚毕业的毛头小伙，要让一帮久经沙场的中高层管理者理解、支持，不是简单一个职务任命就能做到的。”李健说，好在当时他主持的海外业务节节胜利，2002 年起先后在俄罗斯、土耳其、泰国、印度、意大利、拉美等地设立办事处、海外工厂或研发中心，业务量快速上升，“看到我把一块空白业务做起来，大家自然理解支持我”。

谈业务结构转型，光伏设备收入占比超半壁江山

2005 年底，年仅 24 岁的李健出任京山轻机总经理。当时公司内外经济形势一片大好，但他判断，经济周期是有规律的，低潮期肯定会来临。而战略方针的调整至少需要两三年才能有效果，于是他提出了三个调整方向：产品国际化、高端化、服务化。

国际化战略没什么争议，当时公司国际销售份额已占到 40%，但向高端转型争议很大。因为京山轻机是做工业品，是 B2B 而不是 B2C 模式，如果低中高端产品通吃，虽然覆盖面很广，但需要好产品的客户就会嫌品牌品质不够，要买便宜产品的又会嫌贵，到底何去何从？

“我们跟美国做了对比，他们总共只有 200 条大型包装机械生产线，而国内有 4000 条。当技术不断进步，我们就需要担心这么大的产量是否卖得出去。最终，我决定放弃中低端产品，只走高端路线。”李健回忆。

通过技术提升不断优化产品结构，2012 年后京山轻机就主要依赖高端产品了。2021 年，京山轻机包装板块 9.39 亿元营收中，出口欧美的收入占了 32%；光伏板块营收中出口占了 24%，总出口额突破 1.3 亿美元。

所谓服务化，就是打破原来售后技术服务免费的惯例，将技术服务由成

本消耗点变成了千万级的利润增长点。

自 2017 年起，京山轻机抢抓“双碳”机遇，通过并购苏州晟成光伏，大举进军光伏组件设备领域，累计投入逾 10 亿元，2021 年光伏组件设备营收 22 亿余元，占比超过 50%，包装机械营收占比则降至 25% 以下。

谈企业文化，对标国际顶尖品牌踔厉奋发

在京山轻机总部大院里，一进门就看到一个工人手持铁锤敲打的雕塑，下书八个大字：千锤百炼，铸就辉煌。

“与国际顶尖品牌相比，京山轻机总体上还存在一些差距。”李健坦陈，受工业文明的长期熏陶，国际顶尖品牌在齿轮、轴承的稳定性、精度上标准更高，“但我们也有我们的优势，在 3D 设备、PDM 仿真技术等硬件设备方面毫不逊色，甚至优于国外。2001 年时我们的水平要落后欧美 20 年，但现在至少在同一个代际，各有千秋。”

如今，京山轻机形成“以人为本、持续创新、诚实守信、客户至上、开放至上”的企业文化，由此延伸出技术驱动企业的工程师文化、工匠文化等，这些都是京山轻机争当国际领导品牌的雄厚资本。

“北有五常大米，南有国宝桥米。”2000 年，京山轻机集团跨行业并购原京山国宝桥米总公司。目前，湖北国宝桥米有限公司已是农业产业化国家级重点龙头企业。“国宝”商标获评“中国驰名商标”，产品打入沃尔玛、中百、武商等各大超市。作为“京山桥米”区域公用品牌旗下的核心企业，国宝桥米正带领众多桥米企业冲刺百亿产值。

多年来，京山轻机积极投身公益事业，在扶贫、教育、抗疫等方面累计捐赠超 3000 万元。2014 年起，京山轻机出资 60 万元成立奖励优秀教师的“友元奖励基金”以及奖励优等生的“京山轻机阳光班”。2020 年抗疫中，公司从海外紧急采购大批口罩、防护服捐给京山、武汉医疗机构，集团子公司京源国际受武汉委托，从境外采购 3 万多套防护服，其善举受到省委省政府表彰。

（《湖北日报》2022 年 6 月 16 日四版）

扫码看视频

东风汽车集团有限公司党委常委、副总经理尤峥——

瞄准三个“100万”，“汽车巨头”转型科技企业

湖北日报全媒记者 左晨

◆ 2022年5月24日，东风汽车集团有限公司党委常委、副总经理尤峥（右）做客湖北日报企业家全媒体纵横谈。（湖北日报全媒记者 柯皓 摄）

企业名片

东风汽车集团有限公司（以下简称“东风公司”）是中央直管的特大型汽车企业，前身是始建于1969年的第二汽车制造厂，总部设在湖北省武汉市。东风公司是中国汽车行业内产业链最齐全、产品阵营最丰富的汽车企业。主要产品覆盖高档、中档和经济型各区隔，业务涵盖全系列商用车、乘用车、军车、新能源汽车、关键汽车总成和零部件、汽车装备、出行服务、汽车金融等。国内业务主要分布在武汉、十堰、襄阳、广州和柳州、郑州、成都、重庆、大连等全国20多个城市。东风公司与10多家国际整车和零部件企业开展全球合作和协同，产品销往全球100多个国家和地区。

精彩语录

“十四五”时期，东风公司深入推进“东方风起”计划，构建“一主两翼”事业格局，实施科技创新“跃迁行动”，努力成为“为用户提供优质汽车产品和服务的卓越科技企业”，奋力实现“三个领先、一个率先”，加快建设卓越东风和世界一流企业，为全面建设社会主义现代化国家、实现中华民族伟大复兴的中国梦作出新的贡献。

“十四五”以来，汽车产业的核心竞争力正由“传统汽车设计”向“智能化全栈自研能力”转变。东风公司加快掌握关键核心技术，加快打造原创技术策源地和现代产业链链长。

这是一组凸显产业实力的数字——

在国内，它的业务布局武汉、十堰、襄阳、广州、柳州、郑州等全国20多个城市，率先构建起中国汽车企业最完整的产品线和业务链，向100多个国家和地区提供优质汽车产品和服务。

这家企业，就是在鄂央企——东风汽车集团有限公司（以下简称“东风公司”）。

立足湖北、面向全国、走向世界。新征程上，东风公司响亮提出，加速向科技型企业转型！2022年5月24日，东风公司党委常委、副总经理尤峥做客湖北日报5G演播室，讲述企业转型的故事。

五年瞄准三个“100万”

1969年，东风公司在湖北十堰开始大规模建设，2006年总部搬迁武汉。

诞生于三线建设背景下的东风公司，其50多年发展历程，也是中国汽车工业振兴发展的历史见证。在21世纪头十年里，东风公司紧抓汽车市场快速上升的重大机遇，销量接连跨越100万、200万、300万辆台阶，经济效益大幅提升，实现了量的积累和质的飞跃。

2021年，东风公司销售汽车327.5万辆，在汽车行业排名第三。现位居《财富》世界500强第85位，中国制造业500强第9位。

新一轮科技革命下，汽车“新四化”浪潮势不可挡。起航“十四五”新征程，东风2021年发布了“东方风起”计划——

构建“一主两翼”事业格局，其中“一主”为整车业务，“两翼”为科技板块和服务生态，实施科技创新“跃迁行动”，加速向科技企业转型！

未来5年，东风公司研发投入1000亿元，掌握关键核心技术，实现三个“100万”：新能源汽车销量达到100万辆，投放的全新车型100%实现电动化；商用车整体销量突破100万辆，主力企业成为行业TOP1；自主乘用车整体规模跨越100万辆，自主品牌的研发投入强度不低于6%，主力企业位居行业第一阵营。

“两大领域”谋求跨越式前进

如何向科技型企业转型？方向很关键。“将着力在新能源、智能驾驶两大领域谋求跨越式前进。”尤峥说。

新能源“跃迁”——

发展“三电”技术，布局新能源整车共享平台、电子架构以及氢能产品，包括打造“龙擎”“马赫”绿色低碳动力品牌，构建涵盖发动机、变速箱、混合动力总成的产品矩阵，实现高效涡轮增压器等关键零部件国产化。发展中央集中式SOA电子电气架构和电驱动系统，开展动力锂电池电芯、燃料电池资源合作，研究下一代动力电池等核心技术。

眼下，东风公司旗下高端新能源汽车品牌——岚图汽车，已成为其角逐新能源赛道的一把“利刃”。

成立不到2年，岚图汽车已推出两款高端新能源车型，岚图FREE和岚图梦想家。其中，岚图梦想家一举打破进口豪华MPV市场壁垒，引领MPV进入电动化、智能化新时代。

2022年1月，东风高端新能源越野车项目开工，这是继岚图汽车之后东风公司打造的又一个高端电动品牌，将共同推动东风品牌向上。“到2024年，东风公司将实现主力乘用车品牌全新车型100%电动化。”尤峥说。

智能网联“跃迁”——

采取渐进式和跨越式技术路线并行方式，L2-L3新车渗透率提升至50%以上，L4级智能驾驶汽车实现规模化示范运营。构建车云网、车内网、车际网三网融合体系，推动“人－车－路－网－云”信息融合，实现协作式智慧交通和高等级自动驾驶应用。

如今，无人驾驶赛道“种子选手”——东风悦享成果遍地开花。在武汉经开区，东风悦享“春笋号”投入运行半年，已累计接驳乘客超1.5万名，其首批18辆自动驾驶汽车还在雄安新区率先部署到位。同时，在商用车领域，东风无人驾驶品牌“无限星”5G港口无人驾驶集装箱卡车已投入商业化运营。

转型发展，创新是企业生命线。东风公司一款车上，就聚集了422项专利。

“关键技术提前布局，专利与产品同步而生。”尤峥介绍，2021年东风公司申请专利达4798件，其中发明专利公开量4169件，居国内汽车行业第一。

“十四五”期间，东风公司研发投入将达1000亿元，自主品牌研发投入强度不低于6%，着重加强造型能力、新能源智能网联测试能力、软件技术和软件工程能力建设。预计到2025年，东风公司有效发明专利数将超过6500件，相比“十三五”末增长5倍以上。

当好万亿产业链“链长”

作为在鄂央企，53年来，东风公司始终与湖北同频共振，共赢发展。

武汉经开区——“中国车谷”，因东风而生。今天，这里已成为中西部领先的国家级开发区，中国汽车及零部件产业最集中的区域之一，仅东风大道就集聚了2万多家企业，营收总和超过万亿。

作为湖北省、武汉市汽车产业链“链长”，东风公司与行业伙伴频频“牵手”，推动湖北汽车产业延链补链强链——

2021年9月26日，聚焦新能源汽车、智能驾驶等领域，东风公司与中信科、中国三峡、武汉理工大学等相关行业合作伙伴签署了五大战略合作协议。其中，与武汉经开区签约自动驾驶领航项目二期项目，将打造国内乃至全球范围最大、场景最丰富、技术最先进和规模最大的自动驾驶示范运营平台。未来五年，形成智能网联核心产业规模达100亿元，带动相关产业规模达1000亿元。

2022年5月8日，由东风公司牵头，联合9家企事业单位组成湖北省车规级芯片产业技术创新联合体，将打造全国领先、具备湖北特色的汽车芯片产业集群，让国产汽车装上“中国芯”。

6月15日，东风汽车携手武汉经开区发布鼓励汽车消费“车十条”：在国家、省、市鼓励汽车消费优惠政策的基础上“双双加码”，给购买“车谷造”

东风系乘用车的消费者“发补贴”，最高优惠可超5万元。

2022年以来，东风公司与十堰市、襄阳市等湖北市州分别多次举行高层会谈，强化产业协作，并推出惠民购车补贴等多项政策。在十堰，东风商用车直接带动了近700家配套零部件企业的订单增长。

2021年，东风公司在湖北销售汽车达170万辆，带动和支撑了“汉随襄十”汽车产业走廊发展，为湖北打造世界级万亿汽车产业集群贡献了积极力量。

借“东风”定“军山”。

尤峥表示，面向“十四五”，东风公司将在湖北投入1200亿元，通过科技创新“跃迁行动”，大力发展新能源和智能网联汽车，实现高水平科技自立自强，坚决把自主品牌搞上去。到“十四五”末，省内汽车产能预计达到247万辆。

（《湖北日报》2022年6月17日五版）

扫码看视频

湖北交通投资集团党委副书记、总经理卢军——

“万亿交通航母”筑梦诗和远方

湖北日报全媒记者　戴辉　通讯员　边俊伟　许诗媛

◆ 2022年6月1日，湖北交通投资集团党委副书记、总经理卢军（右）做客湖北日报企业家全媒体纵横谈。（湖北日报全媒记者　薛婷　摄）

企业名片

湖北交通投资集团有限公司是湖北省政府独资的交通投融资企业，成立于2010年10月，注册资本金100亿元。2020年6月被省政府确定为全省首家国有资本投资公司改革试点，省委省政府赋予“综合交通规划、设计、建设、管理全生命周期运营商”定位。经过12年发展，现有二级子公司80余家，员工2.3万余人。资产从1000亿元增长至6000亿元，营业收入从10亿元跨越到522亿元，净利润从4亿元增长至52亿元，位列全国省级交通企业第一方阵。企业信用创3A，5次获评全国优秀企业债发行人。集团先后荣获全国及全省“五一劳动奖状”、全国文明单位、省政府通令嘉奖、首届湖北改革奖、全省党风廉政建设先进单位、全省党建工作示范单位等60多项省部级及以上荣誉。

精彩语录

勇当全省综合交通投资建设的“主力军”、服务人民美好出行的“筑梦者”。

建设一条高速，开发一片区域，服务一方经济。

将80%的资金投向四大山区，让数千万人走向诗和远方。

沿江市州全部迈入“长江大桥时代”、全省实现“县县通高速”，鄂州花湖机场成功试飞……重大交通工程的“点睛”之笔，离不开这家企业。

它就是省属资产规模最大的企业——湖北交通投资集团有限公司（以下简称“湖北交投集团”）。到2021年底，湖北交投集团累计投资4288亿元，建成高速公路3014公里、在建1213公里，建成长江大桥7座、在建5座，推动全省高速公路建设跃上高峰。

2022年6月1日，湖北交投集团党委副书记、总经理卢军做客湖北日报5G演播室，讲述了发挥交通投资“驾辕之马”的故事。

聚焦主责主业，当好交通投资主攻手

“加快基础设施建设，交通是硬支撑，湖北交投集团是全省综合交通基础设施投资建设的主力军、主攻手。”卢军的一段开场白，将画面带入火热的交通建设主战场。

2022年以来，该集团投资建设的观音寺长江公路大桥、武松高速江陵至松滋段、武松高速仙桃至洪湖段、蕲太高速东段等重点工程纷纷开工，其中过百亿的超级工程6个，为稳投资、稳增长提供支撑。

卢军透露，在省交通运输厅等部门的大力支持下，集团坚持“抓早、赶前、多开”。2022年1至4月完成交通基础设施建设投资123亿元，同比增长11.8%，奋力拼搏“双过半”。

哪里有“硬骨头”要啃，哪里就有湖北交投集团。12年来，湖北交投集团始终聚焦主责主业，紧紧围绕省委省政府的战略部署，扛起全省80%的高速公路投资建设重任，将80%的资金投向四大山区，让数千万人走向诗和远方。

卢军拿起一个桥模介绍，这是湖北交投集团投资建设的第一座长江大

桥——石首长江大桥。他透露，由于长江石首段长年累月泥沙淤积，被称为“建桥禁区”，在这里建桥，犹如“豆腐上插筷子”，大桥综合施工难度位居世界同类桥梁前列。

“2019 年 9 月 28 日，大桥通车运营，两岸万人空巷，群众告别千年轮渡过江历史，实现‘2 小时到 5 分钟的跨越’。”说到这里，卢军十分自豪。

2022 年 5 月 1 日通车的鄂州花湖机场高速，是湖北交投集团的另一杰作。卢军说，作为我省首条智慧高速公路，该路在国内首次引入光纤光栅技术，布设 1.6 万个光栅传感器，为车道植入“感知神经”。

高速公路，不仅修得密，还运营得好。目前湖北交投集团运营高速公路里程 5913 公里、收费站 336 座，经营服务区（停车区）165 对，均占全省 80% 以上。“走在湖北的高速公路上，很多人称之为一场‘美丽的旅行’。”卢军说。

2022 年，集团计划建设高速公路项目 28 个，总里程 1213 公里，总投资 2336 亿元。

破解“输血”难题，平均每天融资 1.38 亿

项目融资，困扰交通建设的一大难题。

“湖北交投的成立，就是为了解决投融资问题。”卢军坦言。

时间回溯到 2010 年。受亚洲金融风暴、融资平台清理等影响，湖北高速公路建设资金告急，18 条高速应开工但未开工，7 条在建高速停工。“融资租赁，售后回租”，湖北交投选择京港澳高速湖北段，尝试与银行合作，拿到 50 亿元融资租赁款，解决了“五路一桥”开工燃眉之急。

创新融资模式。2012 年，湖北交投集团首次走进资本市场，发行 100 亿中期票据，规模居当时的全国第二；通过国家发改委发行企业债 25 亿元。同年，湖北交投集团取得银行 3A 信用评级，得到资本市场的“金字招牌”。

卢军介绍，湖北交投集团共计盘活千亿元划转资产，与 15 家银行“总对总”合作，打通银行间交易商协会等三大直融通道。同时，抢抓中央“搭把手”“拉一把”机遇，重组置换高速公路债务，积极防范和化解债务风险。

在投资模式上也有创新。卢军说，通过推行“BOT+EPC+ 回购”“BOT+EPC+ 基金”项目投资模式，引进世界 500 强企业参与湖北高速公路建设，将全国最优秀的建设力量吸引到湖北建设战场。

高速公路建设模式也不断创新。通过推行“大标段”建设、“项目群”管理、“标准化”施工，实施主材集中采供，强化工程质量、进度和安全管控，防控廉洁风险。

卢军称，湖北交投集团12年累计完成融资6050亿元、投资4288亿元，相当于每天融资1.38亿元，投融资规模连续多年居全国前列。

崛起优势产业，打造“万亿交通航母”

高速公路，总有建完的时候。那时，湖北交投集团何去何从？

卢军拿起一个油罐车的玩具积木，讲起“交投能源”的故事。2020年1月，洪监高速公路正式通车运营，因交投为当地修了路，当地百姓对交投很有感情。一个车主到服务区加油之前，专门找加油站的员工确认:“交投能源”是不是湖北交投的？是的话就把油箱加满！

架桥修路是重资产投入，为了投资平衡、推动可持续发展，湖北交投集团坚持“基础设施修到哪里，产业延伸到哪里”，面向市场求发展，依托投资拓产业，走出了一条具有交投特色的交通关联产业新路。

“目前三个百亿级产业持续壮大、四个优势产业加速崛起。”卢军介绍，三个百亿级产业包括工程建设、现代物流和交通服务。工程建设主要是旗下建设集团，年营收超100亿元，拥有公路、市政总承包“双壹级资质”；现代物流主要是旗下物流集团，位列中国物流企业100强第27位，年营收超100亿元，省外业务占比超65%；交通服务包括“交投能源”、服务区运营、交通商贸等，目前自营加油站100座，年营收超50亿元。同时，依托服务区构建商贸网，独家运营湖北省区域公用品牌“荆楚优品”。

四大优势产业，是规划设计、区域开发、交通科技、交通金融。

卢军透露，四大优势产业均走出舒适区：旗下中南勘察设计院集团、省交规院强强联合，年营收超10亿元；区域开发“建设一条高速、开发一片区域、服务一方经济”，形成武汉长江新区国际绿创中心、襄阳汉江生态城、宜昌巴山金谷、宜都三江鲟龙湾等一批标杆项目，总面积30多平方公里，带动投资超千亿元；旗下智能检测公司、科技公司入选国务院“科改示范企业”、省级专精特新“小巨人”企业；成立省属国企第一家财务公司，累计归集资金超1000亿元，降本增效20亿元，获监管最高评级。

“勇当全省综合交通投资建设的‘主力军’、服务人民美好出行的‘筑梦者’。”卢军表示，“十四五”期间，集团将力争实现资产10000亿元、营收1000亿元、利润100亿元的“万千百”目标，打造3至5个营收两百亿元的子企业，培育3至5家上市公司，高质量进入中国企业500强，努力成为“具有国际视野、国内一流的综合交通集团”。

（《湖北日报》2022年6月17日六版）

扫码看视频

中国石化湖北石油党委书记、分公司代表于海平——

为美好生活加油赋能

湖北日报全媒记者 彭一苇 通讯员 熊海

◆ 2022年6月1日，中国石化湖北石油党委书记、分公司代表于海平（右）做客湖北日报企业家全媒体纵横谈。（湖北日报全媒记者 薛婷 摄）

企业名片

中国石化销售湖北石油分公司成立于1953年，发展至今下辖武汉、宜昌等17家公司（13家市州+4家专业公司），74个县级公司和25个零售管理片区，15家对外合资企业，近2000座加油站遍布城乡，占湖北省加油站总数的46%，每年向湖北供应成品油700余万吨、供应非油商品约30亿元，是名副其实的主渠道企业。

精彩语录

“质优量足 客户满意”是我们不变的承诺，在“质量强企”战略的引领下，我们走出了一条具有湖北石油特色的质量发展之路。

加快从“油品销售商”向“油气氢电服”综合能源服务商转型，“加油站”

向“综合加能站”升级。

勇扛央企担当，攻坚克难、勇毅前行，把中国石化湖北石油打造成为具有“强大战略支撑力、强大民生保障力、强大精神感召力”的一流企业，当好党和国家最可信赖的依靠力量。

大家熟悉的加油站，悄悄地变了！

在加油站，人们不仅可以加油、购物，有的还能洗车、充电、换电。

遍布湖北城乡的近2000座中石化加油站，正在悄悄地从加油站向综合加能站转型。

2022年6月1日，中国石化销售湖北石油分公司（以下简称“湖北石油”）党委书记、分公司代表于海平做客湖北日报5G演播室，讲述加油站里正在发生的新变化。

端牢能源饭碗，有力支撑地方发展

湖北石油成立之初，名叫中国石油公司湖北省公司。20世纪50年代，国家一穷二白，第一代湖北石油人要建设湖北第一座加油站，却没有任何技术资料，只能千方百计外出学习。然而由于技术封锁，设计图纸只能看、不能拍照、不能记录，他们克服重重困难，用两年时间建成了湖北省第一座加油站——武汉黄石路加油站。

经过近70年的发展，如今湖北石油旗下近2000座加油站遍布全省。“湖北已经成为中国石化所属企业最密集、产业链最齐全、发展潜力最大的省份之一。”于海平介绍，上游有江汉油田，中游有中韩石化、荆门石化，下游有湖北石油、化工销售华中公司等11家驻鄂直属企业及分支机构，共同组成了中国石化“湖北军团”。

在这其中，湖北石油是全省成品油市场的主力军、主渠道，是中石化在湖北全产业链条实现价值的最重要一环，更是服务于全产业链、服务于湖北人民的窗口。近年来，湖北石油每年为湖北提供700多万吨成品油、近600亿元销售额，有力支撑了地方经济发展。

勇挑“重器”担当，积极履行社会责任

于海平介绍，在2020年武汉抗疫期间，湖北石油公开承诺“油品不断供、商品不涨价、服务不打烊”，在武汉封城76天期间，对防疫车辆免费加油。

“在经济重振阶段，我们积极为湖北‘带货’。如秭归脐橙已进入中石化

便利店系统，不仅推广到湖北的2000座站，更推到了全国的易捷便利店。”于海平说。目前，湖北石油帮助销售秭归脐橙产品达6000万元，助力当地农民脱贫致富和产业链发展。

此外，湖北还有蕲艾、青砖茶、大米、恩施富硒产品等也被如此推向全国。通过湖北石油的努力，农民有个好渠道、卖出好价钱、有份好收成。据统计，全国2.7万座易捷便利店全力推广销售，累计为湖北带货4.75亿元。

不仅农民获得帮助，最近一段时间，湖北石油又将目光投向了卡车司机、城市环卫工人等群体。2022年，湖北石油投入千万元，建成了近百座司机之家和爱心驿站，让长期在外奔波的劳动者感受到温暖和真情。于海平透露，“十四五”期间，还将建设500座司机之家，500个爱心驿站，让他们更便捷地享受到关爱和帮助。

力保一江清水，毅然关闭11座油库

在宜昌市伍家岗区江边，站在一座造型优美的观景平台上，只见岸边江水清可见底，廊桥下尚存的管道和阀门提醒人们，这里曾是王家河油库码头的承接平台。如今，它已经成为“长江大保护教育基地”和“江豚生态文化节点”。

于海平介绍，近几年，湖北陆续关闭了11座油库、17座水上码头、11座水上加油站，同时为保障湖北能源供应，迁建荆州油库、枝江油库，改扩建余家湖油库、白浪油库等。

为保护大气和土壤，湖北石油同样投入极大。为减少油气排放对大气的污染，从2012年5月开始，湖北石油共投入3亿元，对所有加油站、油库进行油气回收改造，让加油站“闻不到油味”成为可能。

为严控地下水的污染风险，2018年到2021年，湖北石油投入20多亿元，对在营加油站进行防渗漏改造，将单层罐体全部换成双层罐体，避免因罐体破损、油品泄漏，污染土壤和地下水。

“在环保方面，这些年我们投入了近40亿元。”于海平说。对于企业来说，这是笔硬投入，每年仅折旧费用就超过了3000万元，但公司始终相信人不负青山、青山定不负人。

为将“奉献清洁能源 践行绿色发展”理念落到实处，湖北石油在油品质量方面下了不少功夫。率先在全国成品油销售领域创建“国家质量提升示范项目”，制定了全国首个《质量共治检查规范》，邀请政府部门、媒体、顾客、技术服务机构代表根据规范对湖北石油加油站进行检查评价。2019年，项目顺利通过了湖北省验收。

2021 年底，湖北石油又率先推出中国石化自主创新研发的首款国产“爱跑 98”品牌汽油。“这款油品不仅能进一步减少车辆碳氢化合物和碳氧化合物的排放量，还能主动清除并抑制发动机内部 90% 以上积碳。”于海平说。

更好服务于民，升级打造综合加能站

细心的消费者们已经发现，如今加油站变得不一样了，不仅可以加油、购物，很多加油站还有了洗车、充电、换电等功能。

未来的加油站会是什么样？于海平做了一番展望：“油是基础、气是重点、氢是方向、电是趋势、服是未来。我们将加快从‘油品销售商’向‘油气氢电服’综合能源服务商转型，加油站向综合加能站升级。”

特别是氢能的发展为转型升级提供了契机。于海平拿出一支 2022 年冬奥会的“飞扬”火炬。这支火炬的内部燃料由过去的天然气改为更加洁净的氢气，火炬外壳也由金属材质改为碳纤维复合材料，这两样关键技术都是由中国石化提供。

在湖北，加氢站正在起步。于海平透露，2021 年，湖北石油建成了 4 座加氢站。在“十四五”期间，将依托现有网点优势，初步计划在湖北发展 44 座加氢站，同步深度探索氢能产业链各项业务。

同时，湖北石油将大力发展光伏及充换电业务。目前，已经建成 33 座光伏发电站、60 座充换电站。力争到 2025 年，光伏发电站达到 150 座，充换电站达到 240 座。

加油站的服务体验也将更好。湖北石油将加快数字化转型，依靠科学技术提升核心竞争力，深入推动智慧油库、智慧加油站、智慧便利店建设，以数据分析、智能评估、感应操作等方式，为消费者提供多元化、个性化甚至定制化的专属服务。

“我们将大力实施平台策略和跨界融合，构建油品零售、非油销售、第三方合作有机联动的新服务场景。今年，我们启动了第一届易捷养车节，目的是整合车辆服务全生命周期产业链，拓展汽车后服务市场生态，打造一体化、高性能的‘人、车、生活’综合服务平台。”

（《湖北日报》2022 年 6 月 22 日五版）

扫码看视频

惠州亿纬锂能股份有限公司董事长刘金成——

锚定最具创造力的锂电龙头企业

湖北日报全媒记者　李剑军　通讯员　李陆荣　贾妮妮

◆ 2022年6月9日，亿纬锂能董事长刘金成（右）做客湖北日报企业家全媒体纵横谈。

（湖北日报全媒记者　薛婷　摄）

企业名片

惠州亿纬锂能股份有限公司是一家具有全球竞争力的高质量锂电池平台公司，同时拥有消费电池和动力电池核心技术及全面解决方案。其消费电池产品涵盖锂原电池、小型锂离子电池及圆柱电池，锂原电池连续6年销售额及出口额居国内第一。动力电池全面解决方案涵盖方形磷酸铁锂电池、软包三元电池、方形三元电池、大圆柱电池、电池系统开发等，服务戴姆勒、现代起亚等国际车企，并获德国宝马、捷豹路虎定点。2021年全球动力电池装机量TOP10。

精彩语录

如果说董事长就是一个工程师的话，我觉得对整个年轻团队的影响力和感染力都会更好，让他们觉得我们是一路人，我们就是一个大的团队、一个有远大理想和追求的公司。

你们大胆地去做，做好了算你们的，做坏了算我的，因为真正好的创新方向，10个中有1个能成功就不错了。

他是一位掌舵千亿市值上市公司的博士企业家，也是武汉大学著名电化学家、"倡导恢复高考第一人"查全性院士门下的硕士生，一直怀揣着"做世界最好的锂电池"的梦想。

近10年来，他领军的企业累计在家乡荆门投资上百亿元发展锂电产业，带动恩捷、新宙邦、科达利等多家锂电头部企业扎堆落户，"华中锂电之都"呼之欲出。

他，就是国内锂电行业巨头惠州亿纬锂能股份有限公司（以下简称"亿纬锂能"）董事长刘金成。2022年6月9日，刘金成做客湖北日报5G演播室，畅谈行业趋势、创业历程、发展愿景等，全程无稿，风趣幽默，挥洒自如。

谈锂电池技术：亿纬已与国际先进水平同步

"亿纬锂能的电池技术水平已经与国际先进水平同步"，刘金成说，亿纬锂能是一个提供锂电池全面解决方案的高科技公司，主要服务于智慧生活和新能源领域。

在动力电池的新技术方向上，亿纬锂能做了全面研究，比如针对乘用车动力电池，将技术方向逐渐收敛为大型三元圆柱电池和叠片的磷酸铁锂电池，后者即"刀片电池"，两者优点是安全性高、经济性好，具有非常好的普及和发展前景。

除了做动力电池，亿纬锂能还做家用电表、水表、燃气表以及高速公路ETC所用的电池，多年来国内ETC系统的电源大多由亿纬提供，"每当我经过高速公路ETC收费通道的时候，就很兴奋，因为ETC用的是我们的电池。"

自2001年创立起，亿纬锂能就提出"做世界上最好的锂电池"。刘金成认为，"最好"的含义包括性能最好、卖得最多。随着好几款产品达到上述目标，两年前亿纬锂能将愿景改为："打造最具创造力的锂电池龙头企业，为人类可持续发展作出突出贡献。"

建设最好的研发团队、建设更好条件的研究中心、打造100分的质量体系……锚定新目标，亿纬蹄疾步稳。

谈研发创新：3000 名青年才俊汇聚亿纬

多年来，公司同事都习惯称刘金成为“刘工”。

“这样叫很亲切，叫‘刘总’我觉得好像不是叫我一样。”刘金成说，他多年前就是正高级工程师，不管是做公司管理还是做运营，最重要的工作还是聚焦在技术环节。他还入选国家科创人才“万人计划”，享受国务院政府特殊津贴。

“刘工”称谓的背后，是一家市值过千亿的创新型公司。持续的技术开发与创新能力，正是亿纬锂能高质量发展的命脉所在。“如果说董事长就是一个工程师的话，我觉得对整个年轻团队的影响力和感染力都会更好，让他们觉得我们是一路人，不是跟着老板打工，我们就是一个大的团队、一个有远大理想和追求的公司。”刘金成表示。

目前，亿纬锂能汇聚近 3000 名研发人员，硕士、博士学历者约占 60%，还拥有“锂电池关键技术与材料国家地方联合工程研究中心”等创新平台，致力于打造具有全球影响力的锂电池研究基地。

“我跟我们的同事讲，你们大胆地去做，做好了算你们的，做坏了算我的，因为真正好的创新方向，10 个中有 1 个能成功就不错了。”刘金成说，搞研发要有耐心，要耐得住寂寞。在研发上，亿纬锂能不惜血本。比如，亿纬锂能总部 14.5 万平方米的研发楼就花了 22 亿元，2021 年公司研发费用逾 10 亿元，占销售额之比超过 8%。

亿纬锂能持续攻克锂电池核心技术，现已申请超过 3800 项国家专利，其中 4 项发明专利获得中国专利优秀奖。

作为武汉大学硕士和华南理工大学博士，为何不当教授去创业？刘金成透露，这与其导师查全性院士有关。“导师 70 岁生日时，曾跟我们讲，他为学生里面没人做出一个有影响力的电池企业而遗憾，这进一步强化了我创业的想法，所以在查老师 80 岁的时候我告诉他，我把电池卖到了欧美，老师非常高兴。”

谈二次创业：一边搞研发一边盯市场

20 世纪 90 年代在粤创业时，亿纬锂能曾给小灵通供应过 2000 多万块电池，刘金成却急流勇退。

“这是一个企业发展战略的问题，你到一定阶段最好的时候，就要为下一阶段做准备。”刘金成说，小灵通电池的技术有局限性，后来公司把重心放到了锂原电池研发上面，大概用了两三年时间，也做得很好。

一边埋头搞研发，一边不停地看市场，亿纬锂能的多次超前决策凸显了掌舵人的战略洞察力。“当企业家与当教授是不一样的，一定要把握好方向。”刘金成说，2015 年以来，亿纬锂能在同行中较早聚焦动力电池、储能电池这一新兴领域，开启二次创业，很快做到了国际一流水准。

2009 年，亿纬锂能作为国内首批 28 家企业成功登陆深市创业板。上市成为亿纬动力储能电池加速发展的强大助推器。比如，亿纬锂能开始做汽车动力电池的时候，所用“第一桶金”就是从资本市场募来的 6 亿元，2019 年、2020 年又一共融到 50 亿元资金，6 月 8 日亿纬锂能发布公告，再募集 90 亿元资金扩大动力电池产能。

刘金成认为，上市融资后降低了企业负债率与财务成本，抗风险能力大增，同时显著提升了产品的开发、交付与质量管理能力，以及服务重要客户的能力，推动了企业良性发展。

谈布局荆门：政府优质服务产生“1+1>2”效应

2012 年，羽翼渐丰的亿纬锂能作出重大决定：投资荆门。

“最初的动因，其实来自于荆门当地政府领导的上门游说，请我回归做一些事情，开始只做了一些小产品，结果一发而不可收。”刘金成回忆。

近 10 年来，亿纬锂能在荆门的子公司亿纬动力根深叶茂，厂区从 1 个扩至 11 个，产能由最初的 5GWh 扩至现在的 48.5GWh，目前还在大举扩规。预计到 2023 年产能将达到 152.61GWh，产值突破 800 亿元。

“这些年来荆门各级领导给了亿纬锂能无微不至的关怀和支持，尤其是在征地扩迁、要素保障等方面做了大量工作，确保很短时间内工厂顺利建成投产，满足了客户需求，帮助我们在市场竞争中抢占了先机。”刘金成说，企业自身努力 + 政府优质服务，形成 1+1>2 效应。亿纬锂能非常珍惜这样的环境，非常努力地在荆门越做越好。

2021 年以来，宁德时代、比亚迪先后在宜昌、襄阳大举投资，刘金成认为，这说明湖北投资环境好，汽车产业链日渐完善，但这 3 家企业是差异化竞争，不会导致产能过剩、恶意杀价，长远看利大于弊。

他还透露，亿纬锂能即将在东湖高新区建设储能研究院，把公司整个储能业务的运营部分放在这里。

（《湖北日报》2022 年 6 月 24 日七版）

扫码看视频

上汽通用武汉分公司总经理达申申——

打造新智能平台，抢滩新能源风口

湖北日报全媒记者　汤炜玮　张倩倩　通讯员　李畅

◆ 2022年6月10日，上汽通用武汉分公司总经理达申申（右）做客湖北日报企业家全媒体纵横谈。（湖北日报全媒记者　柯皓　摄）

企业名片

上汽通用汽车武汉分公司成立于2012年4月18日。

2012年9月28日，整车一期项目（南厂）开工建设，2015年1月28日正式投产。

2014年8月7日，整车二期项目（北厂）签约，2015年1月28日开工建设，2017年4月7日正式投产。

自2012年以来，武汉分公司陆续配套规划实施多个动力总成项目，包括发动机、变速箱、电子驱动系统、动力电池系统。

2021年5月，武汉市政府与上汽通用汽车就全新奥特能智能纯电平台项目的投资建设签署战略合作协议，将武汉分公司打造成为上汽通用重要的新能源汽车生产基地之一。

精彩语录

我们坚持以“业务数据化、数据业务化”为抓手，全面推进智能制造与数字化转型升级。我们策划从智能生产、智能维修、智能质量、智能物流这些模块开展工作，充分利用生产制造大数据，围绕数字化管理平台开发和智能化新技术运用，推动智能制造和数字化转型项目的落地。

武汉分公司将继续积极发挥产业链“链主”的带动效应，推动供应链高质量发展，进一步构建具有竞争力并且稳定可靠的供应链体系，持续为促进区域经济发展和地方汽车产业转型升级作出积极贡献。

10年前，它落户武汉市江夏区，是上汽通用汽车第四个生产制造基地，也是最年轻的一个。

秉持“立足湖北、辐射华中，布局开拓潜力巨大的中西部市场，为公司未来发展及新能源产品布局夯实基础”的目标，上汽通用武汉分公司实现跨越发展。

10年来，武汉分公司吸引100多家一级供应商家在周边落户。

以新能源汽车、智能网联汽车为重点，武汉分公司锚定目标“二次创业”。2022年6月10日，上汽通用武汉分公司总经理达申申做客湖北口报5G演播室，畅谈企业发展、制造实力、新平台产品优势。

投产7年创造产值超3200亿元

“2017年7月18日，第100万辆整车下线；2018年12月18日，第200万辆整车下线；2020年11月17日，第300万辆整车下线；截至目前，武汉分公司累计生产整车超370万辆，发动机超480万台，创造产值近3226亿元。”

对于武汉分公司跨越式发展节点，达申申如数家珍。

落户武汉，上汽通用汽车每年都有新突破，即使在疫情期间，依然表现不俗。

2020年4月8日，武汉“解封”当天，武汉分公司复工复产后生产的首批雪佛兰探界者就发往乌兹别克斯坦。这是上汽通用汽车首次经“一带一路”铁路专线，对中亚国家实现整车出口。

“复工复产后，我们仅用了短短 20 天时间，就实现了整车和发动机产量双双破万的好成绩。”达申申介绍，2020 年年初武汉疫情发生，对公司生产经营带来巨大冲击和挑战。武汉分公司在各级政府部门支持下，防疫物资、员工返岗、人员出行、物流运输等一系列难题在短时间内解决。公司成立工作专班，牵头本地 200 余家供应商同步开展疫情防控和复工复产准备工作，在最短时间内恢复生产能力，打通了全供应链，实现了全面有序地复工复产。

2021 年 8 月，江夏区受疫情影响部分地区实行封控管理，企业正常生产经营受到了一定程度影响。武汉分公司迅速制定对策，针对疫情防控、人员出行、供应链保障、运行保供等各个方面，与政府相关部门一同制定企业生产保障方案，快速平稳地实现了复工复产。当月，武汉分公司不仅超额完成了产量计划，还按时完成了新车型威朗 PRO 顺利投产的任务目标。

深化推进智能制造和数字化转型

2021 年，上汽通用汽车武汉分公司获评“武汉市十大标杆智能工厂”称号。

武汉分公司冲压车间，拥有国内第一条每分钟 18 冲次的国产全伺服冲压线，冲压车间的生产效率连续多年在通用汽车的精益指标排名中位居第一，在全球范围内领先。

在车身车间，1600 多台机器人，手臂挥动，短短几秒钟，车身便焊接成功，焊接和涂胶自动化率高达 100%。

在油漆车间，实现能源消耗最低化、废弃物排放最少化，是全球主流涂装工艺的典范。

在总装车间，同一条生产线上，可以同时生产传统燃油车型和新能源车型。车间广泛使用全过程质量追溯和数字化防错系统。

“我们正全面推进智能制造与数字化转型升级。”达申申说，我们策划了智能生产、智能维修、智能质量、智能物流等模块，充分利用生产制造大数据，围绕数字化管理平台开发和智能化新技术运用，推动智能制造和数字化转型项目的落地，目前已建立起统一的数字化管理平台和底层数据中台，智能制造和数字化转型进入到深化推进阶段。

“让数据产生价值，提供决策依据，提升生产力，是我们的追求。”达申申说，“我们正在研究如何实现数据和价值之间的有效转换，明确需要什么数据、怎么收集数据、数据间的逻辑关系、如何使用数据。”

“奥特能平台”第一款车型已试生产

2021年，上汽通用汽车正式公布了电动化、智能网联化领域的领先科技和战略布局。

“十四五”期间，上汽通用计划投入500亿元用于电动化和智能网联化领域的科技研发和产品落地。

与此同时，上汽通用正式发布了新一代智能纯电动车专属平台——奥特能电动车平台。

“奥特能平台具备更安全、更智能、高性能三大优势。”达申申介绍，该平台满足汽车行业电子电气系统安全层面最高的标准，拥有专属的电芯配方，达到国际一流并且远超国标的开发和试验标准；拥有强化的全新电池物理防护架构，它使用高强度的框架结构，抗挤压能力达到国标的3倍，并且在碰撞发生后5秒内即可完成主动放电，确保事故后救援安全。

在智能性方面，奥特能平台采用了业内首创的无线电池管理系统，比普通电池包减少90%线束，轻量化的同时增加了体积能量密度，提升了续航里程，带来更低的故障率和更好的散热性能。

在性能方面，奥特能平台具备高度灵活的技术开放性，既支持不同的电芯配方和封装形式，也可以实现灵活的模组排布，加上前后高集成的模块化电驱，可满足不同续航里程、不同驱动形式、不同性能的多类产品。

“目前已有多款基于奥特能平台打造的新能源智能网联车型，以及配套的电池、电驱系统项目确认将在武汉分公司投放和生产，并且已完成了立项备案工作。新车型相关的生产线柔性化改造已完成，设备调试也已基本结束，第一款车型已开始试生产及试验认证。”达申申说，随着一系列新产品投放和新技术应用，我们将紧抓产业升级和创新发展的机遇，积极做好新项目建设，坚持推进产品结构优化调整，使武汉分公司成为国内领先的新能源汽车生产基地。

（《湖北日报》2022年6月28日四版）

扫码看视频

新洋丰农业科技股份有限公司党委书记、总裁杨华锋——

专注主业40年，锚定磷复肥龙头

湖北日报全媒记者　童晨曦　通讯员　李乔

◆ 2022年6月10日，新洋丰农业科技股份有限公司党委书记、总裁杨华锋（右）做客湖北日报企业家全媒体纵横谈。（湖北日报全媒记者　薛婷　摄）

企业名片

新洋丰农业科技股份有限公司是中国磷复肥行业龙头企业、大型上市公司和国家高新技术企业，在湖北、四川、山东、河北等9个省份建有11个大型现代化生产基地，2021年销售收入118亿元，净利润逾12亿元，同比增长28.22%。

2022年一季度，新洋丰营收同比增长37.25%，归母净利润4.07亿元，同比增长24.14%。公司拥有一级经销商5500余家、终端零售商7万多家，"洋丰"成为最受中国农民信赖的肥料品牌之一。

精彩语录

我是农民出身，我们绝不能做欺骗农民、对不起农民、对不起良心的事！

安全、环保、质量是要企业命的三件大事，其中安全、环保是“急性病”，质量是“慢性病”。

化肥没有天花板，未来充满想象！

化肥是粮食的“粮食”。中国农民每使用 10 袋复合肥，大约就有 1 袋来自我省荆门的新洋丰农业科技股份有限公司（以下简称“新洋丰”）。截至 2021 年，新洋丰总资产已达 131 亿元，员工超过 8000 人。

成立 40 年来，新洋丰如何从一家乡镇小厂，成为全国磷复肥行业的龙头企业？购买新洋丰产品，会匹配什么样的独特服务？

2022 年 6 月 10 日，新洋丰党委书记、总裁杨华锋做客湖北日报 5G 演播室，分享企业“坚守正道、专注主业、服务‘三农’”的故事。

乡镇小厂的三次“蝶变”

20 世纪 80 年代初，全国兴起创办乡镇企业的热潮。荆门市东宝区石桥驿乡依托与“中原磷都”钟祥毗邻的优势，办了一家小磷肥厂，即为新洋丰的前身。

在市场里摸爬滚打，一家磷肥小厂逐渐成长为全国磷复肥行业龙头企业。杨华锋直言，与抓住三次重要的机遇密不可分。

“企业建立之初，农资市场是国有垄断经营，肥料全部依靠国有农资公司统一销售。”杨华锋说，20 世纪 90 年代后期，国家放开农资市场，国有农资企业实行改革。新洋丰抓住机遇，率先与国有农资公司脱钩，建立以个体私营企业为主要代理商的全国销售网，最大限度占领市场份额。

1999 年，新洋丰抓住低浓度单质肥向高浓度复合肥转轨机遇，筹资建设了第一条硫酸钾复合肥生产线，成为行业内第一批“吃螃蟹”的企业；2001 年，新洋丰又抓住企业改制成民营股份制企业机遇，拥有了充分的自主权、决策权和分配权。

“营销渠道的变革，产品的升级换代，加上企业改制后解放了生产力，‘三驾马车’拉动新洋丰步入高速发展通道。”杨华锋说。

发展过程中，新洋丰逐步摸索总结出“走正道、做主业、讲诚信”的企业价值观——做肥料，绝不偷工减料欺骗农民；对政府，所有项目投资争取做得比承诺的更好，且从不偷税漏税；对合作伙伴，从未发生过一起合同争议；对员工，承诺的工资、福利和奖金等，都是及时发放到位……

“得道者多助，失道者寡助。我们的价值观成为一笔宝贵财富，赢得社会各界信任，促使新洋丰不断发展壮大。”杨华锋坦言。

2004 年起，在当地政府支持下，新洋丰走出荆门，已在全国 9 个省份建设了 11 个大型现代化生产基地，各类肥料产能达到近 900 万吨，市场网络覆盖 31 个省市自治区，产品出口全球五大洲近 40 个国家和地区。多年来，新洋丰累计产销肥料近亿吨，中国农民每使用 10 袋复合肥，大约就有 1 袋来自新洋丰。

投入 5 亿多元抓安全和环保

作为一家化工企业，新洋丰如何把好安全关、环保关?

“我们密切关注国家法律法规，研究未来的安全、环保标准，在企业建设新项目和技改时，经常在新标准出台前，先一步达到甚至超越标准。”杨华锋说，近年来，新洋丰在安全、环保方面累计投入 5 亿多元。

杨华锋介绍，新洋丰智慧一体化信息平台可以实现企业安全应急管理、环境在线监控监测和能源管理多个系统的集中化管理。该平台与区、市、省级视频监控平台联通，企业重点区域的温度、压力、有毒、可燃等数据实时传送，并可预警。

“超前一步”的理念同样体现在生产磷复肥的副产品磷石膏的综合利用上。2018 年，省政府提出“以用定产”要求，新洋丰已提前布局。

“产品创新上，我们研制出更有利于下游水泥厂家生产的水泥缓凝剂，率先引进高校的实验室技术，大胆进行工业量产尝试，对磷石膏进行提纯，使其能够达到天然石膏品质。模式创新上，在荆门总部自建磷石膏绿色建材产业园，制定优惠政策，引进下游合作企业入驻。”杨华锋介绍。

轻质隔墙板、石膏基自流平、轻质抹灰石膏、防静电地板……从“单打独斗”到“呼朋引伴”，产业园内的磷化企业各显神通，一系列磷石膏综合利用项目陆续达产达效，使新洋丰的磷石膏利用量成倍增长。

“今年的目标是做到 450 万吨。”杨华锋介绍，截至目前，新洋丰已经投资 6 亿多元，在东宝、钟祥、宜都、四川雷波 4 个基地建起各类磷石膏产品生产线，年转化利用能力达到 550 万吨。

金字塔体系服务“三农”

“新洋丰是一家涉农企业，服务‘三农’、惠泽四方是我们的使命。”杨华锋语气坚定。

杨华锋说，新洋丰构建起“技术服务金字塔体系”服务“三农”。塔尖上层由中国农业大学、河南农业大学、山东农业大学等近20家高校、科研院所的专家顾问团队组成；中间层由涉及土壤、植物营养、植保、栽培等多学科的公司专业农艺师团队构建；基层则集合了种植达人、地方专家、自身服务等多种资源。所有的服务都不收取农民一分钱。

“目前，新洋丰自有的专业农艺师团队已有200多人，他们与800多名业务员一起，常年深入田间地头，为种植户提供技术培训、示范田建设与观摩会、测土配方、全程跟踪指导等服务，帮助种植户实现增产增收。”杨华锋称，仅2021年，新洋丰就开展技术培训5942场次，培训农民近35万人次，形成测土配方施肥建议报告1885份，建设完成2685块高标准示范田基地。这些示范田测产数据显示，大田作物平均增产8%至10%，经济作物增收10%以上。

新洋丰并不止步于为种植户提供土壤和肥料方面的服务，还整合农业各领域资源，为种植户提供作物种植全程解决方案。

2010年起，新洋丰与中国农业大学等单位合作，全面参与国家测土配方施肥行动，建设起覆盖全国的测土配方施肥试验示范网络。通过测土，新洋丰累计设计产品配方90多个，推出系列作物专用肥料。

2015年以来，农业农村部组织开展化肥、农药使用量“零增长”行动，新洋丰加快创新，研发出一系列能减肥增效、助农增产增收的新型肥料产品。

2021年，新洋丰研发费用达7724万元，同比增长32%。新型肥料销量由2016年的33.56万吨增长至2021年的90.34万吨，5年时间增长169%。

“对新洋丰来说，化肥行业没有天花板，‘零增长’反而成为倒逼企业创新的催化剂，未来充满想象。”杨华锋十分憧憬。

（《湖北日报》2022年6月29日六版）

扫码看视频

中国电信股份有限公司湖北分公司党委书记、总经理张敏——

提升算力，让服务有智商有情商

湖北日报全媒记者　刘天纵　通讯员　许国胜　蔡源源

◆ 2022年6月29日，中国电信股份有限公司湖北公司党委书记、总经理张敏（右）做客湖北日报企业家全媒体纵横谈。（湖北日报全媒记者　刘曙松　摄）

企业名片

中国电信股份有限公司湖北分公司是湖北省内重要的基础网络运营商和综合信息服务提供商，近年来不断夯实湖北“数字底座”，加快5G、千兆光网、工业互联网、数据中心等一系列新型基础设施建设，打造华中地区最高等级数据中心园区集群，加快“云、网、数、智、安”绿色一体化能力布局，规划到“十四五”末，建成中部最具活力的省级电信公司。

精彩语录

数字经济要发展，夯实“底座”最重要。

让数据多跑路、让村民少跑腿，为荆楚乡村办实事。

不仅要勇担“建设全国数字经济高地主力军”的重任，更要为湖北加快建设全国构建新发展格局先行区贡献电信智慧和电信力量。

中国电信有三件载入史册的“信物”，其中两件与湖北电信有关——

其一，是红军在第一次反围剿中缴获的半部电台，收藏于中国人民革命军事博物馆。1930年12月30日，红军在龙冈战斗中缴获国民党军第18师的无线电台。这半部电台，开启红色无线电通信历史。

其二，是武汉电信蔡甸分公司抗疫保通信党团突击队队旗，收藏于中国共产党历史展览馆。2020战疫期间，他们搭建起通信的“生命线”。

其三，是火神山医院的“云监工”摄像头，收藏于中国国家博物馆。2020战疫期间，中国电信为火神山医院开通了高速5G网络连接，与央视频打造了亿万人关注的“云监工”。

传承从“半部电台”到“云监工”的红色基因，中国电信股份有限公司湖北分公司（以下简称“湖北电信”）作为建设数字湖北、网络强省和维护网信安全国家队、主力军，如何在建设全国构建新发展格局先行区的生动实践中彰显新担当、实现新作为？

2022年6月29日，湖北电信党委书记、总经理张敏做客湖北日报5G演播室，就助力建设数字湖北和网络强省，分享了一揽子“电信解决方案”。

省内最大云服务商

眼下，湖北电信大数据中心“引力倍增”，互联网企业服务器资源加速向湖北聚集。中国电信中部大数据中心（武昌基地）三期项目正紧张施工。该项目计划2023年上半年建成投运，打造华中地区最高等级数据中心园区集群，为湖北数字产业提供“硬支撑”。

“数字时代，算力为王。”张敏说，近年来，数字经济正成为世界各国经济增长的强大引擎，“算力”作为数字时代核心资源的作用日益突出，加快以算力为核心的数字信息基础设施建设已成为提升企业、区域乃至国家整体竞争力的重要保障。

为此，中国电信在业内率先提出云网融合的发展方向，2021年11月推出“天翼云4.0”，可实现“云在哪里，网络就部署到哪里”。目前，天翼云已经实现IDC/DC规模国内第一、政务云份额国内第一、运营商云基础设施服务份额全球第一。

"数字经济要发展，夯实'底座'最重要。"张敏介绍，在湖北，电信天翼云累计已达到58万核vCPU、60P存储资源，居省内云服务商第一；大数据中心累计机架数达到1.2万架；已建成电信5G基站2.76万个，2022年将新建5G基站1万个。近日，中国电信中部大数据中心武昌二期获得"A级数据中心"等级证书，这是国家最新、最高标准的数据中心等级认证。

数智赋能千行百业

2022年3月30日，第八批全球"灯塔工厂"名单公布，中国电信与美的集团合作的美的冰箱荆州工厂入选。"灯塔工厂"素有智能制造"奥斯卡"之称，荆州工厂5G全连接改造后，劳动生产率提高52%、交期缩短25%、质量缺陷降低64%，成为全球5G+工业互联网的典范。

鄂州花湖机场在国内率先探索大规模运用AGV进行快递自动分拣，湖北电信为快递分拣注智赋能，确保机器人"眼疾手快"。截至目前，湖北电信已在机场内铺设光缆150公里，所有关键区域5G覆盖，未来将推进基于VR或AR技术的飞机检修、施工管理5G应用，打造全国5G智慧机场标杆。

刚建成的中韩（武汉）石油化工有限公司5G智慧工厂，是华中地区最大的石化行业5G智慧工厂。湖北电信提供了基于5G的数据采集和视频监控、机器视觉等5G应用，让"黑灯工厂"式生产成为现实。

在数字政府、智慧城市建设上，湖北电信在省级12345政务服务便民热线、全省15个市州12345平台基础上，推进政务服务"一网通办""一网统管"；对接公安、消防、住建、民政等"城市大脑"系统，在全省建成4500多个智慧社区，全面提升政务服务、社会治理数字水平。

2022年4月，湖北电信联合华为、深信服、用友、达梦、烽火、中兴等33家国内产业数字化领域领军企业和400多家中小企业生态伙伴，成立湖北"数字生态合作联盟"，赋能产业数字化升级。

张敏表示，湖北电信积极承接国家科技创新战略，致力打造"服务型、科技型、安全型"现代企业。2022年科创投入将达到4.8亿元，未来5年，科创投入不低于总投资5%，科创研发人员占比提升至15%以上，实现关键核心技术自主可控。

数字乡村“一键可达”

2022年初，恩施鹤峰燕子乡派出所接到多起群众报案，称家中财物被盗。关键时刻，中国电信“平安乡村天翼监控平台”摄像头提供的清晰影像资料锁定了“目标”痕迹，助力办案民警成功抓获犯罪嫌疑人。

依托“天翼看家”数字化平台，湖北电信在全省已建成数字乡村示范村超1万个，建成“天翼看家”万户县38个，累计为超500万群众提供服务，实现了“智慧大屏＋视频监控＋云广播＋AI布控”的数字化平台高效运营和发展。

“让数据多跑路、让村民少跑腿，为荆楚乡村办实事。”张敏表示，湖北电信将依托数字乡村平台，助力乡村事务“屏对屏、键对键”办理，让手机成为农民的“新农具”。同时，围绕茶叶、稻米、菜籽油、小龙虾、柑橘、蔬菜、生猪、家禽及蛋制品等重点农业产业链，开展地方特色产业数字化升级，助力农村产业兴旺。

“十四五”期间，湖北电信将持续加大农村地区信息基础设施建设力度，总投入不低于50亿元，以优质的网络及平台、优惠的资费助力乡村振兴。

让服务有智商有情商

6月28日，湖北电信对外发布“好服务更随心”（数智随心、网络随心、关爱随心、便捷随心、消费随心、安全随心）六项新的服务举措。

“电信服务要更智能、更有温度。”张敏说，湖北电信始终秉承“人民邮电为人民”传统，把“让人民满意”作为衡量工作的标准。常年邀请老年客户作为“顾问”和“优化体验师”，出台65岁以上老年客户人工专属服务；针对残疾人出台营业厅无障碍通道改造、营业人员手语培训等举措，帮助老年群体、残疾人群体跨越数字“鸿沟”。

针对食品卫生问题，湖北电信“明厨亮灶”系统给外卖装上“监控”，让舌尖更安全；为破解“高空抛物”顽疾，湖北电信自主研发高空抛物监控系统，运用AI深度学习识别算法精准定位，达到事前震慑、预防，事中报警、处理，事后定责、改善的效果；疫情让中小微企业遇到困难，湖北电信全面实施“春晓行动”，开通10009政企客户服务热线，普通宽带、商务专线、互联网专线免费提速等服务。

张敏说，湖北电信将把学习好、宣传好、贯彻落实好省第十二次党代会精神作为当前和今后一段时间重要的政治任务，不仅要勇担“建设全国数字经济高地主力军”的重任，更要为湖北加快建设全国构建新发展格局先行区贡献电信智慧和电信力量。

（《湖北日报》2022 年 7 月 7 日四版）

扫码看视频

湖北碧美新能源科技有限公司董事长石健君——

黑乎乎“地沟油”变金灿灿生物柴油

湖北日报全媒记者　孟静　通讯员　肖永军　张涛

◆ 2022年6月24日，湖北碧美新能源科技有限公司董事长石健君（右）做客湖北日报企业家全媒体纵横谈。（湖北日报全媒记者　李溪　摄）

企业名片

湖北碧美新能源科技有限公司是华中地区规模最大的生物柴油炼制企业，高新技术企业、省级第四批专精特新“小巨人”企业，以餐厨废弃油脂为主要原料，生产生物柴油和甘油。

精彩语录

碧美科技在“碳达峰、碳中和”目标引领下，秉承绿色、环保、清洁、节能生产的理念，把握历史机遇，主动对接时代命题，着重优化产业布局，着力强化生产、研发能力，在推进“双碳”目标实现进程中作出应有贡献。

曾几何时，“地沟油”可谓“人人喊打”。如何杜绝重回餐桌，成为社会关心的话题。

如今，“地沟油”成为生产绿色能源代表之一——生物柴油的主要原料。

在荆州松滋市，如此变废为宝的“魔法”每天都在湖北碧美新能源科技有限公司（以下简称“碧美科技”）上演。

2022 年 6 月 24 日，碧美科技董事长石健君做客湖北日报 5G 演播室，与大家一起分享背后的精彩故事。

变废为宝，提炼的生物柴油漂洋过海

餐厨废弃油脂俗称“地沟油”，是废弃煎炸油、动物油、污水隔离池废油、潲水油的统称。

在位于松滋临港工业园的碧美科技厂区内，来自全国各地的槽罐车满载“地沟油”，缓缓驶入指定区域，等待技术人员抽取样品进行检测。另一侧，几辆油罐车正有序排队，等待装载生物柴油，运往 3 公里外的荆州港松滋港区车阳河码头，装满集装箱后，漂洋过海。

碧美科技是一家生产出口生物柴油的环保新型能源企业，2019 年 3 月开工建设，2020 年 7 月建成投产。

生物柴油作为绿色能源，具有环保与减排性能好、可再生等特性，一般与化石柴油掺混使用。

“我们是一家专门‘变废为宝’的企业。”石健君引以为傲。

黑乎乎的“地沟油”，如何变成清澈透亮的淡黄色生物柴油？

我国“地沟油”的来源广且分散，具有含固体杂质多、含水分高、酸性腐败的特点。石健君介绍，“地沟油”经过“预处理－反应催化－减压精馏”等一系列工序，将其中的脂肪酸和甘油酯转化为不可食用的脂肪酸甲酯和甘油，最后经过精馏，生物柴油就炼制成了。“全生产过程大概需要 16 小时，这一化学过程不可逆，杜绝了‘地沟油’回流餐桌的可能。”

除了产出生物柴油，经过处理后的“地沟油”，还能产出甘油、植物沥青等副产品。“甘油可以用于化妆品、医药，植物沥青则是生产铸造黏结剂、橡胶软化剂的重要原料。”石健君说，化工黏结剂、脱模剂有毒性，植物沥青无毒也更环保。

公司目前年产生物柴油 6 万吨，几乎全部出口到欧洲，产品达到欧盟排放标准。“欧盟闪点标准 101℃，碧美的产品闪点达到 170℃以上。产品闪点越高，越不易引起火灾，提高运输和使用中的安全性。”石健君说。

石健君介绍，公司目前有 90 多人，技术研发团队占四分之一，获得知识产权 17 件，关键技术在国内同行中领先。

为“双碳”目标作贡献，每年减少碳排放 63 万吨

近年来，我国出台一系列政策确保如期实现“双碳”目标。“地沟油”转化为生物柴油，不仅可以保障食品安全，对实现“双碳”目标也具有重要意义。

“生物柴油是国际公认的可再生清洁能源。”石健君介绍，生物柴油最大的优势在于减少碳排放。生物燃油具有可再生、清洁和安全三大优势，是降低交通运输领域碳排放直接、有效的手段之一，是典型的“绿色能源”。

生物柴油在减少碳排放方面有何优势？

“减排主要是在前端，原料获取和生产过程基本不排放额外的碳。在末端使用环节，生物柴油产生的碳排放和普通柴油相接近。”石健君介绍，使用生物柴油作燃料，降低致癌物达 90%，减排一氧化碳 45% 以上，颗粒物排放减少 20% 以上，多环芳烃等有害物排放减少 75% 以上等，同时，生物柴油降解速度比传统化石柴油快 4 倍，经过 28 天，生物柴油在水中可降解 85%–88%。生物柴油在燃烧性能、低温启动性能、润滑性能、安全性能等方面也更优。

生物柴油在全球生产原料的种类主要为粮食作物油和废弃油脂。其中，以大豆油为生产原料占比约 67%。在中国，则主要是以“地沟油”为原料，生产生物柴油“不与粮争地”。

国际可再生能源机构统计数据显示，我国每年产生的“地沟油”超过 500 万吨，占全球“地沟油”产量的三成以上。

据专家测算，一吨生物柴油可减少 2.83 吨碳排放。石健君表示，目前碧美新能源一期项目已经达产，年产生物柴油 10 万吨。“这就相当于一年减少近 21 万吨碳排放。”再加上即将上马的二期年产 20 万吨生物柴油及延伸产品项目，全部达产后每年可减少碳排放 63 万吨。

全球“加码”绿色能源，生物柴油赛道“钱景”初显

2020 年 9 月 2 日上午，在松滋港区车阳河码头，16 个集装箱装载了 400 吨生物柴油，发往比利时的安特卫普港口。这是松滋港区车阳河码头建成以来首单外贸集装箱业务，也是碧美科技生产的生物柴油首次漂洋过海。

石健君表示，欧盟国家是公司最主要的市场。“欧盟约定，到 2030 年温室气体排放比 1990 年降低 55%，可再生能源消费比例达到 40%。”石健君说。

不仅是欧盟，在“双碳”背景下，不少国家明确生物柴油需求，强制添加比例普遍在 5%–15% 之间，催生出超 4000 万吨 / 年的全球需求市场。

根据海关统计，2021 年我国生物柴油出口量达到 129 万吨。2022 年 1 至 5 月，出口总额超过 60 万吨。出口价格由 2021 年 1 月约 6814 元 / 吨，增长至 2022 年 5 月的 11421 元 / 吨。

走绿色低碳发展道路，生物柴油成为我国“十四五”生物经济重点发展方向。

目前，上海推广应用生物柴油含量 5% 的 B5 柴油，日销量约 1600 吨，已占柴油总销售量的 1/3 以上。

石健君说，目前柴油价格大概在 8500 元 / 吨，生物柴油价格飙升至约 1.2 万元 / 吨。中国每年柴油的消费量约为 1.7 亿吨左右。国内的生物柴油市场也极具前景。

在此背景下，碧美科技的扩产速度也在加快。2022 年 10 月，占地 82 余亩的碧美科技二期项目即将动工，建设年产 20 万吨生物柴油及延伸产品项目。

“两期项目全部投产后，总产能将达到 30 万吨。”石健君透露，碧美科技将致力于生物柴油深加工研发，未来将拓展氯代甲酯生产线、环氧甲酯生产线以及精炼甘油生产线，深耕精细化工领域。力争在“十四五”期间，跻身国内生物柴油炼制头部企业。

（《湖北日报》2022 年 7 月 14 日五版）

扫码看视频

湖北康悦医疗健康管理有限公司董事长陈英华——

建康养家园，把“江南”搬到鄂南

湖北日报全媒记者　周鹏

◆ 2022年6月25日，湖北康悦医疗健康管理有限公司董事长陈英华（右）做客湖北日报企业家全媒体纵横谈。（湖北日报全媒记者　李溪　摄）

企业名片

湖北康悦医疗健康管理有限公司专注大健康产业，公司团队在梓山湖边打造了园林式江南里智慧颐养家园。梓山湖·江南里位于梓山湖大健康产业示范区的核心地带，与江夏隔湖相望，生态资源得天独厚。162平方公里水域、10000亩原生梓山林、六大水系生态绿地，景色优美，环境清新。

白居易说，日出江花红胜火，春来江水绿如蓝。能不忆江南？——这是令人沉醉的江南。

汉乐府说，江南可采莲，莲叶何田田。——这是生动活泼的江南。

杜牧说，二十四桥明月夜，玉人何处教吹箫？——这是音韵优雅的江南。

行走在鄂南大地，也有这样一片“江南”——位于咸宁市梓山湖畔的江南里，正在如画的风景里，书写着养老新模式。

2022 年 6 月 25 日，湖北康悦医疗健康管理有限公司董事长陈英华走进湖北日报 5G 演播室，分享把“江南”搬到鄂南的故事。

谈医养结合：把夕阳生活做成朝阳产业

2021 年最新人口统计，60 岁及以上人口占全国人口的 18.9%，我国已经步入中度老龄化社会。

从浙江来，陈英华对江南水乡情有独钟。“我喜欢美的事物，包括美景、美物和对美好生活的向往。所以一直琢磨着，怎么把养老产业做得更美。”

江南里的建筑风格、园林景观，在咸宁的康养项目中独树一帜。陈英华说，公司的愿景就是打造“全中国最美的养老社区”。第一步，打造最美的环境，把“江南”搬到鄂南，让老人生活在像乌镇一样的江南里。第二步，把养老服务和文化做到极致。“有文化才有温度，有情怀才有灵魂。”

当下，医养结合是一个热门话题，怎么把医养结合落实落地？陈英华用了三年时间进行设计和规划，带着团队到美国、瑞典等多个国家考察养老项目，吸取他们优秀的经验，并请浙江大学设计团队驻地设计。她表示，医养结合是“有病治病，无病疗养”，但国内目前的短板是医、养分开，市场上的养老机构服务水平参差不齐。“医养结合，医是辅助，养才是重点。医，主要解决抢救和老年病康复等问题，而养的内容可以很丰富。”

在江南里，她和同事设计的医养结合落地方式是，把老年人分为失能、半失能、慢性病、活力老人四种，根据老人身体状况的不同，给予适合的服务。“比如活力老人，可以参加‘时间银行’，去照顾、帮助失能、半失能老人，这样做志愿服务的时间就可以存储下来，将来等自己需要照顾的时候，可以从‘时间银行’换取被照料的机会。”

江南里从公司董事长到服务员，全是“娘子军”。陈英华说，做康养产业，服务要细致，这一方面女性擅长。公司要培养一支有孝心、有品位的服务队伍，要把这里打造得有烟火气、有人情味，“把老人当家人，把老人宠成老小孩”。

目前，该公司已与湖北科技学院等高校合作，联合培养专业医护、护理人员，并与武汉各大医院合作，开通绿色通道，突破医疗和养老分离的状态，努力把夕阳生活做成朝阳产业。

谈营商环境：一到咸宁，就爱上这个城市

作为武汉都市圈的一员，咸宁抓住绿色生态最大优势和同城化发展机遇，建设自然生态公园城市，大力发展大健康产业。正是这一点，让陈英华看到无限商机。

陈英华原本在浙江做大健康和国际贸易，2014 年应武汉客户邀请来到武汉。“一下车，就被大江大湖大武汉震撼到了！”

也是一次偶然的机会，得知咸宁建设生态新城，大力发展大健康产业，她过来考察。“乘高铁才二十几分钟，眨眼工夫就到了，不是好友提醒差点坐过站了。”

一下高铁，满城的桂花，满眼的绿色。到了梓山湖边，正好夕阳西下，开阔的湖面上几只渔船映着红红的晚霞。“这不就是渔舟唱晚吗？这自然禀赋，让我爱上了这个地方。”

她想，能在这里看长河落日、看满湖霞光、看满天繁星，是多么美好的事情，于是决定投资梓山湖。

具体做什么呢？她仔细观察，发现梓山湖基础条件非常好，就像一块璞玉缺乏雕琢。她想把江南园林搬到这里来，建园林式智慧颐养家园，让老人拥有一个有尊严、有品质的晚年。于是，项目取名江南里。

项目总面积是 1000 亩，2017 年动工，一期投资 10 亿元，占 140 亩，分江南小庭院区和高层区。目前，两区建设均已完工。

陈英华说，从项目落地到建设遇到过很多困难，咸宁市、咸安区和贺胜桥镇各级党委政府都给予了“店小二”式服务，项目进展十分顺利。

2022 年受疫情影响，公司发展遇到暂时的困难。她与市委干部在交谈中提了一下，“没有想到市领导这么重视，专门安排分管领导召集相关部门一起想办法，目前问题正在解决之中。”

谈浙商精神：即便撞了南墙也要穿过去

陈英华的女儿应越是名 00 后，从英国留学回来，看到母亲一个人太辛苦了，就留下来陪伴。

陈英华欣慰地说，女儿留下来可没闲着，而是发挥她的特长，帮助设计、运营夏令营等，2021 年到 2022 年，武汉、咸宁两地很多小朋友到江南里参

加夏令营，都非常喜欢她。

应越还成立了自己的公司，前一段时间，参加了咸安区第五届“香城杯”创业创新大赛，作为参赛年龄最小的选手，凭借“悦享咸宁，轻奢度假”的创意和完整的商业构想夺得二等奖。

“我现在已是从浙江来的新咸宁人、新湖北人。”陈英华说，公司要把江南里打造成“百年老店”，让人一想到咸宁，除了桂花温泉，就是江南里。

在咸宁，有一大批像陈英华的浙商，无论是在哪个行业，频频创造商界传奇。浙商成功的秘诀是什么？陈英华认为，浙商有一股“坚韧不拔、锲而不舍”的精神，要做就做到最好。

当年，陈英华一个人拎着行李箱来到咸宁，带着一群人在荒草地上建起一片江南园林，过程充满挑战。“浙商就是这样的，认准的事情就不后悔，再难也要坚持下去！”陈英华说，特别是疫情期间，自己一直在坚守。

有人说陈英华是女强人。她坦言，选择了创业，必须做女强人，即便撞了南墙也要穿过去。“无论遇到多大困难，必须对服务对象负责、对事业负责，对团队负责。作为女企业家，更需要自尊、自信、自立、自强。没有人能随随便便成功，背后一定是艰苦的付出和努力。”

（《湖北日报》2022 年 7 月 17 日四版）

扫码看视频

华工高理总经理聂波——

深耕“传感器王国”，抢占智慧生活“新风口”

湖北日报全媒记者　刘宇　通讯员　任茜茜

◆ 2022年6月27日，华工高理总经理聂波（右）做客湖北日报企业家全媒体纵横谈。

（湖北日报全媒记者　刘曙松　摄）

企业名片

孝感华工高理电子有限公司，是高科技上市公司华工科技产业股份有限公司（股票代码：000988）的全资核心子公司，公司是国内第一、全球领先的多功能传感器解决方案提供商，在家电用NTC温度传感器市场占到全球70%份额，在新能源汽车PTC加热器市场占到国内50%以上份额。

精彩语录

在各行各业，只要你具备了核心竞争力，都有机会在新一轮的智能竞赛中成为胜出者。

做好产品，提升效率，全球经营——以产品为中心，坚持效率、效益优先，坚持全球化经营，是我们始终不能动摇的"一个中心，两个基本点"。

这个时代有很多"风口"，而我们愿流淌成一条河，用时间的力量，汇涓流而成江海。

家中的空调、冰箱、洗衣机等电器上，都离不开一类电器元件——温度传感器。而它有近七成的概率，是来自孝感华工高理电子有限公司（以下简称"华工高理"）。

华工高理，华工科技全资核心子公司，2009 年从武汉"移师"孝感，目前已是国内最大、全球领先的多功能传感器制造商。其温度传感器产品是国家制造业单项冠军产品，畅销 30 多个国家和地区，占据全球 70% 的市场份额。

光环之下，华工高理创新步履不停。从家电传感器到新能源汽车 PTC 加热器、常温传感器、高温传感器，再到压力传感器等，华工高理正在构建世界级的"传感器王国"。

2022 年 6 月 27 日，华工高理总经理聂波做客湖北日报 5G 演播室，畅谈打造"传感器王国"的梦想与实践。

从武汉"移师"孝感，产值增长超 20 倍

"脱胎于华中科技大学，成长于武汉东湖高新区，腾飞于孝感高新区。"回望华工高理 30 多年的发展历程，聂波感慨不已。

1988 年，华工高理成立。彼时刚从学校毕业的聂波深知，中国基础元器件领域，许多技术被国外"卡脖子"。

温度传感器，空调、冰箱等电器上最敏感的"神经元"。当时，国内空调、冰箱所用的温度传感器市场均由日本公司控制，而国内该项技术还停留在高校实验室阶段。

华工高理随即组建团队科研攻关，历时 10 年研制出高精度 NTC 温度传感器，一举打破国外技术垄断。随后进入国内家电巨头，率先实现家电温度传感器国产化，将其平均价格降低了 80%。

订单纷至沓来。而此时，华工高理在武汉东湖高新区仅有一栋厂房，日产不过 30 万只温度传感器，无法满足市场需求。

2008年，借建设“武汉城市圈”的东风，华工高理决定从武汉“移师”孝感。

孝感拿出满满诚意：用地、办证、审批，一律特事特办；方便其用电需求，特批搭建一条高压供电专线。

很快，占地220亩的华工科技孝感产业园一期建成。2009年，华工高理正式投产。

产能释放，华工高理成长加速。产值从1亿元到20亿元，生产线从3条到14条，日产能从30万支到350万支。

聂波自豪地说：落户孝感13年，孝感电子产业园已成为全球最大的多功能传感器供应基地，产值增长超过20倍。

十年磨一剑，新能源车领域“弯道超车”

一辆新能源汽车，随时随地都需要用到传感器——进入隧道时，车灯自动点亮；下雨时，雨刮自动打开；根据外界气温和光线变化，车厢自动调节温度、湿度、送风速度；还有制动系统和胎压检测……

2011年，新能源汽车产业刚在国内起步，华工高理率先向该领域布局，将目光瞄准新能源汽车PTC加热器。

新能源汽车PTC加热器，主要为汽车提供乘用舱加热和电池加热。当时，全国新能源乘用车不过几百台，一个项目几十台订单，投入与产出根本不成正比。“前期亏损高达8000万元。”回忆起研发初期，聂波仍心有余悸。

由于国外技术封锁，华工高理只能“摸着石头过河”。“仅EMC抗干扰测试，就试验了不下千回。”聂波说，研发过程中屡战屡败、屡败屡战。为专心做好新能源汽车PTC加热器研发，华工高理还砍掉了当时发展很好的家电PTC业务。

2013年，“背水一战”的决心，换来了新能源汽车PTC加热器的成功国产化，华工高理一跃成为国内新能源汽车PTC加热器的开创者和领导者。

“目前这款产品的市场份额已达到50%。”访谈现场，聂波拿起一个新能源汽车PTC加热器介绍，该产品已在日产、通用、比亚迪、上汽、吉利、蔚来、理想等大众熟知的新能源汽车品牌上应用。

新能源汽车风头渐盛，华工高理也迎来了大丰收：2021年，新能源汽车PTC加热器业务销售同比增长233%；2022年上半年，继续保持300%的增长。

掌握核心科技，打造“传感器王国”

传感器，就像人类的“神经元”，能感知、捕捉、传递物理世界的各种细微变化，加以采集利用后，能让我们生活更加智慧。

那“传感器王国”是怎样一幅景象？

在聂波眼中，“传感器王国”就是一个全联接、全感知、全智能的世界。

全球传感器种类有 2.6 万余种，我国拥有 1.4 万多种。聂波坦言，目前我国在温度传感器、红外传感器等领域取得了一些领先地位，但大多数传感器还有待开发。

打造“传感器王国”，华工高理正在积极布局新领域。

“最新布局是进入压力传感器和 UVC LED 领域。”聂波兴奋地说，目前压力传感器市场，70% 以上的陶瓷电容式压力传感器由美国、德国企业垄断，国产化需求十分迫切。未来，华工高理将在孝感打造全球最大的温压一体传感器和多功能集成传感器产业基地。

闯入新领域，靠的是什么？“科技创新与人才培养。”聂波介绍，公司高度重视科技创新，坚持创新投入和人才“双轮驱动”，坚持创新平台和创新体系并重，自主创新能力得到了长足发展。

目前，华工高理已拥有国家 CNAS 实验室、教育部敏感陶瓷工程研究中心、湖北省热敏陶瓷工程研究中心等七大技术创新平台，与华中科技大学、武汉理工大学等高等院校建立了产学研用合作模式。同时，还承担了国家重点攻关项目 20 余项，参与 2 项国家标准制定，专利数量居行业第一。

“技术研发人员占比达到 30%，其中中高级职称、硕博以上人才占比达到 60% 以上。”聂波透露，2022 年还将在武汉建立面向前瞻性研究的研发中心，大力招聘高端人才，打造智能传感器人才高地。

聂波表示，未来五年，华工高理将努力冲刺 50 亿元目标，打造全球“感知层”核心供应商。

（《湖北日报》2022 年 7 月 19 日四版）

扫码看视频

格林美股份有限公司党委书记、董事长许开华——

舞动循环魔法，添彩美丽中国

湖北日报全媒记者 张爱虎 **通讯员** 杜艳竹 赵银龙

◆ 2022年6月29日，格林美股份有限公司党委书记、董事长许开华（右）做客湖北日报企业家全媒体纵横谈。（湖北日报全媒记者 薛婷 摄）

企业名片

基于绿色生态制造（G—Green E—Eco M—Manufacture）理想，格林美股份有限公司（以下简称“格林美”）由许开华教授于2001年12月28日在深圳注册成立，2010年1月登陆深圳证券交易所。截至2021年末，公司净资产142亿元，在册员工7000余人。

格林美是中国开采城市矿山资源第一股，荣登福布斯2021中国最具创新企业榜TOP50等，是世界硬质合金材料产业链与新能源材料产业链的头部企业，是世界领先的新能源材料与城市矿山开采企业。

精彩语录

坐新能源高铁，乘双碳东风。资源有限，循环无限。双碳时代，循环之路，越走越宽。格林美必将成为世界绿色发展的领袖级企业，为人类绿色发展书写壮丽篇章！

从深圳桃花源起步，到深耕湖北，格林美坚守“资源有限、循环无限”理念，让绿色循环产业大树深深扎根中国大地，枝丫伸向全球，得到习近平总书记点赞并寄予殷殷嘱托，销售收入从2013年的20多亿元增加到2021年193亿元。

2022年6月29日，格林美股份有限公司党委书记、董事长许开华做客湖北日报5G演播室，畅谈过去未来，表示要做绿色循环产业全球领跑者。

金砖耀眼，折射全球影响力

访谈桌上，一块比肥皂略薄的金砖，重3公斤，沉甸甸的。另一块1公斤重的金砖，缺了两角，被用于制作国内某公益活动的奖牌。许开华介绍，金砖就是从电子废弃物中提炼的黄金做的，每吨电子废弃物仅能提炼20克。

长期以来，废物回收行业被称为是一个捡垃圾的原始行业，与现代工业文明形成巨大反差。他说，格林美的价值，就是用循环技术去改变这个行业的落后形象。

从率先提出“资源有限、循环无限”的产业理念，到正式拉开“开采城市矿山，创建世界循环工厂”的绿色产业之路，再到以中国开采城市矿山第一股成功登陆深交所，格林美一路披荆斩棘。

从广东到内蒙古，从江苏到山西，格林美在全国11个省和直辖市建成16个废物循环和新能源材料园区，纵横3000公里，与中国近5亿人建立了废物循环合作关系。过去10年，累计回收处理7500万台报废家用电器，紧密相联，可以绕地球赤道两圈。目前，公司年处理废弃物总量超500万吨。

许开华兴奋地说，格林美人一直把总书记的嘱托视为“永远的东风、永恒的激情、永久的动力”。如何实现“化腐朽为神奇”？格林美人反复琢磨，开启了两次绿色技术创新升级——一次是由废物的简单拆解向深度循环、精细化循环延伸；第二次是瞄准新能源材料转型升级，由回收镍钴锰资源，向镍钴锰三元“芯”材料发起技术攻关。成功打通废物循环到绿色材料制造的任督二脉，价值得以升华，真正实现“把垃圾资源化，化腐朽为神奇”。公司还投资近10亿元，在全国布局5个动力电池回收基地；与500余家汽车厂和电池厂签署动力电池回收协议，推动世界新能源的商用化从“绿色到绿色”循环。

2018 年达沃斯“全球循环经济奖”、2020 年“保尔森可持续发展绿色创新奖”、入选福布斯“2021 中国最具创新力企业榜”TOP50 榜单……格林美的循环经济水平得到世界认同，成为世界领先的废物再生企业。

废物利用，两获国家科技进步奖

许开华现场展示了两本鲜红的国家科技进步奖证书。凭借钴资源的回收利用技术，2010 年，格林美捧回国家科技进步二等奖。

“说起钴，很多人感到陌生。实际上，我们天天从中受益。”这位从事稀贵金属研究多年的教授，变身科普老师。

现代生活中，人们用的智能手机，驱动新能源汽车的电池，开采石油、天然气，都离不开钴。

钴，是非常稀缺的小金属资源，被称为“工业味精”，也是新能源的血液，是制造高温合金、硬质合金、陶瓷颜料、催化剂、电池的重要原料之一。

从资源蕴藏量看，我国的钴仅占全球储量的 1.16%，但使用量占全球的 50%，是比石油更加不安全的资源。中国钴产量年均不足 2500 吨，远远不能满足市场需求，钴的回收对中国新能源等许多产业发展具有重要战略意义。

早在 2003 年，格林美从深圳市创新实验室起步，回收废旧电池提炼钴，踏上钴资源循环利用大道。后来，又从盾构机刀片、油井钻头上回收钴。现在，又转战从事新能源动力电池的回收利用。

目前，格林美超细钴粉占据全球市场的 50%，是国内行业隐形冠军，钴产品供应优美科、三星、苹果等高端市场。

安泰科数据显示：2010 年至 2020 年，格林美共循环再生钴资源 3.6 万吨，相当于开采（节约）了 1336 万吨原钴矿。

从攻克废旧电池回收技术开始，格林美攻克系列世界技术难题，承担国家重大重点科研项目 100 余项，建立了中国废物回收的技术体系与标准体系，在全球拥有专利 2400 余件，牵头制定国家与行业标准 300 余项，先后两次获得国家科技进步二等奖。

三元电池，驱动新能源车千里行

驱动新能源汽车的三元电池材料，原生态是一堆黑色粉末。新能源汽车有高镍三元电池、磷酸铁锂刀片电池等不同的技术路线，格林美为何选择三元电池？

许开华介绍，高镍三元电池与磷酸铁锂电池是当前新能源的主流，各有优势，不会互相替代。三元电池能量密度高，能够满足更长的续航里程需求，将成为中高端车型市场主流能源，而磷酸铁锂电池具有长的使用寿命与低的成本优势，适合中低端车型与储能领域。未来，二者均有广阔市场空间。

但格林美更加钟爱三元电池技术路线——

其一，三元动力电池可以完全回收，尤其是其中的镍、钴、锂、锰均可以95%以上回收，具有很好的经济性、可循环性和绿色性。

其二，更符合格林美产业发展逻辑。三元电池的核心元素是镍钴，格林美以回收镍钴起步，对其性能与技术逻辑非常熟悉，构建了全球最大规模的镍钴回收产业体系，拥有全球领先的镍钴提炼技术，做三元材料是强项与优势。

其三，从能量密度看，商用化的三元电池的能量密度还有接近30%的提升空间，随着超高镍、超高电压三元材料的发展，三元电池可完全满足续航1000公里的目标。最近，宁德时代推出的麒麟三元电池、特斯拉推出的4680大圆柱三元电池，都具备驱动1000公里的能力，代表新一代高容量三元电池的商业化方向。

重奖人才，勇闯创新无人区

新能源汽车电池赛道竞争激烈，格林美如何保持行业领先地位？

许开华给出答案：靠人才，靠创新。他说，现在全球行业在快速颠覆，技术迭代快，要想在全球竞争中打败竞争对手，在全球技术变革中引领行业，就要敢啃硬骨头，敢闯无人区，以硬核技术成就行业领先。

格林美有多重视人才？许开华透露了一个细节：公司的电梯内，都张贴着领军人才的巨幅照片。

面向全球竞争力与千亿产业需要，2021年，格林美集团召开首届人才大会，正式提出“投资人才、成就人才、共创低碳未来”，建设新时代的人才队伍。

过去 5 年，格林美连续举办创新大会，每年以千万元重奖领军人才、创新人物；从 2021 至 2025 年，格林美将实施三项千名人才计划，即千名高层次人才、千名青年骨干、千名产业工匠。近期，格林美公告了第三次股票激励计划。

格林美还组建了博士后科研工作站，获批组建了两个国家级技术中心，建设了省级技术研究中心，具备培养博士与博士后的全部条件。

2021 年，格林美还成功引进外籍院士作首席科学家，将为超级新一代高安全三元材料技术奠定基础。

（《湖北日报》2022 年 7 月 28 日四版）

扫码看视频

广水华鑫冶金工业有限公司董事长、总经理林尚国——

涅槃重生，打造民营特钢龙头企业

湖北日报全媒记者　彭小萍　通讯员　邓小菲　宋月亮　彭晓华

◆ 2022年7月6日，广水华鑫冶金工业有限公司董事长、总经理林尚国（右）做客湖北日报企业家全媒体纵横谈。（湖北日报全媒记者　魏铼　摄）

企业名片

广水华鑫冶金工业有限公司是2004年5月成立的民营特钢企业，坐落于广水市杨寨工业园区内，是随州市"特别贡献企业"，广水市"突出贡献企业"，荣登2021年湖北民营企业制造业100强第42位。

企业东临107国道，紧靠麻竹高速和京港澳高速，拥有铁路专用线，交通运输十分便利。公司现占地1000余亩，拥有总资产20亿元，员工1300余人。主要产品为优特钢及棒材，销往山东、江苏、河南及湖北等地。

立足新起点，公司坚持以绿色低碳、高质量发展为目标，配套随州市"专汽之都"产业，并积极对接"汉孝随襄十"万亿汽车产业走廊，打造中部地区竞争力一流的生态智慧钢铁企业。

个性问答

饮水思源 富而思报

主持人： 柳林去年遭遇极端暴雨灾情，您第一时间捐出100万元现金。为何您不想赚快钱，捐钱又很快？您不在乎个人财富增长吗？

林尚国： 不是说不追求个人财富，而是追求财富能产生的社会价值。我认为，一个不会赚钱的企业不是一个好企业，一个只会赚钱的企业也不是一个优秀的企业，企业利益和社会利益相结合才能实现双赢。随州是我第二家乡。饮水思源、富而思报，为家乡作贡献，是一家有责任感的企业应该做的。

在随州，提到广水华鑫冶金工业有限公司，大家评价：不容易。

提到董事长、总经理林尚国，大伙感慨：了不起。

2020年11月，林尚国接手企业时，企业已经过2次重组，再次面临停工停产风险。一年后，企业实现工业总产值50亿元，入库税收达3.06亿元。

为何一个濒临破产的钢铁企业，在短短一年多时间里，发展焕然一新？2022年7月6日，广水华鑫冶金工业有限公司董事长、总经理林尚国做客湖北日报5G演播室，讲述企业涅槃重生的故事。

注资20亿元，接手濒临破产企业

盛夏时节，走进广水华鑫冶金工业有限公司，生产经营一派红火。

厂前公路上，几十辆装满废钢的货车排起长龙，为企业送来炼钢原料；生产车间内，工人们精神昂扬，高强度带肋螺纹钢、优特钢坯等钢材批量成型；偌大厂区里，高大的制氧设备、全新的脱硫装置等技改升级项目已完成，机械化封闭式料场、矿渣再生资源利用项目、110千伏变电站等技改升级项目正如火如荼建设中。

一年多前，企业却是另一番景象：历经两次重组，资金链濒临断裂，1300名员工面临下岗风险。

当时的企业负责人找到林尚国，希望他能接手。一番权衡后，林尚国选择注资20亿元，对企业进行第三次重组。

“没想过失败吗？底气何来？”主持人发问。

“我有信心、有决心将企业做优做强。”林尚国坦言，基于四点考虑：一是对湖北有情结，在十堰进入钢铁行业，打拼20多年，积累了一定的财富和经验后，在湖北重新开始事业新阶段；二是看中地方的营商环境，随州市、广水市重商亲商、服务高效，"人人都说家乡好，个个善帮企业忙"；三是湖北省是缺钢的省份，钢铁行业大有作为；四是华鑫公司拥有良好的交通区位优势，同时是鄂北地区唯一既拥有炼铁高炉、电弧炉，又拥有铁路专用线的钢铁企业，发展优势明显。

华鑫重组后，在林尚国带领下，员工们团结一心，争分夺秒开展工作，不到2年时间，已妥善处理好企业遗留的历史包袱，并制定企业整体发展规划，多个技改项目同步进行。有些项目已建成投产，将提前达到超低排放标准。

2022年1—5月，企业实现工业总产值25亿元，入库税收2.17亿元。

绿色转型，走好新时代长征路

毛泽东同志曾说:"一个粮食，一个钢铁，有了这两样东西就什么都好办了。"

作为国民经济发展的基础产业，中国钢铁产量已位列世界首位，钢铁业发展也进入拼刺刀的白刃战。要想在激烈的市场竞争中分得一杯羹，不仅要有破釜沉舟的勇气，更要有"咬定青山不放松"的定力。

林尚国就有这样一股韧劲和拼劲。

1999年，他初次涉足钢铁行业，经潜心学习，逐步成长为十堰一家小型钢铁企业总经理。林尚国动情地说:"现在我依然记得，创业初期，我们5个人挤在一个小房间里，起早摸黑为工作奔走。冬天房间没有供暖，夜晚寒风刺骨，但我们依然饱含工作热情。"

2008年，因为南水北调丹江口水库加坝，企业需要搬迁，林尚国去江苏徐州，从零开始，在一片芦苇礁上建立了新的钢铁企业，并取名"东亚钢铁"。林尚国自豪回忆:"那个时候，我们争分夺秒，熬夜加班。2009年，东亚的第一座高炉正式投入生产。不到一年时间，从建厂到投产，我们创造了'东亚速度'。"

"接手华鑫，于我而言，是一场新时代的长征。"林尚国坦言，伟大的事业，需要心无旁骛的付出。一家优秀企业的崛起，需要长期的努力。就像凤凰一样，经过浴火洗礼，才能涅槃重生。要甘于走出"舒适区"，敢于闯入"深水区"，勇于瞄准"无人区"，向高而攀、向新而生、向远而行，走好新时代的长征路。

重组华鑫后，林尚国制定了企业"三步走"的发展战略：一、完善各项管理制度，妥善解决原华鑫历史遗留问题，使企业轻装上阵；二、投入15亿元推进技改升级，向绿色低碳转型；三、抢抓政策机遇，购买合规产能，做优做强企业。

“向管理要效益、向市场要潜力、向机制要活力。”林尚国说，在“长征精神”指引下，有各级领导的帮助和支持，及全体员工的努力，华鑫迎来了裂变和重生。

抢抓机遇，打造区域龙头特钢企业

林尚国是一个雷厉风行、追求效率的人。在公司，他也是每天最早到办公室的人。

“机遇摆在面前，时间不等人，容不得半点懈怠。”在林尚国看来，企业发展主要面临四大机遇——

“十四五”期间全省钢铁行业布局规划的机遇。《湖北省低碳冶金工业“十四五”高质量发展规划》文件中，明确将随州广水定位为全省钢铁行业“一核引领、三点支撑、多极带动”总体布局的重要一极，支持企业发展。

省级工业园区增产扩容的机遇。公司所在的杨寨镇工业园即将获批升级为省级工业园。同时，广水市也在争创省级低碳冶金产业承接转移示范区，为企业技改扩能、发展壮大奠定坚实基础。

随州、广水全力支持的机遇。企业重组后，随州、广水两级市委市政府主要领导带领各级部门来华鑫现场办公，集中解决了华鑫面临的多个重大问题。杨寨镇党委、政府无数次为企业奔走，全力支持公司做强做优、绿色发展。

全省高质量发展所需用钢总量攀升的机遇。湖北省钢铁市场需求量大，钢铁缺口超过 1500 万吨；同时随州地区专用汽车产业涉及的优特钢品种需求量较大，但本地尚无优特钢生产企业。

“必须抢抓机遇，乘势而上，推动企业高质量发展。”林尚国自信而笃定，将陆续投入资金 90 亿元，分两期进行项目建设，最终实现年铁水产量 280 万吨、粗钢产量 450 万吨的生产规模，届时公司年产值达到 280 亿元，税收达 15 亿元，提供就业岗位 5000 余个。

朝着打造区域龙头特钢企业的目标，广水华鑫冶金昂首阔步。

（《湖北日报》2022 年 7 月 30 日四版）

扫码看视频

后记 | Afterword

2022年，从温润宜人的人间四月天，到艳阳高照的七月，近4个月时间里，美丽的武汉东湖之滨，上演了90场湖北知名企业与主流媒体之间的“双向奔赴”。

每一次出发，都是全新的开始。集团已有2021年“县(市、区)委书记全媒体纵横谈”的成功案例，但首次对企业家群体进行大规模访谈，如何打造优质内容，营造传播亮点、看点和卖点，让网友们主动“转评赞”，挑战不小，压力更大。

想，永远没有结果。干，才有答案。“企业家全媒体纵横谈”，是“双向奔赴”，更是全力以赴！

功夫不负有心人。在受邀企业家、湖北日报记者编辑以及相关工作人员的共同努力下，“企业家全媒体纵横谈”一如夏天的高温热浪，持续火爆网络，及至落幕，整组作品全网总阅读量达5.5亿次，成效甚好，超过预期。

企业家为什么这么火？这个问题一直萦绕在我们脑海。编者全程参与这次大型访谈报道，经历了从最初对访谈效果的不确定，到后来转变为欣喜与感慨，最终见证又一个难得的现象级传播案例的产生。我们汇聚幕后点滴与思考，在本书结集出版之际，与广大读者做一些分享。

我们感慨于企业和企业家的“硬核”实力

复盘“企业家全媒体纵横谈”成功之道，我们发现最底层最基础的原因，是由企业过硬实力生成的硬核内容。所有受访企业都是湖北省内代表性的优秀企业，不少企业已跻身行业“塔尖”，实力雄厚。

比如“出生”在武汉的中铁大桥局，在全球建设的桥梁超过3000座。“这些桥梁的总里程达3600多公里，比从哈尔滨到香港的直线距离还长。”中铁大桥局集团党委书记、董事长文武松在访谈时自豪地说，“几乎每个中国人都‘走’过大桥局修建的桥！”在场的湖北日报记者感慨，中铁大桥局有如此“硬核”实力，何愁网友不点赞？

位于武汉的中建三局，建起国内三分之二省（区、市）第一高楼，在全球37个国家和地区，树立着他们筑起的地标。中建三局党委副书记、总经理李琦在访谈中介绍，改革开放初期，企业像搭积木一样，“三天盖起一层楼”，跑出“深圳速度”；新冠疫情期间，企业仅用十余天建成火神山、雷神山两座医院，创造了令世界惊叹的“中国速度”。代言“基建狂魔”的中建三局，向大家展露一个个“魔法”故事，以“硬核”实力赢得广泛关注。

还有以强军梦托起中国梦的中国航天三江集团、生产全球70%的空调温度传感器的华工高理、把“工业维生素”炼成全球最大规模的湖北振华化学、利用一株草实现100亿“小目标”的湖北蕲艾堂、从寂寂无名到名动天下的“利川红”，等等，无不具备打动网友的“硬核”实力。

我们感慨于记者编辑的全心投入和极致追求

小小的稿件标题，凝聚着编辑记者的心血，大家尽心尽力打磨标题的过程，从侧面展现了追求极致的工作状态。

“企业家全媒体纵横谈”首条微信推文长飞光纤篇的编发过程，令人印象深刻。为了打磨出一个亮眼标题，微信编辑和前方记者连夜商量，开起了“诸葛会”。一方面，从企业发展入手，突出其最新发展成果、令人自豪的一面；另一方面，大家注意到一个细节“长飞，中国第一根商用光纤诞生地。习近平总书记2次视察。”总书记如此重视，这家企业一定非同凡响！于是，大家将这两个方面结合起来，制作出了标题《总书记看过2次的这家企业，刚刚完成关键一跃！》，吸引力十足。

沿江高铁篇《湖北迄今投资额最大工程项目，首次全面解读！》发布后，很多网友为标题拍案叫绝。为了这个好标题，记者编辑们可谓绞尽脑汁。大家前后拟定了多达10个标题：《这条涉及6亿人的通道，最权威的解读全在这儿》《坐火车早上武汉吃热干面，中午重庆涮火锅！全靠它》《湖北迄今投资额最大工程项目，首次全面解读！》……反复斟酌比较后，大家认为"湖北迄今投资额最大工程项目"能最大程度勾起网友的好奇心，再配上后半句的"首次全面解读"，让人感觉"非看不可"。

我们感慨于全媒体时代无限的创新空间

2021年"县（市、区）委书记全媒体纵横谈"，在湖北日报报纸及"端网两微"发布，其中微信内容产生了74篇"10万+"，"刷爆"朋友圈。当时，我们以为这就是传播效果的巅峰，很难再创造更大的奇迹。2022年策划"企业家全媒体纵横谈"，一开始，主推报、端、网、微平台，也在抖音、快手短视频平台探索前进。

我们克服困难，把数千字的访谈通讯和几十分钟的访谈视频浓缩成30秒以内的短视频。4月6日，湖北日报报纸和微信推出首条企业家纵横谈长飞光纤篇，之后在湖北日报抖音号和快手号推出配套短视频。没想到，《长飞光纤：一根长6米的预制棒竟能拉出10000多公里光纤，可容纳70亿人同时打电话》短视频发布后，很快就引爆视频网络，在抖音和快手平台的播放量分别达到了1558万和748万。长飞光纤光缆股份有限公司执行董事兼总裁庄丹大呼：不敢相信！

企业内容在短视频平台竟然如此带流。循着这一思路，我们用小切口呼应大主题，传递正能量，一条条吸引力十足的"企业家全媒体纵横谈"短视频接连推出，一发不可收，播放量不断创下新高。华中数控访谈短视频《曾被美诬陷"偷窃技术"遭无端制裁，湖北这家企业冲破封锁线，一"刀"打破国外垄断》，抖音平台播放量达2560万；长江沿岸铁路集团访谈短视频《涉及6亿人，投资额超三峡工程，时速350公里沿江高铁已开建》，抖音平台播放量达4233万；中国航天三江集团访谈短视频《携火箭翻越群山，载巨轮跨入重洋，航天版"变形金刚"可运输万吨"巨无霸"》，抖音平台播放量达4369万。

刚开始，看着不到 30 秒的短视频，企业相关负责人疑虑，“会不会太短了？”事实证明，坚持“短”是对的，系列访谈短视频中，播放量“1000 万 +”的达到了 13 条。如此高的流量，令企业家们十分惊喜，感叹“原来短视频是这样玩的”“我们一直都误解了短视频”“以后宣传思路要改改啦”……

从“报端网微”平台扩展到“报端网微抖快”全平台，一举打开了新的传播空间，拉动单组纵横谈内容的传播量由“10 万 +”“100 万 +”攀升至“1000 万 +”，实现了传播量级、影响力的新跃升。

我们感慨于网络空间的巨大正能量

“原以为访谈内容发布后，网友们会挑剔多，吐槽多，没想到还是点赞最多！”一位企业负责人坦言，直面网友，内心很忐忑，一方面希望更多人了解企业、知晓品牌，一方面又担心网友发言太过犀利。

结果出乎预料。统计发现，“企业家全媒体纵横谈”系列融媒产品，在湖北日报“端网微抖快”各平台发布后，单条内容最高点赞达到了 42.5 万次，最高评论达 2.5 万条，最少的点赞、留言，也有四五千条。

这次“企业家全媒体纵横谈”，为企业与广大网友架起了沟通互动的桥梁。

参加访谈的湖北企业，都是各自领域的佼佼者，在行业内享有很高的知名度，但对于行业外的普通大众而言，并非家喻户晓。“原来我们湖北有这么牛的企业”“这么厉害的企业我居然一点都不了解”……大量网友留言感慨，湖北日报的访谈报道，刷新了他们对本地企业的认知。企业也十分重视网友的看法和意见，甚至有企业家专门联系编辑，把网友的留言全部收集起来，打印成册传阅，将社会的关注和期盼转化为企业高质量发展的不竭动力。

这次“企业家全媒体纵横谈”，展现了受众对实干型企业和优质内容的肯定。

有的网友很直接，“没什么多说的，直接上赞！”“这就是中国力量！”“为祖国科研人员点赞！”“这样的企业，就是咱们社会最大的正能量。”有的网友很诗意，“青山千仞，叶轮转臂风正劲。碧波万顷，渔光交映水成金。”“航天三江，助力梦想，上天摘星，翻山入海！”“万里长江万里桥，十之八九武汉造。桥通两岸利民好，天堑通途连大道！”一句句留言，给予了企业肯定和支持。

从网友们的海量留言中，企业家们看到了攻关创新、搏击市场的价值，坚定了为国铸剑、为民造福的责任担当。记者编辑们感受到了来自新媒体用户端的巨大力量，坚定了持续创作优质融媒内容的信心。

千帆竞发势如虹，乘风破浪开新局。

持续近4个月的“企业家全媒体纵横谈”，一个个精彩的创业创新故事，一次次犀利的问答交锋，一场场深刻的发展启思，已然浓缩于本书中。我们要特别感谢受邀参加访谈的90位企业负责人，感谢各家企业为纵横谈成功开展付出心血的工作人员，感谢关心关注湖北企业发展的广大网友，是你们的大力支持成就了这次意义非凡的大型全媒体访谈报道，让本书得以结集出版。

编者

2022年9月